Jahrbuch für psychohistorische Forschung 7

Jahrbuch für
psychohistorische Forschung
Band 7
2006

Winfried Kurth, Ludwig Janus und Florian Galler (Hrsg.)

Emotionale Strukturen, Nationen und Kriege

Herausgeber:

Winfried Kurth
Herzberger Landstr. 85, 37085 Göttingen
wk@informatik.tu-cottbus.de

Ludwig Janus
Zähringerstr. 4, 69115 Heidelberg
lujanus@aol.com

Florian Galler
Steinhaldenstr. 68, 8002 Zürich, Schweiz
galler@webshuttle.ch

Bibliographische Information Der Deutschen Bibliothek

Die Deutsche Bibliothek verzeichnet diese Publikation in der Deutschen Nationalbibliographie; detaillierte bibliographische Daten sind im Internet über http://dnb.ddb.de abrufbar.

ISBN 978-3-930978-91-5

© Mattes Verlag 2007

Mattes Verlag GmbH, Tischbeinstraße 62, Postfach 103866, 69028 Heidelberg
Telefon (06221) 437853, 459321, Telefax (06221) 459322
Internet www.mattes.de, E-Mail verlag@mattes.de

Druck: Druck Partner Rübelmann GmbH, Hemsbach
Umschlaggestaltung unter Verwendung einer Grafik von Frank Horstmann

Inhaltsverzeichnis

Vorwort 7

Emotionale Strukturen und Nation

Ludwig Janus
Zur Geschichte der seelisch-gesellschaftlichen Grundkonstellationen –
Stammeskultur, Königtum, Demokratie 11

Uta Ottmüller
Die medizinische Normierung der Säuglingspflege im deutschen
Kaiserreich – "Gleichschaltung" der Mutter-Kind-Beziehung? 21

Heinrich Reiß
Rache, Heilungen und Verschränkungen
Erich W. – geboren 1899 – NSDAP 170 841 – Erlösungsarbeit
Über einen Kreisleiter und Kreisvorsitzenden (Teil 2) 43

Christian Lackner
Emotionale Konsequenzen von Netzwerk-Strukturen
als Antwort auf zentralistische Gesellschaftsysteme 81

Winfried Kurth und Josef Berghold
Gruppenfantasien im Umfeld des "Siegesplatz"-Konfliktes in Bozen 97

Bernhard Wegener
Die mythischen Begründungen der Nationen 139

Karam Khella
Die Universalistische Erkenntnis- und Geschichtstheorie
und ihre Bedeutung für die psychohistorische Forschung 163

Juha Siltala
The material basis for psychological boundaries 181

"Warum Krieg?"

Peter Canzler
Analytische Theorien zu Krieg und Gewalt bei Freud und Bergeret 209

Frank Bacher
Stavros Mentzos: Der Krieg und seine psychosozialen Funktionen 215

Ivano Rigamonti
Franco Fornari: Die Psychoanalyse des Krieges 223

Peter Gabriel
Der Beitrag Hanna Segals zur Frage: Warum Krieg?
und einige aktuelle Gedanken dazu 231

Mirjam Liepmann
Frauen und Krieg – zum Beitrag von Frauen am Krieg 237

Ludwig Janus
Warum Krieg? –
Die Psychodynamik des Krieges aus psychohistorischer Sicht 249

Michael Gingelmaier
Psychoanalytische Ansätze der Kriegsprävention:
Über Vamık Volkans Buch "Das Versagen der Diplomatie" 255

Heinrich Reiß
Anstöße hin zur Psychohistorie 263

Ludwig Janus
Filmbesprechung von "Der Himmel über Berlin"
(Wim Wenders 1987) 267

Die Autorinnen und Autoren 275

Bisher erschienene Tagungsdokumentationen
der Deutschen Gesellschaft für Psychohistorische Forschung 279

Vorwort

Der vorliegende 7. Band des "Jahrbuches für Psychohistorische Forschung" vereint in seinem ersten Teil nahezu alle Vorträge der 20. Jahrestagung der Deutschen Gesellschaft für Psychohistorische Forschung (DGPF), die unter dem Titel "Das emotionale Leben der Nationen – Mythos und Entwicklung" vom 24. bis 26. März 2006 im Haus Rissen bei Hamburg stattfand. Dieses Tagungsmotto war inspiriert durch das Buch "The Emotional Life of Nations" (New York und London 2002) von Lloyd deMause, welches von Christian Lackner, einem der Autoren dieses "Jahrbuchs", vor zwei Jahren ins Deutsche übersetzt worden war ("Das emotionale Leben der Nationen", Drava-Verlag, Klagenfurt 2005). Die Tagungsbeiträge knüpften teilweise an den kindheitsgeschichtlich-traumabasierten Ansatz der Psychohistorie deMausescher Prägung an, welcher als wichtiger Verstehens-Zugang für geschichtliche und zeitgeschichtliche Prozesse betrachtet wird, gehen jedoch weit darüber hinaus und berühren eine ganze Palette von Nachbardisziplinen: Anthropologie (Janus), Bindungsforschung (Ottmüller), Biografik (Reiß), Organisationspsychologie (Lackner), sozialpsychologische Inhaltsanalyse (Kurth und Berghold), komparatistische Mythenforschung (Wegener), Wissenschafts- und Erkenntnistheorie (Khella), sowie ökonomische Sozialpsychologie (Siltala).

    Zum ersten Mal präsentiert das "Jahrbuch" in dieser Ausgabe – in ihrem zweiten Teil – auch Beiträge des Arbeitskreises "Warum Krieg?", welcher von Heidelberger Psychoanalytikern und Psychotherapeuten gegründet worden ist. Es handelt sich hier im sämtliche Referate, die auf einem Symposium dieses Arbeitskreises in Heidelberg am 8. Oktober 2005 gehalten wurden, und welche verschiedene Kriegstheorien bekannter psychoanalytisch geprägter Autorinnen und Autoren von Freud und Bergeret bis hin zu Mentzos und Volkan überblicksartig zusammenfassen. Diese Erklärungsansätze sollen damit einer breiteren, vergleichenden Rezeption und Diskussion zugänglich gemacht werden. Die Herausgeber des "Jahrbuchs" freuen sich über diese Erweiterung des AutorInnenkreises. Die politische Psychologie wurde in der Psychohistorie amerikanischer Prägung schon lange als ein integraler Bestandteil derselben angesehen, und auch die bisherigen "Jahrbücher" enthielten bereits eine Reihe von Beiträgen, die diesem Feld zuzuordnen sind. Die Herausgeber sind bestrebt, diese zeitgeschichtliche, aktualitätsbezogene Seite von "Psychohistorie" zukünftig mit weiteren Forschungsbeiträgen zu stärken, ohne genuin historische Studien geringer bewerten zu wollen.

    Die beiden abschließenden Beiträge dieses Bandes sind Rezensionen "klassischer" Werke – verschiedener Bücher und eines Films. Die Herausgeber rufen die Leserinnen und Leser dazu auf, für die nächsten "Jahrbücher" Rezensionen, auch über aktuelle Neuerscheinungen, sowie auch eigene, freie Beiträge einzureichen, denn dadurch wird eine lebendigere Diskussion ermöglicht. Das nächste "Jahrbuch" wird, wie die 21. Jahrestagung der DGPF, unter dem Motto "Kindheit und gesellschaftliche Entwicklung" stehen. – Die Herausgeber bedanken sich beim Verleger, Herrn Kurt Mattes, für die konstruktive Zusammenarbeit.

Cottbus, den 21. 2. 2007   Winfried Kurth

Emotionale Strukturen
und Nation

Ludwig Janus

Zur Geschichte der seelisch-gesellschaftlichen Grundkonstellationen – Stammeskultur, Königtum, Demokratie

Einleitung

Seit dem 18. Jahrhundert beginnt eine neue Wahrnehmung und ein neues Interesse für die "wirkliche" Geschichte, die vom Mittelalter her Heilsgeschichte war und damit aus Gottes Allmacht hervorging. Daneben gab es noch ein Interesse an der Herrschergeschichte mit den Herrschern als den Stellvertretern Gottes auf Erden. Die mit der Aufklärung verbundene Zentrierung auf die Vernunft und das selbstbestimmte Individuum ermöglichte einen neuen Blick in die Geschichte, in der man selber Mitspieler war und die jetzige Situation Ergebnis von Ideen und Taten früherer Generationen war. Damit gewann die Geschichte ein ganz neues Interesse, wandelte sich von der Heils- und Herrschergeschichte zur politischen und gesellschaftlichen Geschichte.

Auf diesem Hintergrund entwickelte sich das Bedürfnis, die leitenden Kräfte und Strukturen im geschichtlichen Prozess zu verstehen. Von hier aus entwickelte Hegel sein Konzept von der Geschichte als Geistesgeschichte, das wegen seiner spekulativen Aspekte nur philosophischer Hintergrund konkreter Geschichtswissenschaft sein konnte. Doch blieb es ein latenter Bezugspunkt der Geschichtswissenschaft, die darum nicht in eine wirkliche Diskussion der im geschichtlichen Prozess real wirksamen Kräfte einstieg und deshalb im Wesentlichen deskriptiv und philologisch blieb. Der hierauf begrenzten Methode zu Liebe wurden Ergebnisse der Nachbarwissenschaften und insbesondere der Psychologie nicht beachtet. Es ist in den historischen Wissenschaften "zünftig", sich scheinbar jeder "Spekulation" zu enthalten und den Verlauf des geschichtlichen Prozesses als absolut zufällig und auch nicht im Ansatz vorhersehbar anzusehen. Wenn man es so sah, wie es z.B. der bekannte Journalist und Historiker Joachim Fest in Interviews immer wieder äußerte, dann erübrigte sich die Notwendigkeit, andere Wissensbefunde zur Kenntnis zu nehmen. Diese Annahme einer reinen Zufälligkeit und Unvorhersagbarkeit der historischen Entwicklungen ist meines Erachtens in sich eine heute nicht mehr haltbare "Spekulation".

Solche Wissensbefunde werden nun von der Psychohistorie, der Anwendung psychologischen und psychoanalytischen Verstehens auf das Verständnis des historischen Prozesses, seit längerer Zeit und in großer Fülle angeboten.[1] Was in Hegels Geschichtsphilosophie als Wirken des Weltgeistes spekulativ hypostasiert wurde, wodurch Geschichte philosophisch verständlich wurde, kann heute durch die Hypothesen und Befunde der Psychohistorie in wichtigen Teilen verstanden und erklärt

---

[1] deMause (2000, 2005); s. auch Jahrbücher für Psychohistorische Forschung.

werden. Und das ist praktisch bedeutsam, denn, wie Hegel es ausdrückte, "wir (selbst) sind mit der Fortführung der Geschichte vertraut".[2] Die Weltgeschichte wird von Hegel als eine Art Reifungsprozess gesehen: "Die Weltgeschichte ist der Fortschritt im Bewusstsein der Freiheit".[3] Dabei heißt Freiheit, "dass der Geist bei sich selbst sei, dass er bei sich selbst den Mittelpunkt habe".[4] Damit beschreibt Hegel aus heutiger psychologischer Sicht ein Reiferwerden der Subjektivität und ein Herauslösen aus bindenden Abhängigkeiten, die in der Psychohistorie Entsprechungen haben zu den Beschreibungen zur Höherentwicklung der Psychoklassen in Richtung auf eine höhere Regulationsfähigkeit und innere und äußere gesteuerte Handlungsfähigkeit.[5] Es scheint also möglich, manche von den Einsichten Hegels auf der Ebene der Psychohistorie neu zu diskutieren und zu bewerten und sie damit nicht, wie es meist geschieht, in toto als zu "spekulativ" zu verwerfen. Mir scheint es so, dass man zwar Geisteswissenschaften betreibt, die geistige Ebene Hegels dabei aber ausschließt, so dass man ihm zwar in der Thematik folgt und gleichzeitig nicht folgt, ohne dass die Konsequenzen hiervon wirklich geklärt sind. Das scheint mir ein wesentlicher Hintergrund für das methodische Dilemma in den Geisteswissenschaften zu sein, das sie den angelsächsischen, pragmatischen "cultural sciences" gegenüber ins Hintertreffen geraten lässt. Das Dilemma sehe ich darin, dass man von allem "Erklären" absieht, um nicht auf die Ebene idealistischer Spekulation zu geraten, die "wissenschaftlich" nicht haltbar ist. Dabei verkennt man, dass es möglich ist, viele Geschehensstränge im historischen Prozess auf psychologischer Ebene durchaus zu "erklären". Hierdurch wäre es möglich, die Verantwortung, die uns schon Hegel als "Mitspieler der Geschichte" zuweist, auch wirklich wahr zu nehmen und die Ebene des Narrativen zu überschreiten und hinter sich zu lassen. Nur so kann Geschichtswissenschaft auch für politische Entscheidungen nutzbar gemacht werden. Gerade die heute anstehenden Probleme der interkulturellen Begegnung und Kooperation bedürfen dringlich einer fachlichen psychologischen und psychohistorischen Reflexion und Beratung.[6]

Ich möchte nun im Folgenden einige Elemente für einen Verstehensgrundrahmen für ein psychohistorisches Geschichtsverständnis benennen.

Eine paradigmatische Bedingung menschlicher Subjektivität ist die so genannte Frühgeburtlichkeit, womit die psychologische Tatsache benannt ist, dass wir 9-12 Monate zu früh geboren werden. Die lange Hilflosigkeit des Menschen wird dadurch relativ ausgeglichen, dass Menschen im Vergleich zu anderen Primaten eine besondere Familiarität entwickelt haben, die es ermöglicht, dem Baby den nötigen Schutz- und Entwicklungsraum zu geben. Die Folge hiervon ist, dass Menschen lebenslang auf besondere Schutzräume angewiesen sind, wie sie uns unsere kulturellen Institutionen zur Verfügung stellen. Wir suchen in der Welt einen Schutzraum für den zu früh verlorenen Mutterleib, mystifizieren sie gewissermaßen zu einer "Heimat" und

---

[2] zit. n. Litt (2002), S. 14.
[3] zit. n. Litt (2002), S. 18.
[4] ebd.
[5] deMause (2000), Janus (2005).
[6] Janus & Kurth (2004), Ottmüller (2003), deMause (2005).

schaffen die Welt entsprechend diesen Bedürfnissen um. Diese Zusammenhänge sollen im folgenden Abschnitt kurz skizziert werden.

Anthropologischer Grundrahmen der Frühgeburtlichkeit

Der aufrechte Gang erforderte einen festen Beckenring, der durch die Hervorwölbung der Lendenwirbelsäule im sogenannten Promontorium zusätzlich eingeengt war. Umgekehrt erforderte das Hirnwachstum einen erweiterten Geburtskanal. Der biologische Kompromiss in der Evolution zum Menschen war eine Verkürzung der Schwangerschaft und damit verbunden eine Verlängerung der Säuglingszeit. Das hatte zur Folge, dass menschliche Babys in einer noch fötalen Körperlichkeit zur Welt kommen. Dadurch ist das primäre Sicherheitssystem für Primatenbabys, das Festhalten an der Mutter, zerbrochen. Die menschlichen Babys sind einfach zu schwach dazu. Dazu kommt der Haarverlust der Mutter. Dieses Zerbrechen des primären Sicherheitssystems durch Festhalten schuf evolutionsbiologisch eine neue Situation. Die englische Biologin Elaine Morgan hat die biologischen Folgewirkungen und Kompensationen für diese Situation aufschlussreich beschrieben.[7] Das äußere Festhalten am Fell der Mutter wird durch ein inneres Festhalten durch Bindungsprozesse kompensiert. Wesentliche Mittel von Seiten des Babys sind die Entwicklung einer anziehenden Mimik, eines stimmlichen Austausches und des Augenkontaktes, alles Kommunikations- und Bindungsmittel, über die Primatenbabys so nicht verfügen. Der menschliche Frühkontakt ist also von Anfang an medial und beziehungsorientiert und hierdurch unendlich plastisch. Das Verhältnis zur Welt und zu sich selbst wird durch die Gestaltung der Säuglingsbeziehung grundlegend vorgeprägt.

Wir müssen uns vergegenwärtigen: die Grundbedürfnisse von Säuglingen nach bezogenem Kontakt sind auf einer reflexiven Ebene erst seit dem letzten Jahrhundert bekannt. Man sah in ihnen davor nur "Reflexwesen". Der Umgang mit Säuglingen in der Geschichte erscheint aus heutiger Sicht eher eine verschiedenartige Verformung ihrer Grundbedürfnisse zu sein[8], die aber in einem Wechselbezug zur ökonomisch-wirtschaftlichen Gesamtsituation einer Gesellschaft stand. Die sehr besondere Situation des menschlichen Babys mit seiner Hilflosigkeit und der Kompensation der Sicherheit durch Festhalten mittels Intensivierung von Beziehung und Emotionalität hat ein sehr eigenes Verhältnis zu den Eltern und zur Umwelt insgesamt zur Folge, die ich als Mystifizierung der Welt bezeichnen möchte.

Mystifizierung der Welt

Der zu frühe Verlust des Mutterleibes und der vorgeburtlichen Beziehungssicherheit durch die "physiologische Frühgeburtlichkeit" führt zur Notwendigkeit, diese durch eine Art Sekundärbeheimatung durch die Eltern zu kompensieren. Das Kind muss gewärmt werden, herumgetragen werden und durch beständige Nähe der Sicherheit der Beziehung zu seiner Mutter oder zu seinen Eltern vergewissert werden. Diese sekundäre Beheimatung setzt sich fort durch die Aufnahme in der Familie, die eine

---

[7] Morgan (1995).
[8] vgl. deMause (1979).

primäre Sicherheit herstellt, wofür sich später dann die gesellschaftlichen Institutionen der Kirche, des Staates und der Vereine zur Verfügung stellen. Lebenslang finde ich meine Sicherheit durch die Zugehörigkeit zu diesen kulturellen Gebilden, die mir letztlich die verlorene Heimat vor der Geburt ersetzen. Rank hatte dies unter der Thematik Mikrokosmos-Makrokosmos abgehandelt.[9] Der Mikrokosmos vor der Geburt wird im Makrokosmos der Gesellschaft nachgebildet und dadurch sein Verlust ersetzt. In der Gestaltung dieser Ersatzräume in ihren emotionalen und realen Aspekten manifestiert sich ganz ursprünglich die Kreativität des Menschen in einer umfassenden Weise, also nicht nur in der Schaffung von Kunstwerken, sondern ebenso in der Kreierung von gesellschaftlichen Räumen. Diese Erschaffung der kulturellen Räume durchläuft nun in der Geschichte einen Entwicklungsprozess, der wesentlich durch Lernprozesse zwischen den Generationen oder von einer Generation zur anderen bestimmt ist.

Geschichte als Lernprozess und die kreative Erfindung der Kulturwelt

Die Beheimatung in der Welt geschieht ursprünglich auf der Ebene der Stammeskulturen vor allem gefühlsmäßig als Herstellung einer magisch-mystischen Einheit zwischen Mensch und Welt im animistischen Erleben. Die Welt ist im ganzen wesentlich durch die Projektion frühgeburtlicher Innerlichkeit bestimmt. Der Umgang mit der realen Alltagswelt wird auf der Ebene der tribalen Jäger und Sammler noch weitgehend instinktiv gesteuert und ist in diese magische Projektionswelt ganz eingebettet. Aus unserer Sicht ist das Welterleben auf der Ebene der Stammeskulturen wesentlich durch kindlich-magische Wünsche und Befürchtungen gekennzeichnet, die zunächst nur magisch und zauberisch gehandhabt werden. Die scheinbar "eigentliche" Wirklichkeit ist die magische Projektionswelt. So setzt der steinzeitliche Jäger zunächst auf die magische Wunscherfüllung, in der er den Jagderfolg magisch vorweg nimmt – rituell zeichnet er den Pfeil an die Zielstelle hinter dem Schulterblatt –, und vollzieht dann in der realen Jagd die magische Imagination und macht sie dadurch "real". Die magische Imagination öffnet aber einen Denk- und Reflexionsraum, von dem ein Impuls zu Lern- und Strukturierungsprozessen ausgeht. Der magische Jagdwunsch hat die Folge, dass durch technische Perfektionierung und durch Lernen der Umgang mit der Wirklichkeit verbessert wird.

Gleiches gilt etwa für die Beheimatung in einer neuen Gegend. Zunächst erfolgt diese durch magisch-rituelle Handlungen, etwa durch eine Umkreisung oder die Aufrichtung eines heiligen Pfahls, wodurch der Platz uterosymbolisch geweiht wird und die Qualität einer "sicheren" Urheimat gewinnt. Dies setzt dann Lernprozesse und kreative Gestaltungsprozesse in Gang, den real unsicheren Ort in einen wunschgemäß sicheren Ort umzugestalten, etwa durch die Errichtung eines Walls oder Zaunes und die Errichtung von Behausungen. Alle technischen Erfindungen scheinen diesen Hintergrund zu haben: die Mutterleibswärme wird durch das heilige Feuer und die irdische Heizung wieder hergestellt, und das Mutterleibshaus durch heilige Häuser und irdische Hütten. Dabei scheinen sich die technischen Erfindungen, entsprechend ihrem irrationalen Ursprung aus den magischen Wünschen, zu-

---

[9] Rank (1932), S. 125 ff.; s.a. Rank (1924).

Geschichte der seelisch-gesellschaftlichen Grundkonstellationen 15

nächst im Zusammenhang mit heiligen Verrichtungen und heiligen Personen entwickelt zu haben. Zunächst bekommen die pränatal-symbolischen göttlichen Figuren, mit denen der Mensch emotional noch in der mystischen vorgeburtlichen Einheit lebt, ihre heiligen Häuser und Tempel, und dann erst werden die irdischen Hütten erbaut. Am Anfang steht das heilige Feuer, dann erst folgt das praktische Lagerfeuer. Am Anfang steht die Verkleidung in die göttlichen Figuren, um mit ihnen wieder pränatalsymbolisch eins zu werden, und dann erst folgt die Kleidung als Wärme- und Klimaschutz.

Zwischen den Generationen entwickelt sich ein kontinuierlicher Lern- und Lebensprozess. In der verlängerten Jugendzeit des Menschen können die Jugendlichen die Kulturpraktiken der Älteren vollständig rezipieren und dann im Prozess der Pubertät eigenständige neue Konzepte entwickeln. Die mit den körperlichen Veränderungsprozessen der Pubertät verbundene Identitätsregression und Identitätswandlung ist hierbei ein progressiver dynamischer Faktor. Die Pubertät ist eine Art "zweite Geburt"[10], und so kann jede Generation gewissermaßen neu anfangen. Im Rahmen dieses von Generation zu Generation verlaufenden Lern- und Entwicklungsprozesses kommt es zu einer Zunahme der Ich-Kompetenz und der autonomen Handlungskompetenz, einem Selbstbestimmter-werden des Handelns und einem Persönlicher-werden der Beziehungen.

Personalisierung im historischen Prozess

War der Mensch im magischen Bezugsfeld Medium magischer Mächte und Kräfte, so wird er im Laufe der Geschichte durch den realen Handlungserfolg mehr und mehr zum selbstständig und eigenständig Handelnden. Dieser Prozess hat im Fortgang der Geschichte eine zunehmende Beschleunigung erfahren. Die technischen und individuellen Entwicklungen auf der Ebene der magisch bestimmten Steinzeit dauerten Jahrzehntausende, bis es zu einer beständigeren und organisierteren Handlungskompetenz kam. Seit der neolithischen Revolution mit der Erfindung von Ackerbau und Viehzucht erleben wir eine zunehmende Dynamisierung der historischen Ich-Entwicklung und der äußeren Technik- und Wirtschaftsentwicklung.

Auf der magischen Ebene ist das Individuum noch so sehr in die größeren Kräfte und die Rückwirkungen seiner projizierten Wünsche und Befürchtungen eingebunden, dass etwa im Rahmen von Menschenopfern alle unmittelbare Einfühlung und Solidarität aufgehoben ist. Das Ich ist so schwach und unsicher, dass es für die Sicherheit gebenden Riten alles opfert, auch die persönlichen Anverwandten und Freunde. Die erstaunlichen Handlungserfolge durch die Erfindung von Ackerbau und Viehzucht führen zur Institutionalisierung von beständigen göttlichen pränatalsymbolischen Personen und den Königen als ihren irdischen Repräsentanten, an denen man sich orientieren und von denen man sich ermächtigen kann. Im Namen der Herrscher und für die Herrscher wächst die persönliche Handlungs- und Ich-Kompetenz.

Die nächste Autonomiestufe wird durch die Relativierung der Götter oder des Gottes und eine Verinnerlichung der Handlungskompetenz ins eigene Ich erreicht,

---

[10] vgl. Janus (1996).

wie sie sich in der griechisch-römischen Antike vollzieht, und dann erneut in der Renaissance und im endlichen Durchbruch in der Aufklärung. Parallel zu dieser Entwicklung verläuft die "Verbesserung" der Eltern-Kind-Beziehungen oder deren Persönlicher-Werden.[11] Ein weiterer wichtiger Bezug ist die Wechselwirkung der Ich-Entwicklung mit den wirtschaftlich-technischen Bedingungen.

Wechselwirkung von Ich-Struktur und wirtschaftlich-technischen Bedingungen

Diese Wechselwirkung lässt sich schon auf der Ebene der Stammeskulturen nachweisen. So entwickeln die männlichen Mitglieder des Indianerstammes der Sioux durch grausame Abstillriten eine aggressive Wutstruktur, die ihre spätere jägerische Qualifizierung begründet, während der Indianerstamm der Yeruda, der sich durch Fischen ernährt, sich durch eine eher depressiv-abwartende Lebenseinstellung kennzeichnet, die durch Hunger- und Ohnmachtsriten im Umgang mit den Säuglingen vorgeprägt wird. Der Psychoanalytiker Erik Erikson hat diese Zusammenhänge paradigmatisch erforscht.[12]

Die Erfindung von Ackerbau und Viehzucht führte zu einer dramatischen Steigerung und Differenzierung der Ich-Struktur und der gesellschaftlichen Institutionen, und dabei insbesondere der Organisationsfähigkeit. Die gemeinsame Ausrichtung an Herrschern und Königen ermöglichte gemeinschaftliches und kooperatives Handeln in einer bisher unbekannten Weise, wie es in der Landwirtschaft, dem Städtebau und beim Militär zum Ausdruck kommt. Das Pendant hierzu war eine auf autoritätshafte Einordnung und Unterwerfung in die institutionelle Abhängigkeit ausgerichtete Erziehung.

Das komplexere Wissen erfordert individualisiertere Handlungsstrukturen, was in Wechselwirkung steht mit fördernden Erziehungspraktiken. Dies wird hier nur ganz grob angerissen, weil es anderen Orts[13] ausführlich abgehandelt worden ist.

Mit der Aufklärung erleben wir ein weiteres Voranschreiten dieses Ich-Aufbau- und Entwicklungsprozesses. Das Individuum begründet sich nicht mehr im Bezug auf Gott, wie es im "Vater unser" gegeben ist, sondern in sich selbst. Dies ist das Programm der Aufklärung und der deutschen Klassik, in dessen Rahmen und Durchführung wir uns immer noch befinden. Die Entwicklungen des Schul- und Entwicklungssystems im 19. Jahrhundert und besonders im 20. Jahrhundert stehen in Wechselwirkung mit den differenzierteren und individualisierteren Handlungskompetenzen und Handlungsoptionen in einer komplexen und arbeitsteiligen Wirtschaft und Gesellschaft.

Die Tiefenpsychologie, die eine individuelle Reflexion der eigenen Emotionen entwickelt, ist hier nur ein weiterer Schritt in der individuellen Handlungs- und Verantwortungskompetenz. Was anfangs an scheiternden Mitgliedern der Gesellschaft, den sogenannten Patienten, entwickelt wurde, wurde im Laufe des letzten Jahrhunderts auch gesamtgesellschaftlich wirksam, indem es einen selbstreflexiven Umgang mit den eigenen Gefühlen anregte und förderte.

---

[11] deMause (2000), Frenken (2002).
[12] Erikson (1966); s. auch Renggli (2001).
[13] deMause (2000) u.a.

Geschichte der seelisch-gesellschaftlichen Grundkonstellationen 17

Im Laufe der menschlichen Geschichte lassen sich nun drei seelisch-gesellschaftliche Grundkonstellationen herausarbeiten, die magische, die mythische und die rationale, wobei ich einer Linie folge, die Gebser entwickelt hat.[14] Dies soll in den folgenden Abschnitten dargestellt werden.

Seelisch-gesellschaftliche Grundkonstellationen

In der *magischen Weltsicht*, der Ebene der Stammeskulturen, lebt der Mensch eingebettet in die Projektion seiner pränatalen Gefühle. Die illusionäre Macht dieser Gefühle tröstet über die reale Ohnmacht und das reale Unwissen der Welt gegenüber hinweg. Wichtig ist es, sich der kosmischen Mächte, des Mana, einer Art Allkraft, zu vergewissern. Das Fließen des Mana scheint die Kraft und Stärkung durch die Nabelschnur widerzuspiegeln. In der magischen Welt ist, wie in der vorgeburtlichen, alles mit allem verbunden und alles kann alles beeinflussen.

Die *mythische Weltsicht*, wie sie sich mit der Erfindung von Ackerbau und Viehzucht und der Entwicklung der frühen Kulturen entwickelt, anerkennt die Trennung einer diesseitigen und einer jenseitigen Welt, jedoch ist die jenseitige Welt in ihren Wirkkräften und Bildern die eigentliche. Alles, was auf der Welt passiert, ist eigentlich eine Widerspiegelung dessen, was im Jenseits passiert. Darum haben die Priester und Könige als Mittler zur jenseitigen Welt eine so zentrale Bedeutung. Sie reflektieren gewissermaßen die emotionale Verfasstheit der Gesellschaft und leiten hieraus praktische Perspektiven ab. Die Götter als Widerspiegelungen der eigenen Seelenregungen differenzieren sich immer mehr und werden gewissermaßen in der mythischen Schau und Auslegung reflektiert.

Die *rationale Weltsicht* beginnt mit der griechischen Philosophie in der Antike und in der neuzeitlichen Philosophie mit Descartes und geht von der Orientierung an den eigenen Denkmöglichkeiten aus: "ich denke, also bin ich". Die noch mythisch orientierte mittelalterliche Kultur wird von der neuzeitlichen rationalen Weltsicht abgelöst. Der Mensch findet seine Begründung in sich selbst und den eigenen Handlungs- und Denkmöglichkeiten. Damit begründe ich mich auch in mir und meiner eigenen Lebensgeschichte. Dies führte zur Selbstentdeckung der eigenen Rationalität und Emotionalität in den Romanen des 19. Jahrhunderts und in der Tiefenpsychologie des 20. Jahrhunderts.

Die Geschichte stellt sich so als ein Verinnerlichungsprozess der auf der magischen und mythischen Ebene projizierten Gefühle dar. Das bedeutet gleichzeitig eine Differenzierung von außen und innen, die in der Geschichte weitgehend vermischt waren. Die Grundkonstellationen folgen geschichtlich aufeinander und stehen in Wechselwirkung mit den wirtschaftlich-gesellschaftlichen Gegebenheiten.

Abfolge der Grundkonstellationen

Die *magische Weltsicht* prägt die Stammeskulturen der Jäger und Sammler, deren Leben noch weitgehend von den Gegebenheiten der Natur abhängt und von dem, was sie aus ihr durch Sammeln und Jagen erlangen können. Sie sind den Gegeben-

---

[14] Gebser (1949).

heiten der Natur ausgesetzt, können diese aber geschickt nutzen. Hier setzen die technischen Verbesserungen in der Jagd und in der häuslichen Verarbeitung der Nahrungsmittel und im Schutz durch Kleidung an. So gewinnt der Mensch in den Stammeskulturen immer mehr Handlungssicherheit und kann sich klarer organisieren. Insgesamt lebt man aber noch in einer verzauberten, d.h. gefühlsbestimmten Welt. Krisensituationen werden durch schamanische Riten psychologisch gemanagt.

Die langsamen Lern- und Organisationsprozesse in der Steinzeit führen dann mit der neolithischen Revolution um 10.000 v. Chr. zu dem kulturellen Sprung zur *mythischen Weltsicht*, die die Welt aus mythischen Erzählungen von jenseitigen Welten und deren Auswirkung auf die irdischen Geschehnisse erklärt. Der Mensch hat sich zunehmend von den Umweltgegebenheiten unabhängig gemacht, indem er mit Ackerbau und Viehzucht die Nahrungsressourcen vervielfacht und durch die Erfindung der Städte eine neue künstliche Lebenswelt mit reichen Befriedigungsmöglichkeiten erfunden hat. Das frühere kosmische Mana ist jetzt in der Gestalt des Königs und seinen mythischen Begründungen gebündelt und erzeugt ganz neue kooperative Handlungsmöglichkeiten. Dies beschleunigt die bisher so langsamen Lern- und Differenzierungsmöglichkeiten des menschlichen Selbsterlebens und der menschlichen Beziehungen. Allmählich wird auch das, was zunächst in der Person des Königs externalisiert war, als eigenes Handlungspotenzial verinnerlicht. Geschichtlich kommt es zu einer Differenzierung der wirtschaftlich-technischen Vorgänge und gleichzeitig zu einer Entwicklung innerer Handlungskompetenzen. Beides steht in Wechselwirkung, fördert sich wechselseitig, treibt die Entwicklung voran.

In der griechisch-römischen Antike und der Renaissance und Neuzeit kommt es dann zur Entwicklung der *rationalen Weltsicht* mit einem Umschlag von der Jenseitsorientierung zur Diesseitsorientierung und der Klärung der Identität in den eigenen Handlungsmöglichkeiten. In der Kunst wird die Perspektive entwickelt. Es geht um die Erfassung des wirklichen Raums, in dem der Mensch planend handeln kann, und ein Heraustreten aus der träumerischen Ich-Verfassung, die die mythische Weltsicht und auch die mittelalterliche Kultur prägten.[15]

Abschließende Bemerkungen

Die Ausführungen sollten deutlich machen, dass die in der Geschichtswissenschaft übliche Beschränkung auf "historische Fakten" und die Aussparung der psychologischen Ebene wissenschaftlich unhaltbar sind, weil es sich hier auch um Fakten handelt, wie die Hirnforschung uns heute nur zu augenfällig macht. Die Abstrahierung der seelisch-geistigen Ebene durch die früheren Naturwissenschaften zu einem Akzessoir von minderer Bedeutung hat möglicherweise dazu geführt, dass auch die sogenannten Geisteswissenschaften danach suchten, sich durch das Messbare der archäologischen Befunde und der philologischen Quellen die Anerkennung als Wissenschaft zu beweisen. Die Wirklichkeit der psychosozialen Ebene ist heute aber nach über 100 Jahren psychologischer und tiefenpsychologischer Forschung so gesichert, dass die in den historischen Wissenschaften übliche Aussparung überholt ist.

---

[15] vgl. a. Dinzelbacher (1993).

Das "emotionale Leben" der menschlichen Gesellschaften ist ein genuines Faktum, und die anderen Ebenen können nur mit ihm zusammen vollständiger verstanden werden. Meine skizzenhaften Ausführungen zu den seelisch-gesellschaftlichen Grundkonstellationen sollten zeigen, dass die jeweilige Mentalität ein essentieller Wirkfaktor in der gesellschaftlichen Struktur und im historischen Prozess ist, der in Wechselwirkung mit den jeweiligen wirtschaftlichen und technischen Bedingungen steht. Zudem lassen sich entsprechend den Grundstrukturen menschlicher Sozietäten in Form von Stammeskultur, Königtum und Demokratie Grundstrukturen von entsprechenden Mentalitäten beschreiben.

Literaturangaben

DeMause, L. (Hg., 1979): Hört Ihr die Kinder weinen? (Suhrkamp, Frankfurt a.M. 1979).

DeMause, L. (2000): Was ist Psychohistorie? (Psychosozial, Gießen 2000).

DeMause, L. (2005): Das emotionale Leben der Nationen. (Drava-Verlag, Klagenfurt 2005).

Dinzelbacher, P. (1993): Europäische Mentalitätsgeschichte. (Kröner, München 1993).

Erikson, E. (1966): Kindheit und Gesellschaft. (Klett-Cotta, Stuttgart 1966).

Frenken, R. (2002): Aspekte der Geschichte der Kindheit anhand historischer Autobiographien. *In:* Nyssen, F. / Janus, L. (Hg.): Psychogenetische Geschichte der Kindheit. (Psychosozial, Gießen 2002).

Gebser, J. (1949): Ursprung und Gegenwart. (Deutsche Verlagsanstalt, Stuttgart 1949).

Janus, L. (1996): Psychoanalytische Überlegungen zur "zweiten Geburt". *In:* Aschoff, W. (Hg.): Pubertät – Erregungen um ein Lebensalter. (Vandenhoeck und Ruprecht, Göttingen 1996).

Janus, L. (2005): Die Personalisierung des Symbols im psychohistorischen Prozess. *In:* Janus, L. / Galler, F. / Kurth, W. (Hg.): Symbolik, gesellschaftliche Irrationalität und Psychohistorie. *Jahrbuch für Psychohistorische Forschung* 5 (2004) (Mattes Verlag, Heidelberg 2005).

Janus, L. / Kurth, W. (Hg., 2004): Psychohistorie und Politik. *Jahrbuch für Psychohistorische Forschung* 4 (2003) (Mattes Verlag, Heidelberg 2004).

Litt, T. (2002): Vorlesungen über die Philosophie der Geschichte von Georg Wilhelm Friedrich Hegel. (Reclam, Stuttgart 2002).

Morgan, E. (1995): The Descent of the Child. (Oxford University Press, New York / Oxford 1995).

Ottmüller, U. (2003): Licht am Ende des Tunnels? Die psychohistorische Entwicklung der Konfliktkompetenz. *In:* Ottmüller, U. / Kurth, W. (Hg.): Trauma, gesellschaftliche Unbewusstheit und Friedenskompetenz. *Jahrbuch für Psychohistorische Forschung* 3 (2002) (Mattes Verlag, Heidelberg 2003).

Rank, O. (1924): Das Trauma der Geburt. (Psychosozial, Gießen 1998).

Rank, O. (1932): Kunst und Künstler. (Psychosozial, Gießen 2000).

Renggli, F. (2001): Der Ursprung der Angst – antike Mythen und das Trauma der Geburt. (Walter, Düsseldorf 2001).

Uta Ottmüller

Die medizinische Normierung der Säuglingspflege im deutschen Kaiserreich – "Gleichschaltung" der Mutter-Kind-Beziehung?

Das deutsche National- und Geschichtsbewusstsein ist bekanntlich von der Auslösung zweier Weltkriege überschattet und besonders von den nationalsozialistischen Massenmorden und dem System der politischen "Gleichschaltung", das sie möglich machte.

Was machte so viele Deutsche der NS-Zeit bereit, einander im Sinne der Nationalsozialisten "gleichzuschalten" und sich bis zur Unmenschlichkeit "gleichschalten" zu lassen? Die Gründe waren vielfältig[1] und reichen von frühkindlichen Entbehrungen und "schwarzer Pädagogik" über nationale und klassenspezifisch bürgerliche Misserfolge und Erniedrigungserfahrungen[2] bis hin zu einem wissenschaftlich-technokratischen Machbarkeitswahn, der den Empathieverlust zum Preis des kollektiven Überlebens glorifizierte. Wie dieser Machbarkeitswahn sich bereits eine bis zwei Generationen früher auf die Säuglingspflege in Anstalten und in der Folge auch in Privathaushalten richtete, lässt sich mit bitterer Ironie als Gleichschaltung der Säuglinge und auch als Gleichschaltung der Mütter bezeichnen. Was hatte diese mit der (pseudo-)politischen Gleichschaltung der Nazis zu tun?

Politik und Medizingeschichte

Der Begriff "Gleichschaltung" wurde von den Nazi-Parteifunktionären aus der Elektrotechnik übernommen und bezeichnete die Durchdringung aller deutschen Medien und Institutionen mit den Vorstellungen und Absichten des "Führers" und seiner Partei – mit dem Ziel der "Gleichschaltung" der gesamten "arischen" Bevölkerung.[3]

Die Technikfaszination, die aus der so verstandenen Politisierung des Begriffs Gleichschaltung spricht, spiegelt wahrscheinlich vordergründig die zeitgemäße Begeisterung über zahllose technische Neuerungen wie elektrisches Licht, Automobile, arbeitssparende Hausgeräte bis hin zu den maschinellen Produktionstechniken. Aber Technik hat als Militärtechnik auch Angst und Schrecken verbreitet, und die Erfahrungen des – auf bislang unbekannte Weise technisierten – Ersten Weltkriegs konfrontierten nicht zuletzt die Lazarett-Ärzte, die sich mit den Verwundeten und dauerhaft Versehrten zu befassen hatten, mit seiner "auf fürchterlichste Weise praktizierten Reduktion des Menschen auf einen Funktionsmechanismus im gigantischen Zerstörungswirken der Kriegsmaschine"[4].

---

[1] vgl. u.a. Eder (1991), S. 123 ff.; Kaminer (1997); Welzer (1993); deMause (2005), S. 139 ff.
[2] Elias (1992), S. 23 und passim.
[3] vgl. Schorr (o.J.).
[4] Oevermann (2000), S. 38.

Ulrich Oevermann hat aus diesen Erfahrungen die Ausbildung eines "ingenieurialen Wissensmodus" speziell bei SS-Ärzten[5] erklärt. Er sieht darin die Deformation eines zuvor bereits "stabil erreichten" Ausbildungsstandes der Medizin, der als "interventionspraktischer Wissensmodus" ein Arbeitsbündnis zwischen Arzt und Patient vorsah, an dem beide "als ganze Person in Zuwendung beteiligt" sind.[6] Kennzeichnend für den "ingenieurialen Wissensmodus" ist demgegenüber die Reduktion des menschlichen Organismus auf eine beliebig vergleichbare Funktionsapparatur[7], die nach der "Logik von Tierversuchen"[8] zur Wissensoptimierung genutzt werden kann.

Die wichtigste Voraussetzung dieser Deformation des ärztlichen Selbstverständnisses sah er darin, dass der Arzt "jegliche eigenständige Urteilsfähigkeit als Bürger dieses Staates aufgegeben hat, sondern nur noch als zu unbedingtem Gehorsam verpflichteter Untertan agiert und diesen Staat bzw. dieses Regime als höchsten, unbedingten Wert ansieht, dessen Überleben über alles andere zu stellen ist."[9]

Ich will in diesem Aufsatz zu zeigen versuchen, dass sich bereits die Säuglingsmedizin des Kaiserreiches, mit Schwerpunkt um die Wende zum 20. Jahrhundert, in einem tendenziell "ingenieurialen Wissensmodus" entwickelte, der die Säuglinge weitgehend auf ihren Verdauungsapparat reduzierte und ihre emotionalen und körpersprachlichen Bedürfnisse und Fähigkeiten als irrelevant ausklammerte. Eine derart versachlichte Sichtweise wurde in einer großangelegten Aufklärungskampagne auch den Müttern normativ nahegelegt mit dem Ziel einer flächendeckenden, wissenschaftlich optimierten Vereinheitlichung ihres Pflegeverhaltens. Diese "Gleichschaltung" erfolgte bei den Müttern, und über dieses Mittel auch bei den Säuglingen, zwar nicht im Sinne eines Parteiprogramms, wohl aber im Sinne einer zeitlichen, mengenmässigen und interaktiven Normierung ihrer alltäglichen Versorgung.

Der berühmte Kinderarzt Czerny erklärte darüber hinaus die "Beherrschung der Triebe"[10] und vor allem die "Anpassung an das Kulturmilieu"[11] zum (medizin-)wissenschaftlich definierten Erziehungsziel. Dieses Kulturmilieu entwickelte sich bereits im Kaiserreich zur Basisformation militärischer Großmachtpolitik, und die hier zu zeigenden Mittel der Anpassung sorgten wohl zumindest anteilig dafür, dass Czerny's Erziehungsziel in einer Weise verwirklicht wurde, die er selbst sich vermutlich nicht träumen ließ. Aufgrund dieser Anpassungsfunktion, die den ärztlichen Erziehungsauftrag durch die Rigidität seiner Mittel kaum als graue Theorie erscheinen lässt, war die Säuglings- und Kindermedizin keine x-beliebige Fachdisziplin, sondern – in noch zu klärendem Umfang – ein Antriebssystem sozialpsychologischer Gleichschaltung. Dies werde ich später ausführlich erläutern.

---

[5] Oevermann ebd., S. 23 ff.; s. auch ders. (2002), S. 27 ff.
[6] Oevermann (2000), S. 29.
[7] ebd., S. 39.
[8] ebd., S. 32.
[9] ebd., S. 35.
[10] s. Manz et al. (1997), S. 582.
[11] Seidler (1973), S. 301.

Vorreiter der Anwendung innovativer Säuglingspflegeregeln waren die bürgerlichen Schichten.[12] Da diese in Wähler- und Mitgliedschaft der NSDAP stark vertreten waren[13], könnte die "Gleichschaltung" der Säuglingsversorgung durchaus in gewissem Umfang zu deren Erfolg und auch zur emotionalen Kälte ihrer – in überdurchschnittlichem Maß akademisch ausgebildeten[14] – Protagonisten beigetragen haben. Zu diskutieren wäre hier, dass ähnliche, an Krankenhauserfahrungen orientierte Innovationsschübe der Säuglingsversorgung um die Jahrhundertwende auch in England, Frankreich und den USA zu beobachten sind.[15] Für einen Schwerpunkt des eher ingenieurialen Wissensmodus in Deutschland sprechen allerdings Einschätzungen wie die folgende: "Insgesamt ... waren die deutschen Entbindungsanstalten vorbehaltloser als Forschungs- und Unterrichtsanstalten eingerichtet als die entsprechenden Institutionen in anderen europäischen Staaten."[16] Genauere vergleichende Untersuchungen der Forschungsmodalitäten, des historischen Kontexts sowie der sozialpädagogischen Umsetzung könnten bei der Bewertung meiner These einer präfaschistischen "Gleichschaltung" der Säuglingsversorgung weiterhelfen.

Diese beinhaltet eine – zumindest partielle – Korrektur von Lloyd deMauses psychohistorischer Erklärung der Nazi-Verbrechen, die sich darauf konzentriert, "dass die deutsche Kindheit um 1900 ein Alptraum von Mord, Vernachlässigung, Prügeln und Folter von unschuldigen, hilflosen Wesen war."[17] So erschreckend und in der bisherigen Diskussion zu wenig berücksichtigt das von ihm präsentierte historische Material auch ist, scheint es mir doch teilweise in irreführender Weise verallgemeinert. Kindsmord wurde im Übrigen auch in Deutschland streng bestraft.

Volkskundliche Quellen aus Norddeutschland berichten von durchaus fürsorglichen und einander in dieser Fürsorglichkeit kontrollierenden Müttern.[18] Auch die Zuschreibung der Mutterliebe im weiblichen Geschlechtscharakter[19] und die fortgesetzte Warnung der Ärzte vor übertriebener Mutterliebe[20] sowie die mit großer Effizienz durchgeführte Kampagne zur Senkung der Säuglingssterblichkeit sprechen für eine andere, oder jedenfalls zusätzliche, eher modernisierungstheoretische Erklärung. Die "rationale Funktionalität" und mit "straffer Zweckmässigkeit" eingesetzte "kriminelle Energie"[21] der Nazi-Organisatoren und ihrer Nutznießer[22] scheint mir sozialisationstheoretisch durch kalte Hygiene und Pünktlichkeit in der Säuglingsversorgung besser erklärt als durch Verwahrlosung und offene Aggression.

Die professionellen Grundlagen dieser im späten 19. Jahrhundert eingeleiteten medizinischen Normierung der Säuglingsversorgung problematisierte der Medizin-

---

[12] Spree (1981), S. 62 u. passim.
[13] Falter (1991).
[14] Aly (2005), S. 14.
[15] Schütze (1986), S. 73.
[16] Seidel (1998), S. 239.
[17] deMause (2005), S. 140.
[18] Ottmüller (1991), S. 21.
[19] Schütze (1986), S. 22 ff.
[20] vgl. ebd., S. 72.
[21] Aly (2005), S. 19.
[22] ebd., S. 114 ff.

historiker Eduard Seidler wie folgt: "Da – wie seit altersher betont wurde – das Kind keine Auskunft über seinen Zustand geben konnte, sehen wir in der Folge die Medizin bemüht, am Kind objektivierbare Einzelbefunde zu erheben... Das dominierende Motiv ist die Gewinnung normierender Erkenntnisse mit der methodischen Prämisse der Quantifizierung der erhobenen Befunde...

Das Kind als Gegenstand dieser neuen Pädiatrie erfuhr jedoch durch diese Entwicklung folgenschwere Umwertungen... Die Neuformulierung des Entwicklungsgedankens durch Charles Darwin führte in seiner letzten Konsequenz zu einer grundsätzlichen Vergleichbarkeit der Erscheinungen auch von Tier und Mensch; was die bürgerliche Gesellschaft nach wie vor mit 'Erziehung' ansprach, wurde biologisch zu Problemen der 'Aufzucht'."[23]

Was waren die Auslöser dieses problematischen Innovationsschubes?

Eine wesentliche Rolle spielte die Professionalisierung der Arztlaufbahn als eine hochgeschätzte Aufstiegsmöglichkeit für Bürgersöhne in einem – im Vergleich zu anderen europäischen Staaten – noch immer stark adelsdominierten Obrigkeitsstaat. Dieser Aufstieg erforderte offenbar ein dem Adel nacheiferndes Standes- und Ehrbewusstsein, das sich unter anderem in der Profilierung der Ärzte als "notorische Duellantengruppe" ausdrückte.[24] Speziell den Kinderärzten kam bei ihrem Ringen um gesellschaftliche Anerkennung ein nationaler Skandal entgegen: In manchen (süd-)deutschen Regionen starb mehr als die Hälfte der Kinder vor Ablauf ihres ersten Lebensjahres.[25] Die Statistik, seit den 1880er Jahren ebenfalls Aufstiegsleiter für strebsame Bürgerkinder, brachte es an den Tag: Die Kulturnation Deutschland lag, neben Italien und Österreich, an der Spitze der europäischen Säuglingssterblichkeit.[26] Darüberhinaus beklagten die Offiziere des kaiserlichen Volksheeres den schlechten Gesundheitszustand der – in ebenfalls neuartig-durchorganisierter Weise – wehrpflichtigen Rekruten.[27] Bereits 1872 argumentierte einer "der wichtigsten und eigenwilligsten frühen Pädiater" auch nationalökonomisch für "die Notwendigkeit sachgerechter Diätetik", indem er mit bemerkenswerter Kälte konstatierte: "dass auf die Entwicklung und die erste Pflege und Erziehung ein Kapital verwandt wird, welches mit dem etwaigen Tode des Kindes ein absoluter Verlust ist. Durch fehlerhafte physische und moralische Diät zu körperlichen und sittlichen Krüppeln erzogene Kinder seien darüberhinaus nicht im Stande, 'die Kosten ihrer Existenz zurückzubezahlen, noch gar den Nationalreichtum zu vermehren, sondern sie sind eine Last für den Staat, der die Pflicht nicht abweisen kann, sie entweder zu unterstützen, oder sie in Heilanstalten oder in Zuchthäusern unterzubringen'. Auf der Basis dieser Gesichtspunkte seien die sozialhygienischen Gesetzgebungen eher bestrebt gewesen, Nachteile zu verhüten, als Menschlichkeit zu üben."[28]

Vor diesem Hintergrund erschienen die deutschen Mütter im aufkommenden Kräftemessen der Nationen als inkompetente und rückständige Gefühlswesen, die

---

[23] Seidler (1973), S. 294.

[24] Frevert (1991), S. 171.

[25] Peiper (1991), S. 408.

[26] Imhof (1981).

[27] vgl. dazu Frevert (1991), S. 260 ff., und Wahrendorf (1913), S. 112.

[28] Peiper (1991), S. 296.

zudem nicht selten erschöpft in ihrem letzten Kindbett verstarben. Mutter und Kind gefährdeten sich aus dieser Sicht[29] gegenseitig. Die Ärzte versuchten vor allem auf zwei Wegen Ordnung in dieses Chaos zu bringen: Durch strenge Hygiene und durch die strikte Reglementierung der Säuglingsernährung, objektiviert durch Waage und Uhr.

Auch hier stand die Statistik Pate. In Säuglingskrankenhäusern und -heimen, die die Kinder mittelloser und oft sozial als "gefallen" ausgegrenzter Mütter versorgten, standen Hunderte von Probanden zur Austestung optimaler Nahrungsqualitäten, -mengen und -intervallen zur Verfügung. Bruststillen war dabei in einem Verhältnis von 7 : 1 gegenüber "künstlicher Ernährung" bei weitem am erfolgreichsten[30], und die Menge konnte durch regelmässiges Wiegen exakt bestimmt werden.

Die technokratische Sicht auf die Säuglinge drückte sich auch im Verhältnis zu den Frauen aus, die die Krankenhaussäuglinge stillen sollten. Arthur Schloßmann, als Gründer des Dresdner Säuglingsheimes und Vorkämpfer der bislang in Anstalten eher gemiedenen Ammenernährung, berichtet ausführlich über "seine" Erfolge. Mit umfangreichem, graphisch aufbereitetem Zahlenmaterial weist er nach, dass "excessive Leistungsfähigkeit der weiblichen Brustdrüsen durchaus nichts seltenes ist."[31] Dabei erschien der Einsatz von – teilweise bewusst "niedrig angesetzten"[32] – Geldprämien als legitimes Steigerungsmittel.

Ungeniert bezeichnet er die Ammen bzw. ihre Brustdrüsen als "Material"[33] und kommt zu Gleichungen wie der folgenden: "Die Höhe der Sterblichkeit kranker Säuglinge ist – alles übrige gleichgesetzt – umgekehrt proportional der Menge Frauenmilch, die zur Verfügung steht."[34] Ob und wie lange die Krankenhaus-Ammen dabei auch ihr eigenes Kind stillen und – im Anstaltsbetrieb ohnehin nur zu begrenzten Zeiten – bei sich behalten durften, war für Ärzte wie Schloßmann einzig eine Frage der Überlebenswahrscheinlichkeit: "Es erweist sich nämlich als unzweckmässig, die Ammenkinder länger als 4, 5 oder höchstens 6 Monate im Hause zu behalten. Dann kommt die Zeit, wo man sie ohne Befürchtung entweder entwöhnen und in Privatpflege künstlich ernähren lassen kann, oder aber, wo man sie einer stillenden Ziehfrau mitgibt."[35] Im Kampf um nationale Ziele und professionellen Ruhm waren die Gefühle der Mütter so irrelevant wie die der Kinder. Die Kinder selbst wurden, u.a. auf der Basis von Experimenten mit elektrischen Stromstößen[36], dabei

---

[29] Zu den sozialgeschichtlichen und ethnographischen Hintergründen siehe ausführlich: Ottmüller (1991) und (2002).

[30] Manz et al. (1997), S. 575.

[31] Schloßmann (1906), S. 28.

[32] Riehn (1913), S. 109.

[33] "Ich stehe also ... auf dem Standpunkt, daß es überall möglich ist, bei geeigneter Organisation das nötige Ammenmaterial herbeizuziehen." Schloßmann (1906), S. 24 (Hervorhebung im Original.) Ein hier sicher nicht mitbedachter Aspekt dieser Organisation war die Schwängerung von Dienstmädchen und Arbeiterinnen durch Herren jener Gesellschaftsklassen, die sie hinterher als gefallene Mädchen und moralisch minderwertig abqualifizierten.

[34] Schloßmann (1906), S. 30.

[35] ebd., S. 32 f.

[36] Peiper (1991), S. 290.

als "neurologische Mängelwesen"[37] oder bloße Verdauungsmaschinen betrachtet, die kein, oder nur ein gänzlich uninteressantes Seelenleben besaßen. Beeindruckt von den Erfolgen der Naturwissenschaften im technischen Sektor suchte die aufstrebende moderne Medizin die Gesetze der Objektivität auch am Menschen zu perfektionieren.[38]

Von einem Arbeitsbündnis zwischen Arzt und Patient kann in diesem Bereich der medizinischen Entwicklung also kaum die Rede sein, und Oevermanns Begriff des "ingenieurialen Wissensmodus" erscheint auf beklemmende Weise angemessen. Zu Gunsten der Ärzte lässt sich gleichwohl anführen, dass das Ziel der physischen Heilung und Lebensrettung dabei nicht nur in der Regel durchaus gewahrt blieb, sondern mittelfristig sogar mit – auch international – aufsehenerregender Quote gesteigert wurde.[39] Allerdings halten Friedrich Manz und Coautoren in einer am Dortmunder Institut für Kinderernährung durchgeführten historischen Studie die sterblichkeitssenkende Wirkung der neuen Stillempfehlungen "retrospektiv für nicht zu erfassen", weil sich gleichzeitig "zu viele andere Einflussparameter verändert haben."[40] Auf jeden Fall muss die Ausgangssituation der empirischen Säuglingsmedizin berücksichtigt werden: In den Findel- und Waisenhäusern, Säuglingsheimen und -krankenhausstationen starben bis zum späten 19. Jahrhundert durchschnittlich 70%, teilweise auch bis zu 100% der Kinder.[41] Eine zeitgenössische Beschreibung um 1900 veranschaulicht die soziale Herkunft und das Schicksal dieser Kinder wie folgt: "Die verdorbene Luft enger, überfüllter Wohnräume, die ... dem kindlichen Magen widerstrebende Ernährungsweise, der Einfluss der Kälte, des Hungers, der mangelnden Pflege der Mutter, alle diese Momente wirken zusammen, ... jene jammervollen Krankheitsbilder zu schaffen, die uns in den Sprechstunden der Armenärzte, in den Polikliniken, in den Kinderstationen der Krankenhäuser entgegenstarren. Viele dieser unglücklichen Geschöpfe ... fallen schon in den ersten Tagen nach der Geburt ... die meisten werden atrophisch, durch anhaltende Diarrhoe heruntergebracht oder durch käsige Degeneration und allgemeine Tuberculose decimiert. Ein großer Teil der Kinder ist unehelich geboren..."[42] Auch die bekannten Kinderkrankheiten und allgemeine Infektionskrankheiten werden als grassierende Todesursachen genannt.[43] Ein im heutigen Sinne empathisches Verhältnis zu diesen Kindern hätte die Ärzte vermutlich in Depressionen gestürzt und sie damit ihre Arbeitsfähigkeit gekostet.

Bemerkenswert ist aber, dass bereits früheste klinische Studien zur streng reglementierten Säuglingsernährung "unerwartet schlecht" ausfielen.[44] Auch spo-

---

[37] Manz & Papoušek (2006).

[38] So "teilte" O. Heubner, Leiter der Berliner Universitäts-Kinderklinik, "vorübergehend die Pflege der Säuglinge derart, daß die eine Schwester nur mit der oberen, die andere nur mit der unteren Körperhälfte zu tun hatte." Peiper (1991), S. 279.

[39] Manz et al. (1997), S. 575.

[40] ebd., S. 577; s. auch Spree (1981), S. 61ff.

[41] Peiper (1991), S. 277f.

[42] Henoch nach Peiper (1991), S. 277f.

[43] Peiper (1991) ebd. ff.

[44] Manz et al. (1997), S. 576 ff.

radische Kritik von konservativeren Ärzten[45] wie auch ein erster Artikel über Hospitalismus[46] stießen auf keine nennenswerte Resonanz. Erst die unter Leitung von René A. Spitz in den 1940er und 50er Jahren durchgeführte klinische Forschung, die das noch immer virulente Krankheitsbild des Hospitalismus quantitativ bestätigte, brachten eine nun vor allem psychologisch orientierte Fachöffentlichkeit dazu, sich mit den oft tödlichen oder bei überlebenden Kindern extrem aggressionsfördernden Nebenwirkungen hygienebegründeter Isolation und Kontaktminimierung zu befassen.[47]

Die nationale Kampagne

Allen möglichen Einwänden zum Trotz griffen ab ca 1905 "alle namhaften klinisch tätigen Pädiater Deutschlands ... die neuen Empfehlungen innerhalb weniger Jahre auf"[48] und beanspruchten im Rahmen einer nationalen Kampagne gegen die Säuglingssterblichkeit ihre Geltung für alle Mütter und Säuglinge in Privathaushalten. In dieser Kampagne, die den zügigen Aufbau eines Fürsorgesystems und auch die – im Bedarfsfall verbilligte – Lieferung von hygienisch überwachter und gekühlt transportierter Kuhmilch organisierte[49], wurden die neuen Normen durch Vorträge, Ratgeberliteratur, Beratungs- und Fürsorgestellen und zahllose Faltblätter propagiert. Durch Hausbesuche bei unehelichen Müttern sowie in Pflege gegebenen Säuglingen und durch die Knüpfung verbilligter Milchlieferungen an den Besuch von Säuglingsfürsorgestellen konnten auch bildungsferne Schichten erreicht werden.[50]

Der martialische Impetus dieser (Still-)Kampagne wurde besonders während des Ersten Weltkrieges – hier im Vorwort eines Ratgebers von 1917 – deutlich: "Die Muttermilch, das weiße Blut der Mütter, ist die beste Grundlage für den sich entwickelnden Organismus. Aus der Brust der eigenen Mutter trinken die Kinder Widerstandsfähigkeit, unschätzbare und unersetzliche Kräfte, die für ihr ganzes Leben anhalten. Und wenn wir in der weiteren Entwicklung und Erziehung unserer Knaben in Erster Linie das Eine im Auge behalten müssen, daß sie dereinst wehrhaft und stark das Vaterland mit dem Schwert in der Faust verteidigen können, so gilt bei der Erziehung unserer weiblichen Jugend das Andere: In blühender Frauen Schoß liegt die Zukunft unseres Volkes. Wird unsere Jugend in diesem Sinne erzogen, so ist und bleibt das deutsche Volk unüberwindlich."[51]

Dass die stark normativen Stillempfehlungen nach Zeit- und Gewichtsplan "von der Öffentlichkeit ungewöhnlich positiv aufgenommen"[52] wurden, erklärt sich wohl vorrangig aus dem hierarchischen Zeitgeist der wilhelminische Gesellschaft.

---

[45] ebd., zur früheren Pädiatrie vgl. auch Ottmüller (1981), S. 101ff.
[46] Freund, W., nach Manz et al. (1997), S. 579.
[47] Spitz (1967), S. 279 ff.
[48] Manz et al. (1997), S. 576.
[49] Hunaeus (1913), S. 133 ff.
[50] Wahrendorf (1913), S.121 ff.
[51] Flachs (1917), S. 9. Im Überschwang der anachronistisch-heroischen Aufwallung verschmelzen Brust und Bauch der Mutter-Frau.
[52] Manz et al. (1997), ebd.

Die – ausschließlich männlichen – Kinderärzte, die in Deutschland später als in anderen europäischen Ländern selbst noch um ihre Anerkennung innerhalb der Ärzteschaft zu kämpfen hatten, standen "unter permanentem Erfolgszwang"[53] und suchten diesen durch die Perfektionierung der Ernährungsrationen auf eine Weise zu befriedigen, die die Entscheidungsbefugnisse des weiblichen Krankenhauspersonals wie auch der Mütter zu Hause weitestmöglich reduzierte. Natürlich bietet sich hier auch die Frage nach den eigenen frühkindlichen Erfahrungen dieser Ärzte und nach ihrer möglichen Angst vor weiblicher Übermacht an.[54]

Dennoch ist die von Manz u.a. belegte große öffentliche Zustimmung ohne die Zustimmung der Frauen kaum denkbar, zumal der vaterländische Frauenverein eine führende Rolle und die deutsche Kaiserin die Schirmherrschaft in der nationalen Kampagne zur Senkung der Säuglingssterblichkeit übernahm.[55]

Was brachte die Frauen dazu, so gehorsam ihre eigenen Kompetenzen zu missachten? Mir scheint hier wichtig, dass die – man könnte sagen – Machtübernahme der Ärzte im Kinderzimmer auch eine – zumindest formale – Verantwortungsübernahme war. Die Säuglingssterblichkeit war schließlich auch jenseits des nationalen Getöses eine reale – direkte oder indirekte – Erfahrung der Frauen, und die Forschung lässt wenig Zweifel an der traumatisierenden Wirkung des Verlusts eines Kindes für die Mutter.[56] Die traditionelle Gesellschaft hatte hierfür vielfältige – aus heutiger Sicht irrationale – Rationalisierungen entwickelt[57], die mit der Modernisierung an Überzeugungskraft verloren. So diente die bereitwillig angebotene Verantwortungsübernahme der Ärzte wohl auch der Abwehr von Schuldgefühlen, bzw. von Schuldangst. Waren die Regeln eingehalten, hatte die Mutter – zumindest auf dem damaligen Rationalisierungsniveau – ein reines Gewissen. Während diese Entspannungsfunktion für die individuelle Mutter gelten könnte, hatten die zahllosen ehrenamtlichen und professionellen Fürsorgerinnen, die in der Folge die Einhaltung der Hygiene- und Ernährungsverordnungen bei den Unterschichtfrauen kontrollierten, vielleicht noch ein zusätzliches Motiv. Die Konzentration auf strikte Verhaltensregeln und Gewichtsschemata, die vermutlich von diesen selten umfassend eingehalten werden konnten, lenkte ab von den sozialen Ursachen des Säuglingselends und dem Profit, den die Mittel- und Oberschichten aus diesen Ursachen zogen.

Aus einer anderen, weniger psychologischen Perspektive wurde die "Medikalisierung" der Mutterschaft auch als deren Aufwertung zu einer wissenschaftlich fundierten Tätigkeit gesehen.[58] Dies allerdings im Verlauf des 19. Jahrhunderts und in Frankreich, in dem eine gegenseitig nutzbringende "Allianz" von (Haus-)ärzten und Müttern eine frühere Senkung der Säuglingssterblichkeit ermöglichte. Das Engagement der deutschen Frauenverbände für die Gesundheit künftiger Wehrpflichtiger könnte demgegenüber auch eine Rolle in ihrem Kampf um politische Anerkennung

---

[53] ebd., S. 577.
[54] vgl. Chodorow (1985), S. 137ff.
[55] Poten (1913), S. 19.
[56] Klaus & Kennell (1987), S. 124.
[57] Ottmüller (1991). So glaubte man in Bayern, ein frühzeitig "gehimmeltes" Kind würde im Himmel für das Seelenheil seiner Eltern beten.
[58] Donzelot (1977).

Die medizinische Normierung der Säuglingspflege 29

gespielt haben, da man den deutschen Frauen das Wahlrecht u.a. mit der Begründung verweigerte, dass sie keinen Militärdienst leisteten.[59]

Wie dem auch sei, die idealen Bedingungen für die Umsetzung der Forschungsergebnisse der Kinderärzte fanden sich aus ihrer Sicht nur bei den von Berufsarbeit freigestellten, sozial gutsituierten verheirateten Müttern, historisch gesehen also bei den Müttern der zukünftigen Eliten. Für diese verfassten sie eine Vielzahl von Ratgebern in Buchform. Wahrscheinlich war das Verfassen von Ratgeberliteratur eine willkommene Nebeneinnahme für Krankenhausärzte – auf jeden Fall war es eine Gelegenheit, das klinisch erworbene Wissen an die Frauen der eigenen Klassen zu vermitteln und diesen gegenüber Autorität zu beanspruchen.

Exemplarisch für diese Gebrauchsliteratur möchte ich hier den Ratgeberband "Briefe an eine Mutter"[60] vorstellen. Er wurde von ca. 1890 bis 1920 in über 20 000 Exemplaren verkauft. Sein Autor Erich Müller war Chefarzt am "Waisenkrankenhaus" in Berlin-Rummelsburg, Leiter des Archivs für Kinderheilkunde und Verfasser zahlreicher Arbeiten über erbliche Syphilis.

Müllers "Briefe an eine Mutter" weisen nun sowohl stilistisch als auch inhaltlich eine große Ähnlichkeit zu dem nationalsozialistisch geprägten und propagierten[61] Mütterratgeber von Johanna Haarer "Die deutsche Mutter und ihr erstes Kind"[62] auf, das bis Kriegsende fast 700 000 mal gedruckt wurde. Dieses Buch wurde zusammen mit weiteren Büchern Haarers, die sich auf größere Kinder beziehen, von Sigrid Chamberlain[63] im Hinblick auf seine sozialisatorischen und politischen Ziele ausgewertet. In ihrem Buch "Adolf Hitler, die deutsche Mutter und ihr erstes Kind" analysierte Chamberlain die von Haarer empfohlenen mütterlichen Einstellungen und Verhaltensregeln mit Hilfe der aktuellen Säuglingsforschung und der Bindungstheorie eindrucksvoll als perfekten Nährboden für den nationalsozialistischen Charakter, an dem sie besonders seine Bindungsunfähigkeit und mangelndes Selbstvertrauen hervorhob[64]. Aufgrund der Kontinuität der Erziehungsregeln[65] passen diese Kommentare auch bereits auf zentrale Anliegen der Müllerschen Mutterbriefe. Während der "Erziehungsauftrag" in beiden Ratgebern mit ähnlicher Härte und Kälte formuliert ist, bringt die Lungenfachärztin Haarer anstelle einer pädiatrischen Ausbildung eine weiblich-mütterliche Erfahrungsnähe ein, die sie als gehorsame Schülerin kaiserzeitlicher Belehrungen erscheinen lässt.

Dass die sozialisatorischen Leitlinien von Haarers Belehrungen bereits im Kaiserreich entwickelt wurden, bestätigt im Übrigen Chamberlains sozialisationstheoretische Thesen, handelt es sich doch hier tatsächlich um die Kindheitsjahre der

---

[59] Frevert (2001), S. 287.

[60] Müller (1922). Eine erste Auswertung dieses Buches habe ich bereits 1981 im Zusammenhang meiner Projektarbeit mit Reinhard Spree zu "Sozialisatorisch relevante Dimensionen sozialer Ungleichheit in Deutschland seit dem Ende des 19. Jahrhunderts" am Berliner Max-Planck-Institut für Bildungsforschung veröffentlicht (Ottmüller 1981). Aus diesem Aufsatz wurden hier Teile wörtlich übernommen.

[61] Dill (2000).

[62] Haarer (1940).

[63] Chamberlain (2000).

[64] ebd., S.13.

[65] Liberalere Entwicklungen der deutschen Pädiatrie während der Weimarer Republik können hier aus Zeitgründen nicht berücksichtigt werden.

aktiven Nazigenerationen und ihrer Eltern. Ich werde deshalb – quasi in einem Dreischritt[66] – Müllers Briefe, Chamberlains Kommentare und die entsprechenden Anweisungen Haarers ausführlich zitieren.

Das Leitmotiv von Müllers Ratschlägen entspricht der ärztlichen Lehrmeinung: "Vor allem sollen Ruhe und Ordnung herrschen, damit sich der Kleine rechtzeitig für seinen Beruf als Staatsbürger vorbereitet und es frühzeitig lernt, sich den Anforderungen unterzuordnen, die die Gemeinschaft, in der wir nun einmal leben, an uns stellt."[67] Bei Haarer finden sich zahlreiche ähnliche Passagen, die Forderung wird aber auch, vielleicht als permanente Verunsicherung, an die Mutter zurückgewendet: "Nur eine pflichtbewusste, charakterfeste Frau mit gesundem Menschenverstand, die Sinn hat für Ordnung, Regelmäßigkeit, Pünktlichkeit und Sauberkeit, wird ihr Kind richtig erziehen können."[68]

Kontaktminimierung

Beiden Ratgebern ist eine generell abwehrende, häufig auch abwertende Haltung zum Kind gemeinsam, die Chamberlain bei Haarer so zusammenfasst: "Die Mutter (soll) 'hart' bleiben, nicht 'sündigen' aus 'Liebe' oder 'Unverstand' heraus. Sich mit dem Baby zu befassen, ist 'sinnlos', es geht in der Regel um ' Kraftproben', das Baby soll etwas (nämlich die Absicht der Mutter, U.O.) 'begreifen', 'still' sein. Die Mutter braucht 'Strenge', 'Beharrlichkeit', 'Willenskraft' und vor allem immer wieder 'Unerbittlichkeit'. Vom lästigen oder schädlichen Herumtragen oder auch unzweckmäßigen Herumschleppen des Säuglings ist mehrmals die Rede."[69]

Ähnlich schreibt bereits Müller: "So ein kleiner Kerl merkt erstaunlicherweise sehr bald, daß er durch Schreien das unterhaltende Herumtragen ertrotzen kann, und wird rücksichtslos danach handeln. Sie werden dann sehr bald das Spiel verloren, und sich eine langweilige und unnötige Last aufgebürdet haben. ... Der süße Liebling wächst sich schnell zum Tyrannen des Hauses aus, und zwar nur durch Ihre Schuld."[70]

Auch Johanna Haarer warnt ausführlich vor dem "Haustyrannen": "Fange nur ja nicht an, das Kind aus dem Bett herauszunehmen, es zu tragen, zu wiegen, auf dem Schoß zu halten, es gar (außerhalb des Zeitplanes, U.O.) zu stillen. Das Kind begreift unglaublich rasch, daß es nur zu schreien braucht, um eine mitleidige Seele herbeizurufen und Gegenstand solcher Fürsorge zu werden. Nach kurzer Zeit fordert es diese Beschäftigung mit ihm als ein Recht, gibt keine Ruhe mehr, bis es wieder getragen, gewiegt oder gefahren wird – und der kleine, aber unerbittliche Haustyrann ist fertig."[71]

---

[66] Die Form der Textcollage wurde u.a. aus arbeitsökonomischen Gründen gewählt und versteht sich vorrangig als Auslotung eines Forschungsfeldes. Sie will andere Schwerpunktsetzungen bei der Interpretation Haarers, etwa von Benz (1988) oder Kaminer (1997), nicht abwerten. Zum neuesten Forschungsstand vgl. Grünberg (2006).
[67] Müller (1922), S. 62.
[68] Chamberlain (2000), S. 101.
[69] ebd., S. 26.
[70] Müller (1922), S. 64 f.
[71] Haarer nach Chamberlain (2000), S. 26.

Die medizinische Normierung der Säuglingspflege 31

Dazu kommentiert Chamberlain: "Eines Tyrannen entledigt man sich durch Tyrannenmord. Das Baby ist ja nun noch kein Tyrann, droht aber einer zu werden, folglich muss es zwar noch nicht umgebracht werden, Todesangst aber soll es ausstehen. Und Todesangst steht es aus, wenn es Nacht für Nacht und Tag für Tag bis auf kurze Zeiten zwischendurch und wirklich von den ersten Minuten nach der Geburt an alleingelassen wird.

Dem Baby, das so behandelt wird, wird vom Beginn seines Lebens an Körperkontaktverlust zugefügt. Seine Körperkontaktverlustangst aber ist Todesangst. Abgesehen von dem Erlebnis kaum vorstellbarer Angst macht das Baby, das seine Angst durch sein Weinen über lange Zeit vergeblich ausdrückt, auch die Erfahrung, selbst absolut nichts auf der weiten kalten Welt bewegen zu können, noch nicht einmal die eigene Mutter, es ist vollkommen verlassen. Bei Haarer liest sich das so: 'Nach wenigen Nächten, vielleicht schon nach der ersten, hat das Kind begriffen, dass ihm sein Schreien nichts nützt, und ist still' ".[72]

Schon im Kaiserreich war die Furcht vor dem Haustyrannen im übrigen nicht der einzige Grund, den Säugling im Bett liegen zu lassen: Wie an vielen anderen Stellen wird das psychologische oder soziale Argument mit einem medizinischen gerechtfertigt: "Dazu ist das Herumtragen nicht einmal gut für das Kind, denn die Stellung dabei ist für seine weichen Glieder nicht vorteilhaft. Es können sich dabei Verbiegungen, besonders der Wirbelsäule, ausbilden, wenn das Kind längere Zeit immer wieder in der gleichen, schiefen Lage gehalten wird."[73] Diese Warnung wird auch noch von Haarer ausgesprochen und von Chamberlain mit neuen, ihr entgegenstehenden Forschungsergebnissen kommentiert.[74] Sie sieht in der Ablehnung des Tragens vor allem eine Unterbindung von Körperkontakt als einer wesentlichen Voraussetzung sicherer Bindung.

Aber nicht nur der Kontakt zur Mutter soll minimiert werden, sondern mehr noch der zu anderen Haushaltsmitgliedern oder gar Besuchern. Erzieherische Erfordernisse gehen in der konkreten Ausführung dieses Programms schon bei Müller Hand in Hand mit medizinischen: Das Kind wird in seinem mit nicht mehr als zwei Stühlen ausgestatteten Zimmer[75] isoliert: "Die Ruhe der Umgebung wirkt zweifellos sehr wohltuend auf das Kind zurück, und deshalb sind Besuche im Kinderzimmer möglichst einzuschränken. Sie werden solche Ereignisse nicht ganz verhüten können, aber ich bitte, sie doch auf ein Mindestmaß beschränken zu wollen. Ein gewisses Recht, sein Kind gelegentlich zu sehen, ist ja dem eigenen Vater nicht abzusprechen, und auch die Großeltern nehmen an dieser Berechtigung immerhin teil. Darüber hinaus sollten Sie aber nur selten gehen, sicher aber die Besuche auf wenige Augenblicke der Besichtigung des Kindes aus achtungsvoller Entfernung beschränken. Niemals dürften Sie aber irgendeinen Menschen, auch wenn er Ihrem Herzen noch so nahe steht, das Kinderzimmer betreten lassen, wenn er nur ein wenig erkältet oder verschnupft ist. ... Mit jeder Ausatmung und besonders mit jedem Hustenstoß streut so ein wandelnder Seuchenherd seine Krankheitskeime im Zimmer aus

---

[72] Müller (1922), S. 27.
[73] ebd., S. 65.
[74] Chamberlain (2000), S. 32.
[75] Müller (1922), S. 49.

und wird damit eine Quelle für Krankheiten – besonders die Grippe – , die gerade für kleine Kinder unangenehme Folgen haben können. ... Erlauben Sie es auch nicht, daß irgend jemand Ihr kleines Kind ins Gesicht oder gar auf den Mund küßt; gerade bei dieser nahen Berührung ist die Gefahr für die Übertragung ansteckender Krankheiten groß."[76]

Ganz ähnlich bei Haarer: "Ist Hilfe im Haus, die sich um das Neugeborene kümmern kann, und ist genügend Platz vorhanden, so raten wir ganz unbedingt dazu, es von der Mutter getrennt unterzubringen und es ihr nur zum Stillen zu reichen. Der Mutter wird auf diese Weise nicht nur viel Beunruhigung erspart – sie horcht nur zu gern ängstlich auf jede Lebensäußerung des kleinen Wesens und sorgt sich unnötig darum – sondern auch für das Kind ist ein eigener Raum von großem Vorteil. Dort ist es dem Ansturm der Besucher weniger ausgesetzt und läuft nicht so sehr Gefahr, von allen möglichen Händen angefaßt oder aus dem Bett genommen und immer wieder geräuschvoll begutachtet zu werden. Indem wir dem Kind dies ersparen, behüten wir es vor Beunruhigung oder Wärmeverlust und vor allem vor Erkrankungen. ... Außerdem hat die Trennung von Mutter und Kind für letzteres außerordentliche Vorteile..."[77] An anderer Stelle heisst es lapidar: "Am besten ist das Kind in einem eigenen Zimmer untergebracht, in dem es dann auch alleine bleibt."[78] Bei der Breite ihres Adressatinnenkreises und ihrem Idealbild der 4-Kinderfamilie[79] kann sie nicht unbedingt von einem Zimmer pro Kind ausgehen.

Die Säuglingsernährung

Entsprechend ihrer zentralen Rolle bei der klinisch-statistischen Erforschung der Ursachen von Säuglingssterblichkeit nimmt die Frage der Säuglingsernährung bei Müller breitesten Raum ein, und die Notwendigkeit des Stillens wird mit großer Vehemenz vertreten. Dabei appelliert Müller fast ausschließlich an das Pflicht- und Schuldgefühl der Mutter, so dass gerade dieser Bereich an sich lustvollen, intimen körperlichen Kontakts zum strategischen Feld gegen den als nationales Problem verstandenen "Säuglingstod" erklärt wird, in dem Einsicht in die Notwendigkeit und Perfektion im Zeitplan zu herrschen hat. Dies scheint mir das Paradox zur Folge zu haben, dass gerade die Propaganda für körperlich intensive Interaktion zu ihrer Zerstörung und Neutralisierung beiträgt.

Um diese für die Geschichte frühkindlicher Sozialisation wichtige These verständlich zu machen, gebe ich Müllers Argumentation hier ausführlich wieder. "Wenn Ihre Bekannte – eine Freundin ist sie Ihnen gewiß nicht – ein gut gedeihendes Kind und wie sie meint, gesundes Kind besitzt, das sie von vornherein künstlich oder unnatürlich ernährt hat, so ist sie zuerst einmal, wenn nicht ein ganz besonderer Grund für diese Fahnenflucht (sic! U.O.) vorgelegen hat, ihrem Kinde ganz sicher

---

[76] ebd., S. 125.

[77] Chamberlain (2000), S. 23.

[78] ebd., S. 26.

[79] ebd., S. 15: Haarer warnt hier vor der "riesenhaften Gefahr des Volkstodes". Gemeint war die Kombination von Geburtenrückgang und Säuglingssterblichkeit, die bereits in früheren Jahrzehnten diskutiert wurde.

Die medizinische Normierung der Säuglingspflege 33

keine gute Mutter gewesen. Dann beweist dieser Einzelfall – es gibt natürlich eine Reihe solcher Kinder – gar nichts gegen die tausendfach durch sachliche und ernste Beobachtungen bewiesene und erhärtete Tatsache, daß Kinder an der Brust viel sicherer gedeihen und auch später für das Leben mit seinen vielfachen Belastungsproben besser gerüstet sind als Flaschenkinder. Ansteckungen aller Art, angeborene krankhafte Anlagen treten bei ihnen viel milder auf als bei den irgendwie unnatürlich ernährten Kindern. Ich möchte auch einmal diesen künstlichen Sprößling mit den eigenen kritischen Augen betrachten und untersuchen, ob er wirklich die körperlichen Eigenschaften besitzt, die wir heute von einem Kinde verlangen, das wir für gesund und gut gedeihend halten. Wir stellen jetzt an die normale Entwicklung eines Kindes andere Anforderungen, als das früher vielfach der Fall war, eine Errungenschaft jahrzehntelanger, zielbewußter Arbeit der Kinderärzte."[80]

Das Selbststillen soll auch "Sorglosigkeit" gegenüber der körperlichen Entwicklung des Kindes "in den gefährlichen Monaten des ersten Lebensjahres"[81] bewirken. Weiterhin wird auf die "Bequemlichkeit" und Geldersparnis hingewiesen, die das Bruststillen gegenüber den aufwändigen Prozeduren der Frischmilchbesorgung und -behandlung aufweist, und auf die "im allgemeinen von den Frauen noch nicht genügend gewürdigten" Einflüsse des Stillens auf die "Rückbildung der Gebärmutter zur Norm". Schließlich wird der empfängnisverhütende Effekt des Stillens erwähnt, der die für die Frau gesundheitsschädigende, zu schnelle Geburtenfolge verlangsamt. Zu anderen Methoden der Empfängnisverhütung äußert er sich in seinem Buch allerdings nicht.

Nach diesen eher individuellen Argumenten folgen statistische "Massenbeobachtungen", die die mütterliche Entscheidung unmittelbar mit dem möglichen Tod des Kindes und indirekt mit Fragen des nationalen Überlebens verknüpfen: "So ist durch einwandfreie Berechnungen festgestellt worden, daß in den nordischen Ländern von 100 Säuglingen nur 8 bis 10 sterben, während wir in Deutschland 20 bis 25 verlieren. Das bedeutet für unser Volk einen jährlichen Verlust von über 400 000 Säuglingen. Eine erschütternd hohe Zahl, die den deutschen Frauen gar nicht oft genug, und nicht eindringlich genug vorgehalten werden kann. Der Grund für dieses krasse Mißverhältnis in der Säuglingssterblichkeit der beiden Länder liegt einzig und allein darin, daß die nordischen Frauen in der überwiegenden Mehrzahl ihre Kinder selbst stillen, während es bisher nur eine Minderheit der deutschen Frauen fertig gebracht hat. ... Das sind Zahlen, die doch wirklich geeignet sind, das Gewissen unserer Frauen aufzurütteln, und sie zwingen sollten, zu der einfachen Pflicht, ihr Kind zu stillen, zurückzukehren."[82]

Auch die Stillfähigkeit der deutschen Frauen ist eine Frage der Statistik: "In der Landesfrauenklinik in Magdeburg sind in den Jahren 1911 bis 1913 2188 Wöchnerinnen auf ihre Stillfähigkeit untersucht worden. Dabei zeigt es sich, daß ... 87% ausreichend stillfähig, ... 12% mangelhaft und ... 1% unfähig zum Stillen war."

Derartig vom "Ernst der Lage" und der Notwendigkeit des Stillens überzeugt, kann die Frau nun "den Plan für die Stillzeit, und alles, was dazugehört", entgegen-

---
[80] Müller (1922), S. 76 f.
[81] ebd., S. 80.
[82] ebd., S. 82.

nehmen. Er soll, laut Müllers Briefen, endgültig festgelegt werden, sobald die Milch voll eingeschossen ist. Da das Kind zuvor noch nicht getrunken hat, so die Argumentation, liegt es zu diesem Zeitpunkt "in der Hand" der Mutter, ihre Absichten durchzusetzen, "damit sich sowohl das Kind als auch die Brust gleich von vornherein an Pünktlichkeit und Ordnung gewöhnen".[83]

Das verzögerte erste Anlegen, dessen Begründungen bereits 1927 in vielen Punkten widerlegt wurden[84], wird auch noch bei Haarer und bis in die sechziger Jahre hinein propagiert. Chamberlain weist in diesem Zusammenhang auf Untersuchungen hin, die darauf sowohl Saugschwierigkeiten des Kindes, als auch Schwierigkeiten der Milchbildung bei der Mutter zurückführen. Sofortige Trennung nach der Geburt hat nach Klaus und Kennell auch nachteilige Wirkungen auf die Einfühlsamkeit der Mütter: "Sie waren ungeschickter bei der Versorgung des Babys; sie hatten mehr Schwierigeiten beim Stillen, sie hielten das Baby seltener in en-face-Position, das heißt, sie erschweren den Blickkontakt."[85]

Das verzögerte Anlegen stärkt demgegenüber die Definitionsmacht des Arztes. Beim "normal entwickelten" Kind schlägt Müller fünf Mahlzeiten zwischen sechs Uhr morgens und zehn Uhr abends mit vierstündigen Trinkpausen vor, in denen einerseits die Mutter genügend Milch bilden kann, andererseits beim Säugling die nötige "Gier" entsteht, die ihn kräftig saugen lässt. Obwohl in der ersten Zeit darauf geachtet werden soll, dass mindestens eine Brust jeweils ganz leer getrunken wird, um die Milchbildung anzuregen, wird vor zu langem Trinkenlassen des Säuglings gewarnt: "Es ist auch nicht klug, das Kind länger als notwendig an der Brust liegen zu lassen, weil der kindliche Speichel die Brustwarzen angreift und unnötig erweicht, wodurch gelegentlich bei empfindlichen Warzen kleine Risse oder Wunden entstehen können. Sie erreichen im übrigen durch eine Verlängerung der Trinkzeit doch keine nennenswerte Erhöhung der Milchmenge. Es ist auch erzieherisch falsch, einen Säugling nach seinem Belieben an der Brust liegen zu lassen. So gebrauchen Sie unter gewöhnlichen Verhältnissen nur fünfmal täglich 15, oder mit den Vorbereitungen 20 Minuten für das eigentliche Stillgeschäft, und können sich zwischen den Mahlzeiten 3 3/4 Stunden lang Ihrer Tätigkeit und Ihrem Gatten widmen. Eine Herabsetzung der Trinkzeit auf 10 oder gar 5 Minuten ist im übrigen eines der kleinen, aber wirksamen Mittel, um einem Gewohnheitstrinker die tägliche Nahrungsaufnahme zu kürzen; denn es gibt Brustkinder, die sich durch beängstigend hohe Gewichtszunahmen, die natürlich nichts mit ehrlichem Wachstum zu tun haben, sondern nur ein Aufstapeln von Fett und unter Umständen eine Verwässerung der Körpergewebe bedeuten, unangenehm bemerkbar machen. Gegen solche Hamsterei, teils aus einer angeborenen Anlage, teils aus Freßsucht heraus, sollten Sie energisch einschreiten, Sie gefährden nur, wie Sie noch hören werden, die Widerstandsfähigkeit Ihres Kindes."[86]

Einwände, das Kind könne bei zu kurzer Stillzeit nicht satt werden, werden mit klinischen Zahlen widerlegt, die allerdings auch den Müllerschen Hamsterphanta-

---

[83] ebd., S. 84.
[84] Manz et al. (1997), S. 580.
[85] Chamberlain (2000), S. 24 f.
[86] Müller (1922),. S. 90 f.

sien widersprechen: "Viele Beobachtungen haben ergeben, daß ein Kind in den ersten 5 Minuten etwa 80 bis 90% seiner Mahlzeit zu sich nimmt, und in den nächsten 5 Minuten den ganzen Rest von 10 bis 20% ..." Müller glaubt sich in diesem Zusammenhang auf der Seite der Mutter (die er im Text ständig gegen das Kind ausspielt) und demonstriert selbstgefällige Fürsorglichkeit: "Sie sehen, ich denke nicht nur an das Kind, sondern auch an Sie selbst und suche Ihnen das Leben so angenehm wie nur möglich zu gestalten, wenn Sie Ihrer Pflicht als Mutter voll genügen."[87] Er erwähnt übrigens den wichtigen Einfluss positiver psychischer Einstellungen der Mutter auf das Stillen, die über Gehirn und Nervenbahnen den Milchfluss anregen. Die Freude, von der er spricht, ist aber "die Freude, ihr Kind selbst nähren zu können"[88]: Die Freude über eine Fähigkeit, nicht über eine gelungene lustvolle Interaktion.

Zur Lage des Kindes beim Trinken beziehungsweise zur Haltung der Frau dabei hat Müller noch eine besondere "Erleichterung" auf Lager: "Auf der Säuglingsabteilung der von mir geleiteten Anstalt hat sich seit vielen Jahren ein Stuhlmodell gut bewährt, das sich dadurch auszeichnet, daß die Lehne nach vorn geneigt ist, anstatt, wie beim Normalstuhl, ein wenig nach hinten. Die stillende Frau sitzt ja nach vorn geneigt. In dieser Stellung kann ihr nur eine sich stark nach vorn neigende Lehne eine Stütze sein."[89] Die Absurdität einer Stütze, die nicht das Körpergewicht von unten abstützt, sondern das Aufrichten und Entspannen des Körpers verhindert, sollte jedem unmittelbar einleuchten. Für Müller allerdings scheint Entspannung der Mutter vor allem Gefahr zu bedeuten: weder darf sie vergessen, in der Nasengegend des Kindes ihre Brust zur Seite zu drücken, damit das Kind atmen kann und nicht "unter Geschrei" die Brust loslässt, was eine "unliebsame und unnötige Störung" wäre, noch darf sie mit dem Kind an der Brust einschlafen, da sie dann "nicht mehr Herrin ihrer Bewegungen und Lage ist" und das Kind "zum mindesten empfindlich drücken und verletzen kann"[90]. Dass Blickkontakt solche Gefahren auch und besser vermieden hätte, liegt noch außerhalb des ärztlichen Horizonts.

Vielleicht liegt im obigen Stuhlmodell, d.h. in der oft inkompetenten Innovationslust früherer Kollegen, einer der (gewiss eher äußerlichen) Gründe für die bei Haarer per fotografischer Darstellung empfohlenen "Fehlhaltungen" beim Tragen, Stillen und Flaschehalten, die Chamberlain ausführlich bespricht.[91] Diese zeichnen sich durch minimierten Körperkontakt aus und verhindern den Blickkontakt beim Trinken. Zur Bedeutung des Blickkontakts verweist Chamberlain auf Experimente, bei denen die Mutter eine Gesichtsmaske trug und sich schweigsam verhielt. "Die betreffenden Säuglinge tranken ... wesentlich weniger Muttermilch, suchten, wenn sie in die Wiege zurückgelegt wurden, mit den Augen das Zimmer ab und zeigten ... eine signifikante Veränderung in den Schlafphasen". Dazu Chamberlain: "Wie beunruhigt muss ein Baby sein, wenn es ihm nicht nur in einem einmaligen Experiment so ergeht, sondern wenn die hier beschriebene Situation für es das normale ist? In welchen Teufelskreis gerät es, wenn es hungrig, verwirrt und unruhig, in der Fol-

---

[87] ebd., S. 85.
[88] ebd., S. 84.
[89] ebd., S. 92. Beim Stillen mehrerer Säuglinge war diese Innovation vermutlich besonders nachteilig.
[90] ebd., S. 93.
[91] Chamberlain (2000), S. 37.

ge schlecht schlafend nach jeder Mahlzeit zurückbleibt. Wenn es aus diesem permanent unbefriedigten Zustand heraus zunächst auch häufiger weint, was lediglich die Erfahrung verstärkt, 'dass es nichts nutzt'?"[92]

Insbesondere bei der mit ohnehin kürzerer Trinkzeit vorgesehenen Flaschenernährung zeigt Chamberlain, wie Haarers Anweisungen Körper- und Blickkontakt minimieren. Die Schwierigkeiten, die dabei entstehen, werden allein dem Kind angelastet, das nach dem Motto "Hunger ist der beste Koch" bis zur nächste Mahlzeit warten muss. "Man quäle sich mit einer Mahlzeit nicht zu lange ab und warte unerbittlich auf die nächste Fütterungszeit." Auch die Stillzeiten werden noch bei Haarer rigide begrenzt und vor "Bummeln" gewarnt. Chamberlain: "Ein Stillvorgang, der die psychischen und auch die physischen Bedürfnisse des Babys erfüllt, muss es ihm ermöglichen, den Phasen des aktiven, schnellen Saugens solche des langsamen Nuckelns und auch des Lutschens folgen zu lassen. Es muss intensiver Blickkontakt mit der Mutter stattfinden, und diese sollte es aushalten, dass das Baby Pausen macht, in denen es gar nicht saugt, für kurze Zeit einschläft oder tief in sich selbst versunken ist. ... Es gibt Hinweise darauf, dass das nicht manipulierte Saugen im eigenen Rhythmus dazu beiträgt, wichtige weitere Funktionen des kleinen Körpers, z.B. die der Atmung, reifen zu lassen, und dass hier späteren möglichen Erkrankungen oder Funktionsschwächen vorgebeugt werden kann."[93]

Reinlichkeitserziehung

Ich greife nun noch ein weiteres Thema auf, das – wie könnte es anders sein – in beiden hier vorgestellten Ratgebern große Aufmerksamkeit einfordert, nämlich die Reinlichkeitserziehung.

Herr Müller ist hier zunächst scheinbar liberal. Ihm zufolge hängt es sehr von der "Geduld und Energie der Mutter" ab, ob die – immerhin – seit dem 6. Lebensmonat den "Reinlichkeitsbedürfnissen des Kindes" zugewendete "erzieherische Fürsorglichkeit" frühen, das heißt am Ende des ersten Lebensjahres, oder erst späten Erfolg hat: "Es gilt ja ganz allgemein das Gesetz – und in der Hauptsache auch wohl mit Recht – , daß die Kinder, die bis weit in das zweite Lebensjahr hinein sich noch dauernd naß machen, von ihrer Mutter nicht gut erzogen sind. Sie haben also – ich bin milde – bis zum dritten Lebensjahr Zeit, den Beweis für Ihre Erziehungsfähigkeiten zu erbringen. Nur für geistig sich sehr langsam entwickelnde und auch wohl noch für sehr nervöse Kinder reicht diese Frist öfters nicht aus."[94]

Die Alternative, die auch in anderen Zusammenhängen bei Müller, und mit neuer Brisanz bei Haarer, auftaucht, lautet: Verantwortlich für das peinliche "Versagen" des Kindes ist entweder das Erbmaterial oder das gegenwärtige Verhalten der Mutter – ihre mangelnde Strenge. Im zweiten Lebensjahr des Kindes muss die tägliche, pünktlich zur selben Zeit vorgenommene "Haupt- und Staatsaktion" (so Müller wörtlich) der Darmentleerung bereits "rücksichtslos erzwungen" werden.

---

[92] ebd.
[93] ebd., S. 68.
[94] Müller (1922), S. 75.

Die medizinische Normierung der Säuglingspflege

Frau Haarer setzt den Beginn der Reinlichkeitserziehung einsichtigerweise später an als Müller: "das Kind sollte bereits sitzen können" (was den Vorteil hat, dass die Mutter es nicht halten muss) – dann aber geht es zur Sache: "Es muss unbedingt zu festen Zeiten auf den Topf gesetzt werden, eine 'Sitzung' soll nicht länger als 10 Minuten dauern, es darf keinerlei Ablenkung stattfinden. ... Sobald das Kind zu pressen beginnt, sagen wir ihm immer den gleichen Laut vor, der eben in der Kinderstube für diese Verrichtung üblich ist ... Im Lauf der Zeit lernt es dann begreifen, dass diese Laute eine Aufforderung zur Entleerung bedeuten." Chamberlain kommentiert: "Interessant ist hier: es ist die Pflicht des Babys, in den Topf zu machen, wenn die Mutter es will. Es ist nicht Aufgabe der Mutter, es auf den Topf zu setzen, wenn es 'muss'. Die Mutter darf auf keinen Fall anfangen, dem Baby nachzulaufen. 'Es lernt sonst nicht zu begreifen, dass die Entleerungen eine Pflicht sind, die es regelmässig erfüllen soll, sondern es findet merkwürdig rasch heraus, dass sie ein Mittel sind, um die Mutter mit der eigenen kleinen Person zu beschäftigen'.

Spontanes Leben darf sich nicht ereignen. Es wird kontrolliert und reglementiert. Alles, was geschehen muss, darf nur auf bestimmte Worte und Signale der Mutter hin erfolgen und zu Zeiten, die sie festsetzt. Zu der Tatsache, dass dem Baby der Kontakt zum eigenen Körper nicht zugestanden wird, kommt nun auch noch, dass es über diesen Körper und seine Funktionen nicht verfügen darf. Und es wird wieder einmal Dialog unterbunden, indem nämlich das Kind nicht mit der Mutter aushandeln oder mit ihr gemeinsam herausfinden darf, wann und wie es am besten auf den Topf geht."[95]

Fazit

Besonders aufschlussreich ist, wie Sigrid Chamberlain die psychischen Folgen der von Haarer propagierten Normal-Erziehung an der von dieser als normal beschriebenen Entwicklung von Säuglingen bzw. Kleinkindern abliest. Sie vergleicht dazu Haarers Beschreibungen mit aktuellen Beobachtungen von Bindungsforschern und Entwicklungspsychologen und schreibt: "Haarer behauptet wiederholt, dass Kindern bis zum Alter von zweieinhalb Jahren jeder Erwachsene recht ist. ... So wie Haarer diese Kinder aber beschreibt, handelt es sich um solche, die bereits gestört sind; um kleine Kinder, von denen anzunehmen ist, dass sie unsicher gebunden sind."[96] Chamberlain bezieht sich dann auf von Karin und Klaus Grossmann durchgeführte Beobachtungen von Kindern in Trennungssituationen, die zu dem Ergebnis führten, "dass es gerade die unsicher gebundenen Kinder sind, die nicht zeigen, dass sie die abwesende Mutter vermissen oder vermisst haben. Es sind Kinder, die bereits gelernt haben, ihre wahren Bedürfnisse und Wünsche zu verbergen, die 'wissen', dass es nicht angebracht ist, sich 'schwach' oder 'klein' zu zeigen. Sicher gebundene Kinder zeigen deutlich, dass ihnen die Mutter fehlt. Sie begrüßen die wiederkehrende Mutter weinend oder freudig und verlangen ganz eindeutig, von ihr, der Mutter und nicht von freundlichen Fremden, beachtet, gehalten und getröstet zu werden."[97]

---

[95] Chamberlain (2000), S. 54.
[96] ebd., S. 125.
[97] ebd.

Des weiteren vergleicht Chamberlain die von Haarer angegebene durchschnittliche Baby-Schlafdauer von 20 Stunden mit der heute üblichen von 12 bis 16 Stunden und sieht darin Anzeichen eines "familiären Hospitalismus", der sich auch darin zeigt, dass das Baby – nach Haarer – "still und ohne sich viel zu bewegen vor sich hin dämmert, sich für nichts interessiert oder nur 'wirr und planlos tändelt', die Mutter nicht erkennt und auch keinen Wert auf gerade ihre Anwesenheit legt, [dass ihm] der Breiteller wichtiger ist als die Menschen seiner Umgebung..."[98]

Diese unfreiwillig dokumentierte Symptomatik erklärt dann bestens die von Haarer als typisch beschriebene, teilweise extreme Anhänglichkeit an die Eltern im Kleinkindalter. Dieses "Klammern", das bindungstheoretisch ein klares Zeichen für eine gestörte oder unsichere Bindung ist, wird von der nationalsozialistisch instruierten Mutter mit weiteren zurückweisenden Erziehungsmaßnahmen beantwortet, was nach heutigem Wissen die Abhängigkeit und Unselbständigkeit des Kindes in der Regel verstärkt.

All dies führt in Chamberlains treffender Formulierung mit großer Wahrscheinlichkeit zu "Klammern statt Gebunden-sein"[99] und zur "Suche nach Symbiose anstelle von Selbst-Vertrauen".[100] Den aktiven Part bei der Herstellung dieser psychischen Mangelzustände oder sozialen Behinderungen hat Isidor Kaminer mit dem – ebenfalls Haarer entnommenen – Begriff "Kaltstellen" auf den Punkt gebracht.[101] Dieser Begriff verweist allerdings auf eine emotionale Tiefenstruktur, die auch ohne "Füttern nach Zeitplan" und ohne Hygiene wirksam werden kann, wie aktuelle Vernachlässigungsfälle zeigen.

Für den hier untersuchten Zeitraum ergänze ich hier noch, dass unsicher gebundene ältere Kinder besonders erpicht darauf sind, die Liebe der Eltern durch Schulleistungen zu verdienen, ohne nach deren Sinn zu fragen, oder auch durch die geschickte Handhabung von Technikspielzeug, das seit der Jahrhundertwende auf den Markt kam.[102] Dies wäre eine gute Erklärung für die einseitige Ausprägung "ingenieurialer" Intelligenz und des entsprechenden "Arbeitsmodus" (s.o.).

Wie viele Mütter Johanna Haarers Bücher tatsächlich gelesen haben und wie strikt sie ihre Regeln befolgten, bleibt eine offene Frage. Das gleiche gilt auch für Müllers Briefe und andere kaiserzeitliche Ratgeber, die bis in die 50er Jahre hinein verlegt wurden.[103] Dafür, dass die "Gleichschaltung" der Mutter-Kind-Beziehung nicht lückenlos funktionierte, sprechen immerhin Befragungen von "Rettern", die Juden und anderen Verfolgten zur Flucht verhalfen oder sie bis zum Kriegsende in ihren Wohnungen verbargen. Ihr gemeinsames Merkmal war ein wärmeres Erziehungsklima in der Kindheit.[104]

---

[98] ebd., S. 129 ff.
[99] ebd., S. 123.
[100] ebd., S. 134.
[101] zitiert nach Grünberg (2006).
[102] Welzer (1993), S. 112.
[103] Schütze (1986), S. 74.
[104] Oliner & Oliner (1988).

Neue Impulse für die Diskussion sind von Dagmar Herzogs[105] ideen- und materialreicher Untersuchung zur Politisierung der Lust zu erwarten. Herzog widerspricht darin der von der "Neuen Linken" der 60er und 70er Jahre aufgestellten These, die den Faschismus als Folge und Ausdruck "sexueller Repression" betrachtete.[106] Sie dokumentiert für die NS-Zeit im Gegenteil ausgesprochen hedonistische und liberale Einstellungen zur Sexualität – allerdings nur zur "gesunden" und "arischen" –, und erinnert daran, dass Herbert Marcuse noch Anfang der vierziger Jahre als Mitarbeiter des US-Geheimdienstes aufzuzeigen versuchte, "dass die Effektivität der NS-Kultur nicht zuletzt auf der 'Abschaffung' von Tabus und der 'Emanzipation des Sexuallebens' beruhte."[107] Bei dieser "Emanzipation" ging es vor allem um die Auseinandersetzung mit der christlichen Moraltheologie und Sexuallehre. Unter der Überschrift "Ansporn und Verleugnung" beschreibt Herzog die vielfältigen und widersprüchlichen Facetten der NS-Sexualpolitik als eine Art mit verteilten Rollen inszeniertes spannungsreiches Wechselbad, das seine extrem sadistischen Komponenten im Antisemitismus und im Umgang mit Homosexuellen ausagierte.

In unserem Zusammenhang ist vor allem interessant, dass ein führender und im Umgang mit Homosexuellen rücksichtslos regimetreuer Sexualwissenschaftler, der durch die Erfindung des autogenen Trainings bis heute bekannte Arzt und Psychotherapeut Johannes H. Schultz, zu ausgesprochen zärtlichem Umgang mit Säuglingen im Dienste ihrer späteren sexuellen Entwicklung rät.[108] Inwieweit dies in gänzlichem Widerspruch zu Haarers spartanischen Anweisungen steht oder Schultz's Aufforderung zum "Streicheln" und "Küssen" ... "gewisser Körperregionen" im Verbund mit diesen nur zu größerer Desorientierung der Babys und Kleinkinder geführt haben dürften, wäre ein Thema für weitere Forschung.

Chamberlains erkenntnisleitendes Interesse oder zentrales Sorgethema waren die langfristigen Nachwirkungen der NS-Erziehung, die aufgrund ihrer Privatheit der individuellen wie der öffentlichen Aufmerksamkeit leicht entgehen. Für einen langfristigen Einfluss der von Haarer pointierten, im Kern bereits kaiserzeitlichen Erziehungsregeln sprechen von Chamberlain referierte aktuelle Beobachtungen, "dass gerade in Deutschland im Gegensatz zu anderen westlichen Ländern das unsicher gebundene Verhalten kleiner Kinder besonders viele Erwachsene positiv beeindruckte und fälschlicherweise für außerordentliche Selbständigkeit gehalten wurde."[109] Auch Befragungen von heutigen Rechtsextremen bestätigen Chamberlains bindungstheoretische Hauptthese.[110] Zu den transgenerationalen Nachwirkungen der NS-Verbrechen in den Familien von Tätern und Mitläufern gibt es inzwischen eine umfangreiche Forschung, die von entsprechenden Forschungen in den Familien von Verfolgten und Überlebenden inspiriert wurde.[111] Nicht zuletzt im Hinblick auf ak-

---

[105] Herzog (2005).
[106] ebd., S. 10.
[107] ebd., S. 37.
[108] Schultz (1942), S. 62 ff.
[109] ebd., S. 127 f.
[110] Kurth (2001), S. 22 ff.
[111] vgl. u.a. Grünberg (2006); Ottmüller (2004).

tuelle NPD-Wahlerfolge verbindet sich die Frage nach der Vergangenheit mit der Frage nach der Zukunft.

Ich will diesen Aufsatz jedoch nicht schließen, ohne daran zu erinnern, dass die hier dokumentierten Übertreibungen ärztlicher Weisungsmacht in den 60er und 70er Jahren von einer starken Gegenbewegung beantwortet wurden. In dieser Bewegung, die vor allem eine Frauen-Selbsthilfe-Bewegung war, tauschten sich Frauen über ihre eigenen Erfahrungen aus und griffen bislang unterbewertete Forschungsergebnisse, wie etwa das Hospitalismus-Konzept und die Bindungstheorie, auf. Sie engagierten sich erfolgreich für Hausgeburten, rooming-in und frühes Anlegen, und sie verbannten den Terror von Waage und Uhr aus dem Kinderzimmer. Auch Männer bzw. Väter veränderten ihre Rolle in der Familie und anderen, neuartigen Beziehungsformen. Diese emotionalen Öffnungen gilt es – entgegen aktuellen Rollback-Tendenzen – weiter zu entwickeln.

Literaturangaben

Aly, Götz (2005): Hitlers Volksstaat. Raub, Rassenkrieg und nationaler Sozialismus (Frankfurt a.M., 2005).

Benz, Ute (1988): Brutstätten der Nation. "Die deutsche Mutter und ihr erstes Kind" oder der anhaltende Erfolg eines Erziehungsbuches. *Dachauer Hefte* 4 (1988), 144-163.

Chamberlain, Sigrid (2000): Adolf Hitler, die deutsche Mutter und ihr erstes Kind. Über zwei NS-Erziehungsbücher (Psychosozial, Gießen 2000).

Chodorow; Nancy (1985): Das Erbe der Mütter. Psychoanalyse und Soziologie der Geschlechter (München 1985).

DeMause, Lloyd (2005): Das emotionale Leben der Nationen. (Drava, Klagenfurt/Celovec 2005).

Dill, Gregor (2000): Nachwort: Notizen zur Geschichte der Haarer-Bücher im Dritten Reich und nach Kriegsende. *In:* Chamberlain (2000).

Donzelot, Jacques (1977): La police des familles. (Paris 1977; dt.: Die Ordnung der Familie, Frankfurt a.M. 1980).

Eder, Klaus (1991): Geschichte als Lernprozeß? Zur Pathogenese politischer Modernität in Deutschland (Suhrkamp, Frankfurt a.M. 1991).

Elias, Norbert (1992): Studien über die Deutschen. Machtkämpfe und Habitusentwicklung im 19. Jahrhundert (Frankfurt a.M. 1992).

Falter, Jürgen W. (1991): Hitlers Wähler. (München 1991).

Flachs, Richard (1917): Das Kind und seine Pflege. (Dresden 1917).

Frevert, Ute (1991): Ehrenmänner. Das Duell in der bürgerlichen Gesellschaft (München 1991).

Frevert, Ute (2001): Die kasernierte Nation. Militärdienst und Zivilgesellschaft in Deutschland (München 2001).

Grünberg, Kurt (2006): Erinnerung und Rekonstruktion. Tradierung des Traumas der nationalsozialistischen Judenvernichtung und Antisemitismus in der Bundesrepublik Deutschland. *Trumah. Zeitschrift der Hochschule für Jüdische Studien* (Heidelberg), 14. Jg. (2004), 37-54.

Haarer, Johanna (1940): Die deutsche Mutter und ihr erstes Kind. (München 1934-1945).

Herzog, Dagmar (2005): Die Politisierung der Lust. Sexualität in der deutschen Geschichte des zwanzigsten Jahrhunderts (München 2005).

Hunaeus, Dr. (1913): Die Milchversorgung Hannover-Lindens. *In:* Komitee zu Ermittlung der Säuglingsernährung in Hannover-Linden (1913).

Imhof, A. E. (1981): Unterschiedliche Säuglingssterblichkeit in Deutschland, 19. bis 20. Jahrhundert – Warum? *Zeitschrift für Bevölkerungswissenschaft* 7 (1981), 343-382.

Kaminer, Isidor (1997): Normalität und Nationalsozialismus. *Psyche* 51 (1997), 385-409.

Klaus, M.-H. / Kennell, J. H. (1987): Mutter-Kind-Bindung. Über die Folgen einer frühen Trennung. (München 1987).

Komitee zu Ermittlung der Säuglingsernährung in Hannover-Linden (1913): Säuglingsernährung, Säuglingssterblichkeit und Säuglingsschutz in den Städten Hannover und Linden. (Berlin 1913).

Kurth, Winfried (2001): Bindungsrepräsentation, Psychohistorie und politische Sozialisation: Ein Überblick. *In:* Kurth, Winfried / Rheinheimer, Martin (Hg.): Gruppenfantasien und Gewalt. *Jahrbuch für Psychohistorische Forschung* 1 (2000) (Mattes Verlag, Heidelberg 2001), S. 19-36.

Manz, F. / Manz, I. / Lennert, Th. (1997): Zur Geschichte der ärztlichen Stillempfehlungen in Deutschland. *Monatsschrift für Kinderheilkunde* 145 (1997), 572-587.

Manz, Friedrich / Papoušek, Mechthild (2006): Entwicklung im Spannungsfeld von Erziehung und Beziehung. Pädiatrie alla Kart. Vortragsmanuskript. Dortmund (18. 2. 2006).

Müller, E. (1922): Briefe an eine Mutter. (Stuttgart 1922).

Oevermann, Ulrich (2000): Mediziner in SS-Uniform: Professionalisierungstheoretische Deutung des Falles Münch. *In:* Kramer, Helgard (Hg.): Die Gegenwart der NS-Vergangenheit. (Berlin 2000), S. 18-76.

Oevermann, Ulrich (2002): Klinische Soziologie auf der Basis der Methodologie der objektiven Hermeneutik – Manifest der objektiv hermeneutischen Sozialforschung. http://www.ihsk.de/publikationen/manifest.pdf.

Oliner, Samuel P. / Oliner, Pearl M. (1988): The altruistic pesonality. Rescuers of Jews in Nazi Europe (New York 1988).

Ottmüller, Uta (1981): "Mutterpflichten" – Die Wandlungen ihrer inhaltlichen Ausformung durch die akademische Medizin. *Gesellschaft. Beiträge zur Marxschen Theorie* 14 (1981), 97-138.

Ottmüller, Uta (1991): Speikinder – Gedeihkinder. Körpersprachliche Voraussetzungen der Moderne. (Tübingen 1991).

Ottmüller, Uta (2002): Speikinder – Gedeihkinder: Säuglingsernährung und lokaler Lebenszusammenhang im 19. Jahrhundert. *In:* Nyssen, F. / Janus, L. (Hg.): Psychogenetische Geschichte der Kindheit. (2. Aufl., Gießen 2002), S. 407-440.

Ottmüller, Uta (2004): Trauma, gesellschaftliche Unbewußtheit und Friedenskompetenz. *In:* Mauthe, Jürgen H. (Hg.): Heil und Unheil für die Seele. (Königslutter 2004), S. 142-155.

Peiper, Albrecht (1991): Chronik der Kinderheilkunde. (5. Aufl., Leipzig 1991).

Poten, Dr. (1913): Die Säuglingssterblichkeit in Preußen und in Hannover. *In:* Komitee zu Ermittlung der Säuglingsernährung in Hannover-Linden (1913).

Riehn, W. (1913): Die Säuglingsabteilung der Hannoverschen Kinderheilanstalt. *In:* Komitee zu Ermittlung der Säuglingsernährung in Hannover-Linden (1913), S. 109.

Schloßmann, Arthur (1906): Über die Fürsorge für kranke Säuglinge unter besonderer Berücksichtigung des neuen Dresdner Säuglingsheims. *Archiv für Kinderheilkunde* 43 (1906).

Schorr, Guido (o.J.): Die Gleichschaltung der Medien im Dritten Reich. *In:* http://www.shoa.de/.

Schütze, Yvonne (1986): Die gute Mutter. Zur Geschichte des normativen Musters "Mutterliebe" (Bielefeld 1986).

Schultz, Johannes H. (1942): Geschlecht, Liebe, Ehe. Die Grundtatsachen des Liebes- und Geschlechtslebens in ihrer Bedeutung für Einzel- und Volksdasein. (3. Aufl., München 1942).

Seidel, Hans-Christoph (1998): Eine "neue Kultur des Gebärens": Die Medikalisierung von Geburt im 18. und 19. Jahrhundert in Deutschland. (Stuttgart 1998).

Seidler, Eduard (1973): Die Ernährung der Kinder im 19. Jahrhundert. *In:* Heischkel-Artelt, Edith (Hg.): Ernährung und Ernährungslehre im 19. Jahrhundert. (Göttingen 1976).

Spitz, René A. (1967): Vom Säugling zum Kleinkind. (Stuttgart 1967).

Spree, Reinhard (1981): Soziale Ungleichheit vor Krankheit und Tod. Zur Sozialgeschichte des Gesundheitsbereichs im Deutschen Kaiserreich (Göttingen 1981).

Wahrendorf, Fritz (1913): Die Fürsorge für die unehelichen Säuglinge, die städtischen Armenpfleglinge, Ziehkinder und die Haltekinder. *In:* Komitee zu Ermittlung der Säuglingsernährung in Hannover-Linden (1913), S. 121-132.

Welzer, Harald (1993): Männer der Praxis. Zur Sozialpsychologie des Verwaltungsmordes. *In:* ders. (Hg.): Nationalsozialismus und Moderne. (Tübingen 1993), S. 105-127.

Heinrich Reiß

Rache, Heilungen und Verschränkungen
Erich W. – geboren 1899 – NSDAP 170 841 – Erlösungsarbeit
Über einen Kreisleiter und Kreisvorsitzenden (Teil 2)

1. Die Heilung des Orest – 2. Unterschiede in einem Boot – 3. Große Stunde, dunkle Stunde, strenge Form – 4. "Heimkehr"

> "Erinnern ist nicht ein Wiederaufrufen unzähliger fixer, lebloser und fragmentarischer Spuren. Es ist eine imaginative Rekonstruktion oder Konstruktion, hervorgehend aus unserer Einstellung gegenüber einer ganzen, aktiven Masse organisierter vergangener Reaktionen oder Erfahrungen und der Beziehung zu einem kleinen, herausragenden Detail, das im allgemeinen in bildlicher oder sprachlicher Form erscheint."[1]

Wir schreiben das Jahr 1982. Der 83-jährige Erich W. stellt für eine Veröffentlichung in einem Sonderdruck der Tageszeitung seine *Erinnerungen*[2] zusammen. Er ist seit einigen Jahren krank, hat wieder eine Operation hinter sich. Seine Frau – 20 Jahre jünger als er – sitzt an der Schreibmaschine, formuliert auch mit: Der Kriegsfreiwillige Erich W. kommt am Ende des 1. Weltkrieges von der Front zurück

nach München. Der Bahnhof war besetzt mit fragwürdigen Revolutionssoldaten, die ihre Gewehre mit dem Lauf nach unten über der Schulter trugen, was uns Frontsoldaten, die noch an Disziplin gewöhnt waren, entsetzte ... Dies war im November 1918. Einige Tage später erhielten wir ein Handgeld, eine neue Entlassungsuniform und wurden mit einem Ausweis in die Heimat entlassen.[3] *Der Krieg war zu Ende. Bald traf auch Bruno aus Frankreich ein, heil und gesund. Die Fronterlebnisse wirkten nach und das Ende des Krieges, der so viele Opfer gefordert hatte, der Zusammenbruch, die Abdankung des Kaisers und ähnliche Ereignisse jener Wochen und Monate trafen uns tief. Doch es musste ja weitergehen. – Noch im Januar 1919 begannen die Kriegssonderkurse im Seminar Schwabach, wo in den Oberklassen durchwegs Feldgraue saßen, die sich nach den einschneidenden Kriegserlebnissen nun wieder mit Pädagogik, Psychologie und Unterrichtslehre zu befassen hatten.*

Der künftige Volksschullehrer Erich W., gerade 19 Jahre alt, lebte damals zur Ausbildung im Internat einer kleinen süddeutschen Stadt, mit dem Zwillingsbruder Bruno, fern von Vater und Mutter. Und jetzt erscheint ein "kleines, herausragendes

---

[1] Frederic Bartlett (1932) in Sacks (1995), S. 244. Vgl. dazu z.B. Assmann (1999), aus psychoanalytischer Sicht: Quindeau (2004).
[2] Zitate aus den *Erinnerungen* werden kursiv und ohne weiteren Nachweis wiedergegeben.
[3] An was hat der heimkehrende Kriegsteilnehmer zu denken? Eine Broschüre aus dem Bay. Kommunalschriften-Verlag (Jehle 1918).

Detail": *Noch heute denke ich an eine schriftliche Arbeit bei Seminarlehrer Oskar Vogelhuber, der mein "Werk" "Die Heilung des Orest" mit der Bemerkung bewertete "Recht mangelhafter Feldpoststil!"*

Mehr erfahren wir nicht über seine Ausbildung. Die Erinnerung ist im Jahre 1982 noch oder wieder so virulent, dass er sie samt der kritischen Reaktion des Bewertenden und der relevanzabsenkenden Eigen-Markierung "Werk" einfügt. Sein Bruder war heil und gesund, und er selbst? Nicht ganz gesund und nicht heil. Tief getroffen, so sein Selbstbild. Weitergehen musste "es". Ein Bild: Tief getroffen muss er weiter gehen. Gekränkt, beschämt, verletzt – stimmen die damaligen Eindrücke und die späteren Bewertungen überein? Wie kann er heil werden? Wir erinnern uns an eine Alltagserfahrung: Erinnerungen an peinliche, demütigende, frustrierende oder traumatische Erlebnisse und Erfahrungen neigen hartnäckig dazu, ständig wiederzukehren – und es ist nahezu unmöglich, sie aus dem Bewusstsein zu verbannen.

Erich W. war aufgewachsen in einer streng nationalistischen Volksschullehrersfamilie in Heidenheim, Bayern. Der Vater war als Landtagsabgeordneter lange Jahre wochentags in München, so dass der Sohn Erich mit seinem eineiigen Zwillingsbruder Bruno und zwei weiteren Geschwistern mit der Mutter[4] lebte und den häufig abwesenden Vater als großes, weil angesehenes, aber auch als im Wortsinne schlagendes, Vorbild erlebte und idealisierte. 1913 – 1916 besuchten die Zwillingsbrüder eine Präparandenschule dreieinhalb Fußstunden von Heidenheim entfernt zur Vorbereitung auf den Lehrerberuf – *wie der Vater*. Während des Weltkrieges war der Vater bis 1916 als Landsturmmann in Belgien eingesetzt, bis ihn die Wiederwahl in den Landtag zurück brachte. Erich W., der schmächtigere und nachgeborene der Zwillingsbrüder, hatte sich 1917 nach (!) der für ihn enttäuschenden Musterung als "g.v." (garnisonsverwendungsfähig) in München als Kriegsfreiwilliger gemeldet, um nicht "zu spät" zu kommen.[5]

So war, wie ich damals als Siebzehnjähriger glaubte, meine "Mannesehre" wieder hergestellt... Nach intensiver Funkerausbildung und kurzer Grundausbildung kam ich bereits im August 1917... an die griechische Front am Furka-Pass – Ochridasee,... um als Schützengrabenfunker die feindlichen Stationen abzuhören. Im Graben gegenüber lagen die Engländer[6], die in Griechenland gelandet waren. Ihre Kampfbereitschaft hielt sich in Grenzen, was uns und ihnen zugute kam. Wir Funker hausten in selbstgegrabenen Löchern, was bei 38 - 40 Grad Hitze, viele Stunden lang die Hörer an den Kopf gepresst, eine ungeheure Strapaze war. Einige Wochen war ich im Lazarett, um meine Malariaanfälle zu mildern, indem ich noch stärkere Dosen an Chinin schlucken musste. Die Malaria äußerte sich in Fieber- und Schüttelfrostanfällen.

---

[4] Weder die Mutter noch die drei Geschwister werden in den *Erinnerungen* weiter erwähnt.

[5] Sein körperlich robusterer Zwillingsbruder wurde k.v. gemustert und eingezogen. – Zweifel an der Freiwilligkeits-These äußert Willy Ebert, 4 Monate jünger als Erich W., Lehrer in Hersbruck seit 1932: "Wenn dieses Herz so drängte, warum erfolgte die Meldung nicht schon 1916, nach Vollendung des 17. Lebensjahres?" (Ebert 1985/86).

[6] Wir werden von "Engländern" noch zweimal hören.

Erich W. fand damit als einer der jüngsten Männer den ersehnten Zugang zu der "Generation[7] von 1914"[8], der "heroischen Generation" mit dem "Geist von 1914", wurde "Frontkämpfer" und ausgezeichnet mit dem Militär-Verdienstkreuz 3. Klasse mit Schwertern[9], später dem Goldenen Ehrenzeichen der Nazis. "Die 'Ideen von 1914' waren die des Gehorsams, der Unterwerfung und der Pflichterfüllung; geführt werden und nicht selber entscheiden – war die Devise. Der Untertan, wie ihn Heinrich Mann im gleichnamigen Roman portraitiert, umkränzt beim Geburtstag des Lehrers auch dessen Prügelstock. – Todesverachtung war ein anderes Stichwort der Zeit: Auf der einen Seite die Bereitschaft derjenigen, die mit rigoroser Befehlsgewalt ausgestattet waren, ihre Mitmenschen zu opfern; in diesem Sinne die Ausblutungsstrategie, wie sie von deutscher und französischer Seite etwa bei Verdun praktiziert wurde; ein Kulminationspunkt des Vaterwahns. Auf der anderen Seite der Wille der Geopferten, ihren Untergang voll anzunehmen. Morgenrot leuchtest mir zum frühen Tod."[10]

Erich W. ging den Weg vieler anderer (auch) Volksschullehrer vom Freikorps-Kämpfer und Mitglied im Deutschen Turnverein zum Gründer von Ortsgruppen des "Bund Oberland". Und als sich dieser Bund vom Schwerpunkt "Geländesport" abkehrte und zum theoretischen Diskussionszirkel wendete, in Opposition und Konkurrenz zu Hitler,[11] kam er zur NSDAP. Er trat ihr Ende 1929 bei *nach ernstem Ringen und reiflicher Überlegung aus reinem Idealismus, mit dem Willen und Gedanken, meinem Volke zu helfen und zu nützen,* von dem *bewährten Frontoffizier* Ludwig Schmuck als Mitglied 170 841 geworben. 1929 war die NSDAP eine Partei im Aufwind nach großen Erfolgen bei den Landtags- und Kommunalwahlen, für die eine ungeheure "Versammlungs- und Propagandawelle" (auch zugunsten des Anti-Youngplan-Volksentscheids) organisiert wurde. Für diese Versammlungen hatte die Partei einen spezifischen Stil entwickelt, der stark sinnliche, ja theatralische Züge aufwies. Zum Jahreswechsel bemerkte Goebbels nicht ohne Grund, "dass aus der verachteten und verleumdeten Sektierergruppe von gestern ... die heißumstrittene, redlich gehasste, aber auch mit Inbrunst geliebte Trägerin der deutschen Opposition überhaupt geworden" sei.[12]

1932 trat Erich W. mit einer Gruppe junger Männer aus seinem Schuldorf, *die gerne Sport trieben ... und Kleinkaliberschießen,* der SA bei. Hier wurde er unter seinem Förderer/Mentor Ludwig Schmuck aus Neustadt a.d. Aisch Adjutant und Kreisinspektor, bis er 1934 selbst zum SA-Standartenführer aufstieg. Im Jahr 1936 wurde er von Gauleiter Streicher in Nürnberg zum Kreisleiter ernannt, erst des Kreises Lauf östlich Nürnbergs und dann 1940 zusätzlich auch des angrenzenden Hersbrucker Kreises, beides zusammen nunmehr Kreis Fränkische Alb. Er blieb in dieser

---

[7] Zum umstrittenen Begriff der Generation siehe bei Jaeger (1977).

[8] Wohl (1979), Kater (1985).

[9] vom 9. Oktober 1918.

[10] Glaser (1978), S. 202. Weiter dazu Glaser (1979).

[11] Ernst Niekisch, seine Broschüre "Hitler – ein deutsches Verhängnis" erschien im Frühjahr 1932 mit Illustrationen von A. Paul Weber im Widerstands-Verlag. Siehe Drexel (1964), Schumacher & Dorsch (2003). Zum Widerstands-Kreis zählte sich zeitweilig auch Alexander Mitscherlich.

[12] Jung (1989), S. 507.

Funktion bis Kriegsende, wurde nach Einnahme der Stadt Lauf und seines Kreisgebietes an die südliche Front bei Klagenfurt befohlen, von englischen (!) Soldaten gefangen genommen, den Amerikanern überstellt und in den Lagern Bad Aibling, Garmisch und Moosburg inhaftiert im "automatischen Arrest"[13]. Wenige Tage vor Kriegsende hatte seine Frau sich und die drei Kinder im Wald vergiftet. Der älteste Sohn, Berthold[14], zunächst an der Adolf-Hitler-Schule in Sonthofen als künftiger Führernachwuchs für die Partei ausgebildet, hatte als Soldat in Frankreich Mitte 1943 im Alter von fast 19 Jahren wegen eines geringfügigen Vergehens Selbstmord begangen.

Im November 1948 wurde Erich W. wegen schweren Landfriedensbruchs, schwerer Brandstiftung und Freiheitsberaubung angeklagt und erhielt eine Zuchthausstrafe von 14 Monaten ohne Verlust der bürgerlichen Ehrenrechte, die er Ende Januar 1949 antrat. Nach der Entlassung aus dem Zuchthaus in Amberg am 15. Juli 1949 war er als Bauhelfer, Straßenarbeiter, Schreibkraft, Lagerhalter tätig und Mitglied der Gewerkschaft. Nach drei Verfahren endgültig in die Gruppe II der Belasteten eingestuft, konnte Erich W. nicht in seinen Lehrerberuf[15] zurück. Am 4. November 1951 trat er wieder in die evangelische Kirche ein. Am 9. September 1950 heiratete er *in Anwesenheit unserer beiden Väter*. An seine nunmehrige zweite Frau hatte er geschrieben:

... wir sind ja nicht nur Kameraden einer vergangenen Zeit, – wir sind auch Gefährten gleichen Leids, eines gleichen Schicksals, – das ohne viel Worte zusammenführt – und bindet ...

Ihr erster Ehemann war in Russland gefallen, und nach Kriegsende wurde sie als ehemalige BDM-Führerin von den Amerikanern neun Monate im Lager Hammelburg festgehalten. Im Januar 1955 kam ihr erstes Kind zur Welt. 1957 konnte Erich W. per Gnadenakt[16] wieder als Lehrer auf Dienstvertrag im Angestelltenverhältnis tätig werden. Anfang der 1960-er Jahre wurde er ein Kreisvorsitzender der Gewerkschaft Erziehung und Wissenschaft. Seine Ehefrau gab in den 70er Jahren ihre Arbeit als Konrektorin an einer Grundschule auf, sorgte für ihren kranken Mann und dessen Lebensgeschichte.

---

[13] Niethammer (1982), S. 259. Kempner (1983), S. 303ff.

[14] In Edwin Dwingers Roman "Auf halbem Wege" ist der Hauptmann Berthold der Mann mit der Qualifikation "In seiner Seele brannte es unentwegt". Was Erich W. in der Seele brannte, materialisierte sich als Bund-Oberland-Ortsgruppe (Reiß (2005), S. 234) und wurde schließlich Name des ersten Sohnes. – In der faschistischen Literatur gilt als einer der eigentlichen Helden des Kapp-Putsches und Vorläufer des kommenden Führers der am 16. März 1920 in Harburg getötete Rudolf Berthold. Siehe Theweleit (1980a), S. 112-116.

[15] Niethammer (1982), S. 186 und 178: 65 % der Volksschullehrer wurden zunächst entlassen. Einfache Tätigkeit, "minderwertige" Arbeit war Belasteten zuzuweisen. Erich W. war aber 1944 Hauptamtlicher der NSDAP geworden, womit eine Aufgabe seines Beamtenstatus als Volksschullehrer verbunden war.

[16] Regierungsentschließung zur Aufhebung der nach § 31 StGB eingetretenen Rechtsfolgen der Verurteilung zu einer Zuchthausstrafe.

Verschränkungen

Im vorgehenden JAHRBUCH[17] habe ich den Weg des Erich W., von 1945 aus, "prudently retrogressive"[18] beschrieben und ihn selbst aus seinen *Erinnerungen* zu Wort kommen lassen. Hier möchte ich ergänzend zu seiner beschriebenen Selbststilisierung als Volkstribun[19], infam getäuschter mittlerer Held und reiner Idealist auf einige "herausragende Details in bildlicher oder sprachlicher Form" eingehen, womit er seinem Leben Konsistenz und Form gab. Nach der "Zeugungsarbeit" damals beschreibe ich also hier die "Erlösungsarbeit" von der Last des biographisch in der ersten Lebenshälfte Erzeugten. Meine Aufmerksamkeit richte ich dabei vorrangig auf "Verschränkungen". Damit weiche ich von dem gebräuchlichen Fokus auf Brüche oder Kontinuitäten in Lebensgeschichten ab. Mit dem Begriff der Verschränkungen will ich darauf hindeuten, dass und wie sich Kontinuierliches aus der NS-Zeit während der ersten Jahre der Bundesrepublik mit viel weiter zurückreichenden Prägungen des individuellen Lebens, der Politik an sich wie des Menschen im Besonderen verbindet. Dabei geht es auch um "das Verhältnis von langdauernden und spezifisch nationalsozialistischen Ansätzen".[20]

Drei Autoren sollen Ausgangspunkte markieren:

- Lucien *Febvre* (1878 – 1956), Mitgründer 1929 der französischen historischen Zeitschrift *Les Annales* gemeinsam mit Marc Bloch. Er diskutierte in zwei Aufsätzen 1938 und 1941 das Verhältnis von Psychologie/Emotionen und Historie und gilt als ein geistiger Vater der *Histoire des Mentalités*.[21]
- Robert *Kempner* (1899 – 1993), Verwaltungsjurist und nach 1945 stellvertretender Hauptankläger bei den Nürnberger Prozessen. Er schreibt in seinen Lebenserinnerungen 1983 über Hans Globke: "Selbstverständlich saß er in einem Boot mit den anderen. Aber auch bei Leuten, die zusammen in einem Boot saßen, mache ich große Unterschiede zwischen einer aktiven mörderischen Tätigkeit auf der einen Seite und einer Randfigur auf der anderen Seite."[22]
- Peter *Loewenberg* schrieb als Psychohistoriker 1971 in seiner Studie über die "Nazi Youth Cohort": "Historians study past human actions, thoughts and motives. This is also what the psychoanalyst studies in his patients. When dealing with issues of motivation, both disciplines are committed to the theory of overdetermination."[23] Historiker würden von Multikausalität sprechen.

---

[17] Reiß (2006).
[18] Loewenberg (2005), S. 249: "this essay will use what Marc Bloch termed the 'prudently retrogressive' method of looking at the outcome first, and then tracking down to the beginnings of 'causes' of the phenomenon." (Marc Bloch 1953, The Historians Craft, 45 f.).
[19] "In dieser Stunde hat es begonnen", soll Hitler über den Besuch der Wagner-Oper "Rienzi", des späten und scheiternden Volkstribuns, gesagt haben.
[20] Baumann (2006) schreibt aus kriminalpolitischer Sicht.
[21] Bizière (1983) diskutiert deren Beziehung zur Psychohistorie.
[22] Kempner (1983), S. 302.
[23] Loewenberg (2005a), S. 16.

Graphik 1: Lichtgestalt[24]

---

[24] Alle Graphiken sind aus Panzer (1982), die Bildunterschriften sind von mir eingefügt.

1. Die Heilung des Orest – "Rache" von Orest bis Hamlet

... Und Leid! Ja. Leid! Erich W. hat die Gattin und die vier Kinder verloren im Ausgang und Untergang von 1945. Er hat die Schwester der Frau und deren Gatten und die zwei Kinder verloren. Zwischen Erich W. und dem Dritten Reich liegen 5 + 4 Leichen. Hier stehen 5 + 4 Särge, lauter junge Menschen und Kinder, – grässlich, entsetzlich, grauenhaft wie in der altattischen Tragödie ...die Stimme des Gewissens, die da spricht: Stellt sofort diesen Mann wieder an seinen Platz! Lasst ihn sofort wieder sein, was er ist und was er immer war und was sein Vater war und was er geblieben ist, nämlich einen zuverlässigen, hingebungsvollen Volksschullehrer.[25] *Wer solche Opfer gebracht hat und sich dabei ein solches Herz bewahrt hat, für den darf grad der einstige Feind mit der Schwurhand bürgen. Ich tue dies mit großer Freude. Was der Staat und der Geist der Zeit von seinen Schulen erwartet, in Erziehung und Unterricht, im Geist von Frieden, Freiheit und Kultur, das findet in diesem Odysseus eines leidensgeschulten Werkmann und Freund der Jugend, – dafür verbürg ich mich mit der ganzen Glut meiner Liebe zu Schule und Volk, zu Wahrheit und Gerechtigkeit. (Neustadt a. d. Aisch, 17. Juli 1952, Gustav L., Hauptlehrer i. R.)*

"The classical Greek tragedies are full of revenge. The preoccupation with the theme of revenge is most clearly seen in Aeschylus' Orestean trilogy."[26] Darauf verweist Lotto in seiner "Psychohistory of Vengeance". Sehen wir uns, ohne auf Varianten einzugehen, den Fall des Orestes an:

König Agamemnon war nach der Rückkehr vom trojanischen Krieg von seiner Frau Klytämestra und ihrem Liebhaber Ägisth, seinem eigenen Bruder, im Bade getötet worden. Sie planten, auch den zu diesem Zeitpunkt zwölfjährigen Orest zu töten, um ihn nicht als späteren Rächer seines Vaters fürchten zu müssen; doch seine Schwester Elektra[27] rettete ihn, er wuchs bei einem Verwandten auf. Als er erwachsen wurde, erkannte Orestes, dass es seine Pflicht war, den Tod seines Vaters zu rächen. Der Muttermord war ihm jedoch zuwider. Er befragte das Orakel von Delphi und erhielt die Weisung, die beiden Mörder seines Vaters zu töten. Im klassischen Konflikt zwischen Pflicht und Neigung wird schließlich die Entscheidung zugunsten der "Pflicht" erzwungen. Zwar hat Orest mit dieser Blutrache an Mutter und Onkel ein Gebot des Gottes Apollon ausgeführt, gleichwohl ist solche Rache verboten und unter schlimmste Strafe gesetzt: Von diesem Augenblick an wurde Orest von den Rachegöttinnen, den Erinnyen, verfolgt, die alle Verbrecher, besonders aber die Verwandtenmörder, bis zum Wahnsinn peinigen und bestrafen. Orestes erklärte sich des Muttermordes für schuldig, meinte aber, er sei durch sein Leiden von seiner Schuld

---

[25] Bertlein (1957), eine Veröffentlichung der Gewerkschaft Erziehung und Wissenschaft: "Geist und Tat des Lehrers hat sich zunächst in seiner Schulstube zu erweisen. Da ist sein Arbeitsbereich, da ist seine Wirkungsstätte, dorthin stellt ihn der Staat." (S. 6).

[26] Lotto (2006), S. 43.

[27] Richards & Goodwin (1994): "Electra's own childhood abuse is listed as one episode in a long history of murder and even cannibalism of children practiced in her family, the House of Tantalus." (S. 214).

rein gewaschen. Das Gericht nahm seine Rechtfertigung an und konnte ihn freisprechen, denn Vaterrecht wurde über Mutterrecht gesetzt.[28]

Graphik 2: Wie in der altattischen Tragödie

---

[28] Richter & Ulrich (1993), S. 227 f.; Microsoft Encarta (2001); Wertheimer (1986), S. 35.

Als Orest den Mord an seinem Vater rächt und auch seine Mutter tötet, ist er 19 Jahre alt. Im gleichen Alter ist auch Erich W., als er sein "Werk" schreibt und sein "von hinten erdolchtes, im Felde unbesiegtes Vaterland" nicht rächen kann. Zwei Adoleszenten, gefangen in ihrer Ideologie, als Kinder weitgehend ohne Vater aufgewachsen, voller Rachegedanken und Skrupel, die Kampf und Gewalt als Selbstverständlichkeit sehen, die deutsche und die attische Tragödie?

Nein!, sagt Lucien Febvre, solche Schlüsse und Vergleiche sind unzulässig oder zumindest problematisch! Denn "the individual is not only a person characterized by a number of particular features put together according to an original formula, but above all, a representative of a certain group of the species and a member of a very distinct society[29] existing at a precise moment in time. ... An individual can only be what his period and social environment allow him to be. ... Historians cannot make use of present psychology in order to interpret the actions of the men of the past."[30] Er wendet sich "against those who switch directly from the present to the past".[31] Es fehle eine Angabe der Bedingungen, die solche Vergleiche erlauben.

Der deutsche Sozialhistoriker Wehler zog aus ähnlichen Überlegungen heraus 1971 die Schlussfolgerung: "Historikern und Psychoanalytikern ist gemeinsam, dass sie selber gewissermaßen das Instrument des Verstehens – sei es eines historischen Individuums oder eines Patienten – darstellen. Der Verstehensbegriff der Psychoanalyse ist mit dem auf Erfassung intentionalen Handelns gerichteten 'Verstehen' des Historismus aufs engste verwandt."[32] Ich interpoliere diesen Gedankengang: Der Historismus aber ist eine überwundene Form der Geschichtswissenschaft, die nicht durch die Hintertüre der Psychohistorie wieder salonfähig gemacht werden solle. "Kurzum, die historische Forschung sollte auf die gesellschaftlichen, überindividuellen Motive und Einflüsse, nicht jedoch auf die sog. individuellen Motive abzielen. Deshalb besitzt die analytische Sozialpsychologie für den Historiker ungleich größere Bedeutung als die Individualanalyse."[33] Eine solche eng verstandene Individualpsychologie verdiene den Vorwurf des Historikers, dass sie angesichts seiner vordringlichen Interessen für ihn meist irrelevant, ja sogar reaktionär sei.[34]

Dreißig Jahre später erinnert von Plato an Wehlers Buch zum Forschungsstand der 1960er Jahre und führt den Gedanken fort: "Der Sprung von der Therapie einzelner zur Theorie einer transitorischen Gesellschaft ist für sich bereits problematisch und setzt voraus, dass die Bedingungen, innerhalb derer diese Theorie entstanden ist, noch der gesellschaftlich-historischen Entwicklung entsprechen. Die historischen Bezugssysteme haben sich im letzten Jahrhundert jedoch so stark verändert, dass die Historizität von Therapien und der ihnen zugrunde liegenden Theorien ständig zur

---

[29] siehe: Rouselle (2005) für das Aufwachsen im klassischen Griechenland, Ende (1979) für Kinder in Deutschland 1860-1978.

[30] Bizière (1983), S. 91f.

[31] Bizière (1983), S. 94.

[32] Wehler (1971a), S. 16. Vgl. Nordalm (2006): Historiker, die Geschichte deuten, erzählend von "großen Männern", die "große Politik" und Geschichte machten, z.B. den "deutschen Sonderweg" in die Moderne.

[33] Wehler (1971a), S. 22. Eine ähnliche Argumentation findet sich bei Nyssen & Jüngst (2003).

[34] Wehler (1971a), S. 24.

Diskussion stehen müsste. Dabei kann man zunächst an die bekannten historischen Relativierungen Freuds erinnern, so an die Wiener Gesellschaft, an die spezifischen bürgerlichen Familienverhältnisse am Ausgang des 19. Jahrhunderts, an die Dominanz der 'männlichen Dimension' in diesen Bezügen und in Freuds Theorien."[35]

Hughes formulierte für meine Arbeit einen gut anschließbaren Gesichtspunkt in seinem Aufsatz "Geschichte und Psychoanalyse" im erwähnten Sammelband Wehlers von 1971: "Wenn wir Historiker also die zwei Arbeitshypothesen akzeptieren – dass das individuelle Trauma sehr wohl der Anreiz zu größeren Gedanken und Handlungen sein kann und dass die Jahre der frühen Reife entscheidend für die Verfestigung bleibender idealler Zugehörigkeit sind, haben wir einen besseren Ausgangspunkt, um über die Biographie hinaus zu einer allgemeineren Analyse führender Gesellschaftsgruppen zu gelangen."[36]

Zurück zu den beiden 19-Jährigen in ihren Jahren der vaterlosen frühen Reife, aber mehr als 2000 Jahre auseinander. Der Vater des Orest war lange Jahre fern der Familie im Krieg. Erich W. könnte Parallelen gezogen haben. Sein Vater war als Landtagsabgeordneter und dann Landsturmmann in Belgien lange von der Familie abwesend. Und Erich W., der Sohn, wurde, anders als sein Vater, tatsächlich Frontsoldat.

Exkurs 1: Paul Federn, 1919, die "vaterlose Gesellschaft"

Fast zeitgleich mit den historischen Ereignissen um 1918 wurde die aufschlussreiche Schrift "Zur Psychologie der Revolution. Die Vaterlose Gesellschaft"[37] veröffentlicht, auf die sich ein psychohistorischer Blick lohnt. Paul Federn (1871-1950), einer der frühen Psychoanalytiker, lenkte das Augenmerk auf die psychologischen Dimensionen der Streiks und der Arbeiter- und Soldatenräte. Er argumentierte: Die Menschen formen ihre Vorstellungen über Gesellschaft und Staatsaufbau entsprechend den Familienkonstellationen, in denen sie aufwachsen. In einer vaterdominierten Zeit würde ein Kind ohne Vater oder eine Frau ohne einen beschützenden Mann als unnormal betrachtet. Die überwiegende Mehrheit der Bevölkerung begreife Regierung oder Staat als eine riesige Familie mit einer schützenden Vaterfigur oder einem Elternpaar an der Spitze. Die nationale Vaterfigur sei aber verschwunden, der Kai-

---

[35] von Plato (2003).

[36] Hughes (1971), S. 41. Gemeint ist die "Flucht in die Biographie" beim Geschichtswissenschaftler des Historismus, statt sich der Anstrengung der historischen Analyse zu unterziehen.

[37] Federn, Paul (1919). Die Argumentation Federns steht in der Denkfigur aus Freuds "Totem und Tabu" von der gesellschaftsstiftenden Funktion des Vatermords durch die Söhne in der Urhorde, to kill the leader as father to win the group as mother. 1922 wurde das Schauspiel "Vatermord" von Arnolt Bronnen uraufgeführt, das die Freudsche Sicht einschließlich des Vatermordes und Mutterinzests auf die Bühne brachte. Bronnen wandte sich später dem NS zu. (Aus anthropologischen Forschungen ist bekannt, dass in Gesellschaften, die nicht Wahlen als Regulativ gewohnt sind, das Töten des alten Führers zu den Voraussetzungen der Akzeptanz des neuen Führers und seiner schützenden Stärke gehört.) Es geht Federn nicht um das heutige Begriffsverständnis vom beruflich abwesenden Vater, für den eine Beteiligung an der Erziehung seiner Kinder nicht in Frage kommt, der also die sog. "zweite Familialisierung des Vaters" nicht erfüllt. Auch den heutigen Alleinerziehenden-Diskurs gilt es hier auszublenden.

ser³⁸. Er könne damit nicht länger die kindlichen Phantasien erfüllen, die sich auf einen Vater richteten, der über alle Maßen mächtig, weise und stark sei, der absolute Sicherheit und Schutz böte. Diesen Verlust betrachtete er als das traumatische psychologische Ereignis des Krieges. Weiter mit den Worten Loewenbergs: "Thus a fatherless society was created that no longer stood in awe of the state. For some sons of the state, Federn suggested, the disappointment came during the war when their leaders and army officers made irresponsible and sometimes impossible demands that condemned them to death. The soldiers and workers councils were seen as an attempt to establish a non-patriarchal social order, a brotherhood to replace the defeated father. Such a situation is, however, unstable."³⁹

Bruderschaften? Im März 1919, zur Zeit des Zeniths der republikanischen Bewegungen in Mitteleuropa, wagte Federn eine Voraussage über das Ableben der Republik und eine Wendung zur Diktatur wegen der vorherrschenden Familienmuster und des Wunsches der Menschen, dominiert zu werden – und er meinte damit nicht Theweleits "Soldatische Männer": Die vaterlose Gesellschaft werde keinen dauerhaften Erfolg haben. Denn unter denen, die sich jetzt befreit hätten aus der sozialen Vater-Sohn-Beziehung, bleibe die Tendenz dazu so stark, dass sie nur auf die Erscheinung einer passenden Persönlichkeit warteten, die ihr Vater-Ideal verkörpere, um sich dann wieder als Sohn ihm gegenüber zu verhalten. Der Sozialist Paul Federn hoffte allerdings, dass der neue Vater seine Lektion gelernt haben und ein guter Vater werden könne.⁴⁰ Damit stellt sich gleich die anschließende Frage, warum eine solche charismatische Vaterfigur nicht auf der politischen Linken erscheinen konnte. Warum schließlich ein autoritäres NS-Regime zur Attraktion besonders auch für Heranwachsende mit ihrer Suche nach Gewissheit werden konnte.⁴¹ Während der Weimarer Zeit hatten sich viele "Erlöser" angeboten, als "barfüßige Propheten", leicht hypomanische "Inflationsheilige", die in der Krise zum Kristallisationspunkt einer sektiererischen Gruppenbildung wurden, oftmals geprügelte Söhne prügelnder Väter, werden sie von Linse beschrieben.⁴²

Für den 19-jährigen Erich W. galt aber, was Kater so zusammenfasst: "Viele der jungen Frontsoldaten ..., die sich 1918/19 ohne Aufgabe in einem Vakuum wähnten, projizierten ihr negatives Bild vom 'Vater' zunächst auf den Kaiser, der den Krieg begonnen hatte, und sodann auf die Politiker wie die republikanischen, die ihn verloren hatten. Kaiser Wilhelms Flucht nach Doorn im November 1918 wurde als Verrat am Vaterland betrachtet; Waffenstillstand und Versailler Vertrag galten den jungen Nationalisten als schmählicher Ausverkauf. Daher entschlossen sich 'die Romantischsten unter den Soldaten', wie Craig sie genannt hat, zum eigenmächtigen Weiterkämpfen, um die Versailler Beschlüsse aufzuheben und die dik-

---

[38] Federn, Ernst (1986), S. 342, weist darauf hin, dass der österreichische Kaiser Franz schon sehr lange Witwer war. Er diskutiert noch weitere Aspekte der Arbeit von Paul Federn, die hier wegbleiben.

[39] Loewenberg (2005), S. 268.

[40] Federn (1986), S. 343.

[41] Kater (2006), S. 3. Zum Erziehungsverhalten von Vätern in Arbeiterfamilien damals siehe Reiß (2005).

[42] Linse (1983). Hypomanie: eine leichte Form manischer Erregung mit z.B. stark gehobenem Kraft- und Selbstgefühl, unumstößlichem Größenbewusstsein, Vielgeschäftigkeit, Schreib- und Rededrang, einer gewissen Lockerung und Leichtflüssigkeit des Gedankengangs und oberflächlicher Zungenfertigkeit, überhaupt gesteigerter psychomotorischer Aktivität.

tierte Auflösung der alten Armee zu verhindern. ... waren 'maßgeblich an Waffensicherungen, illegalen Organisationen und militärischen Ausbildungen' beteiligt, ... im Baltikum und ... im März 1920 beim Kapp-Putsch ... Es war eine 'Sache der Jugend', erinnert sich Salomon, sie musste 'die Revolution rückgängig machen'. Nach Kapps Fiasko zogen Scharen deutscher Jugendlicher nach Oberschlesien, um dort die Polen nach Osten zu treiben und für Deutschland einen günstigeren Grenzverlauf zu erzwingen. Aus allen Winkeln des Landes kamen sie und bestiegen die Züge mit ihren notdürftig verhüllten Waffen, man sah sie auf allen Bahnsteigen, fast alle kannten einander von irgendeinem Einsatz her. Salomon[43] hat als Schriftsteller die angebliche Unschuld dieser spartanischen Jungkrieger groß herausgestellt, eine Unschuld, die er mit der Schuld der Väter-Generation kontrastiert."[44]

Soweit zu den Frontsoldaten, von denen die ersteren Erich W. in München entsetzten bei seiner Rückkehr von der Front, während er sich zu den zweiten selbst rechnete. Kommen wir nun zu denjenigen jungen Männern, die nicht mehr Frontsoldaten werden konnten, die "zu spät" geboren wurden. Salomon (*1902) gehört ebenso dazu wie Glaeser (*1902) und "die Unbedingten".

Exkurs 2: Ernst Glaeser, Ernst von Salomon: die Generation des "Jahrgang 1902", keine Frontsoldaten

"Ernst von Salomon (1902-1972) hat den Zwang, kämpfen zu müssen, am eindringlichsten beschrieben. Die Spannung, unter denen der 'Soldat von Innen' im Frieden steht, erscheinen wohl auch deshalb bei ihm besonders deutlich, weil er selbst am Weltkrieg nicht teilgenommen hatte. Die deutsche Kapitulation sah Salomon noch in der Kadettenanstalt; alle Erwartungen, die dem Krieg gegolten hatten, richteten sich nun auf die Kampfmöglichkeiten des Nachkriegs, die Salomon ergriff, wo immer er konnte."[45]

Als "die klassische Schilderung der während des Krieges aufwachsenden Jugend, für die die Väter zu mystischen Figuren werden (La guerre – ce sont nos parents!)"[46] gilt der autobiographische Roman "Jahrgang 1902" von Ernst Glaeser[47] (1902-1963). Er erschien 1928, wurde in Deutschland 70.000 mal verkauft und in 25 Sprachen übersetzt. Die heranwachsenden Männer des Jahrgang 1902 waren zu jung für das *Fronterlebnis*, aber die Pubertät konnte der Krieg nicht hinausschieben. "Sexuelles tritt hier naturgemäß in den Vordergrund", heißt es in Hirschfelds Kommentar. Loewenberg fasst die Tragödie der jungen, zu Hause gelassenen Generation mit den Worten: "the fathers left to join their regiments and … the boys played war games in which the French and the Russians were always soundly beaten. The fathers were sorely missed. They were quickly idealized and glorified. … By the winter of 1916 the privation of the war began to be felt in the daily life of the boys.

---

[43] von Salomon (1930).

[44] Kater (1985), S. 220 ff. "Gegen Ende der Weimarer Republik war der Ausdruck 'Vater-Komplex' zu einem Gemeinplatz geworden."

[45] Theweleit (1980a), S. 351.

[46] Hirschfeld (1929), S. 593.

[47] Glaeser (1928); im Jahr darauf erschien "Im Westen nichts Neues" von Remarque (1898-1970).

They were always hungry. ...The children developed tactics for deceiving the gendarmes and smuggling forbidden foodstuffs home. ... This progression within two years from idealism to hunger and the struggle for survival is vividly described by Glaeser. ... One young adolescent in the novel is seduced by a motherly farmer's wife with the promise of a large ham. ... By the winter of 1917 the fathers had become aliens to their sons. But they were not only unknown men, they were feared and threatening strangers who claimed rights and control over the lives of their sons. They had become distant but powerful figures who could punish and exact terrible price for disobedience and transgressions."[48] Der abwesende Vater wird also in einer teilweisen Reaktionsbildung, einer Abwehr der Hassgefühle gegen den Vater, idealisiert, somit werden diese unterdrückten Hassgefühle durch ihr bewusstes Gegenteil ersetzt.

Glaeser emigrierte 1933, seine Werke wurden als pazifistisch und marxistisch verboten. 1939 kritisierte er seine Mitemigranten, erhielt ein Angebot aus Berlin, kehrte überraschend aus der Schweiz nach Deutschland zurück, wurde Soldat und 1941 Schriftleiter einer Zeitung der Luftwaffe "Adler im Süden". "Thus, as did so many others of his cohort, Glaeser was two decades later to choose to wear a uniform and to identify with his distant and glorified father. The identification with the father who went out to war served to erase the memory of the feared and hated father who came home in defeat. By being a patriot and submitting to authority, the ambivalence of the young boy who gleefully observed his father's humiliating defeat and degradation was denied and expiated. Now he would do obeisance to an idealized but remote leader who was deified and untouchable."[49]

Exkurs 3: Die Unbedingten

Es ist eine Tatsache, dass sich die <u>Lehrerschaft</u> in den Jahren des 3. Reiches fast ausnahmslos, z.T. aus ideellen Gründen, Aufgaben der NSDAP zur Verfügung stellte.

Im Jahr 1934 rief Theodore Abel[50], Soziologe an der Columbia Universität, zu einem Aufsatzwettbewerb auf. Er bot Geldpreise für die besten autobiographischen Geschichten von Anhängern der Hitler-Bewegung. Abel fand die Unterstützung der NSDAP und ihrer Presse für seine Datensammlung. Für seine Studie verwendete er 600 von den 683 Manuskripten des Wettbewerbs. Die nicht anonymen Verfasser stammten zum großen Teil aus Berlin und rheinländischen Großstädten. 48 von Frauen geschriebene Texte wertete Abel nicht aus, ebensowenig die sehr kurzen. Erinnerungen an eine Kindheit voller Hunger und Entbehrungen finden sich in vielen Abel-Autobiographien, dazu das Gefühl, vom Vater (im "Feld") und der Mutter (in der Fabrik) im Stich gelassen worden zu sein. Wer den Krieg als kleineres Kind er-

---

[48] Loewenberg (2005), S. 271-275 und 264. Er begründet die Verwendung eines autobiographischen Romanes als historische Quelle, was üblicherweise von Historikern sehr kritisch gesehen wird: "Sometimes literary expression can capture for historians the essence of a generation's experience both graphically and with a depth of emotional subtlety that cannot be conveyed by statistics or quantitative data."
[49] Loewenberg (2005), S. 274.
[50] Abel (1938).

lebte (geboren 1911 bis 1915) zeigte Abwehrmechanismen wie Projektion und Verschiebung, niedrige Frustrationstoleranz und die Suche nach dem (abwesenden) idealisierten Vater. War der Vater im Krieg gefallen, fand sich Hitler in Texten von einzelnen Mädchen als idealisierte Vaterfigur, fand die Kameradschaft in der SA bei Jungen große Wertschätzung.

Martin Wangh[51] zeichnete 1964 die Psychodynamik dieser Kriegskinder nach, die mit dem Aufstieg Hitlers politisch wirksam, wahlberechtigt und aufgabenwillig wurden. Peter H. Merkl[52] untersuchte und konzeptualisierte die Phasen ihrer politischen Mobilisierung. Martin Broszat[53] verwies für das Hitlerreich auf die "tausendfachen kleinen und großen Führungspositionen, die es zu vergeben hatte" und auf die sehr realen Spielräume, "in denen junge dynamische Kräfte aus dem Mittelstand[54] sich im harten Konkurrenzkampf mit anderen 'Führern' bewähren, ihre Energie und Improvisationsfähigkeit erfolgreich einüben konnten", spricht damit aber von der Zeit, in der als gesellschaftliche Trägerfigur des Dritten Reichs der "Ingenieur" neben den "Ritter" trat.[55] Im Sinne der "Verschränkungen" ist ein anderer Hinweis Broszats aufschlussreich: "Wichtiger, historisch durchschlagender war der neue, hier herangezüchtete Sozialisationstyp des nationalsozialistischen 'Sonderführers', Prototyp des politisch protektionierten unselbständigen Unternehmers mit großen Vollmachten. Er gedieh im Dritten Reich auf allen Stufen der Gesellschaft, war fast zu allem zu gebrauchen, brachte dann aber auch gute Voraussetzungen mit für neue Bewährung und Karriere unter den sozusagen frühkapitalistischen Bedingungen des Wiederaufbaus und Gründungsbooms nach der Währungsreform."

Michael Wildt[56] hat aus diesen Kriegskindern, geboren zwischen 1902 und 1912, die "Generation der Unbedingten" bei seiner Untersuchung von Mitarbeitern des Reichssicherheitshauptamtes RSHA destilliert. Nicht entwurzelte, aus der Bahn geworfene, sozial marginalisierte oder deklassierte Menschen fand er unter vielen NS-Aktivisten, sondern Ehrgeizige und Erfolgreiche, für die der politische Apparat anziehend wirkte. Gerade mit einer Karriere in der SS schien eine angesehene Position in der damaligen Gesellschaft für aufstiegsbewusste Männer möglich. Diese Nationalsozialisten der so genannten Generation der Unbedingten, geprägt durch die existentiellen Erfahrungen des Weltkriegs und seiner Folgen, hatten nichts gemein

---

[51] Wangh (1964).

[52] Merkl (1975, 1980, 1982).

[53] Broszat (1985), S. 381f.

[54] Zur sog. Mittelstandthese siehe Haupt (1986), Winkler (1972), Prinz (1989), Laswell (1966).

[55] Hermand (1988): "In manchen ihrer Proklamationen trat daher neben das hochideologisierte Leitbild des schollenverbundenen Bauern, als der eigentlichen gesellschaftlichen Trägerfigur des Dritten Reichs, schon um 1933/34 das ebenso hochideologisierte Leitbild des Ritters, Deutschritters oder Deutschordensritters." (S. 287) "Die Nationalsozialisten waren zwar in vielem wahnhaft, aber doch nicht so schizoid, dass sie nicht erkannt hätten, dass zur Durchführung ihrer Weltmachtpläne eine möglichst rasche Aufrüstung und Modernisierung der deutschen Streitkräfte nötig war. ... Daher taucht neben den obligaten Bauern, Gralsrittern und nordischen Müttern mit ihren weizenblonden Kinderscharen auch eine Reihe nordischer, blauäugiger, genial-führerhafter Ingenieure auf, die alle jene Maschinen, Apparaturen, Strahlengeschütze, Weltraumschiffe, Atomkanonen und andere Wunderwaffen erfinden und zugleich militärisch einsetzten, welche im Rahmen der technischen Zivilisation von heute zur Eroberung der Weltherrschaft nun einmal unabdinglich sind." (S. 294).

[56] Wildt (2003), Eley (2005), S. 97 f., Broszat (1985).

mit den brutalen, unkultivierten SA-Schlägern, waren aber auch nicht banal-bösartige Bürokraten, wie sie Hannah Arendt oder Raul Hilberg schilderten, keine Schreibtischtäter, die nicht nach dem Sinn des Ganzen fragten, sondern Überzeugungstäter mit eiskalter 'Objektivität', erbarmungsloser Konsequenz und Einsatzbereitschaft ohne moralische Skrupel. Unbeirrbar fortschrittsgläubig planten sie, den 'Volkskörper' gegen degenerierende Auswirkungen innerer Schwäche zu stählen – gleich, ob diese aus der Katastrophe des Weltkriegs, einer Verschlechterung des Erbguts, kriminellen und asozialen Verhaltensweisen oder der Macht und dem Einfluss der Juden resultierten.

Exkurs 4: Otto Rank, 1919/1923, die Mutter

"... seduced by a motherly farmer's wife ..."
    "Die Tat des 8. November [1923, HR] ist nicht misslungen. Sie wäre misslungen dann, wenn eine Mutter gekommen wäre und gesagt hätte, Herr Hitler, Sie haben auch mein Kind auf dem Gewissen. Aber das darf ich versichern, es ist keine Mutter gekommen."[57] (Hitler)

Recht wenig war bisher von Frauen die Rede, eher indirekt hinter dem Topos von der vaterdominierten Gesellschaft zu erschließen. Michael Kater, Historiker, der entlang der These vom "Generationskonflikt als Entwicklungsfaktor in der NS-Bewegung vor 1933"[58], forscht, verweist auf diese Einseitigkeit: "Wenn man nach Freud in dem Modell des Generationskonflikts ständig nur die Söhne mit den Vätern zusammen berücksichtigt, werden andere wichtige Varianten des Gesamtkonflikts verschleiert oder überdeckt: Konflikte z.B. zwischen Töchtern und Müttern, Söhnen und Müttern (Beispiel v. Salomon) und Töchtern und Vätern." Er beantwortet aber nicht die Frage, wie junge Frauen (Töchter) empfanden gegenüber der Republik oder Hitler, gegen wen sich die Verbitterung der weiblichen Jugendlichen gerichtet haben könnte; er bringt nur das belegte Beispiel von der jungen Sekretärin, die sich gegen das ältliche Bürofräulein durchsetzen muss.

In seiner biographischen Geschichte der Psychoanalyse berichtet erhellend Paul Roazen[59], Politik- und Sozialwissenschaftler, Otto Rank (1884-1939) habe schon im März 1919 behauptet, das Wesentliche im Leben sei die Beziehung zwischen Mutter und Kind. Allerdings habe die Psychoanalyse im Jahre 1919 der Rolle der Mutter in der Entwicklung des Kindes nur sehr wenig Aufmerksamkeit geschenkt. Damals habe Freud die Mutter als ein Objekt sexuellen Begehrens und als Quelle sinnlicher Lust verstanden, die beschützenden Funktionen oder ihre nährende Rolle als offenbare Selbstverständlichkeit jedoch nicht herausgestellt und die Mutter als eine Gestalt, von der das Kind in einem frühen Stadium eine legitime Abhängigkeit entwickelt, nicht erwähnt. Die Bindung, die Freud wiederholt gedeutet habe, war die des Kindes an seinen Vater. Noch 1918 habe Freud den Vater charakterisiert als 'seine erste und ursprünglichste Objektwahl, die sich dem Narzissmus des kleinen Kindes entsprechend auf dem Wege der Identifizierung vollzogen hatte'. Freud

---

[57] Hitler, während des Prozesses, siehe Maser (1973), S. 461.
[58] Kater (1985), S. 242.
[59] Roazen (1976), S. 385-387, verweist auf ähnliche Gedanken bei Groddeck und Ferenczi.

dachte damals, die 'erste und primitivste' menschliche Bindung des kleinen Jungen sei die an seinen Vater, nicht die an seine Mutter. Er schloss den Anteil der Mutter an der Psychopathologie seiner Patienten nicht aus; aber er sah die Mutter in der Hauptsache als die Verführerin zu einer ödipalen Situation oder als den Ursprung homosexueller Konflikte im Erwachsenenalter.

Nach Roazen habe Rank die zentrale psychologische Bedeutung der Mutter deutlich machen wollen. Aufbauend auf Freuds These von der Geburt als Angstquelle habe er die prä-ödipale Mutter in seinem Buch "Das Trauma der Geburt" (1923/24) in das Zentrum seines Systems gestellt. Damit war die Idee geboren, dass die Angst dem Geburtstrauma entstamme und dass dieses Trauma in der Therapie noch einmal erlebt werden müsse.

Exkurs 5: Trauma is the theoretical link

Noch im Januar 1919 begannen die Kriegssonderkurse im Seminar Schwabach, wo in den Oberklassen durchwegs Feldgraue saßen, die sich nach den einschneidenden Kriegserlebnissen nun wieder mit Pädagogik, Psychologie und Unterrichtslehre zu befassen hatten.

Das individuelle Trauma und die Jahre der frühen Reife: Hughes nannte in seinem eingangs erwähnten Text einen recht einfachen Grund für die Untersuchung dieser beiden Punkte. Auch bei bekannten Persönlichkeiten sei über die Kindheit oft recht wenig Quellenmaterial vorhanden, während für die Adoleszenz die Quellenlage gewöhnlich besser sei. Eine Betrachtung der Kindheit, ergänzt Loewenberg, enthülle viel über die Art, wie diese Menschen als Erwachsene auf Herausforderungen und Aufgaben antworten werden und müssen. Und doch könnten intensive Erfahrungen im späteren Leben, sofern sie von massiver traumatischer Natur sind, sowohl frühere Einflüsse als auch individuelle Prädispositionen ersetzen. Das bedeutet, eine größere Katastrophe wird notwendigerweise die Jüngsten am intensivsten beeinflussen, weil ihr Ich zerbrechlich ist. Aber auch Kinder in der Zeit der Latenz oder Adoleszenz und sogar Erwachsene werden von ihr erfasst, entsprechend ihrer Ich-Stärke, ihrer Fähigkeit, Frustration, Angst, Entbehrung zu ertragen. Mit anderen Worten: Wenn das Erwachsenentrauma groß genug ist, sei es eine wirtschaftliche Depression oder ein verlorener Krieg, dann spielt es kaum eine Rolle, wer die Eltern waren oder wie demokratisch gesinnt sie gewesen sein mögen: Die angsterzeugende soziale oder politische Situation wird Gefühle der Hilflosigkeit und politischen Irrationalität in den Vordergrund bringen.[60]

"Its hallmark is a fixation on the trauma but with new variations and with an altered conception of the self and of the world. The symptoms are life-long. No one is immune. Adapting and coping capacities are enfeebled. Massive trauma is a crucial bridge to history. We are no longer speaking of singular cases or a unique psychogenesis. Our history as humans is the story of large-scale traumas of war, disease and epidemics, famine, dislocation and migration, economic crises, droughts and pestilence. The psychoanalytical perception of anxiety as a signal of the danger of helplessness and hopelessness is a political and social category of understanding

---

[60] Loewenberg (2005), S. 244.

whose full implications have yet to be explored and exploited by social scientists. Trauma is the theoretical link from individual to group, cohort, population, nation, the world. Here the historian appropriately introduces categories for understanding groups and institutions, politics, national boundaries, educational systems, military service, youth movements, traditions, civic culture, myth, symbol, the artefacts of popular and high culture."[61]

Wiederholungszwang: The story of large-scale traumas.

Fassen wir zusammen: Erich W. war einer aus der Reihe der verschiedenen Sohnestypen, die als Rebellen gegen die Republik kämpften, in seinem Fall aber sich auch beruflich und familiär erfolgreich dort einrichteten und weithin akzeptiert waren als Leitperson für viele Bauernsöhne auf ihrem Weg weg vom Vater. Sie treiben Körperertüchtigung, Geländesport, Kleinkaliberschießen als die Söhne, "die den schmählich abgedankten Vater Wilhelm II. überlebt haben und dessen Fehler zu korrigieren gedenken. Der Vater hat versagt: Sie treten an zum Kampf um seine Nachfolge bei der Mutter Deutschland. Das Patriarchat sichert seine Herrschaft im Faschismus in der Form eines 'Juniorats' – ... Weit und breit nur Söhne, Hitler eingeschlossen."[62]

Der oben erwähnte Martin Wangh fügte 1964 eine weitere Facette hinzu: Die Feindschaft gegen den abwesenden Vater-Rivalen ist verbunden mit einer Sehnsucht nach dem idealen Vater, die kindliche homosexuelle Wünsche noch bohrender werden lässt. Für mit ihren Müttern alleingelassene Söhne mögen diese Wünsche einen Ausweg aus einem Ödipus-Konflikt aufzeigen: Unter diesen Umständen würde die Frau oft zurückgewiesen, und die Inzestwünsche jemand anderem zugeschrieben. Die homosexuelle Spannung werde entweder aktiv vermindert durch die Unterwerfung unter einen vergötterten allmächtigen Führer, die Herabstufung der Frau zum Kinderzuchttier und der Verfolgung der Juden als blutschänderische Kriminelle und Beschmutzer der Rasse. Oder es käme gegenüber ängstlichen und strafenden Müttern die passiv-masochistische Variante bei den Söhnen zum Zuge, wobei sie sich lieber einem Mann unterwerfen, weil dies weniger bedrohlich (und kastrationsdrohend) ist als die Unterwerfung unter eine Frau.[63] Es möchte sich lohnen, weiter über diese These nachzudenken. Im Falle des Erich W. hielte ich sie allerdings für spekulativ. Es sei denn, man fasse die Gewohnheit darunter, dass sich der Dorfschullehrer um die männliche Jugend kümmerte und seine Ehefrau mit den Bäuerinnen und ihren Töchtern strickte, schneiderte, Kochrezepte ausprobierte usw. Für alleinstehende Lehrer am Land war es auch üblich, dass sie zum Mittagessen von Haus zu Haus gereicht wurden. So war anregende Bekanntschaft mit dem ganzen Dorf gesellschaftlich erwartet und als kulturanregend gewünscht. Gegenseitige anregungssuchende Besuche der Lehrer aus den abgelegenen Dörfern stützten diese Funktion über die Routine der Jahre.

---

[61] Loewenberg (2005a), S. xii.
[62] Theweleit (1980), S. 115.
[63] Wangh (1964).

Exkurs 6: Vater, Bruder, Mutter, Delegierter? Hitler

So war Erich W. schon kurz nach seinem 21. Lebensjahr dabei, in diese Funktion hineinzuwachsen und ein Führer für die Dorfjugend und auch ein akzeptierter Kulturbringer für die Älteren zu werden. Seine eigenen Führervorbilder waren neben dem genannten Lehrer Schmuck der Oberland-Bundesführer Dr. Weber (*1892) und dann zunehmend Hitler (*1889). Von einer mutmaßlichen Vaterrolle der beiden nur wenig älteren Männer ist für Erich W. nur schwer zu sprechen. Erikson schlägt vor, die Bedeutung Hitlers nicht auf der Vater-Ebene zu suchen, sondern auf der Ebene des verklärten älteren Bruders, der Vorrechte des Vaters übernahm, ohne sich zu sehr mit ihm zu identifizieren.[64] Damit wären intragenerationale Anziehungskräfte und Polaritäten neben die intergenerationalen getreten und die Ausschließlichkeit des Konzeptes vom Konflikt der Generationen (siehe oben) relativiert.[65] Im Falle des Erich W. und seines gesünderen und robusteren vorgeborenen Zwillingsbruders kann ich von einer Vertauschung der Rollen sprechen, die sich Erich W. durch seine inferioritätsabwehrende Freiwilligenmeldung (Er wird erster!) erkämpfte und durch seine späteren Funktionen als Volks-Schullehrer und volks-tribunhafter Kreisleiter (erfüllt von der Sorge um *tatkräftige Hilfe und Betreuung der mir anvertrauten Volksgenossen*) äußerlich und innerlich absicherte.

Der Nationalsozialismus als eine Abwehr gegen emotionale Unsicherheit: Harold Lasswell[66] entwickelte im Kontrast zu denjenigen, die Hitler als ein Vater- oder Sohnsymbol interpretierten, das Konzept von der mütterlichen Funktion Hitlers für bestimmte Gruppen der deutschen Bevölkerung: Hitlers ständiges Moralisieren sei das einer ängstlichen Mutter, die vollauf mit der körperlichen, intellektuellen und moralischen Entwicklung ihrer Kinder beschäftigt sei. Er wies darauf hin, dass der Nazismus ein rückwirkender Versuch war, unzureichende Mütterlichkeit und unangemessenes Familienleben zu kompensieren. Dabei hatte er die Bilder von Sauberkeit und Verschmutzung in der Nazi-Propaganda im Blick (anale Phase).

Auf einer anderen wichtigen Ebene argumentiert deMause: "And nationalist leaders like Hitler are not 'loved' either; they are feared, clung to and followed blindly, because they are delegates of the Motherland and whose task it is to designate the 'Bad Selves' (symbolically 'bad children') which have to be sacrificed — both externally in wars and internally in scapegoats."[67] Erich W. verwendet den Begriff MUTTERLAND in seinen *Erinnerungen* nicht, er spricht ausschließlich vom VATERLAND. Und dieses verweigert ihm seinen Opferwunsch: *Wie gerne wäre ich auch in diesem Krieg Soldat gewesen, – aber alle meine Gesuche an den Gauleiter, an die Kanzlei des Führers wurden abgelehnt mit dem Hinweis, dass erst alle ungedienten Kreisleiter Frontdienst leisten müssten.*[68]

---

[64] Erikson (1971), S. 194. Für eine Diskussion dieser These siehe Theweleit (1980a), S. 453.
[65] Kater (1985), S. 242.
[66] Laswell (1966), S. 240f.
[67] deMause (2005a), S. 206, und (2005), S. 154.
[68] zur Relativierung des Ungedienten-Argumentes siehe Reiß (2005), S. 255.

Graphik 3: Mutter und Sohn?

Verspottet und verhöhnt – Rache – doubling?

Es ist eine von den infamen Lügen, die nach dem Zusammenbruch in Umlauf gesetzt wurden, wo jeder Mensch, sogar Parteigenossen, glaubten, führende Nationalsozialisten beleidigen, begeifern und in den Kot ziehen zu müssen in der Hoffnung, wegen ihrer Sympathie oder Zugehörigkeit zur NSDAP dann nicht zur Rechenschaft gezogen werden zu können ... Ich bin nicht feige und bei Nacht und Nebel geflohen, – ich saß weder jetzt noch bei den Luftangriffen in bombensicheren Kellern, sondern ich ging, wie befohlen, in letzter Minute aus der Stadt, um nicht in die Hände der Feinde zu fallen. Hätte ich vielleicht in eine schimpfliche Gefangenschaft gehen sollen, um dann als ehemaliger Kreisleiter unter dem Geschrei der Ausländermeute verspottet und verhöhnt auf dem Kühler eines rache- und hasserfüllten CIC-Beamten durch die Straßen der Stadt geführt zu werden? Auch hatte ich in diesem Augenblick noch nicht das Recht, allein über meine Person zu verfügen; denn ich hatte, wie jeder Kreisleiter nach der Besetzung seiner Kreisstadt noch einen Sonderauftrag von der obersten Dienststelle der NSDAP erhalten und durchzuführen.

Die Rache der Söhne für 1918 war missglückt, die Begründungen klangen zynisch (wer nicht siegen kann, soll untergehen – bevor wir in die Hände der Russen fallen, bringen wir uns lieber selber um) oder um die "Haltung" bemüht, selbstrechtfertigend bis spurenverwischend zur Erhaltung einer persönlichen "Zukunft". Aber was sollte der verblendete Einzelne, der seine Ideale und Idealträger verloren hatte, tun, wie sollte er sich seiner Vergangenheit stellen. "Denn man musste doch annehmen, dass man das Leben eines Ex-Nazis vernichtet, wenn man ihm klarmacht, dass eigentlich alle seine Tugenden Untugenden, alle seine Werte Unwerte waren."[69] Eine Zeit höchster Selbstaufwertung war vorüber und erwies sich als mit größten Verbrechen unauflöslich verbunden. Anlässe und bewundernde Zuschauer für hohe Selbsteinschätzung mussten neu gefunden werden. Nicht nur Strafangst und Schuldabwehr, sondern auch die Abwehr des Eingeständnisses, dass man macht- und wertlos wurde, gab es zu kompensieren. Erich W. dachte für sich zwei Vergangenheiten, eine als "Mensch/Idealist" und eine als Teil einer verbrecherischen Staatsmacht. Er derealisierte, entwirklichte die letztere. Hitlers Repräsentanz als nicht nur kollektives Ich-Ideal war erloschen. Er war das Objekt gewesen, an das er sich angelehnt und dem er Verantwortung übertragen hatte. Als inneres Objekt hatte er auch Erich W.s Allmachtsvorstellungen aus der frühen Kindheit belebt, und die Entwertung durch die Sieger bedeutete auch den Verlust eines narzisstischen Objekts, damit auch eine "Ich- oder Selbstverarmung und -entwertung".[70] Welche Lösung Erich W. für sich suchte, beschreibe ich weiter unten.

Erich W. gehörte nicht zu den "Mitläufern". Diese waren die Mehrheit und fanden einen Ausweg, indem sie sowohl die Nicht-Nazis als auch die prominenten Nazis aus ihrer Gemeinschaft ausschlossen, und den neuen Staat in ihre Hände nahmen. Sie versicherten sich gegenseitig ihrer Unschuld (reinwaschende "Persilscheine") und sicherten so ihren (Wieder-)Aufstieg. Erich W. hatte nach den mir zur Verfügung stehenden Unterlagen selbst keine unmittelbare Schuld nach heutigen Straftatskriterien durch eigenes aktives Tun als SA-Führer und Kreisleiter auf sich geladen. Er war aber lebenslang mit der eigenen Rechtfertigung und Entschuldung beschäftigt. Im Vergleich mit "erfolgreicheren" Anderen fühlte er sich selber als Opfer des NS und seiner Folgen, verführt und getäuscht. Er trauerte vor allem um die eigenen leidvollen Erlebnisse und um den Verlust seines narzisstischen Selbstwertes als Deutscher mit idealistischer und soldatischer Haltung.[71] "Es ist bekannt, dass die falschen und pervertierten Ideale der Hitler-Zeit oftmals auf wohlangesehenen Tradi-

---

[69] M. Mitscherlich (1987), S. 19.
[70] Mitscherlich (1990), S. 36-39.
[71] M. Mitscherlich (1987), S. 20 und 27.

tionen, Idealen und typischen Verhaltensweisen jener autoritätsgläubigen Deutschen beruhten, für die das Gehorsamsideal zur zweiten Natur geworden war. Je stärker der Zwang zum Gehorsam, um so heftiger ist aber die untergründige Aggression, die durch Strafangst und mit Hilfe von Idealisierungen der Autorität mühsam abgewehrt wird. Das ist einer der Gründe, warum sich die Verbindung von Idealisierung und Aggression als besonders haltbar erwiesen hat, eine Verbindung, die im übrigen Humor und Selbstironie ausschließt."[72]

Der Historiker Christian Pross könnte auch mir jetzt vorhalten, ich sei der Verdunklungsstrategie eines alten Mannes verfallen. Erich W. habe schließlich Jahrzehnte Zeit gehabt, seine Rechtfertigungsstrategie auszuarbeiten und zu perfektionieren. "Derartige Versicherungen alter Männer als ehrliche Schilderungen ihres psychischen Zustands während der NS-Zeit zu behandeln, verdunkle die politischen Voraussetzungen ... statt sie zu erhellen."[73] Daran mag ein dringend berücksichtigenswertes Moment liegen. Allerdings schrieb Erich W. seine Rechtfertigungen schon in den Jahren nach Kriegsende und in den 50er Jahren erneut. Es handelt sich also nicht ausschließlich um Interviews mit einem alten Mann.

Der Psychohistoriker Robert Jay Lifton formulierte seine Theorie des "psychischen doubling", die mir hier überprüfenswert scheint, allerdings tatsächlich auf der Grundlage solcher Interviews mit alten Männern (Medizinern). Er meint, dass "jemand auf unerträglichen Stress und die Paradoxien des Lebens, auf sich widersprechende Ideale mit einer Aufspaltung seiner Lebensgrundsätze und Handlungen in zwei getrennte Bereiche reagiert."[74] Als typische Fallbeispiele werden genannt: der Kommandant des KZ Auschwitz, Höss, und die Schilderung seines Abschaltens im Familienleben; oder der Verantwortliche für die Anschaffung und Verteilung des Gases Zyklon B, SS-Oberführer Mrugowski, der sich nach der Arbeit in seine Bibliothek zu den hohen Idealen eines Goethe oder Humboldt zurückzog; oder, näher an Kreisleiter Erich W., der antisemitische Volksverhetzer und Frankenführer Streicher, gleichzeitig ein Naturheilkunde-Anhänger. Versöhnung von Widersprüchen auf einer höheren Ebene oder psychisches doubling?

Erich W. schilderte mir sein Leben in einer Abfolge von Szenen, nicht chronologisch, sondern nach aktueller Wichtigkeit geordnet. So eröffnete er das erste Treffen mit der Frage: Du weißt doch, dass ich Kreisleiter bei den Nazis war? Schnell und manchmal unvermittelt drängte die Mitteilung des erweiterten Selbstmordes seiner ersten Frau heraus und der Hinweis, dass noch 1972 für seinen Vater, Ehrenbürger der Stadt Heidenheim, eine Linde gepflanzt worden sei. Das konnte nicht warten und war ein Test, ob ich überhaupt noch zuhören wollte oder ihn verurteilte und ging. Quindeau scheint mir richtig zu sehen: "Das Erinnern hat also eine libidinöse, triebhafte Grundlage; diese erklärt den spezifisch drängenden, unausweichlichen Charakter von Erinnerungen, die uns gleichsam heimsuchen. ... Vergangenheit wird nicht willkürlich konstruiert, sondern die unbewusste, konflikthafte Dimension früherer Interaktionsszenen drängt fortwährend zu neuen Umschriften. Das Konzept der Nachträglichkeit bezeichnet eine komplexe zeitliche Bewegung, die sowohl von

---

[72] M. Mitscherlich (1987), S. 115.
[73] Harrington (2002), S. 355.
[74] Harrington (2002), S. 355.

der Gegenwart in die Vergangenheit wirkt als auch umgekehrt von der Vergangenheit in die Gegenwart. Das Erinnern vollzieht sich nicht – wie traditionell im Rahmen der Abbildtheorien und neuerdings auch von der Neurobiologie angenommen – entlang von Assoziationsketten, sondern im Zusammenwirken von mehreren Szenen. ... Das autobiografische Gedächtnis bildet so weniger die lebensgeschichtliche Interaktionspraxis ab, wie sie 'wirklich' gewesen ist, sondern stellt vielmehr deren Verarbeitung dar."[75]

Diese psychoanalytische Darstellung kann in der Terminologie eines Historikers für unseren Fall so ergänzt werden: "In der Historie dominiert noch immer der übermächtige Eindruck des katastrophalen Endes und Endzustandes. Er wird a posteriori auch als roter Faden zur Erklärung der Motive, Instrumente und Etappen des NS, seiner Entwicklung und Herrschaft eingesetzt. ... In historischer Perspektive bildet die konkrete Zeitphase der ersten Jahre des Dritten Reiches, die damalige Nicht-Vorhersehbarkeit der künftigen mörderischen Radikalisierung der antijüdischen Maßnahmen und der auch qualitativen Strukturveränderung des Regimes ein wesentliches Moment zum Verständnis der Fehleinschätzung oder auch des Fehlverhaltens."[76]

Hamlet

"8 ½ Jahre war der Betroffene – ein aus einer unbekannten Sphäre plötzlich emporgetauchter bisher Namenloser – Kreisleiter in Lauf gewesen. Als solcher hat er die ihm übertragene Stellung nicht missbraucht und nicht zu eigennützigen Zwecken ausgenützt. – Das Gesamtbild erscheint als das eines in überwiegendster Weise gerechtdenkenden, bedenken-, fast sinnlos ergebenen Idealisten und Kreisleiters, der sich von der Zahl der Gleichgestellten und Gleichbelasteten in wirkungsvoller Weise abhebt." (Auszug aus dem Spruch der Berufungskammer 11. August 1949 in Nürnberg.) – Ich wurde gemäß Art 11-I-1 in die Gruppe III der Minderbelasteten eingereiht. – Gerade die vielen, vielen Beweise herzlicher Zuneigung und Dankbarkeit aus allen Schichten der Bevölkerung haben mir in den 4 ½ Jahren meines Leidensweges durch Internierungslager und Gefängnisse immer wieder Kraft und neuen Lebensmut gegeben.

In seinem Buch "Feuer und Blut" von 1929 schreibt Ernst Jünger, der Krieg sei wie ein "antikes Drama" im "Zeitalter der kleinbürgerlichen Interessen" für sie gewesen.[77] In Kohuts Narzissmus-Buch[78] findet sich ein literarischer Vergleich, mit dem ich den "altattischen" Drama-Teil ergänzend abschließen möchte. Es geht um Shakespeares Hamlet, Prinz von Dänemark. Hamlet scheint für Kohut aus vielen Hinweisen und wegen der Liebe des Volkes als ein hochgradig idealistischer junger Mann erschließbar zu sein, der seine Umwelt als grundsätzlich gut und edel ansah. Jetzt musste er aber eine Orest'sche Grausamkeitserfahrung erleben, nämlich die Ermordung seines Vaters durch seinen Onkel unter Beteiligung der Mutter! Als ihm

---

[75] Quindeau (2004), S. 7 f., und in *Frankfurter Rundschau*, 11. 10. 2005, S. 26.
[76] Broszat (1985), S. 380 und 383.
[77] Theweleit (1980a), S. 346.
[78] Kohut (1976), S. 269f. Siehe auch bei Lotto (2006), S. 44.

das Ereignis klar wird, wird eine Umschichtung von ihm verlangt: Seine höchsten Werte sind entwertet und er muss die Realität des Bösen[79] in der Welt anerkennen. Während sich dieser Wandel im narzisstischen Bereich der Werte und Ideale vollziehe, würden gleichzeitig ödipale Spannungen wiederbelebt, somit der psychische Apparat überbelastet: "Hamlets Psyche ist 'aus den Fugen', weil sie damit konfrontiert ist, dass die Welt, an die er geglaubt hatte, 'aus den Fugen' geraten ist. Zuerst reagiert er mit Verleugnung auf die neue Wirklichkeit, die seine früheren idealistischen Anschauungen zerschmettert. Der Verleugnung folgt ein partieller Durchbruch der zutiefst verstörenden, unwillkommenen Wirklichkeit in Hamlets Bewusstsein in einer beinahe wahnhaften Form (die Erschießung des Geistes des Vaters).

Während dieser Phase des partiellen Annehmens der neuen Wirklichkeitssicht wird noch eine partielle Verleugnung der Bedeutung dieser Entdeckung aufrecht erhalten bei gleichzeitigem Erkennen der Wahrheit. Psychologisch gesehen wird die Wahrheit von einem Teil von Hamlets Persönlichkeit erkannt, aber von einem anderen Teil isoliert gehalten (eine vertikale Spaltung des Ichs). Dann folgt eine Phase, in der der traumatische Zustand in sehr typischer Weise in Erscheinung tritt; er wird charakterisiert a) durch Abfuhrphänomene, die von sarkastischer Witzelei bis zu rücksichtslosen aggressiven Ausbrüchen reichen (die Tötung des Polonius) und b) durch Rückzugsphänomene, die von philosophischem Grübeln bis zu einem tief melancholischen Zustand reichen." – Zurück zu Erich W.: Für diese anfängliche Zeit ab 1945 war, mit Mitscherlichs Worten, "die drängendste Aufgabe für den psychischen Apparat ... die Abwehr des Erlebnisses einer melancholischen Verarmung des Selbst. ... Die Mechanismen, um die es hier geht, sind Notfallreaktionen, Vorgänge, die dem biologischen Schutz des Überlebens sehr nahe, wenn nicht dessen psychische Korrelate sind. ... Es ist also sinnlos, aus diesen Reaktionen sofort nach dem Zusammenbruch einen Vorwurf zu konstruieren."[80]

2. Unterschiede in einem Boot (Kempner)

Während der Nachkriegszeit entwickelte sich ein Dilemma. Es ist allgemein bekannt, dass in der Bundesrepublik "man" beim Wiederaufbau in hohem Maße auf alte Funktionseliten zurückgriff, die schon dem NS-Regime "gedient" hatten. Mit Rücksicht auf die westlichen Besatzungsmächte und späteren Bündnispartner war damit aber notwendigerweise als Kompensation "eine klare offizielle Distanzierung von der Nazi-Vergangenheit notwendig; einerseits nachsichtiges Vergeben und Verschweigen der konkreten persönlichen Mitverantwortung in der NS-Zeit, andererseits das Regulativ grundsätzlicher Ablehnung des NS als Voraussetzung für jegliche Art von Repräsentation in der neuen Gesellschaft und Staatsordnung."[81]

---

[79] Baumeister (2001) spricht von hohem, aber instabilem Selbstwertgefühl und nennt als die vier Wurzeln des Bösen: Böses als Mittel zum Zweck, Sadismus, verletzter Narzissmus, Ideologie und Religion (s.a. *Bild der Wissenschaft* 3/2005).

[80] Mitscherlich (1990), S. 39.

[81] Broszat (1985), S. 376.

Graphik 4

Wenn ich nun im Anschluss an Kempner für Differenzierung plädiere, könnte das "psychoanalytisch als Ausdruck der Haltung eines Mitglieds der Kindergeneration gedeutet werden, das die eigenen Eltern schützen will, oder als Abwehr unbewusster Identifikationen mit dem Aggressor, also mit dem 'Tätervater'."[82] Ich habe die Sogwirkung der lebensgeschichtlichen Erzählungen des Erich W. und mein aufnehmendes, Aufmerksamkeit signalisierendes Anhören im letzten Jahrbuch als Teil einer möglichen kollusiven Verwicklung beschrieben, einer unausgesprochenen Übereinkunft, wobei ich ihm sein Größen-Selbst zurückspiegelte, evtl. sogar wiederbeleb-

---

[82] von Plato (2003).

te.⁸³ Ich erinnere aber nochmals an mein leitendes Interesse, Verschränkungen zwischen Kontinuierlichem aus der NS-Zeit und weiter zurückreichenden Prägungen aufzuspüren. Mit Broszat möchte ich ferner auf den genau zu beachtenden Unterschied verweisen "zwischen dem Sinn, an dem der Handelnde sich orientiert hat ..., und demjenigen Sinn, den Handlungen unter den verschiedenen theoretischen Gesichtspunkten von heute für den Wissenschaftler annehmen können."⁸⁴

Erich W. ließ seinen Platz im Boot zustimmend von einem ehemaligen Landrat und Ministerialrat Rentsch so bestimmen ... *dass ich ... ein recht 'unvollkommener' Nationalsozialist gewesen bin ...* und operationalisiert den Begriff: *Gerade durch meine Hilfe, die ich ehemaligen politischen Gegnern, die sich schwer gegen die damals bestehenden NS-Staats- und Parteigesetze vergangen hatten, angedeihen ließ und diese vor dem Zuchthaus und KZ bewahrte, habe ich doch bewiesen, dass ich nichts mit den üblichen Methoden des Nazismus zu tun hatte.*

Darauf besteht Erich W., und er muss der folgenden Schlussfolgerung des Senatspräsidenten widersprechen: "*Allein es ist kein Nachweis dafür vorhanden, dass all diese guten Seiten des Betroffenen darauf zurückzuführen sind, dass er sich vom Nationalsozialismus abgewandt hatte oder dessen Methoden nicht billigte. Es sind weder äußerlich solche Momente vorhanden, noch sind auch Beweise dafür gegeben, dass er, aus diesen guten Taten erkennbar, innerlich von den Methoden des Nazismus abgerückt ist.*" Denn bei einer Führertagung anfangs 1945 sei es gewesen, *in welcher ich als einziger Mann mutig und unerschrocken und ohne Auftrag der anderen, aber auch ohne Rücksicht auf die schlimmen Folgen für mich und meine Familie in einer wohldurchdachten und vorbereiteten Denkschrift hohe Parteiführer, ja sogar Hitler in schärfster Form kritisierte und gegen die Weiterführung des sinnlos gewordenen Krieges protestierte und deshalb vom Gauleiter ein 'Meuterer' genannt wurde. Klarer und eindeutiger wird doch wohl meine Abkehr vom Nazismus Hitlerscher Prägung wirklich nicht zum Ausdruck gebracht werden können.*

Ich habe persönlich auch keinen Menschen ins K.Z. gebracht; immer habe ich mich bemüht meine Mitmenschen davor zu bewahren. Wie es in den K.Z.s ausgesehen hat, wusste ich nicht; ich habe auch kein K.Z. besucht, hatte auch keine Veranlassung dazu, da ich mir darunter lediglich eine Art Arbeitslager vorstellte.

Kempner weist auf den hier enthaltenen Widerspruch hin anhand des Beispiels von Göring bei den Nürnberger Hauptkriegsverbrecher-Prozessen: Göring bestreitet, dass es im KZ irgendetwas Böses gab, und wird von Kempner daraufhin gefragt, warum dann seine Frau Emmy dafür gesorgt habe, dass Leute aus dem KZ heraus kamen, wenn es dort so angenehm gewesen sei.⁸⁵ Und Erich W.s fast gleich alter Volksschullehrerkollege aus Lauf, der als Kriegsfreiwilliger in den 1. Weltkrieg zog und als Pazifist zurückkam, der einer der wenigen freiheitlichen Lehrer schon zu Ende der Weimarer Zeit war, erinnert an das größte Außenlager des KZ Flossenbürg, das Mitte 1944 in Hersbruck aufgebaut wurde: "*Täglich konnte man Gruppen*

---

⁸³ Reiß (2005), S. 254f.
⁸⁴ Wehler (1971), S. 14.
⁸⁵ Kempner (1983), S. 95f.

von ausgemergelten Häftlingen sehen, die durch die Straßen geprügelt wurden. Einzelne wurden von ihren Mithäftlingen mühselig geschleift. Weithin konnte man die Schreie von Gefolterten aus dem Lager gellen hören. Tausende dieser unglücklichen Menschen starben einen furchtbaren Tod. In drei Verbrennungsstätten, bei Pommelsbrunn, bei Happurg und bei Schupf versuchte man, so viel Leichen wie möglich zu verbrennen. Aber alle konnten nicht bewältigt werden. Bedauernswerter Weise: Der zuständige Kreisleiter hat gar nichts davon gesehen und gehört." [86] Aber der Lehrer Ebert ließ nach Wiederbeginn des Unterrichts gleich im Oktober 1945 seine 14-jährigen Schüler den ersten Schulaufsatz schreiben zu dem Thema, was sie "Mit eigenen Augen" von dem KZ Hersbruck gesehen und gehört hatten.

"Wir haben noch nie so viele anständige Menschen bei uns im Gefängnis gehabt."
(Ein Aufseher im Gefängnis Neustadt an der Aisch nach Kriegsende.)
Der stellvertretende Chefankläger bei den Nürnberger Hauptkriegsverbrecherprozessen war Robert Kempner. "Für die Menschen war eines völlig unerklärlich: weshalb sie eigentlich verhaftet waren. Manche wussten es schon, aber viele betrachteten sich gar nicht als Verbrecher. Einige waren es auch gar nicht im strafrechtlichen Sinne, sondern nur im moralischen Sinne. Die konnten nicht verstehen, dass die amerikanischen Besatzungsbehörden von dem Standpunkt ausgegangen waren: Zunächst einmal sind alle Beamten von einem bestimmten Rang an zusammenzufassen und in Internierungslager zu verbringen. Das war nicht aus Sicherheitsgründen wichtig ... sondern weil die Listen der Internierten mit den Listen der War Crimes Commission verglichen wurden." Vieles war vorbereitet von den Betroffenen für etwaige Strafverfahren, eine Persilschein-Fabrik für die kommende Entnazifizierung, zirkulierende Formulierungshilfen, ausgetauscht vor dem Nürnberger Hauptbahnhof für Be- oder Entlastungszeugen.[87] "Aber diese Unschuldmenschen haben einfach nicht bemerkt, was sie anrichteten. ... 'Was hätte ich denn tun sollen?' ... 'Was wäre denn aus mir geworden?' " [88] Damit sind wir bei den Entschuldungsargumenten. Für Erich W. sahen sie außer den bereits erwähnten so aus:

Selbst der zurückgetretene englische König und spätere Herzog von Windsor besichtigte in München im Jahre 1938 einige Betriebe und auch er war des Lobes voll über die gewaltigen sozialen Fortschritte des nationalsozialistischen Deutschlands.

Am 1. Oktober 1936 beauftragte mich Gauleiter Streicher gegen meinen Willen mit der Führung des Kreises Lauf a. d. Pegnitz.

Anfang Dezember 1938 erhielt ich seitens der Gauleitung den Auftrag, in Asch im inzwischen 'befreiten' Sudetenland, wie im Frühling in Feldbach in der Steiermark, tätig zu werden. ... Zur Österreichmedaille fügte sich am Ende meines Einsatzes in Asch die Sudetenmedaille am schwarz-rot-schwarzen Band, als ich anfangs März 1939 nach Lauf zurückkehrte.

---

[86] Ebert (1985/86), 3. Teil.
[87] Be- und Entlastungszeugen der Prozesse wurden in einem Nürnberger Villenviertel im "Zeugenhaus" untergebracht, so dass Täter und Opfer unter einem Dach zusammentrafen. Siehe Kohl (2005).
[88] Kempner (1983), S. 303-305.

Im Jahre 1944 forderte dann die Parteikanzlei kategorisch die hauptamtliche Übernahme in den Dienst der NSDAP und ich musste, trotz energischen Widerspruchs, um meine Entlassung aus dem Schuldienst nachsuchen, die dann im Sommer 1944 von der Regierung ausgesprochen wurde. ...

... mir aufgezwungenen Synagogen-Aktion, für die ich schwer gebüßt habe ...

Seine Zugehörigkeit zur NSDAP und seine parteiamtliche Tätigkeit nötigte ihn zum Austritt aus der evangelischen Kirche (19. VII. 1952, Kirchenrat P., 2. Pfarrer in Neustadt a.d. Aisch).

Eric A. Johnson fand als typische Entschuldungsargumente: Man war privat stets Nazigegner, gezwungen, gegen den eigenen Willen (zum Partei-Eintritt, zu einer Funktion ...), sei während des Krieges wegen Opposition selbst gefährdet gewesen, Leumundszeugen seien aus allen gesellschaftlichen Bereichen vorhanden, man habe sich persönlich für viele Menschen eingesetzt, die sonst (schlimmer) verfolgt worden wären, man lebte in einer heute nicht vorstellbaren streng reglementierten Befehlshierarchie.[89]

3. Große Stunde, dunkle Stunde: strenge Form

Oliver Sacks, Neurologe, erinnert uns daran: "Man mag mit dem Potential für ein gewaltiges Gedächtnis geboren sein, doch man ist nicht geboren mit einer Neigung sich zu erinnern. Diese Neigung entwickelt sich erst mit den Veränderungen und Trennungen im Leben – Trennungen von Menschen, von Orten, von Ereignissen und Situationen, vor allem wenn sie sehr bedeutsam waren, zutiefst verhasst oder geliebt. Es sind also Diskontinuitäten, die großen Diskontinuitäten im Leben, die wir mit Hilfe der Erinnerung und darüber hinaus mit der Hilfe von Mythos und Kunst überbrücken oder integrieren oder versöhnen wollen."[90]

Die "große Zeit" fing für Erich W. recht prosaisch an: *Den Tag der Machtergreifung, den 30. Januar 1933, musste ich infolge eines Knöchelbruches mit eingegipstem Fuß daheim im Zimmer verbringen. Ein Kollege hatte für drei Wochen als Vertretung meine Schulklasse zu führen. Durch die Presse erfuhr ich, dass in Neustadt am 30. Januar abends ein Umzug aller Parteiorganisationen, Vereine, Verbände und Schulen stattgefunden hatte. Damit hatte Adolf Hitler die Regierungsmacht übernommen, und die Hoffnungen auf eine Wende waren groß. Ich sorgte vor allem dafür, dass durch die Machtübernahme im Dorf weder Bürgermeister noch Gemeinderäte abgelöst wurden, obwohl sie nicht der Partei angehörten, – wie es andernorts leider praktiziert wurde.*

Er war kein Dichter wie Hermann Burte, der mit geradezu religiös-prophetischem Zungenschlag schrieb: "Es ist ein neuer Mann gekommen, tief aus dem Volke, er hat neue Thesen angeschlagen und neue Tafeln aufgestellt, und er hat ein neues Volk geschaffen, aus derselben Tiefe emporgeholt, woher die großen Gedichte steigen: Von den Müttern her, von Blut und Boden her."[91] Behalten wir die Müt-

---

[89] Johnson (2001), S. 46-56.
[90] Sacks (1995), S. 239.
[91] Burte, Hermann (1943) Die Dichtung im Kampf des Reiches. (Hamburg, 2. Auflage 1943), S. 71. Hier nach Hermand (1988), S. 285.

ter für diesen Abschnitt im Auge, wenn wir nach Sacks Anregung den poetischen und bildlichen Widerhall der großen wie der dunklen Stunde nach passenden Beispielen durchsuchen.

Exkurs 7: Sexuelle Repression und NS

Als durchgängig sexuell repressiv eingestuft und mit der konservativ-christlichen Sexualkultur gleichgesetzt – seine mörderische Dynamik habe der NS vor allem durch die Lustabwehr der autoritär strukturierten Persönlichkeiten Hitlers und seiner Anhänger gewonnen. Doch war der NS sowohl für diejenigen attraktiv, die sich eine Restauration der traditionellen Familienwerte erhofften, wie für diejenigen, die von der Auflockerung der konventionellen Moral profitierten. Es ist ein populäres Deutungsmuster, das den NS als pervers-sadistisch oder homoerotisch motiviert sieht. Das Regime hat sich obsessiv mit Sexualität beschäftigt, hat zwar programmatisch die Restauration konservativer Moral auf die Fahne geschrieben, und gleichzeitig sich in Abgrenzung von christlicher Prüderie für eine gesunde Sexualität eingesetzt, zwischen rassisch wertvollen Männern und Frauen! Es war ein Nebeneinander von Erlaubtem und Verbotenem, Hybris und Heuchelei, sexuellen Anreizen und von Verbergen und Leugnen zu beobachten, die Lockerung der Sexualmoral, vor allem in den letzten Kriegsjahren, als jüdisches Phänomen verschrieen und zugleich als arisches Privileg gefeiert.[92]

Am 6. Mai 1945 schieden vom Feinde bedrängt freiwillig aus dem Leben ...

Hier muss eine Anmerkung hin! Frau Alma W., die Sportlerin, die Erich W. am Sportplatz in Neustadt kennenlernte und als junger Lehrer heiratete, die Mutter von vier Kindern, ihre zigarettenschenkende Freundlichkeit gegenüber "Fremdarbeitern". Das von Erich W. betonte innige Familienleben. – 1945 war sie mit den Kindern in das sichere Voralpenland geschickt worden, voll Bolschewistenangst/Auslieferungsangst/Alleinseinsangst/Zukunftsangst – und als sie ihren Ehemann fälschlicherweise tot vermutete, die wohl weniger Kurzschluss- als abgesprochene und geplante Aktion, die zwei Lösungen der Eheleute W.: Erweiterter Suizid und Heilung durch Opfer! Wir fragen aus unserer heutigen Sicht: Was hätte ihr und ihren Kindern denn geschehen können? Vertraute sie nicht eigener Kraft? Ihre Entscheidung war kein Einzelfall. "Die Einsicht, dass ihnen und ihren Nachkommen kein Haar gekrümmt worden wäre, ging in der Last der ungeheuren Schuld, die sich nun allmählich über die Seelen legte, völlig verloren. Alle damals umgebrachten Kinder wären heute vermutlich einwandfreie Bürger der Bundesrepublik geworden. Aber sie mussten ungefragt eine Zeche bezahlen, die sie nicht gemacht hatten."[93]

---

[92] Herzog (2005).
[93] Ebert (1985/86).

Rache, Heilungen und Verschränkungen

Graphik 5: Das Mütterliche[94]

Erich W. suchte nach 1945 die Lösung in Arbeit, meldete sich freiwillig, war bald erster Schreiber, Hauptfeldwebel, Kompanieführer, Arbeitskommandoführer, Krankenpfleger und Aufräumer, Internierten-Vertrauensmann mit Sonderausweis zum Verlassen des Lagers (*Nachdem ich immer mehr die Schicksale der mir anvertrau-*

---

[94] In seiner doppelten Erscheinungsform, freundlich-nährend-mütterlich und finster-bedrohlich-verschlingend finden wir das Mutterbild von der altattischen Gaia (Lübker 1914, S. 395) bis zur psychohistorischen bösen Mutter (deMause 2005, S. 52), von Edvard Munch (Ravenal 1986) bis Panzer (1982).

ten Menschen erkennen konnte, bin ich wiederholt mit Hilfe meines Sonderausweises nach Dachau gefahren, wo im ehemaligen KZ die Lagerspruchkammern amtierten. Auf diese Weise ist es mir gelungen, weniger belastete Kameraden freizubekommen.), im Zuchthaus Wäscher, Bügler, Wäscheauslieferer, Zigarettenverwahrer und Stubenältester, in Freiheit dann Bauhelfer, Schreibkraft. Er fand nach eigenen und fremden Angaben überall Anerkennung, Wertschätzung, und arbeitete sich schnell in "Führungs"-Positionen. Alle diese Details listet er auch in seinen *Erinnerungen* auf, oft mit Verweis auf die ihm *anvertrauten Volksgenossen* bzw. später die ihm *anvertrauten Menschen*. Ein Vater sorgt für seine Kinder! Auch für die schlimmen und unwissenden.

Er konnte selbst nicht "in Versen sprechen", aber er sammelte sie: *Im Lager wurden von vielen Internierten wunderbare Gedichte verfasst, die die seelische Not und das Zutiefst-Getroffen-Sein durch den Zusammenbruch und durch diese Inhaftierung, die wir ohnmächtig hinnehmen mussten, – zur damaligen Zeit ja auch noch für viele ohne jede Begründung – widerspiegeln. Ich habe, wahrscheinlich in den Nächten, da die Tage ja mit Arbeit angefüllt waren, viele davon aufgeschrieben und handschriftlich in Bücher eingetragen.*[95]

Wie in anderen Lagern auch entstand eine Art "Volkshochschule" mit verschiedenen meist abendlichen Kursen unter den Inhaftierten, wozu auch Theaterabende gehörten. Hier spricht eine Frau den Erich W. an: *Damit wusste ich, dass die Dame die Frau des im Osten gefallenen Schulführers der Adolf-Hitler-Schule Sonthofen für Franken war. Ich erinnerte mich an die Bilder, wo unser Berthold im Hause Roloff mit der kleinen Elke spielte. Frau Roloff war vor ihrer Heirat als Mitarbeiterin der Reichsjugendführung in Berlin tätig und wurde dieserhalb nach dem Zusammenbruch von den Amerikanern sofort verhaftet, obwohl sie vier kleine Kinder zurücklassen musste. Sie 'bewohnte' nun im Frauenhaus mit weiteren acht Frauen die Stube 10 und war die Stubenälteste. Mit dieser Begegnung begann für mich eine Zeit der Freude, die mir unendlich viel Kraft gegeben hat, vor allem auch für die kommende Zeit. Mein Kompaniechef Dr. Kläbe war ebenfalls tief beglückt als er mit mir einer Einladung der Frauen der Stube 10 zu einer Plauderstunde folgen konnte. Folgendes Gedicht von ihm entstand nach einem solchen Besuch:*

> *Der Adventskranz*
> *Blauseiden war der Himmel überdacht,*
> *Als gelte es ein erstes Frühlingshoffen;*
> *Doch von den Hängen, von den Gipfelschroffen,*
> *Gleißte der Neuschnee aus der letzten Nacht.*
> *Blank lagen Berg und Tal den Blicken offen.*
>
> *Erhellt war aller Höfe grau Geheg'*
> *Von Strahlen, die bis in die Zimmermitten*
> *Und – stacheldrahtentlang – auch mit uns glitten,*
> *Als wir den altgewohnten Lagerweg –*
> *Dem wohlverwahrten Tor zu – abwärts schritten.*

---

[95] Siehe "Herz hinter Stacheldraht" (1946), mit Hand abgeschrieben und um andere Gedichte ergänzt von Erich W. Hier findet sich auch der Eintrag oben "vom Feinde bedrängt".

Rache, Heilungen und Verschränkungen

> *Dort waren Sonnenglanz und Winterpracht*
> *In eine lichte Stube eingegangen.*
> *Wir wurden so von Herzlichkeit umfangen,*
> *so mütterlich umsorgt, so lieb bedacht,*
> *Dass unsere Herzen hell zusammenklangen.*
>
> *Wir spürten wohl, wie manches bittre Weh*
> *Bezwungen kauert hinter Sang und Scherzen.*
> *Es wuchs – im Schimmer der Vorweihnachtskerzen –*
> *Christrosen gleich, aus tiefem Winterschnee,*
> *Uns ein Adventskranz von neun tapf'ren Frauenherzen.*
>
> *Camp Garmisch*
> *1. Advent 1945*

Erich W. notiert, dass *dieses Gedicht im tiefsten unsere damaligen Empfindungen trifft*: Blauseiden – erhellt – dort – wir; hoffen – Strahlen – mütterlich – zusammenklangen; Schroffen – grau – kauert. Bezwungen? Noch weiß er nichts vom erweiterten Suizid seiner Frau, der Mutter und Mörderin ihrer Kinder.

Hier wird die Empfindung der Natur in einer Gebärde des Seufzens, aber nicht des resignierenden Schmachtens festgehalten in der traditionellen Trennung von angedichtetem Gegenstand und sprechendem Ich mit einer als liedhaft geltenden Form traditioneller Naturlyrik, kaum ein Wort außerhalb des Wortschatzes der traditionellen Lyriksprache. Die Stube als Symbol des einfachen Lebens in einer dörflichen Gemeinschaft steht für das Einfache, das Natürliche, Ursprüngliche, Zeichen einer naturhaften Gesellungsart reiner Menschen im Zustand ihrer angeborenen Wesensart: Bei den umsorgenden Mütter-Frauen. Die Konventionalität der festgefügten Wortverbindungen verweist auf den Dualismus von Heimat und Welt, Reise und Ankunft, Aufbruch und Heimkehr, Bei-sich-Sein und Fremde. "Heimat" ist nicht geographisch zu lokalisieren, ist Heimat schlechthin – sie ist das, was dauert: Landschaft, agrarische Lebensweise, einfacher Intimbezug, der an die Stube und die zusammenklingenden Herzensglocken fixiert ist, sie ist das Umgreifende, Mütterliche, Konfliktlose, der Ort der Ich-Aufgabe.[96]

Dem Resignieren steht eine "Haltung" entgegen. Denn, so hatte es 1935 der Lyriker Schumann beschrieben: Nicht der Stoff, sondern die "Haltung" entscheidet für uns. Die spezifische Ästhetik der "Haltung": Die Situation, von der sie ihren Ausgang nimmt, beherrscht ein numinoses Dunkel, das von einer inhaltslosen, ungerichteten Spannung erfüllt wird. Die Bewegung der Heimkehr deutet auf Regression. Dualistisch strukturiert, entschieden positiv, sakral, eine gesellschaftsunabhängige, zeitenübergreifende wie überzeitliche Ausdruckskraft, die zur Verklärung, Erhebung, ja Heiligung der profanen Wirklichkeit führen soll auch durch Verwendung von Massensymbolen.[97]

---

[96] Nach Uwe-K. Ketelsen in Hinderer (1978), S. 303f.
[97] Schnell (1985), S. 397f. Zur religiösen Dimension des NS siehe bei Ley & Schoeps (1997).

Schicksalsstunden finden in dichterisch erregten Gemütern poetischen Widerhall, und viele sprechen plötzlich in Versen, wobei sich nationalsozialistische Haltung und dichterische Qualität nicht ausschließen. Nach 1945 trat die "Form" an die Stelle der "Haltung". Sie wurde bei aller Kritik an etwaigen früheren Bekenntnissen zum Nationalsozialismus anerkannt bis zur erneuten Schulbuchwürdigkeit. Poetische Formenstrenge, vor und nach der Hitlerei! Weinhebers Gedichtband *Späte Krone* 1950 enthält auf den Umschlagseiten Sätze gegen die Ängste vor den Erschütterungen seiner Zeit: "Das erhabene Meisterwerk des in der großen Katastrophe von uns gerissenen Dichters. Hier spricht der in Leiden gestählte, überwindende Mensch für unser aller Schicksal und Zukunft. ... Man kann sie [die Gedichte] in den dunkelsten Stunden lesen und wird Licht und Ruhe und feierliche Erhebung finden in ihrer sittlichen Stärke, in der Weisheit der Lebensbetrachtung und in der Schönheit der formvollendeten Sprache."[98] Dunkle Stunde für Erich W.:

Hinter den dürren Worten und Daten verbergen sich aber unendliche Sorgen, Nöte, Demütigungen, Einschränkungen. Sie können diese ja aus den Aufzeichnungen meines Mannes herauslesen. (Frau W., Mitteilung 9. 3. 1988) – Panzers Bilder kann ich Ihnen auch nicht in allem erklären, – sie sind oft fast diabolisch, aber sicher Ausdruck seiner damaligen Verfassung (Frau W., Mitteilung 9. 9. 1990.)

Frau W. schickte mir nach dem Tod ihres Mannes von sich aus etwa 1990 ein Buch mit Zeichnungen des Gerwald Panzer zum besseren Verständnis mancher Ausführungen ihres Mannes, mit der Andeutung, damit könne ich einiges eher verstehen, was 1945 in ihnen vorgegangen sei. Panzer (*1904) zeigt die üblichen Daten eines bürgerlichen Lebens seiner Generation: Abitur, Bauingenieurstudium, 1935 Leiter des Bauamtes einer Kleinstadt; Soldat, Gefangenschaft in einem amerikanischen Lager; Grafiker, Medailleur und dann Betriebsleiter in einem mittelständischen Betrieb, 1969 Ruhestand. Er schreibt: "Lustvoll und neugierig einem dunklen Drang und einer vagen Eingebung folgend, beginne ich zu zeichnen. Mit der Zeit entsteht etwas, von dem ich keine Ahnung haben konnte, das mich jedoch fasziniert: Die Zeichnung hat sich sozusagen selbstständig gemacht, mir so ihren Willen aufzwingend." In der Zeit seiner Kriegsgefangenschaft bringt er in seinen Zeichnungen seine Ängste und Empfindungen, seine Erfahrungen und Ahnungen gleichnishaft zum Ausdruck. Ein Mitgefangener bindet sie mit Karton und Armeetaschentüchern zu Büchern. Unter dem Titel "Dunkle Stunde" erschien eine Auswahl der Graphiken 1982.[99] Einige davon habe ich in meinen Text eingefügt. Ich erhoffe aus ihnen (und dem folgenden Abschlusszitat aus den *Erinnerungen*) eine im Sinne meines Verschränkungen-Topos positiv irritierende "tiefgreifende affektive Wirkung" auch bei Nachgeborenen, und dass es gelungen ist, "dass der Künstler im künstlerischen Arbeitsprozess existentielle Konflikte, Verdrängtes, unbewusste Erinnerung auf das ästhetische Material überträgt und durch diesen Vorgang möglich werdende Lösungen

---

[98] Ketelsen in Hinderer (1978), S. 311.
[99] Panzer (1982).

dieser Konflikte schafft, die in einer Gegenübertragung durch den Betrachter gespürt werden können."[100]

Graphik 6: Heilung – gütige Vorsehung?

4. Heimkehr/Abschluss/Verschränkung: Nach der Heilung des (?) Orest

Gewachsen an den bitteren Enttäuschungen, Erfahrungen und Erkenntnissen beseelt mich der Wunsch und Gedanke, wiederum als Lehrer zum Segen der Jugend wirken zu können und sie im rechten christlich-demokratischen Geiste zu wertvollen Staatsbürgern erziehen zu dürfen.[101] *... eine gütige Vorsehung hat nach bitteren Jahren das*

---

[100] Evertz & Janus (2002), S. 55.
[101] Bertlein (1957), Veröffentlichung der Gewerkschaft Erziehung und Wissenschaft: "Wo letzter Auftrag und Wert eines Berufs aus dem Inneren wachsen, da ist ein äußeres Abwägen des Gelehrten nicht an-

große Leid gemildert und mir neuen Lebensmut gegeben; eine getreue Lebensgefährtin steht mir wieder zur Seite und, – so Gott will, – dürfen wir zu Beginn des neuen Jahres unser erstes Kindchen[102] *erwarten. Wir suchen nichts weiter als Ruhe und Frieden und erhoffen ein bescheidenes Leben im Dienste der deutschen Familie und bitten daher um ein gerechtes Urteil! (15. 12. 1954)*

Literaturangaben

Abel, Theodore (1938): Why Hitler Came into Power. An Answer Based on the Original Life Stories of Six Hundred of His Followers (Abel Collection, Hoover Institution on War, Revolution, and Peace. Stanford University, nos. 41/42, New York 1938).

Assmann, Aleida (1999): Erinnerungsräume. Formen und Wandlungen des kulturellen Gedächtnisses (München 1999).

Bartlett, Frederic C. (1932): Remembering: A Study of Experimental and Social Psychology. (Cambridge University Press, Cambridge 1932).

Baumann, Imanuel (2006): Dem Verbrechen auf der Spur. Eine Geschichte der Kriminologie und Kriminalpolitik in Deutschland 1880 bis 1980 (Wallstein, Göttingen 2006).

Baumeister, Roy F. (2001): Gewalttätig aus Größenwahn. *Spektrum der Wissenschaft* 9/2001, 70-75.

Bertlein, Hermann (Hg., 1957): Geist und Tat des deutschen Volksschullehrers. Material zur Klärung der berufspsychologischen, -typologischen und standeseigenen Situation. Eine Schriftenreihe der Gewerkschaft Erziehung und Wissenschaft (Essen 1957).

Bizière, Jean Maurice (1983): Psychohistory and Histoire des Mentalités. *The Journal of Psychohistory* 11 (1) (1983), 89-109.

Broszat, Martin (1985): Plädoyer für eine Historisierung des Nationalsozialismus. *Merkur* 39 (5), Mai 1985 (Klett-Cotta, Stuttgart 1985), 373-385.

deMause, Lloyd (2005): Das emotionale Leben der Nationen. (Drava, Klagenfurt 2005; zuerst engl. 2002).

deMause, Lloyd (2005a): The Childhood Origins of the Holocaust. *The Journal of Psychohistory* 33 (3) (2005), 204-222.

Drexel, Joseph E. (1964): Der Fall Niekisch. Eine Dokumentation (Köln / Berlin 1964).

Ebert, Willy (1985/86): Persilschein für einen verblichenen Kreisleiter der NSDAP. Anmerkungen zu dem Sonderdruck der Nürnberger Nachrichten "Schicksale in den Jahren 1933-1945" vom Oktober 1983, S. 19 und 20. *In:* "*Laffer Blättla*, das Nachrichtenmagazin der SPD-Ortsvereine Lauf und Schönberg", 3 Ausgaben: Sommer 1985, Oktober 1985, Februar 1986.

Eley, Geoff (2005): Rückkehr zur NS-Ideologie: Überlegungen zu einer möglichen Neukonzeptualisierung nach Lektüre des Buches von M. Wildt über die Männer des RSHA. *WerkstattGeschichte* 40: Alltagsgeschichte transnational. Heft 2/2005, 93-101.

Ende, Aurel (1979): Battering and Neglect: Children in Germany 1860-1978. *The Journal of Psychohistory* 7 (2) (1979), 249-279.

---

gebracht und auch gar nicht möglich. Da bleibt nach wie vor demütiges Tun und liebevoller Dienst." (S. 6).

[102] Die mögliche intergenerationale Weitergabe von Traumata ist nicht mein Thema. Siehe dazu z.B. Volkan et al. (2002), Sichrovsky (1987).

Erikson, Erik H. (1971): Die Legende von Hitlers Kindheit. *In:* Cremerius, J. (Hg.): Neurose und Genialität. (Frankfurt 1971).

Evertz, Klaus / Janus, Ludwig (Hg., 2002): Kunstanalyse. (Mattes Verlag, Heidelberg 2002).

Federn, Paul (1919): Zur Psychologie der Revolution. Die Vaterlose Gesellschaft. Nach Vorträgen in der Wiener psychoanalytischen Vereinigung und im Monistenbund. *Der Aufstieg. Neue Zeit- und Streitschriften.* Nummer 12/13 (Leipzig / Wien 1919).

Federn, Ernst (1986): Some Little Known Contributions Of Psychohistorians To History. *The Journal of Psychohistory* 13 (3) (1986), 341-348.

Glaeser, Ernst (1928): Jahrgang 1902. Autobiographischer Roman (Berlin 1928).

Glaser, Hermann (1978): Literatur des 20. Jahrhunderts in Motiven. Band I: 1870 bis 1918 (Beck, München 1978).

Glaser, Hermann (1979): Literatur des 20. Jahrhunderts in Motiven. Band II: 1918 bis 1933 (Beck, München 1979).

Harrington, Anne (2002): Die Suche nach Ganzheit. Die Geschichte biologisch-psychologischer Ganzheitslehren: Vom Kaiserreich bis zur New-Age-Bewegung. (Rowohlt, Reinbek 2002; Original engl. 1996).

Haupt, Heinz-Gerhard (1986): Mittelstand und Kleinbürgertum in der Weimarer Republik. *Archiv für Sozialgeschichte,* Band 26 (Braunschweig / Bonn 1986), S. 217-238.

Hermand, Jost (1988): Der alte Traum vom neuen Reich. Völkische Utopien und Nationalsozialismus (Athenäum, Frankfurt/M. 1988).

Herz hinter Stacheldraht (1946): *Schriftenreihe Camp 8*, Heft Nr. 1 (Garmisch 1946).

Herzog, Dagmar (2005): Sex after Fascism. Memory and Morality in Twentieth-Century Germany (Princeton University Press, Princeton 2005).

Hinderer, Walter (Hg., 1978): Geschichte der politischen Lyrik in Deutschland. (Reclam, Stuttgart 1978).

Hirschfeld, Magnus (Hg., 1929): Sittengeschichte des Ersten Weltkriegs. (Müller & Kiepenheuer, Hanau 1929. Nachdruck der 2., neu bearbeiteten Auflage, o.J.).

Hughes, H. Stuart (1971): Geschichte und Psychoanalyse. *In:* Wehler, Hans-Ulrich (Hg.): Geschichte und Psychoanalyse. (Ullstein, Frankfurt a. Main; zuerst 1965), S. 27-46.

Jaeger, Hans (1977): Generationen in der Geschichte. Überlegungen zu einer umstrittenen Konzeption. *Geschichte und Gesellschaft GG* 3 (4) (1977), 429-452.

Jehle, J. (Hg., 1918): An was hat der heimkehrende Kriegsteilnehmer zu denken? Wegweiser zur Wiedereinführung ins bürgerliche Leben und zur Geltendmachung von Ansprüchen und Rechten (Bay. Kommunalschriften-Verlag, München 1918).

Johnson, Eric A. (2001): Der nationalsozialistische Terror. Gestapo, Juden und gewöhnliche Deutsche (Siedler, Berlin 2001; zuerst englisch, 2000).

Jung, Otmar (1989): Plebiszitärer Durchbruch 1929? Zur Bedeutung von Volksbegehren und Volksentscheid gegen den Youngplan für die NSDAP. *Geschichte und Gesellschaft GG* 15 (4) (1989), 489-510.

Kater, Michael H. (1985): Generationskonflikt als Entwicklungsfaktor in der NS-Bewegung vor 1933. *Geschichte und Gesellschaft GG* 11 (2) (1985), 217-243.

Kater, Michael H. (2006): Hitler Youth. (Harvard UP, Cambridge/Mass. and London 2006. Zuerst 2004).

Kempner, Robert M. W. (1983): Ankläger einer Epoche. Lebenserinnerungen (Ullstein, Frankfurt a.M. / Berlin / Wien 1983).

Kohl, Christiane (2005): Das Zeugenhaus. Nürnberg 1945: Als Täter und Opfer unter einem Dach zusammentrafen (Goldmann, München 2005).

Kohut, Heinz (1976): Narzissmus. Eine Theorie der psychoanalytischen Behandlung narzisstischer Persönlichkeitsstörungen (stw, Frankfurt a.M. 1976; zuerst englisch 1971).

Laswell, Harold D. (1966): The Psychology of Hitlerism as a Response of the Lower Middle Classes to Continuing Insecurity (1933). *Hier in:* Laswell, Harold D.: The Analysis of Political Behavior: An Empirical Approach. (Hamden 1966).

Ley, Michael / Schoeps, Julius (Hg., 1997): Der Nationalsozialismus als politische Religion. (Philo, Bodenheim 1997).

Linse, Ulrich (1983): Barfüßige Propheten. Erlöser der Zwanziger Jahre (Siedler, Berlin 1983).

Loewenberg, Peter (2005): The Psychohistorical Origins of the Nazi Youth Cohort. *In:* Loewenberg (2005a), S. 240-283. (Zuerst *American Historical Review* 76 (1971), 1457-1502).

Loewenberg, Peter (2005a): Decoding the Past. The Psychohistorical Approach (3. Auflage, Transaction Publishers, New Brunswick/USA and London/UK 2005. Zuerst 1985).

Lotto, David (2006): The Psychohistory of Vengeance. *The Journal of Psychohistory* 34 (1) (2006), 43-59.

Lübker, Friedrich (1914): Reallexikon des klassischen Altertums. (Waltrop, Leipzig, Nachdruck 2005).

Maser, Erich (1973): Der Sturm auf die Republik. Frühgeschichte der NSDAP (dva, Stuttgart 1973).

Merkl, Peter H. (1975): Political Violence Under the Swastika: 581 Early Nazis. (Princeton, N.J., 1975).

Merkl, Peter H. (1980): The Making of a Stormtrooper. (Princeton, N.J., 1980).

Merkl, Peter H. (1982): Formen der nationalsozialistischen Gewaltanwendung: Die SA der Jahre 1925-1933. *In:* Mommsen, W. / Hirschfeld, G. (Hg.): Sozialprotest, Gewalt, Terror. (Stuttgart 1982), S. 422-440.

Microsoft® Encarta® Enzyklopädie (2001) "Orestes". © 1993-2000 Microsoft Corporation (2001).

Mitscherlich, Alexander und Margarete (1990): Die Unfähigkeit zu trauern. Grundlagen kollektiven Verhaltens (Reclam, Leipzig 1990; zuerst: Piper, München 1967).

Mitscherlich, Margarete (1987): Erinnerungsarbeit. Zur Psychoanalyse der Unfähigkeit zu trauern (S. Fischer, Frankfurt/M. 1987).

Niethammer, Lutz (1982): Die Mitläuferfabrik. Die Entnazifizierung am Beispiel Bayerns (Dietz Nachf., Berlin / Bonn 1982; zuerst 1972).

Nordalm, Jens (Hg., 2006): Historismus im 19. Jahrhundert. (Reclam, Stuttgart 2006).

Nyssen, Friedhelm / Jüngst, Peter (Hg., 2003): Kritik der Psychohistorie: Anspruch und Grenzen eines psychologistischen Paradigmas. (Psychosozial, Gießen 2003).

Panzer, Gerwald (1982): Dunkle Stunde. 55 Zeichnungen (Spätlese, Nürnberg 1982).

Prinz, Michael (1989): Angestellte und Nationalsozialismus. Ein Gespräch mit Hans Speier. *Geschichte und Gesellschaft GG* 15 (4) (1989), 552-562.

Quindeau, Ilka (2004): Spur und Umschrift. (Wilhelm Fink Verlag, München 2004).

Ravenal, Carol M. (1986): Three Faces of Mother: Madonna, Martyr, Medusa In The Art of Edvard Munch. *The Journal of Psychohistory* 13 (4) (1986), 371-412.

Reiß, Heinrich (2005): Geboren 1914. Eine empirische Mikro-Studie entlang der biographischen Linie des Robert Müller, Schriftsetzer aus Nürnberg. *In:* Janus, Ludwig / Galler, Florian / Kurth, Winfried (Hg.): Symbolik, gesellschaftliche Irrationalität und Psychohistorie. *Jahrbuch für Psychohistorische Forschung* 5 (2004) (Mattes Verlag, Heidelberg 2005), S. 175-205.

Reiß, Heinrich (2006): Im Reich der Mächte Arbeit und Zeugung. In: Galler, Florian / Janus, Ludwig / Kurth, Winfried (Hg.): Fundamentalismus und gesellschaftliche Irrationalität. *Jahrbuch für Psychohistorische Forschung* 6 (2005) (Mattes Verlag, Heidelberg 2006), S. 225-258.

Richards, Jeff / Goodwin, Joan M. (1994): Electra. Revenge Fantasies and Homicide in Child Abuse Victims. *The Journal of Psychohistory* 22 (2) (1994), 213-222.

Richter, Gert / Ulrich, Klaus (1993): Lexikon der Kunstmotive. Antike und christliche Welt (München 1993).

Roazen, Paul (1976): Sigmund Freud und sein Kreis. Eine biographische Geschichte der Psychoanalyse (Lübbe, Mönchengladbach 1976; zuerst englisch 1971).

Rouselle, Robert (2005): Father Avoidant, Mother Dependent: The First Seven Years in a Child's Life in Classical Greece. *The Journal of Psychohistory* 33 (1) (2005), 62-95.

Sacks, Oliver (1995): Eine Anthropologin auf dem Mars. Sieben paradoxe Geschichten (Hamburg 1995).

Schnell, Ralf (1985): Was ist nationalsozialistische Dichtung? *Merkur* 39 (5), Mai 1985 (Klett-Cotta, Stuttgart), 397-405.

Schumacher, Helmut / Dorsch, Klaus J. (2003): A. Paul Weber. Leben und Werk in Texten und Bildern (Mittler, Hamburg u.a. 2003).

Sichrovsky, Peter (1987): Schuldig geboren. Kinder aus Nazifamilien (Köln 1987).

Theweleit, Klaus (1980): Männerphantasien. Band 1: Frauen, Fluten, Körper Geschichte (Rowohlt, Reinbek 1980; zuerst 1977).

Theweleit, Klaus (1980a): Männerphantasien. Band 2: Männerkörper – Zur Psychoanalyse des weißen Terrors (Rowohlt, Reinbek 1980; zuerst 1978).

Volkan, Vamık / Ast, Gabriele / Greer, William (2002): The Third Reich in the Unconscious: Transgenerational Transmission and its Consequences. (New York 2002).

von Plato, Alexander (2003): Geschichte und Psychologie – Oral History und Psychoanalyse. Problemaufriss und Literaturüberblick. *Forum Qualitative Sozialforschung*, Online-Journal, Vol. 5, Nr. 1, Art. 18 (Januar 2004).

von Salomon, Ernst (1930): Die Geächteten. (Autobiographischer) Roman (Berlin 1930).

Wangh, Martin (1964): National Socialism and the Genocide of the Jews: A Psychoanalytic Study of a Historical Event. *International Journal of Psycho-Analysis* 45 (1964), 386-395.

Wehler, Hans-Ulrich (Hg., 1971): Geschichte und Psychoanalyse. (Ullstein Tb 3032, Frankfurt a. Main 1971).

Wehler, Hans-Ulrich (1971a): Zum Verhältnis von Geschichtswissenschaft und Psychoanalyse. *In:* Wehler (1971), S. 7-26.

Wertheimer, Jürgen (Hg., 1986): Ästhetik der Gewalt. Ihre Darstellung in Literatur und Kunst (Frankfurt a. Main 1986).

Wildt, Michael (2003): Generation der Unbedingten. Das Führerkorps des Reichssicherheitshauptamtes (Hamburg 2003).

Winkler, Heinrich August (1972): Mittelstand, Demokratie und Nationalsozialismus. (Köln / Berlin 1972).

Wohl, R. (1979): The Generation of 1914. (Cambridge/Mass. 1979).

Christian Lackner

Emotionale Konsequenzen von Netzwerk-Strukturen als Antwort auf zentralistische Gesellschaftsysteme[1]

> "Ich sehe im modernen Wien dreierlei: Es ist jung, schnell und weiblich."
> *Lloyd deMause während seines Besuchs in Wien im Oktober 2005*

Lloyd deMause sagte auch, dass Österreicher und Deutsche ihren Umgang mit Kindern so weit verbessert hätten, dass sie keinen Krieg mehr führen wollen, und deshalb würden sie andere Wege finden müssen, mit ihrer Wachstumsangst umzugehen – sie würden Konflikte gewaltlos lösen wollen und sogar eine Zeit lang langsameres Wachstum und mehr Arbeitslosigkeit ertragen anstatt Kriege zu haben. Dieser Artikel wird in der Tat auf einige solcher Merkmale hindeuten, wie wir sie für neuere Gesellschaften feststellen können, beginnend in westlichen Industrienationen.

Überall beobachten wir dieselben Phänomene: Hierarchische Organisationen, egal ob privat oder öffentlich, sind heute schlanker, mit verteilten Verantwortlichkeiten – sogar Einrichtungen wie unsere Universitäten müssen jetzt zusehen, wie sie alleine klarkommen; sie müssen sich Netzwerke bauen anstatt stets erwarten zu können, dass etwas von oben kommt. Überall werden Netzwerke geknüpft, und für viele Firmen ist es eine Überlebensfrage, einen Verlust an Kontrolle in Kauf zu nehmen, anstatt ohne Experten-Netzwerke, die – zugegeben – schwer zu führen sind, weiterzumachen. Andere Netzwerke, wie etwa spontan organisierte Protestbewegungen, die von modernen Kommunikationstechnologien Gebrauch machen, erwecken ein Gefühl von Freiheit und Hoffnung darauf, althergebrachte Formen zu überwinden. Jeder, der genügend intensiv vernetzt ist, gewinnt Halt, wenn auch nicht mit Garantie für eine so lange Dauer wie beim Beamten auf Lebenszeit, da sich Netzwerke oft rasch ändern; sie sind schnell geformt und ebenso rasch wieder aufgelöst. In der Bildung globaler Netzwerke liegt unsere profitgetriebene Wirtschaft vorn, gefolgt von der Politik, von Nichtregierungsorganisationen usw.; sogar Terroristen lassen sich nicht aufspüren, weil ihre Organisationen spinnennetzartig und wenig hierarchisch sind. In der Vermeidung autoritärer Hierarchien aus verschiedenen Gründen – weil sie zu schwerfällig oder zu unmenschlich sind oder ein leichtes Ziel bilden – klinkt sich jemand (eine Person, ein Unternehmen, ein Staat) deshalb vorzugsweise in mehrere Netzwerke ein und muss zusehen, rechtzeitig wieder herauszukommen, wenn Teile des Netzwerkes zusammenzubrechen beginnen oder verarmen. Netzwerkbildung hat Vorteile wie auch Nachteile.

---

[1] Eine englische Fassung dieses Artikels wurde unter dem Titel "Emotional Consequences of Network Structures in Context of Centralistic Systems" als Distinguished Academic Lecture auf der 29. Jahrestagung der International Psychohistorical Association am 9. 6. 2006 in New York präsentiert und erschien im *Journal of Psychohistory*, Bd. 24 (Heft 2), 2006, S. 129-143. Deutsche Bearbeitung: Winfried Kurth.

Anders als hierarchische Muster der Entscheidungsfindung sind Netzwerke nicht so anfällig für Korruption, denn man ist darin letztlich selbst am Ruder und würde sich selbst schaden. Aber wer entscheidet, welche Beiträge (oder Verzichtsleistungen) der Teilnehmer notwendig sind, damit das Netzwerk nicht zu einem Selbstbedienungsladen wird? Somit sehen wir unser gegenwärtiges Wirtschaftssystem in der paradoxen Situation, Macht dezentralisieren zu müssen, um auf dem Markt überleben zu können, und auf der anderen Seite mit einem selbstzerstörerischen globalen Wettbewerb, getrieben vom *shareholder value*, konfrontiert zu sein. Auf der anderen Seite können Netzwerke mehr Komplexität in sich aufnehmen, und wir erfahren ein Ausmaß an sozialer Differenzierung (je höher die soziale Differenzierung, desto mehr Lebensbereiche werden kontrolliert, organisiert, reguliert; insbesondere alles, was in den Binärcode gebracht werden kann), das einzigartig in der Geschichte ist. Jeder Versuch, eine zentrale Kontrolle zu vergrößern, müsste anscheinend zunächst einmal eine Vereinfachung in Kauf nehmen.

Aber wir sollten uns darüber im Klaren sein, dass die Hierarchie selbst bis heute das erfolgreichste Netzwerk der Geschichte ist. Und es ist ihr Erfolg, der Hierarchien dazu zwingt, aufzugeben und Verantwortlichkeiten für jedes neu auftauchende Problem zu schaffen. Das Ergebnis ist, dass autoritäre Hierarchien schwerfällig und ineffektiv werden. Wenn man aufspaltet, was zusammengehört, wird es schwierig, hinterher alles wieder zusammenzufügen. Deshalb müssen Entscheidungen mehr und mehr dezentralisiert und interdisziplinär getroffen werden, in projektartigen Landschaften, die unflexible Organisationsformen ersetzen.

Zwei Arten, Kommunikation zu organisieren

In den vier aristotelischen Axiomen der Logik wird deutlich, warum das System Hierarchie in der Weltgeschichte so erfolgreich war. Kommunikation wird in diesem Zusammenhang in der Weise erreicht, dass eine dritte, höhere Autorität zwischen den Teilnehmern des Kommunikationsaktes vermittelt, wie das Gesetz im Verfassungsstaat. In Kürze besagen jene Axiome, dass der zuständige Dritte (a) mit sich selbst identisch ist (jeder ist durch Über- und Unterordnung definiert; die Funktion ist mit der Person identisch), dass er (b) die Wahrheit personifiziert (er reguliert Fälle von Ambivalenz, z.B. indem er Normen über Gut und Böse erlässt), dass er (c) für jeden Konflikt allgemein anwendbare Regeln schafft, und dass er (d) die Macht hat, zentrale Entscheidungen durchzusetzen, so dass die Hierarchie funktionieren kann.[2] Der Zwang, sich in die vertikale Kommunikation zu begeben, reduziert Komplexität und macht Kooperation möglich, sogar zwischen Feinden. Das System schafft Abhängigkeit von Autoritäten, die nicht nur "rationale" Entscheidungen treffen, sondern von denen man auch annimmt, für das psychologische Wohlergehen des Kollektivs zuständig zu sein.[3] Wie in den Arbeiten von Lloyd deMause umfassend beschrieben wird, erfüllen die Führer in Hierarchien diese Anforderung hauptsächlich, indem sie Opfer produzieren, die in periodischen Abständen verlangt

---

[2] Schwarz (1985), S. 202 ff.

[3] Aristoteles beschreibt in seiner "Nikomachischen Ethik" alle Tugenden, die ein Führer haben sollte, um ein gutes Beispiel für die Bevölkerung abzugeben.

werden und welche in der Kindheit erfahrene Traumata auf der gesellschaftlichen Bühne reinszenieren. Diese innerpsychisch verursachten, wiederkehrenden Säuberungsphasen hängen stark von der Schaffung innerer und äußerer Feinde ab. Das hierarchische System scheint ein ideales Spielfeld für die Bereitstellung von Feinden zu sein – intern im Kampf um die Macht, extern im Kampf gegen andere hierarchische Systeme.

Immer jedoch findet man sogar innerhalb von Hierarchien einen anderen Weg der Verständigung, etwa mit Freunden, Kollegen und Leidensgenossen. Die Hierarchie schmilzt Unterschiede ein, während die Unterschiede in der Kommunikation "von Angesicht zu Angesicht" ihr Leben zurückerhalten. Wir sprechen dann von "informeller Kommunikation", und Hierarchien nehmen an, diese sei subversiv. Informelle Netzwerke bestehen oft aus kleinen Gruppen (5 bis 14 Personen), in denen jeder in direkte Kommunikation mit jedem anderen treten kann. Der kritische Sprung findet immer dann statt, wenn eine größere Anzahl von Personen untereinander verbunden werden soll. Wenn mehrere Gruppen miteinander kommunizieren wollen, müssen sie dies mit Hilfe von Repräsentanten tun – dieser Schritt ist unausweichlich und führt automatisch zur Entstehung eines Zentrums. Organisationen sind deshalb immer und notwendigerweise auf irgendeine Art hierarchisch strukturiert; es gibt keine Dezentralisierung ohne Zentralisierung und kein Netzwerk ohne Hierarchie. Der Unterschied besteht darin, ob wir wenigstens ein bisschen Vertrauen entwickeln können zu Leuten, die wir nicht kennen, und zu unseren Führern, ohne dass wir sie nur lieben können, weil sie uns bestrafen. Und Vertrauen wird in Netzwerken durch Kooperation aufgebaut, nicht durch Wettbewerb.

Der Aufbau von Vertrauen erfordert zwischenmenschliche Erfahrungen – eine Kommunikation in beiden Richtungen. Jemandem zu vertrauen, mit dem man keine persönliche Beziehung hat – zum Beispiel einem Politiker –, ist höchstwahrscheinlich eine einseitige Angelegenheit, beruhend auf bloßer Sympathie oder Projektion. Deshalb kann man die emotional intensivsten Netzwerke in kleinen Gruppen erwachsener Individuen finden (die nicht durch familiäre Beziehungen aneinander gebunden sind). Die Existenz einer Hierarchie muss man als eine Vorbedingung für den Aufbau solcher Kleingruppen (Teams, Projekte etc.) ansehen, weil nur Hierarchien die Individuen von ihrer familiär ererbten Identität befreien. Natürlich tragen diese Individuen ihren in der frühen Kindheit entstandenen emotionalen Zustand mit sich herum, aber wenn die Gruppe emotionale Fragen reflektiert, kann mit diesen Emotionen in aufgeklärter Weise umgegangen werden.

Wenn sich Netzwerke in Hierarchien verwandeln

Kleingruppen geraten in ein Quantitätsproblem, wenn sie die Anzahl von ca. 14 Teilnehmern überschreiten. Sie verlieren dann ihre Fähigkeit zur Kommunikation von Angesicht zu Angesicht. Emotionale Distanz und Demotivierung führen dazu, dass größere Gruppen auseinanderfallen; ihr Zusammenhalt ist nicht mehr stark genug. Wenn Abhängigkeiten weiter bestehen sollen, muss die Kommunikation zwischen den Gruppen durch Repräsentanten organisiert werden. Dies schafft automatisch eine Hierarchie, weil die Gruppe der Repräsentanten für alle Mitglieder des Systems entscheidet, ohne sie alle zu beteiligen. Emotional setzt dies Hierarchien dem Verdacht aus, ihre Macht zu missbrauchen; wir verlieren Vertrauen und Empathie, und es bleibt uns nur unsere Fantasie, um uns auszumalen, was und wie durch wen entschieden wird. Der Versuch, die Hierarchie zu vermeiden, zum Beispiel, indem man den Repräsentanten nicht die Macht gibt, die sie brauchen, führt zu einem Zustand der Entscheidungsunfähigkeit. Es stellt sich heraus, dass Netzwerke als Alternative zu Hierarchien immer oberflächlicher werden, wenn die Anzahl der Mitglieder wächst.

Wenn Netzwerke neben Hierarchien bestehen

Netzwerke, die von innen heraus gegen Hierarchien opponieren, sind als sogenannte "informelle Systeme" bekannt. Sie bauen Lobbies auf, welche Entscheidungen beeinflussen, indem sie offizielle Treffen unterminieren. Oft erweist es sich, dass starre bürokratische Organisationen ohne informelle Systeme gar nicht funktionieren können, weil die strikten Regeln die Flexibilität, die für den Fortschritt erforderlich ist, behindern. Netzwerke, die von außen gegen Hierarchien opponieren, sind oft Bewegungen wie z.B. Greenpeace – sie machen auf Probleme aufmerksam, die von wirtschaftlichen und politischen Hierarchien nicht beachtet wurden. Überall stoßen wir auf anti-hierarchische Bewegungen, von kritischen Diskussionskreisen bis hin zu terroristischen Netzwerken, die die Hierarchien an ihren wunden Punkten angreifen.

Wenn Netzwerke mit Hierarchien kooperieren

Repräsentanten nutzen oft die Vorzüge von Hierarchien, wenn sie Hierarchie-Führer werden, um mit der Basis in Kontakt zu bleiben. Die gegenwärtige US-Regierung zum Beispiel hat enge Verbindungen mit der christlichen nationalistischen Bewegung; beide unterstützen einander auf Wegen, die nicht immer für die Öffentlichkeit sichtbar sind. Michelle Goldberg hat diese Verflechtungen in ihrem Buch "Kingdom Coming" umfassend dokumentiert.[4] Alle Hierarchie-Führer sind mehr oder weniger abhängig von ideologischer Unterstützung durch kooperierende Netzwerke, die jede zustandekommende Entscheidung beeinflussen. Einsicht in die Querverbindungen in diesen Netzwerken zu erlangen, ist oft nur einer kleinen Zahl von Menschen vorbehalten, was es allen anderen schwer macht, ihnen zu vertrauen.

Charakteristiken moderner, weltlicher Netzwerke

Neben der ständig wachsenden Zahl von Studien über moderne Netzwerke ist festzustellen, dass solche Netzwerke gegenwärtig verstärkt in der Praxis realisiert werden, auch wenn sie manchmal nicht effizient arbeiten. Unternehmensstrukturen verwandeln sich in Projekt-Organisationen, die Hierarchien und vorwiegend interdisziplinäre, temporäre Gruppen aufbauen, wobei die Menschen sehr oft in mehreren Gruppen gleichzeitig arbeiten. Im Freizeitsektor beobachten wir die Entstehung von Vereinen zur Pflege fast jeder nur denkbaren Leidenschaft. Die Europäische Union ist ein vielgepriesenes Vorbild für die Netzwerkbildung zwischen Nationen und wird

---

[4] Goldberg (2006).

als zukünftiges Export-Modell auch für andere Weltregionen angesehen. Demzufolge, was ich in der Literatur gefunden habe und was auch in unseren Soziallabor-Experimenten an der Universität Klagenfurt beobachtet werden kann[5], sind Netzwerke anfällig für den Rückfall in hierarchischere Strukturen. Sie sollten deshalb mindestens fünf Grundsätze befolgen:

1. Netzwerke vereinigen sich unter einer gemeinsamen Idee und stellen Identität her.[6] Die Verwaltung der Quantität verwandelt sich auf diese Weise in Qualität. Gemeinsame Werte – wie die Menschenrechte – werden von den Mitgliedern des Netzwerks sich selbst auferlegt, sind wandelbar und nehmen keinen Bezug auf eine nachträgliche Rechtfertigung oder Erlösungserwartung.

2. Subsidiarität: Jede Entscheidung wird soweit wie möglich an diejenigen delegiert, die unmittelbar betroffen sind. Meinungsverschiedenheiten müssen grundsätzlich dort aufgelöst werden, wo sie entstehen. Je mehr Kompromisse erzielt werden können, desto höher ist die Stabilität des Netzwerks, da dann mehr Menschen an den Entscheidungen beteiligt sind, wodurch sich die Akzeptanz gemeinsamer Beschlüsse erhöht.

3. Verhandlungen anstelle von Vorschriften – eine logische Konsequenz des Subsidiaritätsprinzips. Die Last der Probleme wird auf viele Schultern verteilt; zentrale Verantwortungsträger schränken sich beim Handeln ein und delegieren stattdessen die Verantwortung nach unten. Sie helfen dabei, die notwendigen strukturellen Voraussetzungen zu schaffen, sorgen dafür, dass alle betroffenen Mitglieder gleichermaßen Gehör finden, sichern die Ergebnisse und unterstützen die Inkraftsetzung von Beschlüssen.

4. Poly-zentralistische Strukturen.[7] Alle Gruppen, die Teil des Netzwerks (der Wertegemeinschaft) sind, sind unter dem Dach des Netzwerks vertreten, liefern Beiträge und erhalten Zugeständnisse zurück – ein ständiges Geben und Nehmen, wobei die Annahme und Kontrolle auf Gegenseitigkeit beruht.

5. Führung durch Reflexion – die zweite Aufklärung.[8] Das gemeinsame Tun und Handeln muss in regelmäßigen Abständen unter dem Mikroskop reflektiert werden – eine "Auszeit" für gemeinsames Nachdenken. Beobachtungen werden gesammelt, diskutiert, ausgewertet und in Maßnahmen umgesetzt. Je mehr Menschen beteiligt sind, desto höher wird der Grad an Komplexität sein, aber desto realistischer wird auch das Bild der historischen und gesellschaftlichen Zusammenhänge, was so hergestellt werden kann. Das System ist in Gefahr, in hierarchie-immanente Muster der Tabuisierung von Reflexion zurückzufallen, wenn die Reflexion fortgelassen wird.

---

[5] Die "Organisationslaboratorien" des Instituts für Gruppendynamik und Philosophie der Universität Klagenfurt haben eine über 20-jährige Tradition und sind umfassend untersucht worden.

[6] Heintel (2000), S. 4.

[7] Rifkin (2004), S. 233 ff.

[8] Heintel (2000), S. 19; Rifkin (2004), S. 338 ff.

Netzwerke sind stärker prozessorientiert und gewinnen Orientierung und Identität durch Reflexion.

Emotionalität und Organisation

Als ein System indirekter, anonymer Kommunikation[9] zieht eine Organisation immer Misstrauen auf sich. Sie eignet sich daher für die Produktion von Fantasien und Mythen – reinszenierende Projektionen, die von abgespaltenen Persönlichkeitsteilen ausgehen.[10] Sogar ihre strukturelle soziale Architektur ist oft unbewusst entlang den Feldern der emotionalen Spannungen ihrer Produkte aufgebaut worden[11], und es ist kein Zufall, dass Menschen mit bestimmten emotionalen Dispositionen in bestimmten Organisationen arbeiten – wie etwa Universitätsangehörige.[12] Eine Psychoanalyse des Individuums ist heute nicht möglich, ohne moderne Menschen als Organisations-Wesen zu verstehen[13], da kaum Lebensbereiche übriggeblieben sind, die nicht direkt oder indirekt durch soziale Differenzierung beeinflusst werden.

Weil wir Organisationen nicht "mögen" oder "lieben" können, macht uns anonyme Kommunikation misstrauisch; wir werden in Abhängigkeit von Delegierten gehalten, die uns betrügen könnten. Der Konflikt, in dem sich Repräsentanten befinden, ist eine strukturell gegebene Tatsache: Sie haben die Interessen ihrer Gruppe ("bottom-up") genauso zu vertreten wie die Interessen der Repräsentantengruppe ("top-down"). Deshalb sind die emotionalen Bilder, die wir für sie haben, meist feindlicher Art, Ausgeburten von Fantasien, was hinter unserem Rücken vorgehen könnte, und wir projizieren diese Ängste auf die Repräsentanten. Wenn Führungspersonen mit solchen Fantasien konfrontiert werden, tendieren sie dazu, ein Gefühl von Kontrollverlust zu bekommen und härtere Maßnahmen einzuleiten. Die Gruppenfantasie-Zyklen der Führerschaft, wie sie von Lloyd deMause beschrieben worden sind[14], lassen sich in allen Systemen anonymer Kommunikation finden, von kleinen Unternehmen bis hin zu Nationen. In den "Organisationslaboratorium"-Experimenten an der Universität Klagenfurt bitten wir manchmal Studenten, an mehreren Zeitpunkten des Prozesses Bilder ihrer Gefühle über die aktuelle Situation zu zeichnen. Diese Bilder zeigen nicht nur dieselben Phasen, sondern tendieren auch dazu, mehr Gewalt darzustellen, wenn die Gruppen das Gefühl haben, dass sie Macht verlieren werden, weil sie sie an Repräsentanten übergeben müssen, die dann in der Position sind, für alle zu entscheiden. Je zentralistischer Systeme werden, desto mehr werden andere Gruppen als Feinde angesehen, und desto mehr glaubt man, die Repräsentanten hätten den Kontakt mit der "realen Welt" verloren. Der Zusammenschluss von Gruppen zwingt diese, die Selbstkontrolle teilweise aufzugeben, und je weiter man vom Zentrum entfernt ist, desto schwächer ist das Gefühl, repräsentiert zu werden. Üblicherweise endet die positive Identifikation mit den

---

[9] Heintel & Krainz (2000), S. 69 ff.

[10] deMause (2005), S. 47 ff.

[11] Schwarz (1999), S. 269 ff.

[12] Ewald Krainz: "Die Analität des Wissenschaftsbetriebes", in: Krainz (1997).

[13] Heintel (o.J.)

[14] deMause (2005), S. 122 ff.

Systemen, wenn eine "Regierung" gebildet wird, und die zentrale Frage ist, wie die motivationale Verbindung zwischen dem Machtzentrum und der Basis wiederhergestellt werden kann. Die beste Antwort, die ich gesehen habe, ist in einem Experiment vor einigen Jahren entwickelt worden: Die Repräsentanten entscheiden nur Probleme geringer Bedeutung durch Abstimmung; die Lösung von Schlüsselfragen wird an gemischte Expertengruppen delegiert, die mit der Macht ausgestattet werden, Entscheidungen zu treffen, denen alle folgen müssen. Sobald die Probleme gelöst und die Entscheidungen gefällt sind, verlieren sie wieder ihre Macht und gehen zurück in ihre Gruppen. Der schnelle, problemorientierte Wechsel der Autorität, eine Rotation der Macht, aber mit stabilen Zentren (die Gruppen und die fast machtlose Gruppe der Repräsentanten), erzeugen zumindest ein wenig Vertrauen gegenüber anderen Gruppen und gegenüber der Hierarchie, und dies ist genau das, was kontrolliertes Networking leistet.

Unter den Teilnehmern der Laboratorien konnten wir über die Jahre eine zunehmende organisationsbezogene Bewusstwerdung und Geschicklichkeit beobachten. Anfangs gab es meist nur zwei Optionen: Entweder aus Angst vor dem Verlust der Selbstkontrolle die Gruppen überhaupt nicht miteinander zu verbinden, oder den Wunsch nach einer starken Regierung, die alles regelt. Nun sehen wir eine größere Bandbreite in der Handhabung der unvermeidlichen Widersprüche der indirekten Kommunikation, zusammen mit einem gewachsenen Vertrauen in unbekannte Andere. Es scheint eine Verschiebung in der Persönlichkeitsstruktur der Teilnehmer stattgefunden zu haben: Von "Wir wollen es in unseren Gruppen gemütlich haben, und eine Autorität, die uns nicht belästigt, sollte dafür sorgen, dass es so bleibt" hin zu "Wir wollen nicht länger in festen Gruppen gefangen sein, wir mögen wechselnde Verhältnisse, auch wenn es ein wenig unordentlich wird, und haben keine Angst vor der Macht".

Fritz Riemann, Gründer der Akademie für Psychoanalyse und Psychotherapie, hat "Vier Grundformen der Angst"[15] gefunden, welche aus der Formung in der frühen Kindheit resultieren und die Persönlichkeit des Erwachsenen bestimmen. Seine Befunde – in Bezug zur Psychohistorie gesetzt – decken die Verschiebung der Persönlichkeitsstrukturen auf, die es heute möglich macht, das Bedürfnis nach einem Sündenbock und nach Opfern zu überwinden (Tab. 1).

Indem man die Persönlichkeitsmodi untereinander in Beziehung setzt, werden interessante Aspekte deutlich, die sich für die emotionalen Voraussetzungen des Aufbauens von Netzwerken als wichtig erweisen könnten (Abb. 1).

Im Vergleich zeigen die Modi C und D eine Spannung zwischen der Angst vor Chaos und der Angst vor Einschränkungen, während die Modi A und B eine Spannung zwischen der Angst vor Nähe und der Angst vor Distanz aufbauen. Die horizontale Aufteilung in Abb. 1 zeigt die Modi A und C als eher kognitive Qualitäten und B und D als eher emotional. Der vertikalen Aufteilung folgend, sehen wir das Paar C und B als konservative Modi und A und D als eher innovativ.

---

[15] Riemann (1965).

Tabelle 1[16]

	Modus A "Freiheit" DISTANZ	Modus B "Emotionalität" NÄHE	Modus C "Ordnungssinn" DAUERHAFTIGKEIT	Modus D "Wagnis" WANDEL
1. Beziehungen	eingeschränkt, allein, Verbergen in der Menge, anonym	symbiotisch, Verschmelzung, Paarbeziehung	klar definiert, hierarchisch, organisierte Beziehungen	wechselnde Beziehungen, nie von Dauer
2. Fähigkeiten	analytisch, kritische Einsicht, unbestechlich	altruistisch, gute Atmosphäre ist essenziell	exakt, systematisch, methodisch, fair, konzentriert	kreativ, voller Fantasie, enthusiastisch
3. schwierig, weil...	unnahbar, kalt, misstrauisch, pessimistisch	von Sympathie abhängig, "Gefolgsmann/-frau"	unflexibel, ultrakonservativ, starr	unzuverlässig, nicht erreichbar, narzisstisch
4. ängstlich vor...	zu großer Nähe, Verpflichtungen	Distanz, Alleinsein	Chaos, Unzuverlässigkeit	Einschränkungen, Verantwortlichkeit
Psychopathologische Bezeichnung	schizoide Störung	Depression	Zwangsstörung	Hysterie
5. Form der Aggression	Zynismus, Arroganz, abfällig gegenüber anderen	ruft Schuldgefühle hervor, emotionale Erpressung	bürokratische Schikane, Starrsinn	Drama, macht Szenen

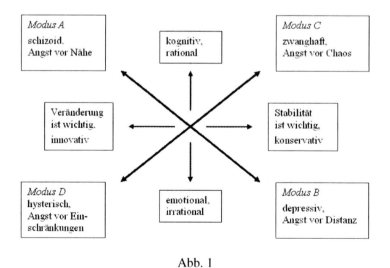

Abb. 1

---

[16] aus Krainz (1998).

Emotionale Konsequenzen von Netzwerk-Strukturen 89

Was hat dies nun mit der Beziehung zwischen Hierarchien und Netzwerken zu tun? Hierarchien betrachten sich selbst als Systeme von Dauer (sie wollen ewig leben) und schaffen, systemimmanent, Abwehr gegen Wandel. Sie bevorzugen klare Verhältnisse von Über- und Unterordnung (deduktives Prinzip), sehen deshalb die Qualitäten von Modus C als ihre wichtigsten an, und Beziehungen sollten dauerhaft und stabil sein (Modus B). Netzwerke, andererseits, favorisieren stark die Kreativität und den Wandel und verlangen deshalb nach A (neue Erfindungen) und D (Überschreiten von Grenzen). Können wir davon ausgehen, dass eine Verschiebung in den Persönlichkeitsmustern stattgefunden hat, so dass Netzwerke nun mit den richtigen Menschen besetzt sind, die keine Angst vor Wandel und Neuerungen haben?

Mir ist keine quantitative Großuntersuchung bekannt, die die Persönlichkeitsmuster und ihren Wandel erfasst. Die Psychohistorie schließt aus der Entwicklung der Kindererziehungs-Modi, dass soziale Veränderungen stattfinden. Wenn meine Arbeit und die meiner Kollegen aus dem Bereich der Gruppendynamik zugrundegelegt wird, lassen sich gewisse Belege für sich gegenwärtig wandelnde Persönlichkeitsstrukturen aus den Ergebnissen eines Fragebogens, der von Peter Heintel[17] in Anlehnung an die vier von Fritz Riemann beschriebenen Muster entwickelt wurde, ableiten. Beginnend mit der Anwendung des Tests in Konfliktmanagement-Seminaren vor ungefähr 20 Jahren, haben bis heute ca. 3500 Menschen den Fragebogen ausgefüllt. Unglücklicherweise hat bisher noch niemand eine systematische Auswertung der Ergebnisse vorgenommen, aber Folgendes kann klar festgestellt werden:

1. Die Persönlichkeitsstrukturen zeigen immer einen mehr oder weniger klar dominanten Modus und einen zweiten, subdominanten, meist aus dem entgegengesetzten Spannungspaar, z.B. C dominant, A subdominant.
2. Im Laufe der Jahre lässt sich eine langsame Verschiebung, abhängig von Alter, Geschlecht und Berufsfeld der Personen, beobachten: Während in früheren Jahren beim dominanten Modus fast immer C vorn lag, sehen wir nun häufiger das Phänomen, dass die D-Werte zunehmen auf Kosten von C, und im anderen Spannungspaar scheint A überraschenderweise zugunsten von B an Boden zu verlieren (vgl. Tabelle 2).

Tabelle 2[18]

	A	*B*	*C*	*D*
1980 – 1994	98	94	111	102
1994 – 2004	91	99	109	104
Δ	–7	+5	–2	+2

Die Zahlen zeigen eine Zunahme der emotionalen Modi B und D, was zu dem Schluss führt, dass die Menschen weniger in intellektuelle Leistung investieren und Ordnungssinn sowie Pflicht geringer bewerten. Und: Weil Modus A seine Ur-

---
[17] Peter Heintel: "Questionnaire for the Evaluation of One's Self".
[18] statistische Auswertung zahlreicher "Konfliktmanagement-Seminare". Der Fragebogen wurde in Deutschland, Österreich und der Schweiz ausgegeben. Die Zielgruppe waren vorwiegend Banker.

sprünge in den ersten Wochen nach der Geburt, wenn der Sinn für Grundvertrauen aufgebaut wird, hat, kann die dramatische Abnahme als eine gewachsene Fähigkeit, Vertrauen unter unsicheren Bedingungen zu entwickeln, gedeutet werden.

Dies liefert zumindest Unterstützung für die Annahme, dass wenigstens in den deutschsprachigen Ländern, wo der Test überwiegend eingesetzt wurde, ein kollektiver Wandel der Persönlichkeitsstrukturen vonstatten geht, der zu einem Konflikt zwischen hierarchiegemäßen Ordnungsvorlieben und netzwerkgemäßer Risikobereitschaft führt. In vielen Bereichen der europäischen Gesellschaften beobachten wir heute in der Tat eine Auseinandersetzung zwischen zentraler Verantwortlichkeit und Steuerung (Deduktion) und einer gewachsenen dezentralen Macht und Differenzierung (Induktion).

Die Emotionalität von Netzwerken

Die größere Offenheit und soziale Interaktionsbereitschaft von Netzwerken, sowohl nach innen (keine erzwungene Mitgliedschaft) als auch nach außen (Offenheit für neue Mitglieder) verlangt nach dem Versuch, die Entstehung von Diskriminierung und Feindbildern, zumindest in Bezug auf Mitglieder des Netzwerks, zu vermeiden. Das heißt nicht, dass nun jeder jeden anderen lieb hat. Sich verlagernde und oft transparente Machtbefugnisse schaffen ständiges Misstrauen und Neid, besonders "gegen weiter entfernte Teile des Netzwerks".[19] Eine andere zu beobachtende Erscheinung ist eine Abnahme exklusiver Gruppenzugehörigkeiten; ganze Gruppen von Menschen verhalten sich flexibel, man ist offen für wechselnde Verhältnisse, sowohl untereinander als auch den Führungspersonen gegenüber, denen zum ersten Mal ein wenig Vertrauen entgegengebracht wird, auch wenn sie nicht als Opferpriester agieren. Man verbringt Zeit in mehreren Gruppen – manchmal parallel – und kann nicht unbedingt dauerhafte Beziehungen aufrechterhalten, selbst wenn man manchmal das Verlangen hat, dies zu tun. Der Wunsch verwandelt sich in eine Illusion, wie z.B. in nostalgischen Bildern: Man fühlt sich Personen (oder Gruppen) sehr nah, selbst wenn man mit ihnen seit langer Zeit nichts zu tun hatte. Die schnell wechselnden Beziehungen führen oft zu Gefühlen der Enttäuschung und zu einer Unsicherheit, wem man noch vertrauen kann. Das Wissen um die eigene Ersetzbarkeit nährt die Angst vor Verlust der Mitgliedschaft (irgendwo hinzuzugehören), vor dem Herausfallen aus dem Netzwerk, ohne über ein Sicherheitsnetz zu verfügen. Praktisch erwecken Netzwerke somit manchmal den Eindruck von Selbstbedienungs-Supermärkten, wo jeder versucht, möglichst viel herauszuziehen, solange er Teil davon ist. Es gibt eine Fülle von Beispielen dafür, was passiert, wenn Netzwerke anfangen, löchrig zu werden, weil Dinge nutzlos erscheinen. Beispiele sind die Entleerung des Alpenraumes, weil die Menschen in die Städte wandern, oder die zunehmende Arbeitslosigkeit im Zuge der Verknappung von (bezahlter) Arbeit, oder das Verschwinden wissenschaftlicher Fächer, weil niemand mehr für etwas bezahlen will, was keine Investitionsgewinne abwirft. In der Tat: Die Angst davor, entlassen zu werden, legitimiert das Verteidigen der eigenen Machtposition und den ständigen Verdacht, dass andere Menschen unfaire Methoden benutzen, weil sie dasselbe be-

---

[19] Arnold (2004).

Emotionale Konsequenzen von Netzwerk-Strukturen 91

fürchten. Die Angst vor Erfolg, wie Lloyd deMause sie beschreibt, führt zu einem Pendeln zwischen Zentralisierung und Dezentralisierung in Netzwerken, die somit immer in Bewegung bleiben müssen.

Die Flexibilität von Netzwerken hat ihren Ursprung in der Dezentralisierung der Macht und der Entscheidungsfindung. Jedoch wird in polyzentralistischen Systemen Macht als transparent definiert, und das ist der Grund, warum ständig der Verdacht im Raum steht, es werde Macht verborgen ausgeübt und betrogen. Da es seinen Vorteil hat, "wie ein Chamäleon zu sein, das sich ständig neu selbst erfindet"[20], schaffen sich Netzwerke ihre Schattenseite im Gefühl der Unsicherheit aufgrund vergrößerter Intransparenz (die "unsichtbare Hand" der Ökonomie, die unsichtbaren Terroristen). Proaktive moderne Netzwerke scheinen keine Göttin mehr zu benötigen, die unsichtbar bleiben muss, damit man an "Sie" glauben kann; das Unsichtbare ist gegenwärtig anscheinend menschlich geworden.[21] Schneller und spürbarer Wandel erzeugt jedoch ein Gefühl des Orientierungsverlusts. Dies wird als eine Quelle für eine weitere Charakterisierung moderner Netzwerke betrachtet:

Beschleunigung der Zeit

In meinen eigenen empirischen Untersuchungen habe ich herausgefunden, dass ein Mangel an Orientierung fast immer zu einer Steigerung der Geschwindigkeit des Handelns führt, im Wechsel mit Phasen offensichtlicher Paralyse. Hierbei besteht die Funktion der Manie darin, zu suggerieren, die Kontrolle über eine eigentlich unertragbare Situation zu haben[22], oder, wie es die alten Griechen ausgedrückt haben: Wenn Pan sich erhebt und seinen hässlichen Unterkörper – unsere Ängste – zeigt, hat man keine andere Wahl, als den Bullen bei den Hörnern zu nehmen. Manische Phasen enden üblicherweise in einem Akt der Opferung[23], aber der Zyklus von Schuldgefühl (wegen zuviel Fortschritt) und Reinigung (durch Krieg oder Einschnitte in Sozialleistungen) scheint im Europa der Zeit nach dem Zweiten Weltkrieg durchbrochen worden zu sein, was uns in einem ständigen Zustand der Manie belässt. Die Zeit wurde als Ressource entdeckt, und wir erleben eine geschichtlich einzigartige Beschleunigung, die alle Lebensbereiche erfasst. Die Wirtschaft macht "speed management"[24], eine Vorgabe, die niemanden unberührt lässt, der Teil des Netzwerks EU sein möchte. Philosophen sprechen vom Begriff der "Gegenwartsschrumpfung"[25]; Peter Heintel hat sogar einen Verein zur Verzögerung der Zeit gegründet[26] und verlangt eine kollektive Anstrengung für ein "Innehalten", da die Beschleunigung der Wirtschaft und anderen Teilen der Gesellschaft selbsterzeugten

---

[20] Rifkin (2004), S. 245.
[21] Castells (2003) unterscheidet zwischen proaktiven Netzwerken wie der Frauenrechtsbewegung, die postmaterialistische und postpatriarchale Identitäten produzieren, und reaktiven Netzwerken wie etwa fundamentalistischen Bewegungen, die aufgebaut werden als eine Reaktion auf die erstgenannten, und die versuchen, Partikularinteressen zu verteidigen.
[22] Lackner (1995), S. 117.
[23] deMause (2005), S. 122 ff.
[24] Hirzel Leder & Partner (1992).
[25] Hermann Lübbe in einem im Fernsehen übertragenen Vortrag 2006.
[26] http://www.zeitverein.com.

Schaden zufügt. Einige Stimmen behaupten sogar, wir seien in eine Ära der Zeitlosigkeit eingetreten[27], die etablierte zeitliche Muster wieder aufhebt, und was wir beobachten können, scheint diese These zu bestätigen: Während ein Teil der Bevölkerung das Gefühl hat, im Hamsterrad zu rennen, sehen wir auf der anderen Seite Menschen, die für den Erhalt ihrer Würde kämpfen – abgehängt mit dem Gefühl, zu nichts mehr nütze zu sein, und nicht in der Lage, Schritt zu halten.

Was in der technischen Welt ein erwünschtes Ergebnis ist – eine deutliche und schnelle Reaktion, die Erwartung, dass diese wie ein Reflex kommt – , stößt an Grenzen, wenn Beschleunigung nur zu hohen Kosten möglich ist. Tagtäglich werden wir Zeugen der ökologischen und medizinischen Folgen einer beschleunigten Landwirtschaft, wie BSE, SARS oder die aktuelle Vogelgrippe-Epidemie, die rasch sich ausbreitende Panikwellen erzeugen, welche dann genauso schnell wieder in Vergessenheit geraten, ohne dass die selbstgemachten Ursachen, wie die Massentierhaltung, beseitigt würden. Die Art unseres Zusammenlebens ändert sich ebenso. Besonders in den Metropolen, den wichtigsten Knoten des Netzwerks, nimmt der Prozentsatz der Single-Haushalte stetig zu – nicht nur, weil moderne Partnerschaften nach dem Recht auf gleiche Individualität verlangen, sondern auch, weil manchmal einfach nicht genügend Zeit aufgebracht wird, die erforderlich wäre, um eine Beziehung am Laufen zu halten. Wenn man sich in der Gefahr befindet, seinen Arbeitsplatz zu verlieren, repräsentiert jede Abwesenheit vom Netzwerk das Risiko, herauszufallen.

Weiter oben hatte ich beschrieben, dass Führung in Netzwerken Zeit für kollektive, orientierungsgebende Reflexion erfordert. Unglücklicherweise beobachtet man diese sehr selten in der Praxis. Die Ausrede lautet meist, es bliebe nicht genug Zeit übrig, um die Dinge zu überdenken, aber in Wirklichkeit geht es darum, Konflikte zwischen verschiedenen Interessen zu vermeiden. Prozessorientierte Entwicklung bedeutet vereinte Anstrengungen, die hierarchische Aufspaltung von Verantwortlichkeiten zu überwinden, und dies kann nur durch organisierte Reflexionsphasen erreicht werden – insbesondere in einer extensiv vernetzten Gesellschaft, die Anzeichen dafür zeigt, in einem "Zustand beschränkter Panik" verharren zu wollen. Es wird die Herausforderung der Zukunft sein, die beschleunigte Zeit zu integrieren mit der "Eigenzeit" (ein Kunstwort mit der Bedeutung "was seine eigene Zeit hat", wie alle Prozesse in der Natur und Formen von Gesellschaftssystemen), aber auch, mit Zeit-Sprüngen umzugehen, die durch die unterschiedliche Entwicklung von Gesellschaften zustandekommen.

Schließlich bleibt noch die Frage: Wenn Netzwerke "jung, schnell und weiblich" sind, was wird mit dem Gegenpart passieren:

Alte, langsame Männer?

Sollte diese Spezies, die seit über 20 000 Jahren die Senate unserer Hierarchien geschmückt hat, nun obsolet und nutzlos geworden sein? Müssten die männlichen Priester der Gesellschaft abdanken, und ist eine neue, weiblichere und netzwerkartige Struktur im Begriff, sich zu entwickeln – eine Struktur, in der hierarchisch

---

[27] Castells (2003).

geprägtes Verhalten fehl am Platze ist, weil niemand mehr an Hierarchien glaubt? Benötigen Netzwerke so etwas wie Abstellgleise für aussterbende Psychoklassen? Wann man heutzutage in den Straßen von London spazierengeht, könnte man denken, dass es sich bei den "alten, langsamen Männern" bereits um eine sterbende Art handelt, aber die demografischen Zahlen der EU zeigen ein anderes Bild: Unsere Gesellschaften altern, und die Politik sucht verzweifelt nach Wegen, ein Rentensystem zu finanzieren, zum Beispiel durch Anhebung des Renteneintrittsalters, während zur selben Zeit Firmen versuchen, Angestellte, die über 45 Jahre alt sind, loszuwerden, weil sie zu teuer sind und ihre Qualifikationen nicht mehr gebraucht werden. Natürlich kann das, was wir heute erleben, nicht unsere Hierarchien ersetzen; wohl aber kann ein Gegenstück geschaffen werden, um bei der Lösung dringender sozialer Fragen, wie der Absicherung der älteren Bevölkerung, zu helfen, und um in eine gute Kindererziehung zu investieren, auch wenn die Mütter eine stärkere Rolle in der Öffentlichkeit spielen wollen. In dieser Hinsicht, so Mark Leonard und Jeremy Rifkin[28], ist die EU im Vergleich zu den USA im Vorteil, da die Nachfolger der europäischen protestantischen Tradition die sozialen Institutionen aufrechterhalten haben; zusammen mit einer wachsenden Zivilgesellschaft schafft dies ein soziales Sicherheitsnetz, das dabei hilft, größeren Polarisierungen vorzubeugen – der Maxime folgend: Zumindest ist es ein Fortschritt, sich gegenseitig auszubeuten, anstatt nur ausgebeutet zu werden.

Eine neue Gerechtigkeit

Um eine Gesellschaft im Gleichgewicht zu halten, empfiehlt Aristoteles die Unterscheidung zwischen drei Arten von Gerechtigkeit:

1. Leistungsgerechtigkeit: Wer mehr leistet, hat das Recht, mehr zu bekommen;
2. Bedarfsgerechtigkeit: Wer mehr braucht (als Kind), hat das Recht, mehr zu bekommen;
3. Gesetzesgerechtigkeit: diese gleicht den Widerspruch zwischen Leistung und Bedarf aus.

Ein Modell der Vermittlung zwischen sich widersprechenden Positionen kann auf hierarchische Weise konzipiert werden, indem man die Beziehung zwischen Bedarf und Leistung bestimmt. Aufgrund der mangelnden Fähigkeit, mit komplexen Problemen umzugehen, verliert der "Regulator" seine Legitimation, und die Verantwortlichkeit fällt an die Proponenten zurück, manchmal ohne offizielle Entscheidungsbefugnis. Andererseits wird man bei wichtigen Themen wie dem Umgang mit Kindern und ihrer Erziehung nicht zu Verbesserungen kommen, wenn es keine zentrale verantwortliche Stelle gibt. Es scheint ein Teufelskreis zu sein: Je mehr wir in Netzwerk-Aktivitäten miteinander umgehen müssen, desto mehr scheinen wir auf zentrale Instanzen angewiesen zu sein, die uns an die Richtung, in die wir gehen, erinnern. Es gibt einen Joker im Spiel: Was Jeremy Rifkin über die Zivilgesellschaft

---

[28] Leonard (2005), S. 131 ff.; Rifkin (2004), S. 301 ff.

sagt[29] – die "unsichtbare Hand" des emotionalen und sozialen Fortschritts, die Netzwerke in allen Bereichen unterstützt, von den Märkten bis hin zu den Regierungen –, könnte Erinnerungen an Hegels "List der Vernunft" wecken, eine letzte Zuflucht zur Überwindung des Dilemmas. Ihr Erfolg hängt von ihrer Fähigkeit ab, das Vakuum auszufüllen, das hierarchische Institutionen und Märkte erzeugt haben. Aristoteles hat noch nicht an eine Zivilgesellschaft gedacht, die alle Arten gesellschaftlicher Gruppen hervorbringt, in denen die Menschen das Gefühl haben, zusammenzugehören. Zusätzlich zu seinen drei Gerechtigkeiten sollten wir vielleicht über eine vierte Gerechtigkeit nachdenken, eine "Zivilgerechtigkeit", die ohne Regulation durch Gesetze wirksam werden kann, weil existierende Regeln ohnehin akzeptiert werden, aber nicht ausreichend sind, um eine gesellschaftliche Treuhänderschaft für ein Bündel von Aufgaben in den Bereichen Bildung, Gesundheitswesen, Kunst usw. zu verkörpern. Der Aufbau von Vertrauen zwischen den Menschen ist stark auf Fortschritte bei der Kindererziehung angewiesen; diese Fortschritte bringen eine neue Psychoklasse ("helping mode") hervor, die nicht mehr das Bedürfnis verspürt, jemanden zu bekämpfen, um geistig gesund zu bleiben. Während seines Aufenthalts in Österreich und Deutschland im Herbst 2005 sagte Lloyd deMause in einem seiner Vorträge, dass das wahre Wunder im Nachkriegseuropa nicht das Wirtschaftswunder gewesen sei, sondern der Wandel in der Kindererziehung seit 1950, durch den die europäischen Länder, insbesondere die beiden erwähnten, Amerika und Großbritannien überholt hätten. Mit ihrer Revolte gegen die autoritären Bräuche der Vergangenheit, die zum Zweiten Weltkrieg geführt hatten, müssen die Studentenproteste der späten Sechziger Jahre als die Friedensrevolution herausgestellt werden, durch die die autoritären Familien und die routinemäßige Erniedrigung und Misshandlung von Kindern sowie auch von Erwachsenen in unseren Heimen und Institutionen zurückgewiesen wurden. Dies öffnete den Weg für den Aufbau des Vertrauens, das notwendig ist, um Netzwerke stark zu machen. Es brauchte nur kurze Zeit, Computer und fortgeschrittene Kommunikationstechniken zu erfinden und sie für Zivilisten, nicht nur für die US-Armee, verfügbar zu machen.

Netzwerke aufzubauen und aufrechtzuerhalten ist Arbeit, es benötigt Ressourcen und Zeit der Mitglieder des Netzwerks. Wer damit nicht versorgt werden kann, ist vom Netz ausgeschlossen und kann nicht mitwirken. Wir können stolz sein auf unsere Wirtschaft, die in der Lage ist, die Produktivität so zu steigern, dass die Eliminierung menschlicher Arbeitskraft in großem Umfang verwirklicht werden kann. Das protestantische Dogma, dass man lediglich ein Leben im Schweiße seines Angesichts verdient, wird nicht mehr benötigt, sondern es verhindert die Akzeptanz neuer Arten des Zusammenlebens. Wenn eine Zivilgesellschaft, die sich um Bedürfnisse und Erneuerung ihrer Mitglieder kümmert, eine wahrnehmbare Wirkung haben soll, darf der Aufbau von Netzwerken nicht nur ein Privileg der Ökonomie sein. Wir wissen, dass Arbeitslosigkeit verheerende Auswirkungen auf das Selbstwertgefühl hat; sie impliziert das Herausfallen aus dem (meist hierarchischen) Netzwerk des Arbeitgebers. Sind die arbeitslosen und schlecht integrierten Mitglieder unserer Gesellschaft die neuen Opfer unseres ständigen manischen Agierens, ein negatives Überbleibsel der früheren protestantischen Werte? Die Idee, jedem Bürger und jeder

---

[29] Rifkin (2004), S. 253 ff.

Bürgerin ein "Grundeinkommen" zu zahlen, unabhängig davon, ob er/sie arbeitet oder nicht, ging von den Sozialwissenschaften aus, wird aber heute europaweit sogar unter Politikern diskutiert. Die Kosten würden das, was heute für Zwecke der sozialen Sicherung gezahlt wird, nicht übersteigen; zusammen mit der Schaffung günstiger Bedingungen für zivile Netzwerke würden sie aber die Integration ebenso wie Erneuerung und Reform fördern. Vielleicht werden wir bald eine Politik erleben, die sich von der Abhängigkeit von der Wirtschaft befreit, sowie eine größere Transparenz der Finanzmärkte (und aller mächtigen Netzwerke), eine Regulierung des globalen Wettbewerbs, einen Marshallplan für die Dritte Welt, mehr soziale Experimente und die Entstehung von Modellen für eine zukünftige Gesellschaft.[30]

Literaturangaben

Arnold, Uwe (2004): Das GOS, Gruppen- und Organisationssoziogramm, in der OEGGO. (unveröffentl. schriftl. Kommentar zu einer soziometrischen Analyse der internen emotionalen Strukturen der Österreichischen Gesellschaft für Gruppendynamik und Organisationsberatung, 2004).

Castells, Manuel (2003): Das Informationszeitalter. Band 1–3. (Studienausgabe, UTB / Leske + Budrich, Opladen 2003).

DeMause, Lloyd (2005): Das emotionale Leben der Nationen. (Drava-Verlag, Klagenfurt 2005; amerik. Originalausgabe 2002).

Goldberg, Michelle (2006): Kingdom Coming. The Rise of Christian Nationalism (W. W. Norton & Company, New York / London 2006).

---

[30] Heintel (2004).

Heintel, Peter (2000): Netzwerke. (unveröffentl. Manuskript, Klagenfurt 2000).

Heintel, Peter (2004): Sparen, einsparen, kaputtsparen. (unveröffentl. Manuskript, Klagenfurt 2004).

Heintel, Peter (o.J.): Psychoanalyse und Organisation. (unveröffentl. Manuskript, Klagenfurt, o. J.).

Heintel, Peter / Krainz, Ewald (2000): Projektmanagement. Eine Antwort auf die Hierarchiekrise (Gabler Verlag, Wiesbaden 2000).

Hirzel Leder & Partner (1992): Speed Management. (Gabler Verlag, Wiesbaden 1992).

Krainz, Ewald (1997): Die Morphologie der sozialen Welt. (Habilitationsschrift, Klagenfurt 1997).

Krainz, Ewald (1998): Konfliktmanagement. (Skriptum zum Seminar, Klagenfurt 1998).

Lackner, Christian (1995): Über den Umgang mit Zeit in Organisationen. (unveröffentl. Teil der Dissertation, Universität Klagenfurt 1995).

Leonard, Mark (2005): Why Europe will run the 21st century. (Public Affairs, New York 2005).

Riemann, Fritz (1965): Grundformen der Angst. (Ernst Reinhard Verlag, München 1965).

Rifkin, Jeremy (2004): Der europäische Traum. (Campus Verlag, Frankfurt/M. 2004).

Schwarz, Gerhard (1985): Die heilige Ordnung der Männer. (Westdeutscher Verlag, Opladen 1985).

Schwarz, Gerhard (1999): Konfliktmanagement. (Gabler Verlag, Wiesbaden 1999).

Winfried Kurth, Josef Berghold

Gruppenfantasien im Umfeld des "Siegesplatz"-Konfliktes in Bozen

Eine Auseinandersetzung über einen zentralen symbolischen Ort des Faschismus in Südtirol

1. "Friedensplatz" versus "Siegesplatz"

Am 15. November 2001 beschloss der Gemeinderat der Stadt Bozen, den "Siegesplatz" – der seinen Namen vom dort befindlichen faschistischen Denkmal hat, das dem italienischen Sieg im Ersten Weltkrieg gewidmet ist – in "Friedensplatz" umzubenennen. Der Stadtrat schloss sich dieser Entscheidung am 18. Dezember an, und drei Tage danach wurden die sechs Namensschilder auf dem Platz ausgetauscht. Die Initiative dazu war von Bürgermeister Giovanni Salghetti-Drioli ausgegangen, einem Repräsentanten der dem gemäßigten katholisch-linken Spektrum angehörigen Partei *Margherita*. Einer Vertriebenenfamilie aus dem 1945 von Italien an Jugoslawien verlorenen Istrien entstammend, gehört der 1941 geborene Salghetti-Drioli sicher zu jenen in Südtirol, denen die Sensibilisierung für Fragen der ethnischen Diskriminierung und die Überbrückung von Gräben historischer Ressentiments ein besonderes Anliegen ist. Die Umbenennung wurde als Zeichen der Versöhnung zwischen den Südtiroler Volksgruppen präsentiert, entsprach allerdings auch einem Entgegenkommen der italienischen Mitte-links-Parteien an eine Forderung der *Südtiroler Volkspartei* (SVP) bei den Verhandlungen, die im Jahre 2000 zur Bildung der Stadtregierungs-Koalition geführt hatten.

Auf der die Weichen zum "Friedensplatz" stellenden Gemeinderatssitzung im November 2001 sprach der Bürgermeister "bewegt von einer Morgenröte der Südtiroler Geschichte. Am 6. Oktober 2002, spät in der Nacht, ging Salghettis Sonne wieder unter".[1] Schon unmittelbar nach dem Gemeinderatsbeschluss hatten die italienischen Rechtsparteien – vor allem die "post-faschistische" *Alleanza Nazionale* (AN) und die extreme Splitterpartei *Unitalia* – breite Front dagegen gemacht. Mithilfe einer Unterschriftensammlung konnten sie eine Volksbefragung erzwingen, deren Ergebnis schließlich unerwartet deutlich ausfiel: 62 Prozent der am 6. Oktober 2002 abgegebenen gültigen Stimmen befürworteten eine Rückbenennung in "Siegesplatz", wobei auch die Wahlbeteiligung von über 60 Prozent für eine Abstimmung dieser Art ungewöhnlich hoch war. Es war dabei auch "unmittelbar klar, dass viele Wählerinnen und Wähler der italienischen Mitte-links-Parteien entweder zu Hause geblieben sind oder sogar für den alten Namen 'Siegesplatz' gestimmt

---

[1] Peterlini (2003), S. 188.

haben".² Das Wahlverhalten der meisten wurde offensichtlich stärker von der ethnischen Zugehörigkeit als von parteipolitischen Orientierungen beeinflusst.

Angesichts einer Entwicklung der Volksgruppenbeziehungen, die sich nach Jahrzehnten der Umsetzung des 1969 beschlossenen zweiten Autonomiestatuts – alles in allem – schon sehr weit von der explosiven Situation der 1950er und 1960er Jahre entfernt hatte, brachte der 6. Oktober 2002 zwar keinen Rückfall in jene Zeit der großen Bombenanschläge, aber doch ein Hochschrecken aus selbstgefälligen Illusionen. "Viele Südtiroler auf beiden Seiten", schreibt der damalige Chefredakteur des größten Südtiroler Wochenmagazins *ff*, Hans Karl Peterlini, "hatten geglaubt, den Konflikt hinter sich zu haben, und mussten feststellen: Wir stehen noch mitten drin."³ Als schwersten Fehler, "den wir Südtiroler aller Sprachgruppen machen", bezeichnet er einen allzu leichtfertigen Umgang miteinander: "Wir tun so, als lebten wir alle schon nett und friedlich zusammen, als würden wir uns alle mögen, als sei es kein Problem, dass Deutsche, Ladiner und Italiener mit ihren unterschiedlichen Traditionen aufeinander treffen. Aber fällt ein falsches Wort verspüren wir Hass. Oder Groll. Oder Trauer." Die unaufgearbeiteten, unbetrauerten, aber auch jedem Humor entzogenen Altlasten der Geschichte seien "wie Minen in den Köpfen – bei zufälliger oder absichtlicher Berührung können sie jederzeit hochgehen." Bei einer qualitativen Untersuchung, die Hans Karl Peterlini zusammen mit seiner Frau Astrid mit zehn Südtiroler Jungschützen durchführte, antwortete einer von ihnen, ein elfjähriger "fröhlicher Bub", auf die Frage, wovor er Angst habe: " 'Vor einem Krieg.' Wie es zu einem Krieg kommen könne? 'Wenn Südtirol sich wehren muss gegen die Italiener.' " Auch wenn man einer solchen kindlichen Angstfantasie natürlich keine prophetische Bedeutung zusprechen muss, so weist sie doch auch auf eine wesentliche Erkenntnis hin, die der 6. Oktober wieder stärker ins Bewusstsein gerufen hat: "Der Friede kommt nicht von allein, muss immer wieder neu erfunden werden, aber er ist machbar."⁴

2. Siegesplatz und Siegesdenkmal als symbolisches Gravitationszentrum

Der besondere Ort, der zum Brennpunkt des Schocks wurde, war alles andere als ein Zufall. Es gibt in ganz Südtirol wohl keinen anderen, der so hoch mit bewussten wie unbewussten Motiven aufgeladen ist, die von den unaufgearbeiteten Konfliktstoffen der Vergangenheit herrühren. Auch über den regionalen Horizont hinausgehend liefert er ein ungewöhnlich aussagekräftiges Beispiel für einen "*lieu de mémoire*" (Pierre Nora), an dem die besondere Eignung von Symbolen, Denkmälern, Zeremonien u. dgl. gut nachvollzogen werden kann, verdrängte und verleugnete Dimensionen von Konflikten konzentriert zum Ausdruck zu bringen (da sich die "nichtdiskursive" Sprache von Bildern, Metaphern oder Inszenierungen, die keinen handgreiflichen "logischen Sinn" bzw. praktischen Zweck haben, einem offenen Dialog

---

² Atz (2003), S. 220 f.
³ Peterlini (2003), S. 202.
⁴ ebd., S. 202 f.

über dahinter liegende Anliegen, Empfindungen und Vorstellungen grundsätzlich leichter entzieht – und diese daher auch nachhaltiger unbewusst halten können).

Das von 1926 bis 1928 mit hohem materiellen Aufwand und breit angelegten propagandistischen Inszenierungen errichtete Siegesdenkmal bildete einen zentralen Bestandteil der Anstrengungen des faschistischen Regimes, seinen Anspruch auf eine angeblich seit Urzeiten feststehende *italianità* Südtirols nachhaltig zu demonstrieren und gegen jede Infragestellung zu immunisieren. Die enorme Bedeutung, die das Regime ihm zumaß, kann man etwa auch am bezeichnenden Detail erkennen, dass 1928 – gerade rechtzeitig vor den Einweihungsfeiern am 12. Juli – in Bozen die vierte Rundfunkstation Italiens errichtet worden war, um diesen Zeremonien die größtmögliche Öffentlichkeitswirkung zu sichern. Da die Radiophonie zu dieser Zeit ja noch in ihren Kinderschuhen stand, unterstreicht diese Tatsache nur umso deutlicher die hohe Priorität Bozens für die Selbstbehauptung und -darstellung des italienischen Faschismus.

Abb. 1: Das Siegesdenkmal in Bozen/Bolzano (Quelle: Wikipedia, http://de.wikipedia.org/wiki/Bild:Siegesdenkmal_bozen.JPG, letzter Zugriff: 16. 3. 2006).

Das Denkmal selbst, ein weißer Marmorbau, steht auf vierzehn Säulen und wirkt sowohl wie ein römischer Triumphbogen als auch ein wenig wie ein antiker Tempel (Abb. 1). Gemeinsam mit dem von imposanten Gebäuden in imperialem Stil umrahmten Siegesplatz war es von Anfang an auch als Ausgangs- und Angelpunkt der neu zu errichtenden italienischen Stadtteile Bozens geplant. "Die Säulen sind in den Formen von faschistischen Rutenbündeln gemeißelt, mit scharf geschnittenen und weit herausspringenden Beilen [...]. An der Vorderseite des rechteckigen Überbaues das Hochrelief der Siegesgöttin, die in der Körperhaltung nach Süden gerichtet einen Pfeil nach Norden schnellt."[5] Die darunter angebrachte lateinische Inschrift bringt in zugespitzter Form den nationalistischen Kult des Triumphs und der Arroganz der Macht zum Ausdruck und bildet in diesem Sinne auch ein Motiv der Kränkung, das bis heute als deutlicher Stachel im bewussten Empfinden der deutsch- und ladinischsprachigen Bevölkerung wirksam geblieben ist: *"Hic patriae siste signa. Hinc ceteros excoluimus lingua legibus artibus"* [Hier verankere die Grenz-Hoheitszeichen des Vaterlandes. Von hier aus haben wir den anderen die Sprache, die Gesetze und die Künste vermittelt]. Mit anderen Worten: jene "anderen" hätten sich zuvor nicht nur einer widernatürlichen "Verunreinigung" des italienischen Charakters der Region südlich des Brennerpasses schuldig gemacht – sie hätten nicht einmal über die Grundvoraussetzungen menschlicher Zivilisation verfügt...

Auch nach dem Ende des Faschismus blieb der an die Gruppenfantasien über Siegesplatz und Siegesdenkmal geknüpfte Konfliktherd sehr weitgehend erhalten. Selbst das zweite Autonomiestatut konnte daran nur wenig ändern. Von hoher Aussagekraft ist in diesem Zusammenhang zweifellos auch der Umstand, dass dieses Denkmal heute das einzige in Südtirol ist, dessen Verwaltung nicht der Provinzautonomie obliegt, sondern in die Zuständigkeit einer zentralstaatlichen Behörde in Verona fällt. Im Laufe der vergangenen Jahrzehnte verliefen fast alle Initiativen und Diskussionen, die sich um die Möglichkeiten einer Entschärfung seines symbolischen Konfliktpotenzials drehten, im Sande – darunter auch zwei Kommissionen, die 1971 vom Bozener Gemeinderat bzw. 1990 vom Südtiroler Landtag eingesetzt worden waren und deren Empfehlungen bloßes Papier geblieben sind. Seit in den Jahren 1978 und 1979 zwei Sprengstoffanschläge verübt wurden, wird das Denkmal von einem Eisenzaun geschützt.

Weder Sprengstoff noch eiserne Zaunstäbe können freilich Wesentliches an der belastenden psychologischen Bedeutung des Ortes und seiner steinernen Konstruktion ändern. Wie Peterlini treffend formuliert, ist der Siegesplatz "die Feuerstelle, an der sich der Nationalismus beider Sprachgruppen die Hände wärmt und die Köpfe erhitzt." Noch bis in die späten 1990er Jahre wurden hier alljährlich am 4. November, dem Tag des italienischen Sieges im Ersten Weltkrieg, militärische Zeremonien mit Kranzniederlegung für die gefallenen Soldaten abgehalten. Nachdem die Armeeführung unter der ersten Regierung Romano Prodis (1996-98) – unter anderem auch auf Initiative Salghetti-Driolis – darauf verzichtete und die Feiern auf historisch weniger belastete Orte verlegte, "nahm *Alleanza Nazionale* demonstrativ Besitz vom Platz. Mit Alpini-Hut und in Habtachtstellung salutieren nun alljährlich die AN-Aktivisten vor dem Denkmal und seinem Geiste. Hierher zogen aber auch die Schützen mit den Fackeln, um an die faschistischen Ausschreitungen zu erinnern, bei denen 1921 der Marlinger Lehrer Franz Innerhofer ums Leben gekommen war."[6]

---

[5] Gruber (2002), S. 25.
[6] Peterlini (2003), S. 189 f.

Gruppenfantasien im Umfeld des "Siegesplatz"-Konfliktes 101

Den nationalistischen Strömungen und Stimmungen in beiden großen Volksgruppen diente und dient der Ort somit bevorzugt einem Gegeneinander-Setzen von polemischer Selbstgerechtigkeit, die auf unterschiedlich gelagerten blinden Flecken der Vergangenheit beruht und damit die Verständigung in der Gegenwart blockiert. "Für die Italiener in Südtirol ist der Siegesplatz der Ort, der ihre Heimatrechte sichert, ihren Anspruch darauf, in Südtirol etwas zu sagen zu haben. Sieg, sagen viele Italiener. Feiger Sieg, sagen die Deutschen, weil sich die österreichischen Truppen 1918 irrtümlich einen Tag zu früh zurückgezogen hatten – als ob es besser wäre, wenn es einen richtigen Sieg der einen oder der anderen gegeben hätte. Es wäre die Logik des Sieges, nicht des Friedens." Die wechselseitige Verständnislosigkeit hat lange Tradition – von der Blindheit der italienischen Eroberer für die Lage der eroberten Südtiroler bis zur Blindheit des deutschsprachigen Tirol für die Autonomiewünsche der italienischsprachigen Trentiner bis 1918 – und sie kommt häufig nahezu reflexartig zum Durchbruch: "Kaum war 2001 der Siegesplatz in Friedensplatz umbenannt, veröffentlichten die *Dolomiten* [die führende deutschsprachige Tageszeitung Südtirols, Anm. d. Verf.] die Strichliste eines Heimatkundlers, welche italienischen Straßennamen in Bozen noch umgetauft werden müssten – Logik des Siegers, nicht des Friedens."[7]

Abbildung 2 zeigt die Verwendung des Siegesdenkmals durch italienische Rechtsextreme, einschließlich der plakativen Verwendung als identitätsstiftendes Logo auf der Webseite der lokalen Parteigliederung der *Alleanza Nazionale*.

Abb. 2: Links: Kranzniederlegungs-Ritual durch italienische Rechtsextreme[8], rechts: Begrüßungs-Logo auf der Webseite[9] der Bozener *Alleanza Nazionale*.

3. Eckpunkte für die Auslotung der Südtiroler Konfliktgeschichte

Was diesen traditionsbelasteten Konfliktherd, der in den Auseinandersetzungen um den Namen des Siegesplatzes wieder unerwartet heftig ans Tageslicht kam, aus dem

---

[7] ebd., S. 190.
[8] Quelle: http://www.schuetzen.com/html/news/treplies.asp?message=18, letzter Zugriff: 16. 3. 2006.
[9] http://www.anbolzano.alleanza-nazionale.org.

Blickwinkel psychohistorischer Deutungsversuche besonders fruchtbar zu machen verspricht, ist nicht zuletzt ein Umstand, der – im geschichtlichen Vergleich – wohl selten in so deutlicher Ausprägung zu finden ist: Ein offenkundig nur geringes Gewicht von mehr oder weniger "zweckrationalen" Interessen, die im regionalen (tirolisch-trentinischen) Kontext zum Verständnis des Ausbruchs und der Eskalation der ethnisch-nationalen Spannungen ab dem späteren 19. Jahrhundert beitragen können.[10] Wenn nun die Volksgruppen-, Territorial- und Autonomiekonflikte in diesem Raum dennoch (auch bereits vor der italienischen Annexion Südtirols) einen hohen Grad an Aggressivität erreicht hatten, so liegt es einerseits nahe, dass diese teilweise als Vehikel für eine indirekte und verschobene Austragung von anderen (etwa auch großräumigeren) Konfliktmotiven dienten (und dienen) – andererseits aber auch, dass diese Motive zu einem höheren Anteil aus unbewussten Zwängen und Obsessionen herrühren dürften als dies schon grundsätzlich im gesellschaftlichen Leben der Fall ist. Die vorrangige Blickrichtung psychohistorischer Forschung auf die Analyse jener Motive historischen Handelns, die jenseits der Verfolgung realistischer Lebensinteressen liegen, sollte also am Beispiel der ethnischen Konfliktstoffe in diesem geografischen Raum besonders brauchbare Einsichten gewinnen können.

Im Vergleich zu fast allen anderen Gebieten, in denen national, ethnisch, religiös oder sprachlich verschiedene Bevölkerungen mit- oder nebeneinander existieren, sind es wohl vor allem vier Gesichtspunkte, unter denen deutlich wird, dass die Volksgruppenbeziehungen in diesem Raum für sich genommen – bzw. auf einer Ebene konkreter, zweckrational naheliegender Interessenslagen – kaum schwerwiegende Reibeflächen dargeboten haben sollten: der geografische, der sozialökonomische, der nationalökonomische und der machtpolitisch-strategische Gesichtspunkt.

1. *Der geografische Gesichtspunkt:* Im Gegensatz zur überwiegenden Mehrheit vergleichbarer Fälle, in denen es zwischen den betroffenen Gruppen mehr oder weniger weitgehende geografische Durchmischungen gibt, waren die traditionellen Grenzen zwischen der italienischen, deutschen und ladinischen Sprachgruppe hier weitgehend eindeutig (was auch mit der relativen Abgeschiedenheit der einzelnen Täler oder bergbäuerlichen Gemeinden zusammenhing). Praktisch alle Fragen, die sich auf Ortsnamen, Sprachgebrauch in Ämtern oder Gerichten, Unterrichtssprache oder Grenzziehungen zwischen verschiedensprachigen Verwaltungseinheiten (oder auch Staaten) beziehen konnten, wären im Prinzip sehr leicht zu lösen gewesen; es hätte nur sehr wenige verbleibende sprachliche Minderheiten gegeben, die dabei unter einen für sie "fremden" geografischen Bereich gefallen wären. (Wobei es selbstverständlich ist, dass geografische Durchmischungen von Volksgruppen für sich genommen ohnehin kein großes Problem darstellen; sie werden nur in vielen Fällen als Vorwand für feindselige Konfrontationen missbraucht – was aber in dieser Region eben kaum möglich war.)

---

[10] vgl. Berghold (1997), S. 155 ff.; (2005), S. 300 f.

2. *Der sozialökonomische Gesichtspunkt:* Ebenfalls im Gegensatz zur überwiegenden Mehrheit vergleichbarer Fälle, in denen Volksgruppenkonflikte *auch* indirekte Äußerungen von sozialen Klassengegensätzen sind, hat es zwischen den Volksgruppen im tirolisch-trentinischen Raum keine nennenswerten Unterschiede nach sozialökonomischen Kriterien gegeben: "Vor dem Anschluss an Italien bestand eine relativ ausgeglichene Arbeitsteilung zwischen den Sprachgruppen in einer großteils präkapitalistischen Agrargesellschaft [...]. Eine Konzentration einer Sprachgruppe auf einen bestimmten Wirtschaftssektor lässt sich vor 1914 nicht feststellen".[11] Es fehlte also jener Konfliktstoff, der sich aus den wirtschaftlichen Verteilungskämpfen und politischen Spannungen zwischen sozialen Klassen ergibt und der Volksgruppenkonflikten oft einen besonders unerbittlichen Charakter verleiht – wie dies in der gleichen Epoche z.B. auf die gemischtsprachigen Regionen zutraf, in denen die slowenische und kroatische Volksgruppe der italienischen (Friaul, Istrien) oder der deutsch-österreichischen Volksgruppe (Kärnten) gegenüberstand. Dort war die ethnische Zugehörigkeit meist auch ein Indikator der wirtschaftlichen und sozialen Position, und ein gesellschaftlicher Aufstieg musste daher auch oft mit einem Übertritt zu einer anderen Sprachgruppe einhergehen.

3. *Der nationalökonomische Gesichtspunkt:* Im Unterschied zu vielen gemischtsprachigen Regionen, um deren Besitz verschiedene Staaten auch deshalb konkurrieren, weil sie vom Standpunkt ihrer Wirtschaftsleistung oder Bodenschätze von großem Interesse sind (ein klassisches Beispiel dafür wäre etwa der Streit zwischen Frankreich und Deutschland um Elsass-Lothringen), war das wirtschaftliche Interesse am tirolisch-trentinischen Raum sowohl für Österreich als auch für Italien ausgesprochen gering. "Vor dem Ersten Weltkrieg war das heutige Südtirol [...] eines der wirtschaftlich am wenigsten entwickelten Gebiete Österreich-Ungarns. [...] Die Erträge aus der Landwirtschaft dienten besonders bei den Bergbauern in erster Linie zur Selbstversorgung".[12] Dementsprechend handelte es sich auch bei der forcierten Industrialisierung ab den 1930er Jahren "durch die Bank um standortwidrige, unsinnige Industriegründungen, die [vor Ort] nichts vorfanden als die Energie. Gewiss, sie hätten auch Arbeitskräfte vorfinden können, aber die wollte man nicht".[13] Nur durch massive Subventionen und Steuerbefreiungen konnten italienische Unternehmen also überhaupt dazu bewegt werden, in einer für sie so uninteressanten Region zu investieren.

4. *Der machtpolitisch-strategische Gesichtspunkt:* Auch vom Standpunkt der Absicherung staatlicher Machtpositionen oder militärstrategischer Interessen wäre die Schärfe der zwischenstaatlichen Gegensätze in diesem Raum – auf beiden Seiten – nicht schlüssig erklärbar. Im Zeitalter der sich zuspitzenden Nationalitätenkämpfe im Habsburgerreich hätte der österreichische Staat vor 1914, der dem Trentino die Autonomie strikt verweigerte, gerade in diesem Grenzbereich nicht befürchten müssen, dass dessen Bevölkerung für einen Abfall an Italien zu

---

[11] Urthaler (1991), S. 51 f.
[12] ebd., S. 52.
[13] Gatterer (1981), S. 22.

gewinnen wäre; noch im Oktober 1914 äußerte Alcide Degasperi, Führer der die Autonomie fordernden christlichsozialen Mehrheitspartei des Trentino (und späterer italienischer Ministerpräsident), seine Überzeugung, dass eine Volksabstimmung eine Mehrheit von 90 Prozent für den Verbleib bei Österreich ergeben würde.[14] Umgekehrt konnte der italienische Staat ab 1918 kein ernsthaftes strategisches Interesse an der Annexion Südtirols haben (auch angesichts des Umstands, dass Österreich nun keine militärische Gefahr mehr darstellen konnte); sogar noch in den heißesten Phasen des Südtirolkonflikts konnte ein führender (und durchaus nationalistisch gesinnter) Publizist wie Domenico Bartoli öffentlich darüber nachdenken, "ob es denn wirklich zweckmäßig war, unsere Grenzen bis an den Brenner vorzuschieben. Einige Patrioten [...] haben dies 1919 bezweifelt, aber es wurde ihnen kein Gehör geschenkt; die strategischen Motive behielten die Oberhand. Diese haben freilich heute keine Gültigkeit mehr – falls sie überhaupt je eine gehabt haben".[15] Dass sich beide Staaten in ihren Hoheits- und Territorialansprüchen dennoch so unnachgiebig verhielten, scheint also selbst von Standpunkt der eigenen machtpolitischen Interessen zumindest eine starke kontraproduktive Komponente enthalten zu haben.

Vor dem Hintergrund der eben umrissenen Gesichtspunkte werden auch einige konkretere Faktoren verständlicher, die sowohl für die Annexion Südtirols an Italien als auch für deren enorme symbolische Bedeutung für den italienischen Nationalismus und Faschismus entscheidend waren – und die besonders durch eine fast unfassbar anmutende Verkettung teilweise sehr zufälliger historischer Umstände beeindrucken (was wiederum die bereits erörterte Annahme eines ungewöhnlich hohen Anteils irrationaler Motive unterstützt, die hinter diesem ethnischen Konfliktherd standen und stehen).

Bei den 1919 abgehaltenen Friedensverhandlungen von Saint Germain wurde deutlich, dass der italienische Anspruch auf die Brennergrenze kaum etwas mit einem Interesse an dieser Region als solcher zu tun hatte, sondern vor allem den Zwängen einer sich zuspitzenden Innenpolitik gehorchte. Nachdem bereits der Kriegseintritt Italiens 1915 ein höchst umstrittener Schritt gewesen war – nicht zuletzt, weil die österreichische Regierung dafür, dass Italien neutral bleiben würde, große Gebietsabtretungen angeboten hatte – sah sich die italienische Regierung im Jahre 1919 unter dem existenziellen Erfolgsdruck, eine weitaus größere Kriegsbeute zu präsentieren. Es ging ihr dabei sowohl darum, die fürchterlichen Opfer des Krieges zu "rechtfertigen", als auch darum, den von ihr selbst mobilisierten nationalen Fanatismus zufriedenzustellen. Die höchst angespannte Situation erforderte also "einen spektakulären militärischen und diplomatischen Triumph – oder aber weitreichende innere Reformen. Keine Regierung und vielleicht auch kein Regime, das unwillig war, letztere zu gewähren, hätte eine Überlebenschance gehabt, wenn es ihm ebenfalls misslungen wäre, ersteres durchzusetzen".[16] Falls er bloß Gebietsgewinne nach Hause brächte, die dem österreichischen Angebot von 1915 nahekämen

---

[14] vgl. Gatterer (1991), S. 193.
[15] Bartoli (1959).
[16] Rusinow (1969), S. 43.

– so erklärte Ministerpräsident Vittorio Emanuele Orlando in Saint Germain – "wird es eine Revolution in Italien geben, daran kann nicht der geringste Zweifel bestehen".[17]

Um einer solchen Gefahr vorzubauen, richteten sich Orlandos Begehrlichkeiten allerdings kaum auf die Brennergrenze, sondern überwiegend auf Istrien und Dalmatien – trafen dort jedoch auf massive Widerstände seitens der alliierten Verhandlungspartner. So ergab es sich denn, dass die Annexion Südtirols lediglich den Charakter eines flüchtigen Nebeneffekts im dramatischen Verhandlungspoker um die adriatischen Küstengebiete annahm: Um Orlando in dieser heftigen Streitfrage zu ein wenig Nachgiebigkeit zu bewegen, versprach ihm US-Präsident Woodrow Wilson im persönlichen Gespräch quasi nebenher, ihn als kleine Entschädigung bei der Forderung nach der Brennergrenze zu unterstützen (was er später übrigens sehr bedauert und damit erklärt haben soll, dass er die Südtirolfrage zu diesem Zeitpunkt noch kaum studiert hatte).[18]

Dieser der italienischen Regierung nahezu "aus dem Blauen" in den Schoß fallende Verhandlungserfolg machte es prinzipiell erst möglich, dass Südtirol drei Jahre danach zur Bühne eines abenteuerlichen Handstreichs der faschistischen Partei werden konnte, der sich zu einer direkten Generalprobe für ihre Machtergreifung in ganz Italien auswachsen sollte. Durch ihren "Marsch auf Bozen" ab dem 1. Oktober 1922 gelang es den Faschisten sehr überraschend, den Bozener Bürgermeister Julius Perathoner und den regionalen Regierungshochkommissar Luigi Credaro gewaltsam abzusetzen und dadurch den ersten Grundstein für die ethnische Gleichschaltung Südtirols zu legen.[19] Während die Zielrichtung dieses Handstreichs sicher kein Zufall war, so hing sein durchschlagender Erfolg doch von völlig unvorhersehbaren Umständen ab. Seine weitreichende Wirkung entsprang also ähnlich zufälligen Faktoren wie die in Saint Germain getroffene Entscheidung über die staatliche Zugehörigkeit Südtirols.

Ohne ihren Triumph in Bozen hätten die Faschisten aller Wahrscheinlichkeit nach nicht über genügend Schlagkraft verfügt, um kurz darauf mit ihrem "Marsch auf Rom" am 28. Oktober die liberale Regierung zu stürzen. "Nichts von vergleichbarer Tragweite war bis dahin versucht worden", schreibt der Historiker Dennison Rusinow, "und die Schwäche der Regierung wurde dabei auf die äußerste Probe gestellt und letztlich klar demonstriert." Die Einsatzfähigkeit der faschistischen Sturmverbände, eine ihnen gegenüber passive bis wohlwollende Haltung der Armee, aber auch die große taktische Intelligenz und nationale Statur mehrerer faschistischer Kommandoführer wurden der nationalen Öffentlichkeit in schlagender Weise vorgeführt. "[...] eine Aktion, die zunächst nur mit sehr begrenzten Zielsetzungen gestartet worden war", konnte so schließlich "zu einem durchschlagenden Sieg führen".[20]

Die direkte Sprungbrett-Funktion des "Marsches auf Bozen" für Mussolinis Machtergreifung stellte den ausschlaggebenden Hintergrund dafür dar, dass der Anspruch auf Südtirols Italianität in der Folge zu einem zentralen und unverrückbaren

---

[17] ebd., S. 48.
[18] vgl. ebd., S. 49 f.
[19] vgl. Furlani & Wandruszka (1973), S. 243 f.
[20] Rusinow (1969), S. 76.

Dogma für das faschistische Regime wurde. Ähnlich wie bei Südtirols Annexion selbst war dabei der konkrete machtpolitische oder wirtschaftliche Wert der Herrschaft über die Provinz als solche nur von ziemlich nebensächlicher Bedeutung. In der Hauptsache kam es darauf an, dass es den Faschisten vor der Südtiroler Kulisse in einer für eine ganze Epoche entscheidenden Weise gelang, mit ihrem kaltschnäuzigen Vorgehen dem Prinzip arroganter Machtanmaßung auf der ganzen Linie zur Durchsetzung zu verhelfen. Für jede autoritäre Politik stellt dies ein Herzstück ihrer Botschaft, ihrer Inszenierungen, ihres Prestiges und ihrer Legitimierung dar.

4. Ansätze zu einer Analyse der italienisch-nationalistischen Gruppenfantasien

In den öffentlichen Auseinandersetzungen der Jahre 2001 und 2002 um die Namensgebung des Siegesplatzes wurde also – wie schon eingangs angedeutet – wieder erkennbar, dass diese historische Hypothek weitaus nicht in dem Maße abgetragen werden konnte, als es einem verbreiteten Wunschdenken entsprochen hätte. Von beträchtlichem illustrativen Wert für die tieferen Motive und Hintergründe des Fortwirkens der unverarbeiteten Konflikte ist unter anderem eine Reihe von Kommentaren aus dem italienischen Rechtsaußen-Spektrum, die rund um den 6. Oktober 2002 auf diversen Internet-Seiten veröffentlicht wurden. Dass solche Stellungnahmen leider nicht nur für die relativ kleinen Kreise repräsentativ sind, aus denen ihre Autoren kommen, geht ja allein schon aus dem deutlichen Ergebnis der Volksbefragung hervor – bei dem übrigens die weitaus kleinere und extremere Rechtspartei *Unitalia* eher die treibende Kraft war als die rechte Mehrheitspartei *Alleanza Nazionale*. Das Wahlverhalten dürfte somit in höherem Maße breit verankerte Prädisposition unter der italienischsprachigen Bevölkerung zum Ausdruck gebracht haben als einem geschickten Agieren der rechten Parteiführer zuzuschreiben zu sein.

Die Südtiroler AN-Führung unter Giorgio Holzmann und Alessandro Urzì war jedenfalls eher vom Interesse geleitet, einer Stimmung ihrer Basis parteitaktisch Rechnung zu tragen, als sie noch besonders anzuheizen. Die überraschende große Mehrheit für den "Siegesplatz" machte ihrer seit längerem verfolgten Taktik in Richtung eines größeren Übereinkommens mit der SVP (um sich mehr Zugang zu den Machtpositionen in Südtirol zu verschaffen) zumindest bis auf weiteres einen Strich durch die Rechnung: "Als am 6. Oktober 2002 im Bozner Rathaus die Stimmen ausgezählt waren, war Urzì ein beherrschter Sieger. Holzmann lächelte säuerlich. Schon das Referendum um den Siegesplatz hatte ihn in seinem taktisch klug eingeleiteten Annäherungsversuch an die *Volkspartei* weit zurückgeworfen, der Sieg schien nun die Kluft unüberbrückbar zu machen. [...] Ein solcher Kurs war nicht ohne Risiko gegenüber der Stammwählerschaft, um die 1998 erstmals auch die radikale Splittergruppe *Unitalia* warb."[21]

Datiert mit dem 21. Oktober 2002 erschien in der rechtsextremen Internet-Seite *Ultima Thule* ein ausführlicher, mit dem Pseudonym Sha Gojyo gezeichneter Kommentar unter dem Titel "Pensieri di Storia: Storia di una piazza, Storia di un popolo" [Gedanken zur Geschichte: Geschichte eines Platzes, Geschichte eines Vol-

---

[21] vgl. Peterlini (2003), S. 193.

kes].[22] Die Hauptachse dieser Stellungnahme dreht sich, wie ja auch schon ihr Titel nahelegt, um ein Beschwören der "Geschichte" und des historischen "Erinnerns". Für dieses "Erinnern" wird mit großer rhetorischer Geste "Respekt" eingefordert – wohingegen dem Bürgermeister Salghetti-Drioli wütend vorgeworfen wird, es "mit seinem schändlichen Beschluss in den Dreck gezogen" zu haben. Zu dessen Inhalt erfährt man zunächst, dass es sich vor allem um ein Erinnern an jene handle, "die während des Ersten Weltkriegs ihr Leben verloren, um die Grenzen des Vaterlandes wiederherzustellen und zu verteidigen, in der Hoffnung, alle Italiener in einem einzigen Territorium zu vereinen – auch jene, die von fremden Herrschaften unterdrückt waren".[23]

Natürlich kann es sich dabei mitnichten um ein Erinnern an die wirklichen Menschen handeln, die damals ihr Leben in den Schützengräben verloren haben. In ihrer großen Mehrheit waren sie zweifellos – wie etwa ein in der katholischen Monatszeitschrift *Confronti* veröffentlichter Kommentar zur Volksbefragung es formulierte – Männer gewesen, "die an die Front geschickt worden waren, ohne dass sie (wie dies auch in den schwermütigen Refrains der Volkslieder anklingt) den geringsten Willen gehabt hätten, siegend zu sterben".[24] Und natürlich ist dieses "Erinnern" auch kein Erinnern an so leicht feststellbare historische Tatsachen wie die, dass es im heutigen Südtirol seinerzeit so gut wie keine Italiener gab, die man "in einem einzigen Territorium vereinen" hätte können.

Wie sehr die indignierte Pose des Respekt-Einforderns für das "Erinnern" als Reaktionsbildung gegen wirkliches Erinnern zu deuten sein dürfte, kann man auch anhand einer Reihe weiterer Details ermessen. So lautet etwa der letzte Satz von Gojyos Kommentar: "Dem Bürgermeister Salghetti, der in seinem Brief geschrieben hat, 'Die Geschichte soll man nicht auslöschen, aber ehren wir den Frieden und nicht den Krieg', hat Bozen einhellig mit einem 'Nichts kann den Sieg ersetzen' geantwortet."[25] Wenn man – nachdem man sich mehrmals auf die erhabene Ehrenhaftigkeit des Erinnerns an die Geschichte berufen hat – auf die Forderung, die Geschichte nicht beiseite zu schieben, mit dem Anspruch kontert, dass das Wichtigste von allem der Sieg sei, dann sagt man damit mit kaum verhüllter Grobheit, dass es gerade nicht um die Erinnerung an das wirklich Geschehene geht, sondern darum, eine Position zu behaupten, in der man sich die Arroganz des Stärkeren erlauben kann. Welche sich eben auch ganz speziell darin äußert, das Geschehene so zurechtzubiegen und selektiv zur Kenntnis zu nehmen, wie es den eigenen Machtansprüchen gerade in den Kram passt.

Im Sinne eines solchen Anspruchs kann man etwa auch den Umstand deuten, dass manches konkrete historische Erinnern, das die Befürworter des "Friedensplatzes" für angemessen halten, vom Kommentator gar nicht für statthaft gehalten und vielmehr als "höchst inopportun" kritisiert wird – ein (oberflächlich betrachtet) schon seltsamer Vorwurf aus dem Munde einer Person, die offensichtlich gern die Haltung der Ehren- und Heldenhaftigkeit einnimmt: "[...] der Bürgermeister und der

---

[22] Volltext im Anhang dokumentiert.
[23] Gojyo (2002).
[24] Comina (2002).
[25] Gojyo (2002).

Vizebürgermeister werfen sich in eine große Rhetorik für den Frieden, verdammen die Nationalismen und rühren in höchst inopportuner Weise wieder Episoden auf, die schon mehr als ein halbes Jahrhundert her sind, nur um sich Stimmen zu sichern." Ereignisse, "die schon mehr als ein halbes Jahrhundert her sind" – also die solle man doch bitte endlich ruhen lassen... Andererseits aber: Ein Ereignis, das schon bald ein ganzes Jahrhundert her ist (nämlich der Sieg im Ersten Weltkrieg), das müsse aber schon auf jeden Fall als unersetzbares Erbe, und zwar ganz fest, im "Erinnern" eingemeißelt bleiben und dürfe keinesfalls mit irgendeinem "schändlichen Beschluss in den Dreck gezogen" werden.

Weit weniger inopportun findet es Gojyo dann aber wieder, andere Episoden, die (jedenfalls in seiner fehlerhaften Erinnerung) auch fast ein halbes Jahrhundert her sind, durchaus kräftig aufzurühren – und zwar solche, in denen das faschistische Siegesdenkmal bösen Anschlägen zum Opfer gefallen sei: "Das Siegesdenkmal, das in der faschistischen Epoche zum Gedenken an die Gefallenen errichtet worden war, ist in den 1960er Jahren lange Zeit hindurch Anschlägen von Südtiroler Separatisten zum Opfer gefallen. Trotz der Bomben ist das Denkmal nie eingestürzt, aber es war notwendig, es mit einem Eisengitter zu umgeben." Abgesehen vom Detail, dass diese Anschläge der Jahre 1978 und 1979 im hehren "Erinnern" des Kommentators kurzerhand in die 1960er Jahre vorverlegt werden, bietet diese Passage auch eine interessante Illustration für den Abwehrmechanismus der Täter-Opfer-Umkehr, der bei der Verdrängung und Verleugnung von wirklich Vorgefallenem bzw. Erlebtem häufig eine zentrale Rolle spielt: Dieses besonders massive Symbol für militärisches Triumphgehabe und die Arroganz der Macht wird kurzerhand zum armen Opfer, das vor abscheulichen Anschlägen durch einen Zaun geschützt werden muss.

Anhand des gegen den Bürgermeister gerichteten Vorwurfs des Opportunismus scheint die Pose des prinzipientreuen Hochhaltens des "Erinnerns" wohl besonders schlüssig als Reaktionsbildung deutbar zu sein (wobei auch der Abwehrmechanismus der Projektion recht offenkundig wird): "[...] der politische Opportunismus des Bürgermeisters Salghetti hat die Oberhand behalten. Hinter falschen ideologischen Begründungen der Verherrlichung des Friedens verbarg sich die Absicht des Bürgermeisters, die Sympathien der SVP, der derzeitigen Mehrheitspartei, und der deutschsprachigen Bürger auf seine Seite zu ziehen." Bemerkenswerterweise folgt auf diesen Opportunismus-Vorwurf nun aber innerhalb der folgenden fünf (kurzen) Absätze gleich dreimal der schwere Vorwurf, die Vorgangsweise des Bürgermeisters sei im Gegenteil ausgesprochen *inopportun* gewesen – woraus umgekehrt wohl für das Handeln der Parteien des rechten Spektrums der Anspruch auf eine größere "Opportunität" abzuleiten ist (was man wiederum naheliegend damit in Verbindung bringen kann, dass im letztlich klar vertretenen Prinzip des Faustrechts der Stärkeren – "Nichts kann den Sieg ersetzen" – das Prinzip der opportunistischen Rückgratlosigkeit mit logischer Zwangsläufigkeit inbegriffen ist).

Der zweite dieser drei Inopportunitäts-Vorwürfe bezieht sich auf das bereits zitierte Aufrühren von "Episoden, die schon mehr als ein halbes Jahrhundert her sind". Eine bezeichnende verschlüsselte Botschaft kann man auch der dritten diesbezüglichen Passage entnehmen: "*Alleanza Nazionale* kann sich [...] des Auftritts – auf einem übervollen Walther-Platz – von Ignazio La Russa [AN-Fraktionsführer in der italienischen Abgeordnetenkammer, Anm. d. Verf.] und des Vizepremiers Gianfranco Fini rühmen, der das italienische Volk und seine Geschichte in Schutz nimmt und die inopportune Wahl Salghettis verurteilt, dem Sieg im Großen Krieg einen so universell gebilligten Wert wie den des Friedens entgegenzustellen."[26] Mit anderen Worten: Für die Durchsetzung sozialdarwinistischer bzw. militaristischer Haltungen und Interessen ist es nicht so opportun, den Wert des Friedens frontal zu attackieren – dafür hat sich letzterer (leider... aber das kann man natürlich nicht so offen sagen – das wäre ja nun wirklich inopportun...) schon zu stark im (zumindest bewussten) Denken einer Mehrheit der Bevölkerung durchsetzen können...

Interessant an der eben zitierten Passage ist wohl auch noch das Detail, dass die Veranstaltung in der Fantasie des Autors vom Sieges- bzw. (damals gerade noch) Friedensplatz auf den Walther-Platz verlegt wurde, also vom Ausgangspunkt des italienischen ins historische Herz des deutschen Bozen. Hier dürfte wohl auch ein triumphales Wunschbild von dichten italienischen Massen eine Rolle spielen, die das Zentrum des deutschen Bozen quasi überschwemmen. Oder vielleicht auch die Gefühlsreaktion, dass der Autor sich gar nicht gern vorstellen wollte, dass rechte Führer (und ihre Anhängerschaft) auf einem Platz auftreten, der mit dem Namen des Friedens "besudelt" war?

Ein weiterer Text (ohne Autorenangabe), der im unmittelbaren Vorfeld der Volksbefragung unter dem Titel "Costruire l'Europa, conservare la memoria" [Europa aufbauen, die Erinnerung bewahren][27] auf der von *Alleanza Nazionale* betriebenen Internet-Seite *Destra.it* veröffentlicht wurde, scheint insbesondere aufgrund einiger sprachlichen Ungenauigkeiten interessant zu sein, die auf recht aufschlussreiche unbewusste Motive hindeuten.

So heißt es dort unter anderem: "[...] der Sieg feiert die Übergabe Südtirols von Österreich an Italien und das Denkmal wird von der SVP und vom Großteil der deutschsprachigen Bevölkerung als Beleidigung betrachtet."[28] Statt von "Sieg" ("Vittoria" mit großem Anfangsbuchstaben) wäre es eigentlich logischer gewesen, entweder vom Denkmal oder vom Platznamen zu sprechen, das bzw. der die Annexion Südtirols feiern würde. "Der Sieg" selber (der schon über 80 Jahre her war) konnte ja wohl nicht (mehr) feiern (falls ein Sieg selbst überhaupt jemals so etwas tun kann wie "feiern"). Dass der einstige Sieg – wenn man jedenfalls nach der an dieser Stelle gewählten Formulierung geht – noch dazu etwas in der Gegenwartsform tun könne, weist wohl darauf hin, dass die Vergangenheit noch nicht wirklich vergangen, im Empfinden vieler gewissermaßen wie "festgefroren" ist, das damalige – in vielen seiner Aspekte verdrängte – Geschehen also noch in der heutigen Situation verankert ist (die bereits gestorbenen Generationen noch über die lebenden bestimmen...). Bezeichnend scheint auch, dass das Feiern ziemlich direkt – mit dem Bindewort "und" verknüpft – mit Gefühlen der Beleidigung in Verbindung gebracht wird. Was einerseits ja im Grunde ziemlich folgerichtig ist: Wer mit der Mentalität des sozialdarwinistischen Faustrechts Erfolg hat (etwas zu feiern hat), ergötzt sich ja zu einem wesentlichen Teil auch an der Demütigung der Unterlegenen. Andererseits ist es aber wohl auch bemerkenswert, wenn man immerhin bereit ist, explizit zur

---

[26] ebd.
[27] Volltext siehe Anhang.
[28] Destra.it (2002).

Kenntnis zu nehmen, dass die andere Seite etwas als beleidigend empfindet: Der sozialdarwinistische Triumph schlägt sich ansonsten meist nicht zuletzt auch darin nieder, dass es den Unterlegenen nicht zugestanden wird, ihre Gefühle der Beleidigung öffentlich zum Ausdruck zu bringen.

Am aussagekräftigsten dürfte aber wohl die sprachliche Fehlleistung sein, die dem Autor des Texts im folgenden Satz unterlaufen ist (die Hervorhebung findet sich natürlich nicht im Original): "Ein von AN und dem gesamten Mitte-rechts-Bündnis unterstütztes Komitee hat hingegen die Volksbefragung organisiert und die Wiedereinsetzung des alten Namens verlangt, der als ein wichtiger Teil der italienischen Identität in Südtirol betrachtet wird, *mit dem Risiko* – das von den führenden SVP-Vertretern abgestritten wird –, dass es in Zukunft zu Forderungen kommen wird, weitere Straßen- oder Platznamen zu ändern."[29]

Was der Autor hier durch seine schlampige grammatikalische Konstruktion (und sicher gegen seine bewusste Intention) zum Ausdruck bringt, ist die Aussage, dass die Organisierung der Volksbefragung zur Wiedereinsetzung des alten Namens *mit dem Risiko einhergeht* (zum eventuell auch gesteigerten Risiko führt, auf das Risiko hin unternommen wurde…), dass es in Zukunft noch weiter gehende Forderungen nach Namensänderungen von Straßen oder Plätzen geben würde. Die bewusst intendierte Aussage sollte zweifellos ganz im Gegenteil dahin gehen, dass die Volksbefragung organisiert worden sei, *um dem Risiko vorzubeugen* (bzw. ihm einen Riegel vorzuschieben), dass da von der Gegenseite noch weitere Initiativen zu Namensänderungen gestartet würden.

Im Gegensatz dazu gibt es eine recht nahe liegende – teilweise nicht offen ausgesprochene, teilweise auch unbewusste – Logik bzw. Interessenlage, die darauf hinausläuft, dieses Risiko gerade nicht vermeiden, sondern sehr wohl herbeizuführen (oder steigern) zu wollen. Die nicht offen ausgesprochene Seite dieser Logik besteht darin, dass diverse Vorstöße bzw. ein Anheizen nationalistischer Forderungen von der Gegenseite der politischen Taktik der rechten Parteien durchaus in den Kram passen können (auch wenn dies auf die Südtiroler AN-Führung in der momentanen politischen Konjunktur nur etwas eingeschränkt zutraf): Die rechten Führer könnten sich dann nur umso effektvoller als Verteidiger der bedrängten eigenen Volksgruppe in Szene setzen und somit einen breiteren Anhang um sich scharen als wenn sich die ethnischen Beziehungen entspannen würden. (Auf diese Möglichkeit einer Kollusion zwischen den Extremisten beider Volksgruppen kommen wir unten noch zurück.) Das "Risiko" erscheint aus dieser Sicht also durchaus als erstrebenswert, und es mag somit durchaus zutreffen, dass in die Initiative für die Volksbefragung auch das bewusste Kalkül (mit) eingeflossen war, die angeblich befürchteten Forderungen bzw. Aktionen der Gegenseite gerade zu provozieren – ein Kalkül, das dem Autor des Texts mit seiner grammatikalischen Fehlleistung dann eben (unbewusst) so herausgerutscht sein könnte.

Die stärker unbewusste Seite dieser Logik liegt sicher auch im (grundlegenderen) zwanghaften Bedürfnis nach Feindbildern, das auch jenseits von taktischen Tricks und Winkelzügen ein Handeln antreibt – und diesem Handeln einen dafür bereit liegenden Resonanzboden liefert –, das (direkt und indirekt) Anlässe und Vor-

---

[29] ebd.

wände schafft, durch die Gegner leichter als Inkarnationen des Bösen und Verachtenswürdigen fantasiert werden können.

Eine der für die ideologische Führung des italienischen Rechtsaußen-Spektrums sicherlich maßgeblichsten Stellungnahmen stammt vom Journalisten Vincenzo Nardiello. Ebenfalls auf der Internet-Seite *Destra.it* und datiert mit dem 9. November 2002 publizierte der langjährige Redakteur der dem rechten AN-Flügel nahestehenden Tageszeitung *Il Roma* und Mitautor des Buches *Appunti per un libro nero del comunismo italiano* [Notizen für ein Schwarzbuch des italienischen Kommunismus] einen Kommentar mit dem programmatischen Titel "Siamo il partito degli italiani e difendiamo tutti gli italiani" [Wir sind die Partei der Italiener und wir verteidigen alle Italiener].[30]

Wenig überraschend wird auch in Nardiellos Ausführungen als roter Faden mit indignierter Pose der – durch die "Friedensplatz"-Namensgebung angeblich unerhört verletzte – "Respekt" für das historische "Erinnern" eingemahnt. Aktueller symbolischer Anker und Anhaltspunkt sind dabei die fünf Tage vor der Veröffentlichung des Texts abgehaltenen nationalen Feierlichkeiten zum 4. November. Diese bieten sich einerseits dafür an, sich auf das bei dieser Gelegenheit hochoffiziell – namentlich auch vom Staatspräsidenten Carlo Azeglio Ciampi – verkündete (und nunmehr angeblich endlich von allen geteilte) Erbe der nationalen Geschichte zu berufen; andererseits aber auch dafür, sich heftig darüber zu beklagen, dass diese öffentlich verkündete Haltung teilweise nur Lippenbekenntnis sei und auf jeden Fall nicht prinzipienfest genug durchgehalten werde. Was sich allein schon darin äußere, dass dem 4. November das ihm zustehende Gewicht nicht wirklich zugestanden werde – ganz besonders aber in der erbärmlichen Lauheit, Feigheit oder Gleichgültigkeit im Angesicht der "Friedensplatz"-Initiative, der sich (natürlich mit Ausnahme von *Alleanza Nazionale*) so gut wie alle anderen politischen Kräfte Italiens schuldig gemacht hätten.

Die heftigeren emotionalen Energien werden dabei aber nicht so direkt gegen die Südtiroler bzw. deutschsprachigen Parteien, sondern vor allem gegen die inneritalienischen Gegner bzw. Feinde gerichtet – und am Ende ganz besonders gegen die italienischen Kommunisten, deren historische Verbrechen noch immer verleugnet würden und ohne deren schonungslose Aufarbeitung man in Wirklichkeit doch nicht von einem gemeinsamen "Erinnern" bzw. historischen Erbe der Nation sprechen könne.

Im Gegensatz zu allen anderen könne eben nur *Alleanza Nazionale* für sich beanspruchen, den "italienischen" Standpunkt immer mit geradliniger Konsequenz durchzuhalten. Eine Vokabel, die im Text gleich dreimal in formelhafter Wendung vorkommt (und die überhaupt bei den italienischen Rechtsextremen sehr beliebt ist, siehe Abb. 3), ist "coerenza" [Kohärenz, Konsequenz, Prinzipienfestigkeit]. Der an drei Stellen ähnlich konstruierte Satzbeginn "Coerenza vuole" [Die Kohärenz erfordert es], "Coerenza avrebbe voluto" [Die Kohärenz hätte es erfordert] und "La stessa coerenza, poi, imporrebbe di ricordare..." [Dieselbe Kohärenz müsste schließlich auch dazu zwingen, sich daran zu erinnern...] strukturiert den Hauptteil des Texts mit recht scharfen Konturen und soll offensichtlich auch die Selbstdarstellung

---

[30] Nardiello (2002), als Volltext dokumentiert im Anhang.

von *Alleanza Nazionale* als entschlossene und der nationalen Sache ehrlich dienende Bewegung unterstreichen – und ist sicher zu einem wesentlichen Teil als Reaktionsbildung gegen die verdrängte bzw. verleugnete Inkohärenz (Inkonsequenz, Verlogenheit, Opportunismus) zu deuten, die sich einem genaueren Blick auf ihr machtpolitisches Reden und Handeln schnell offenbart.

Abb. 3: Auswahl von Propagandaplakaten der rechtsextremen Partei *Unitalia*, wo – neben fremdenfeindlichen Parolen – das Schlagwort "coerenza" vorkommt.

Ähnlich wie im ersten erörterten Internet-Kommentar werden für den konkreteren Inhalt des zu ehrenden historischen "Erinnerns" die Gefallenen des Ersten Weltkriegs herangezogen, bzw. natürlich auch die höchst erhabenen (d.h. gegen jede Kritik abzuschottenden) Ziele, für die diese angeblich heldenhaft bereit gewesen wären, ihr Leben zu opfern – was eben am 4. November zwar staatsoffiziell gewürdigt, nur kurz zuvor (in der Auseinandersetzung um den Siegesplatz) hingegen schmählich verraten worden sei. Höchste Repräsentanten des Staates hätten am 4. November "jenen 600.000 Italienern ideell die Ehre erwiesen, die gefallen sind, um jene Apotheose der nationalen Einheit zu feiern, die der Erste Weltkrieg war". Auf der rechten wie der linken Seite des Parteienspektrums hätten alle eilfertig Applaus gespendet, sich dabei aber tunlichst gehütet, vom niederträchtigen Angriff gegen diese Apotheose zu reden, der erst kurz zuvor durch *Alleanza Nazionale* mutig abgewehrt worden war (da hätten eben Staatsführer wie Parteien durch völlige Abwesenheit geglänzt).

Die "Friedensplatz"-Initiative – deren Ursprung Nardiello übrigens nicht beim italienischen Bürgermeister, sondern bei "den Südtirolern" ortet (die ansonsten freilich keine Erwähnung finden), während er "der Linken" die "überspannte Idee" vorwirft, den Südtirolern dabei zur Seite zu stehen – sei nichts weniger als alles Folgende: "[...] eine Beleidigung gegen die Geschichte Italiens, gegen die Einheit Italiens, gegen die lebenden Italiener und gegen die toten, gegen unsere nationale Würde; etwas, das in jedem beliebigen demokratischen Land, das auch nur ein Mindestmaß an Selbstachtung und Respekt für die eigene Geschichte hat, unvorstellbar gewesen wäre und ist."[31] Dass die bloße Ersetzung eines Platznamens – noch dazu mit einem neuen Namen, den man beim schlechtesten Willen nicht als beleidigend bezeichnen kann – als dermaßen schwerer und frontaler Angriff gegen die Fundamente der nationalen Identität und Selbstachtung beschrieben werden kann, ist sicher ein Hinweis auf deren extreme Brüchigkeit und Unsicherheit.

Diese Brüchigkeit geht historisch sicher nicht zuletzt auf die sozialen, politischen und militärischen Misserfolge der italienischen Nationalstaatsgründung zurück, die seither eine besonders ausgeprägte Obsession für nationale Prestigefragen (die oft als unwahrscheinlich kleinlich beeindrucken können) bedingt haben. Auf einer tiefer im Unbewussten wurzelnden Ebene kann diese Brüchigkeit eines nationalen Identitätsgefühls wohl auch als verschobener Ausdruck einer großen Labilität des individuellen inneren Gleichgewichts bzw. Selbstwertgefühls betreffender Personen gedeutet werden. Wie könnte man ansonsten wohl auf einen (äußerlich) derart geringfügigen Anlass mit einem derartigen Überschießen entrüsteter Formulierungen reagieren?

Auch eine weitere Formulierung, die im übernächsten Satz vorkommt, spricht für eine solche tiefe Unsicherheit – und zugleich (einmal mehr) auch dafür, dass das Beschwören des "Erinnerns" eine Reaktionsbildung gegen wirkliches Erinnern ist (welches eventuell schon bedrohlich bis zu den Verdrängungsbarrieren an den Rändern des Bewusstseins vordringt). Die Friedensplatz-Initiative wird hier als Versuch bezeichnet, "das Symbol (und mit ihm das Erinnern, da die Symbole gerade dazu dienen, das Erinnern zu bewahren) des Sieges von 1918 zu beseitigen". Wenn es für möglich gehalten wird, dass die Beseitigung eines Symbols wie das eines Platznamens glatt zur Beseitigung der "Erinnerung" führt, auf die das Symbol verweist, dann kann es mit dieser "Erinnerung" (bzw. mit ihrer Relevanz, ihrem Wahrheitsgehalt, ihrer Verankerung im kollektiven Bewusstsein und Empfinden) nun wahrlich nicht weit her sein. Das entsprechende Konstrukt kann also offensichtlich nur notdürftig und verkrampft aufrechterhalten werden.

Die am Ende des Kommentars erhobene Forderung, dass es bei einem von der ganzen Nation geteilten historischen Erinnern "keine Heucheleien und schwarzen Löcher" mehr geben dürfe – womit Nardiello bewusst natürlich auf die "Heucheleien und schwarzen Löcher" seiner politischen Feinde Bezug nimmt, durch welche die kommunistischen Untaten ausgeblendet würden –, kann also wohl zu einem wesentlichen Teil als unbewusste Projektion gedeutet werden: Hinter einem "Erinnern", das angeblich durch die bloße Änderung eines Platznamens beseitigt werden kann, müssen sich schon sehr tiefe "schwarze Löcher" verbergen, und zur wortreichen Beschwörung der Ehrenhaftigkeit eines solchen "Erinnerns" – das man nur ja nicht wagen dürfe, in Frage zu stellen – gehört schon eine sehr große Portion an Heuchelei.

---

[31] ebd.

Interessant ist übrigens auch, welche speziele unter den "Untaten" der Kommunisten (bzw. auch des breiteren antifaschistischen Widerstands) Nardiello in seinem Text als einzige für erwähnenswert hält – und wie er dies direkt mit der Verteidigung des "Erinnerns" an den italienischen Sieg im Ersten Weltkrieg in Verbindung bringt. "Dieselbe Kohärenz", die seiner Meinung nach erfordert hätte, dass all die billigen Beifallspender des 4. November auch den Mumm aufgebracht hätten, die von *Alleanza Nazionale* organisierte Volksbefragung zur Wiedereinsetzung des Symbols der Italianität Südtirols offen zu unterstützen – diese selbige Kohärenz müsse nämlich auch dazu zwingen, sich daran zu erinnern, "dass die italienischen Kommunisten – und mit ihnen das gesamte CLN (*Comitato di Liberazione Nazionale* [Nationales Befreiungskomitee]) – gern auf jene Gebiete verzichtet hätten, die die Frucht des mit dem Blut unserer Soldaten errungenen Sieges sind, als sie sie nämlich in den Jahren um 1945 um ein Haar an das Jugoslawien des kommunistischen Diktators Tito ausgehändigt hätten."[32]

Fürwahr eine – auf der Ebene bewusster Logik – recht rätselhafte "Kohärenz", die die "Drohung" des Bozener "Friedensplatzes" in einem Atemzug mit der um 1945 angeblich seitens des italienischen Widerstands drohenden Auslieferung italienischer Gebiete an das Jugoslawien Titos aufs Tapet bringt. Ein unausgesprochener (oder auch unbewusster) innerer Zusammenhang hinter der äußerlich sehr offenkundigen Inkohärenz von Nardiellos Amalgam liegt zweifellos in der manichäischen Logik feindbildhaften Denkens und Wahrnehmens, die Welt nach starren Schwarz-Weiß-Rastern einzuteilen: Wer nicht für mich ist, ist gegen mich – und alle, die gegen mich sind, müssen allein schon deshalb unter einer Decke stecken...

5. Äußerungen und Aktivitäten von rechtsgerichteten deutschsprachigen Südtiroler Personen und Gruppierungen

Nicht nur von Seiten rechtsgerichteter Italiener, sondern auch auf der Seite rechter deutschsprachiger Organisationen in Südtirol gab es im Verlaufe des Jahres 2002 Tendenzen zu einer Wiederverschärfung des Volksgruppenkonflikts. So wurde am 29. Mai 2002 von Vertretern der rechten Partei "Union für Südtirol" ein Beschlussantrag in den "Dreierlandtag" eingebracht – eine übernationale, regionale Institution mit Delegierten Nord-Ost-Tirols, Südtirols und des Trentino –, welcher den italienischen Staatspräsidenten Ciampi auffordern sollte, die "Südtiroler Freiheitskämpfer" der 1950er und 1960er Jahre zu begnadigen. Dieser Antrag scheiterte am Votum der Vertreter des Trentino. In diesem Zusammenhang wurde an einen Vorfall aus dem Jahr 1966 auf der Steinalm in der Nähe des Brennerpasses erinnert, bei dem damals drei Menschen starben und von dem bis heute umstritten ist, ob es sich um einen Anschlag oder um einen Unfall handelte; die Brennergrenze wurde als "Unrechtsgrenze" bezeichnet.[33]

Am 21. Juli 2002 trafen sich ca. 200 Aktivisten aus dem Umfeld der *Tiroler Schützen* und des *Andreas-Hofer-Bundes* in Gegenwart eines NTV-Kamerateams

---

[32] ebd.
[33] *Bergfeuer* – Organ des Andreas-Hofer-Bundes, Mai 2002.

auf dem Gipfel des "*Vetta d'Italia*", um diesem von Ettore Tolomei 1904 so benannten und nach dem Ersten Weltkrieg von den Italienern offiziell so bezeichneten Berg seinen älteren Namen "Klockerkarkopf" symbolisch zurückzugeben. In den bei diesem Anlass gehaltenen Ansprachen fällt besonders die Betonung der Kompromisslosigkeit auf. Major Luis Zingerle: "Wir sind hier her gekommen, nicht um Rache zu nehmen, sondern um die historische Wahrheit einzufordern und wieder herzustellen [...] Jeder Kompromiss ist nur eine halbe Respektierung des Rechts." Eva Klotz: "Vetta d'Italia, das ist nicht der Gipfel Italiens, das ist der Gipfel der Frechheit."[34]

Anfang August 2002 gibt es eine Auseinandersetzung um eine Fernsehsendung des deutschsprachigen Senders Bozen über den "Freiheitskämpfer" (Aktivisten für die Unabhängigkeit Südtirols von Italien) Wolfgang Pfaundler.[35] Bei der Diskussion um die deutschsprachigen Südtirol-Aktivisten der 1950er und 1960er Jahre schwingt immer auch die Erinnerung an deren damalige Bombenanschläge mit.

Am 13. August 2002 werden diese Bombenfantasien plötzlich wieder Realität: Bei der Explosion einer selbstgebastelten Bombe verliert ein 37-jähriger Österreicher in Südtirol fünf Fingerkuppen. In seinem Haus in Lana bei Meran werden fünf weitere Bomben gefunden, sowie ein Computer mit NS-verherrlichenden Schriften. In seinem Auto findet man einen weiteren Sprengsatz sowie eine Karte mit eingezeichneten Carabinieri-Kasernen. Der 37-jährige sagte bei der Vernehmung abwiegelnd: "Es war einfach eine Spielerei, eine Bastelei."[36]

Am 7. September 2002, also einen Monat vor der Bozener Abstimmung, wird anlässlich eines bevorstehenden Italien-Besuchs des österreichischen Bundespräsidenten Thomas Klestil erneut die Forderung nach Begnadigung von "Südtirol-Aktivisten" erhoben. In der Presse wird an die "Feuernacht" vom 11. auf den 12. Juni 1961 erinnert, als im Raum Bozen zahlreiche Strommasten gesprengt worden waren. Die Täter werden in den österreichischen Medien als "Bumser" bezeichnet, von den italienischen als "Terroristen".[37] Die Korrespondentin Elisabeth Baumgartner (*Die Presse*, Wien) spricht am 24. September 2002 von einem "täglichen Kleinkrieg" zwischen Bozen und Rom. Im gleichen Artikel erwähnt sie, dass sich Berlusconi manchmal mit Napoleon vergleicht, und erinnert an Andreas Hofers Aufstand gegen letzteren.[38]

Am 30. September 2002 präsentiert der österreichische Verleger Fritz Molden in Bozen öffentlich die neu erschienenen Erinnerungen der Landtagsabgeordneten Eva Klotz an ihren Vater Georg Klotz – einen der (von Italien) meistgejagten Attentäter der 1960er Jahre.[39] Der Südtiroler Landesrat Bruno Hosp spricht auf dieser Buchpräsentation; ihm wird später (von *Alleanza Nazionale* und *Unitalia*) der Vorwurf gemacht, er habe "den Terrorismus verteidigt".[40]

---

[34] *Tiroler Schützenzeitung*, 26. Jg., Nr. 5, Sept. 2002.
[35] *Die Presse*, 5. 8. 2002.
[36] *Westdeutsche Allgemeine Zeitung*, 13. 8. 2002, "Aus aller Welt"; *Salzburger Nachrichten*, 17. 8. 2002.
[37] *Die Presse*, 7. 9. 2002 und 20. 9. 2002; s.a. *Tiroler Schützenzeitung*, Nov. 2002.
[38] *Die Presse*, 24. 9. 2002.
[39] *Die Presse*, 30. 9. 2002.
[40] Autonome Provinz Bozen, Pressemittlg. d. Landespresseamtes, www.provinz.bz.it.

Ende September 2002 erhält Gianfranco Fini vom österreichischen Bundespräsidenten Klestil den zweithöchsten Orden der Republik Österreich, das "Große Goldene Ehrenzeichen am Bande". Fini brüstet sich damit, als er am 2. Oktober in Bozen für das "Ja zum Siegesplatz" wirbt. Der Heimatbund spricht von einem "Dolchstoß" Österreichs. Die Präsidentschaftskanzlei in Wien lässt zu dem umstrittenen Vorgang lediglich verlauten: "Die Auszeichnung gilt nicht der Person, sondern dem Amt." [41] Ist diese Ordensverleihung ein Indiz für eine Kollusion der österreichischen "Schutzmacht" der deutschsprachigen Südtiroler mit den "Siegesplatz"-Aggressoren? Auch unter den deutschsprachigen Südtirolern selbst, die ja von der durch die "Siegesplatz"-Kampagne bewirkten Zuspitzung des Volksgruppenkonfliktes unmittelbar betroffen waren, gab es Anzeichen für ein "Einknicken", für eine Identifikation mit dem Aggressor: 50 % der (deutschsprachigen) Leserbriefschreiber, die sich im Vorfeld des Referendums in der *Neuen Südtiroler Tageszeitung* zu der Benennung des Platzes äußerten, sprachen sich für den Namen "Siegesplatz" aus.[42]

Historische Rückblenden waren in der Debatte an der Tagesordnung. So titelte die *Neue Südtiroler Tageszeitung* am 2. Oktober 2002: "Wie vor 80 Jahren: AN will Bozen", und zeigte dazu ein Archivfoto vom Einmarsch der Faschisten in Bozen im Jahr 1922.[43] Es wurden Maximalforderungen vertreten: Die "Union für Südtirol" verteilte vor der Abstimmung bearbeitete Fotos, die zeigten, wie der Platz nach der Schleifung des Siegesdenkmals aussehen könne.[44] Sicherlich war man sich mehr oder weniger bewusst, damit der Gegenseite "Munition" zu liefern.

Als ein Anzeichen für eine weitere, allgemeine emotionale Zuspitzung unmittelbar vor dem Referendum kann man die Amokfahrt eines 18-jährigen Südtirolers am 5. Oktober 2002 interpretieren. Er rammte auf der Fahrt von Bozen nach Nordtirol mehrere Schranken und einen PkW. (Der Mann stand nicht unter Alkohol.)[45]

Nach dem für die italienischen Rechtsextremen so erfolgreichen Bürgerentscheid (Abb. 4) gab es auf der Seite der deutschsprachigen Südtiroler weitere Signale für eine Identifikation mit den Siegern. So titelte das Südtiroler Wochenmagazin "*ff*" nach der Abstimmung: "War das Ja ein Glück?" (Abb. 5).

Im November 2002 schrieb der *Schützenbund* im Rückblick auf das Referendum unter der Überschrift "Die Mär vom Zusammenleben", der Schützenbund habe sich im Vorfeld "bewusst zurückgehalten".[46] Man fragt sich: warum? Damit hat man faktisch den italienischen Rechtsextremen in die Hand gearbeitet. In derselben Ausgabe der *Tiroler Schützenzeitung* erinnerte der FPÖ-Rechtsaußen-Politiker Otto Scrinzi[47] an den "guten Kaiser Franz" und an die "siegreiche Schlacht von Aspern im Mai 1809".[48] Die deutschsprachige Seite musste offenbar schon weit in der Geschichte zurückgehen, um auch mit einer "siegreichen Schlacht" aufwarten

---

[41] *Die Presse*, 3. 10. 2002; *FAZ*, 8. 10. 2002, S. 12.
[42] Maas (2005), S. 76.
[43] ebd., S. 58.
[44] Jutta Kußtatscher: "Die Zeitrechnung beginnt neu", www.ff-bz.com, Zwischenspeicher von Google.
[45] *Die Presse*, 7. 10. 2002.
[46] *Tiroler Schützenzeitung*, Nov. 2002, S. 2.
[47] zu Scrinzi vgl. Berghold (2005), S. 177.
[48] ebd., S. 4.

(und sich mit den "Siegesplatz"-Befürwortern damit gleichmachen) zu können! Dann schwadroniert derselbe Autor über den Zweiten Weltkrieg: "[...] Südtirol [wurde] einem Bündnis mit dem faschistischen Rom geopfert. Er [wer?] hat dank Italiens 1943 bewiesene Treulosigkeit nicht unwesentlich zum Kriegsverlust beigetragen." (Grammatikalische Fehler im Original.) Und weiter: Es wurde "...die historische Gelegenheit vertan, das von den großdeutschen Truppen besetzte Südtirol ins Reich einzugliedern."[49] Da hier das "Dritte Reich" gemeint ist, wird recht deutlich, wes Geistes Kind der Schreiber dieser Zeilen ist.

Bild: Il Mattino Nr. 274, 8. Oktober 2002
Mit faschistischem Gruß und Schlachtgesängen
feierten die Anhänger von Alleanza Nazionale
in der Nacht vom 6. auf dem 7. Oktober den
Sieg beim Referendum. Auch AN-Chef Giorgio
Holzmann (im Vordergrund) freut sich
über die Schlappe der Friedensplatzbefürworter.

Abb. 4: Reaktionen der italienischen Rechtsextremisten auf den Ausgang des Referendums (aus Maas 2005).

Abb. 5: Titelseite des Südtiroler Wochenmagazins "*ff*" nach der Abstimmung.

Eine ähnliche Verächtlichmachung der "Friedensplatz"-Position wie oben im Schlagwort von der "Mär vom Zusammenleben" finden wir nach dem Referendum beim Andreas-Hofer-Bund. Unter der Überschrift "Das Ende eines Traumes" wird ausgeführt: "In Bozen sind 72,59 % der Bevölkerung Italiener und die haben durch ihr Wahlverhalten ganz deutlich den linken Zeitgeist des friedlichen Zusammenlebens auf die Müllhalde der Geschichte geworfen."[50]

Der *Schützenbund* identifiziert sich sogar noch deutlicher mit den italienischen "Siegesplatz"-Befürwortern: "Hätten unsere Landsleute auch soviel nationales Bewusstsein [wie die Italiener], dann stünde es besser um unsere Heimat. [...] Der Ausgang des Referendums hat hoffentlich den Südtirolern die Augen geöffnet." Mit

---

[49] ebd., S. 4.
[50] *Bergfeuer*, Nov. 2002.

einem Blick auf Kontroversen in der Bildungs- und Sprachpolitik wird weiter ausgeführt: "Der Angriff auf die deutsche Schule untermauert diese Behauptung. Er wird laufend stärker und die Italiener wissen warum. [...] Die verschiedenen Versuchsprojekte [zur mehrsprachigen Schulbildung], die bereits laufen und schon im Kindergarten ihren Anfang nehmen, ist der Anfang vom Untergang, ist nur eine Frage der Zeit. Die vielen tausend Mischehen, von denen heute kein Mensch mehr spricht, sind die gleich große Gefahr für uns Südtiroler. Sie zersetzen unsere Tiroler Volkssubstanz [...]" (grammatikalische Fehler im Original.)[51] Angst vor Identitätsverlust und Desintegration spricht deutlich aus diesen Parolen, wie wir sie spiegelbildlich auch auf der italienischen Seite der "Siegesplatz"-Befürworter feststellen können.

Ein weiteres Indiz dafür, dass die Extremisten beider Seiten sich in der "Siegesplatz"-Kontroverse gegenseitig gestützt haben, wird von einer Auszählung von Bildmotiven in der Tagespresse im Vorfeld des Referendums geliefert: In der italienischsprachigen Zeitung *Il Mattino* tauchen Abbildungen der Südtiroler Schützen häufiger auf als in den beiden deutschsprachigen Bozener Tageszeitungen.[52] Georg Schedereit brachte es auf den Punkt: "Die Streithanseln beider Seiten [sind] einander mindestens so nützlich wie geistesverwandt [...]"[53]

Eine weitere Zuspitzung erfuhr die Kontroverse um das regionale Politikum "Friedensplatz / Siegesplatz" aus der überregionalen politischen "Großwetterlage" – worauf wir im nächsten Kapitel noch näher eingehen werden. Zu diesem Umfeld gehörte das nach den erst ein Jahr zurückliegenden Anschlägen vom 11. September 2001 öffentlich stark präsente Feindbild "islamistischer, globaler Terrorismus". Auch lokale Akteure nahmen hierauf Bezug. Der Theaterregisseur Bruno Zucchermaglio erwähnte rückblickend "la discussione Friedensplatz – Siegesplatz" in einem Absatz mit "le Twin Towers".[54] Ein Leserbriefschreiber forderte schon vorher die Umbenennung des Siegesplatzes in "Piazza 11 Settembre".[55] Bei der Gleichsetzung von Südtiroler Unabhängigkeits-Aktivisten mit "Terroristen" ist für das Jahr 2002 die Aufladung des Terrorismus-Begriffs mit den öffentlich noch sehr präsenten Live-Bildern des Massenmords vom 11. September in New York mit zu berücksichtigen. – Die Auswertung der Südtiroler Vorgänge und Diskussionen im Sommer und Herbst 2002 führt uns zu folgender These:

> Es gab im Vorfeld des Bozener Referendums in Südtirol eine emotionalisierte Gruppenstimmung, die von Vertretern beider Bevölkerungsgruppen angeheizt wurde.

---

[51] www.suedtiroler-freiheitskampf.net, ohne Datum.
[52] Maas (2005), S. 97.
[53] in der *Tiroler Tageszeitung* vom 17. 10. 2002, zit. bei Oberkofler (2003), S. 5.
[54] *Der Brixner*, Kunst & Kultur, 3. 7. 2003.
[55] Maas (2005), S. 103.

6. Das weitere Umfeld: Regionale, überregionale und globale Stimmungen und Gruppenfantasien

Wenn wir einfach nur einige Ereignisse und Zeitungsmeldungen aus Deutschland und der Welt im Herbst 2002, um das Datum des Bozener Referendums (6. Oktober) herum, auflisten, wird deutlich, dass es sich um eine Periode häufiger gewaltsamer Ereignisse und hochkochender Skandalstimmungen handelte, die zudem von Neuwahlen der Parlamente zweier wichtiger Länder (Deutschland und USA) flankiert wurde – zumindest in diesen beiden Ländern war die Bevölkerung also mehr als sonst politisiert:

22. 9. 2002	Bundestagswahl
ca. 10. 10.	Angst vor Heckenschützen in Washington steigert sich
11. 10.	Bombenanschlag in Helsinki (ein Einzeltäter)
12. 10.	Bombenanschlag auf Bali (islamistischer Hintergrund; 191 Tote)
15. 10.	Hasenjagd in Südfrankreich artet zu tödlicher Schießerei aus
ca. 18. 10.	Möllemann-Affäre (um antisemitische Wahlwerbung) weitet sich aus
23. 10.	Tschetschenische Rebellen stürmen Moskauer Musicaltheater, ca. 800 Geiseln
2. 11.	*BILD*: "Vampir-Liste" (Steuererhöhungspläne der wiedergewählten Bundesregierung sind Anlass zu starker Negativstimmung)
5. 11.	Kongresswahlen in den USA
28. 11.	Terroranschlag in Mombasa

Motive im Bildmaterial aus deutschen Zeitungen, das schon früher für eine Untersuchung von öffentlichen Stimmungslagen ausgewertet worden war[56], bestätigen den Eindruck einer teils depressiven, teils wütend-aufgeheizten Grundstimmung. Auch auf Verstümmelungs- und Verschlingungsfantasien lassen sich Hinweise finden (Abb. 6).

In den hier betrachteten Zeitraum fiel nicht nur der erste Jahrestag des 11. September 2001, sondern es handelte sich auch um eine Phase, in der die Vorbereitung des Irak-Krieges in den USA im vollen Gange war. In diesem Zusammenhang gab es einen Kriegs-Diskurs in den globalen Medien.

Beim Versuch, die Intensität dieses Kriegsdiskurses in verschiedenen Ländern quantitativ zu messen, greifen wir auf eine einfache Version der *Inhaltsanalyse* zurück – eine der Standardmethoden der quantitativen Sozialforschung und Medienwissenschaft.[57]

---

[56] Kurth (2004).
[57] Klingemann (1984), Mohler et al. (1989), Weber (1990), Rössler (2005).

Die Zeit, 2. 10. 2002, S. 19.   *Die Zeit*, 2. 10. 2002, S. 34.

Computer Zeitung, 4. 11. 2002, S. 2.   *taz*, 16. 11. 2002, S. 1.

Neues Deutschland, 2. 12. 2002, S. 4.

Abb. 6: Bildmaterial aus der deutschen Presse zwischen dem 2. 10. und dem 2. 12. 2002.

Eine übliche inhaltsanalytische Strategie bestünde darin, zunächst eine Sammlung (ein "Diktionär") von geeigneten Wortkombinationen zu bestimmen, die als Indikatoren für die vermutete Kriegsstimmung dienen können. Dann wird eine Auswahl von Textdokumenten aus dem zu untersuchenden Zeitraum bestimmt, und alle Vorkommnisse von Wortkombinationen aus dem zugrundegelegten Diktionär werden ausgezählt.[58] Auf diese Weise wurden beispielsweise auch Anzeichen für Emotionen in Texten quantifiziert.[59] Um hier die Auswertung für eine große Zahl von Webdokumenten effektiv und teilweise automatisch durchführbar zu machen, haben wir uns in einem ersten Anlauf darauf beschränkt, einfach nur alle Fundstellen (d.h. einzelne Webdokumente) tagesweise zu zählen, die das Stichwort "Krieg" enthalten. Unser Diktionär besteht also nur aus einem Wort, und die Auszählung geschieht nicht durch Zählen von Vorkommnissen innerhalb eines Textes, sondern durch Zählen von Textdokumenten (Dateien), die überhaupt das Suchwort enthalten. Als elektronisch verfügbare Textkorpora dienen uns die seit einigen Jahren bestehenden Internetarchive der großen Tageszeitungen, von denen viele mit Möglichkeit der interaktiven Stichwortsuche über das World Wide Web ausgestattet sind. Wir haben darauf geachtet, im wesentlichen solche Archive zu verwenden, die tatsächlich die Texte der originären Printausgaben der Zeitungen zur Verfügung stellen, nicht irgendwelche veränderten Internetausgaben. Abb. 7 zeigt als Beispiel die Webseite des Archivs der Tageszeitung "Salzburger Nachrichten". Über eine Suchmaske kann dort das Stichwort "Krieg" und ein Suchzeitraum eingegeben werden; es werden dann in wenigen Sekunden Listen mit Fundstellen für das Stichwort sowie deren Anzahl automatisch zurückgeliefert. Auch die Abfrage solcher interaktiver Benutzungsoberflächen von Webarchiven kann in gewissem Umfang automatisiert werden. Auf diese Weise ist es möglich, Tausende von Zeitungstexten mit relativ geringem Zeitaufwand zu durchsuchen.

Abb. 7: Suchmaske der "Salzburger Nachrichten" im WWW
(http://www.salzburg.com/sn/archiv.php).

---

[58] siehe etwa Früh (1981), Schöfer (1980), Rössler (2005).
[59] z.B. Gottschalk (1979a,b), Tolz (1979), Schöfer (1980).

Wir haben derartige internetbasierte Inhaltsanalysen für ausgewählte Presseorgane aus verschiedenen Ländern für den Zeitraum August - Dezember 2002 durchgeführt und die Ergebnisse in Form von Diagrammen zusammengefasst. Um die Struktur der Häufigkeitsverläufe besser sichtbar zu machen, wurden die tagesweisen Schwankungen durch gleitende Mittelwertbildung geglättet. Jeder Stand der Kurve für einen bestimmten Tag spiegelt also die Summe der Fundstellen nicht nur für diesen Tag selbst, sondern auch für die beiden vorangehenden und die beiden nachfolgenden Tage wider.

Abbildung 8 zeigt Ergebnisse für zwei überregionale Tageszeitungen der Bundesrepublik. Die durchgezogene Kurve zählt die Dokumente, die das Stichwort "Krieg" enthalten; zusätzlich ist eine gepunktete Kurve eingeblendet, die entsprechend das Stichwort "Angst" quantifiziert. (Diese Unterscheidung der Kurvendarstellung gilt auch für die nachfolgenden Diagramme.)

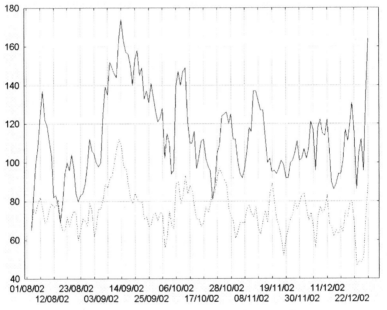

Abb. 8: Deutschland: *FAZ* und *Die Welt*.
Durchgezogene Kurve: "Krieg", gepunktete Kurve: "Angst"
(gleitende 5-Tage-Mittelwerte).

Wenn wir zunächst die "Kriegs"-Kurve betrachten, so fällt ins Auge, dass diese einen markanten Gipfel im September annimmt (ungefähr am Jahrestag des 11. September). Dann gibt es etwas später, im Oktober, nochmal einen kurzzeitigen steilen Anstieg auf ein Niveau, das dann später erst wieder Ende Dezember erreicht wird. Wenn man nun die "Angst"-Kurve hinzunimmt, kann man feststellen, dass diese meistens mit der "Kriegs"-Kurve synchron verläuft. Dabei ist zu beachten, dass Erwähnungen des Stichworts "Angst" in einem Text nicht automatisch gleichbedeutend mit dem Vorhandensein von Angst sein müssen. Für die Messung von Emotionen wären diffizilere Methoden einzusetzen. Wenigstens kann man aber festhalten, dass der Kriegsdiskurs in dem hier betrachteten Zeitraum in Deutschland mit einem Angstdiskurs verknüpft war.

Wenn wir uns nun Österreich zuwenden (Abb. 9), so fällt zunächst auf, dass die Kurven stärker "gezackt" sind – was auch mit dem kleineren Umfang der Archive der hier betrachteten drei Zeitungen zusammenhängt. Die absoluten Fundhäufigkeiten sind also geringer, und damit schlagen mehr oder weniger zufällige Schwankungen stärker zu Buche als im Fall der sehr großen Archive von *FAZ* und *Welt* in Deutschland. (Ob dies der einzige Grund für den stärker erratischen Verlauf der Fundstellenhäufigkeiten in Österreich ist, bliebe noch zu untersuchen.) Jedenfalls gibt es auch hier im September (etwas früher als in Deutschland) und im Oktober deutliche Maxima bei der "Kriegs"-Kurve; eines der Maxima fällt gerade mit dem 6. Oktober, dem Datum des Bozener Referendums, zusammen. Die Angstkurve geht auch hier über größere Zeiträume mit der Kriegskurve konform – allerdings trifft dies gerade für das 6.-Oktober-Maximum *nicht* zu. Wenn man die Angstkurve etwas gewagt interpretiert, könnte man sogar vermuten, dass um den 6. 10. herum etwas passiert sein könnte, was zu einer gewissen "Entspannung" geführt hat – was jedenfalls den Diskurs über Angst für ca. 2 Wochen abgeschwächt hat.

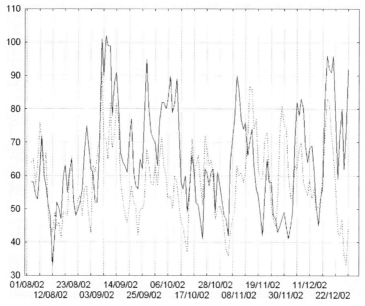

Abb. 9: Österreich: *Kurier, Die Presse* (Wien), *Salzburger Nachrichten* (sonst wie Abb. 8).

Für Italien haben wir wieder zwei große Tageszeitungen (mit entsprechend hoher Fundstellenzahl) ausgewertet – *Corriere della Sera* und *La Repubblica* (Abb. 10). Das Internetarchiv des *Corriere della Sera* zeigt für Dezember 2002 eine Datenlücke, deshalb ist dieser Monat hier weggelassen worden. Bei *La Repubblica* steht nur ein Archiv für die Internetausgabe, nicht für die Printausgabe frei zur Verfügung.

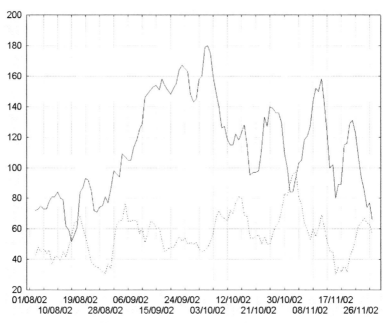

Abb. 10: Italien: "*guerra*" und "*paura*".
Corriere della Sera und Online-Ausgabe von *La Repubblica*
(sonst wie Abb. 8).

Hier ist der Verlauf der Kriegskurve anders als in Deutschland und Österreich: Die Häufigkeit nimmt über den September hinweg kontinuierlich zu, und das absolute Maximum wird erst um den 6. Oktober herum erreicht! Wir können also festhalten, dass die Tage um das Bozener Referendum herum in Italien eine Zeit eines intensiven Diskurses über "Krieg" waren. – Ein weiterer Unterschied zu den Ergebnissen aus Deutschland und Österreich ist, dass die Angstkurve (*paura*) für Italien weitgehend von der Kriegskurve entkoppelt ist, ja, zeitweise sogar gegenläufiges Verhalten zeigt. Nach dem 6. 10. bewegt sie sich – anders als in Österreich – etwas nach oben. Für diese Unterschiede bei der Angstkurve kann hier vorerst keine Hypothese formuliert werden. Es wäre zweifellos vorschnell, hier gleich unterschiedliche Mentalitäten der Nationen als Ursache zu vermuten. Der Vergleich wäre zunächst für andere Zeitabschnitte und für weitere Länder zu wiederholen. Zudem könnte es einen Einfluss haben, dass das italienische Wort "paura" teilweise ein etwas anderes Bedeutungsspektrum aufweist als "Angst" im Deutschen.

Was haben diese Ergebnisse nun mit der Kontroverse "Friedensplatz – Siegesplatz" zu tun? Ein in den nationalen Massenmedien verbreiteter Diskurs mit einer (im statistischen Sinne) stärker "verkriegerten" Sprache wird vermutlich von den Menschen vor Ort, auch in Bozen, bewusst oder unbewusst, rezipiert und könnte zu einer Verschärfung der Haltungen auch in einer lokalen Streitfrage beitragen. Man kann sogar die Hypothese aufstellen, dass eine Politik des US-Präsidenten, die zielstrebig auf eine "Konfliktlösung" im Irak mit militärischen Mitteln zusteuerte und somit unverblümt das Recht des Stärkeren für sich in Anspruch nahm, gerade für solche politischen Kräfte auch in Südtirol eine Ermutigung darstellte, die – wie die italienischen Rechtsextremen – ebenfalls eine Haltung der Stärke und Kompromisslosigkeit favorisieren und eine Verehrung eines militärischen Sieges zum Programm machen. Darüberhinaus könnte vermutet werden, dass allein ein häufiges Reden über "Krieg" in den Massenmedien auch in breiteren Kreisen der Bevölkerung spezifische historische Erinnerungen und möglicherweise auch Ressentiments wachruft oder verstärkt und einer auf Ausgleich und Frieden zielenden Politik eher abträglich ist. Allerdings sind die Befunde der Medienwirkungsforschung zur Beeinflussbarkeit von Menschen durch Botschaften in den Massenmedien vielfältig und teilweise widersprüchlich.[60] Die Vermutung einer lokalen Wirkmächtigkeit des globalen Kriegsdiskurses würde gestützt, wenn sich eine häufigere Erwähnung von "Krieg" oder von Kriegsthemen auch in den *lokalen* Medien in Südtirol für den fraglichen Zeitraum September / Oktober 2002 nachweisen ließe.

Wir haben versucht, dies zu überprüfen; leider gab es unter den italienischsprachigen regionalen Medien im Jahr 2002 noch zu wenige, die über ein frei abrufbares Internetarchiv verfügten. Eine genauere Überprüfung dürfte sich daher nicht auf Web-Quellen beschränken, sondern müsste herkömmliche (Papier-) Archive einbeziehen – wozu uns allerdings für diese Studie die Zeit fehlte. Immerhin gibt es unter den *deutschsprachigen* Presseorganen Südtirols einige, die bereits für 2002 Volltexte im Web verfügbar gemacht haben, darunter *Der Brixner*, *Der Vinschger*, das *Presseamt Provinz Bozen* und die – oben schon mehrfach zitierte – *Tiroler Schützenzeitung*. Die Erscheinungsweise dieser Presseorgane ist unterschiedlich, z.T. nur halbmonatlich, und im Falle des Presseamtes werden in unregelmäßigen Abständen Meldungen veröffentlicht. Aus diesem Grund ist eine tägliche Auszählung nicht mehr sinnvoll; wir haben die Häufigkeiten von "Krieg" und "Angst" in halbmonatlichen Intervallen aufsummiert. Dabei wurden bei dreien der Quellen wieder die – leicht über Web-Suchmasken abfragbaren – Dokumentenhäufigkeiten verwendet (also die Anzahlen der Dokumente aus der jeweiligen Quelle und dem jeweiligen halben Monat); nur die *Tiroler Schützenzeitung* liegt in anderer Form im Web vor, nämlich pro Ausgabe als komplettes pdf-Dokument, so dass hier nur eine Auswertung der Worthäufigkeiten innerhalb dieser Dokumente praktikabel war. Um einen etwas größeren Vergleichszeitraum außerhalb der uns besonders interessierenden Periode zur Verfügung zu haben, wurde die Auswertung in diesem Fall auf den gesamten Zeitraum Juli 2002 bis Februar 2003, also auf 8 Monate, ausgedehnt. Die Ergebnisse, wieder als Kurven in der oben schon verwendeten Notation, für die summierten Häufigkeiten von "Krieg" und "Angst", sind in Abb. 11 dargestellt.

---

[60] siehe dazu als Überblick: Bonfadelli (2004).

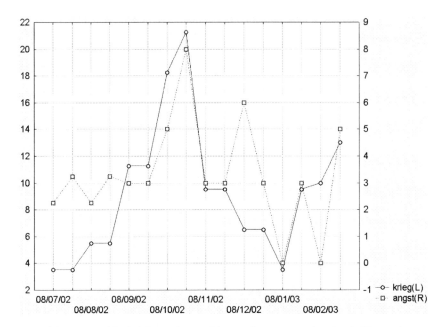

Abb. 11: Südtirol / deutschsprachige Zeitungen und Zeitschriften mit Internetarchiv. Zeitraum Juli 2002 - Februar 2003; halbmonatliche Intervalle (bei der – in Form kompletter pdf-Dateien archivierten – *Tiroler Schützenzeitung* wurden Worthäufigkeiten statt der Dokumentenhäufigkeiten zugrundegelegt.)

Auch hier sehen wir einen ausgeprägten Anstieg der Häufigkeit der Erwähnung von "Krieg" im September und Oktober, mit einem noch deutlicherem Maximum als bei den obigen Auswertungen der überregionalen Presse, wobei der absolute Höchststand allerdings hier erst *nach* der Bozener Volksbefragung erreicht wird. Ebenso hat die "Angst"-Kurve zum gleichen Zeitpunkt ihr Maximum. – Bei der Zählung des Wortes "Krieg" ist zu beachten, dass dieses Wort im fraglichen Zeitraum weder ausschließlich im Zusammenhang mit dem Irak-Konflikt, noch etwa im unmittelbaren Kontext der "Friedensplatz"-Diskussion verwendet wurde; die meisten Vorkommnisse in der *Tiroler Schützenzeitung* etwa entstammten Aussagen über den Zweiten Weltkrieg. Dass in den deutschsprachigen lokalen Presseorganen in so deutlich höherem Ausmaß als sonst das Thema "Krieg" erwähnt wurde, kann aber dennoch als ein Indiz für eine emotionalisierte, möglicherweise aggressive und auch mit Ängsten durchsetzte Stimmungslage im fraglichen Zeitraum September / Oktober 2002 gewertet werden. Auswertungen über längere Zeiträume wären notwendig, um die Signifikanz dieses Häufigkeitsmaximums noch besser einzuschätzen. Eine Aufschlüsselung nach den vier untersuchten Quellen (Abb. 12) zeigt, dass die (rechtsgerichtete) *Tiroler Schützenzeitung* für den Hauptanteil der Funde verantwortlich ist. Allerdings lässt sich ein mehr oder weniger ausgeprägter Anstieg der "Kriegs"-Häufigkeit auch in den anderen drei Presseorganen im fraglichen Zeitraum feststellen.

Gruppenfantasien im Umfeld des "Siegesplatz"-Konfliktes 127

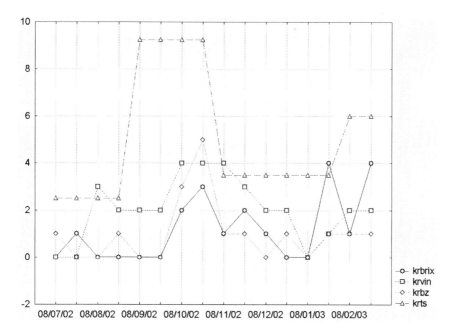

Abb. 12: Aufschlüsselung der Häufigkeit von "Krieg" (vgl. Abb. 11) auf die vier untersuchten Südtiroler Presseorgane. (krbrix = *Der Brixner*, krvin = *Der Vinschger*, krbz = *Presseamt Provinz Bozen*, krts = *Tiroler Schützenzeitung*.)

Vereinzelte Hinweise auf aufgeregte Stimmungslagen finden wir im fraglichen Zeitraum vor der Bozener Volksbefragung auch in bildlicher Form auf Titelseiten von lokalen Zeitschriften (Abb. 13).

29. 8. 2002 12. 9. 2002

Abb. 13: Bildbotschaften als Anzeichen einer verschärften Stimmungslage (Titelmotive der Lokalzeitschrift "Der Vinschger" vor dem Referendum).

Diese Motive haben inhaltlich nichts mit der Bozener Volksbefragung zu tun; Schlagworte wie "Nervenspiel" und "Super-Gau" können aber durchaus als Anzeichen einer "nervösen" Gesamtstimmung gewertet werden. Auf eine gewisse Erregbarkeit und Nervosität deuten auch einige Reaktionen auf die Südtiroler Volkszählung von 2001 hin: Obgleich die Veröffentlichung der Ergebnisse ergab, dass das statistische Verhältnis der Volksgruppen gegenüber dem letzten Zensus weitgehend stabil geblieben war, hatte etwa der AN-Vertreter Alessandro Urzì vor der Veröffentlichung der Ergebnisse im Juni 2002 – in Erwartung eines Rückgangs des italienischen Anteils – in einer deutschsprachigen Radiosendung vom "Todesmarsch" der Italiener in Südtirol gesprochen, damit einen Ausspruch des katholischen (deutschsprachigen) SVP-Führers Michael Gamper aus den 1950er Jahren aufgreifend (welchen dieser damals natürlich auf die fantasierte Situation der *deutschsprachigen* Seite bezogen hatte).[61] Der Südtiroler AN-Führer Giorgio Holzmann kündigte sogar an, dass "wir die Regierung bitten werden, Militärangehörige zu schicken, um das ethnische Proporzverhältnis wieder auszugleichen".[62]

Inhaltsanalytische, quantitative Methoden, ergänzt durch qualitative Analysen, ließen sich auch einsetzen, um der Verbreitung spezifischer Gruppenfantasien in den Medien nachzuspüren – über den sehr pauschalen Befund eines "Kriegsdiskurses" hinaus. Aus Zeitgründen konnten wir dies in dieser Studie noch nicht voll realisieren. Immerhin kann die Darstellung der halbmonatlich aufsummierten Häufigkeiten des oben bereits erwähnten Wortes "coerenza" in der überregionalen Tageszeitung "Corriere della Sera" (Abb. 14) – wiederum mit einem Anstieg im September / Oktober 2002 – als Bestätigung der besonderen Rolle, die dieser Begriff für die italienische Seite im Vorfeld des Referendums in Bozen gespielt hat, gewertet werden.

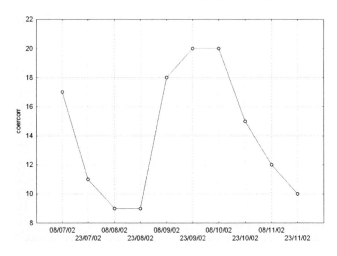

Abb. 14: Fundstellen-Häufigkeiten für "coerenza" im *Corriere della Sera* (halbmonatliche Summenwerte).

---

[61] Zendron (2002).
[62] ebd.

Dieses Wort hat auch die Bedeutung "Zusammenhang". Wenn man es – wie in der psychohistorischen Gruppenfantasieanalyse von Texten üblich[63] – auf eine "körperbezogene" Weise deutet, so könnte die gesteigerte Häufigkeit dieses Begriffs darauf hindeuten, dass in der Gruppe Ängste vor einem *Verlust* an körperlicher "Kohärenz", also *Desintegrationsfantasien* um sich greifen. Werden diese Ängste seitens des italienischen Bevölkerungsteils verschoben auf den imaginierten Zerfall des "Staatskörpers" durch eine befürchtete Abspaltung Südtirols, welche angeblich droht, wenn Symbole wie Namen von Plätzen und von Bergen in Frage gestellt werden? Als eine Bestätigung für das Vorhandensein solcher tiefliegender Ängste mit körperbezogenem Inhalt kann eine Überschrift und eine darunter befindliche Karikatur interpretiert werden, die in einer Zeitschrift der *Alleanza Nazionale* kurz nach der Umbenennung des "Siegesplatzes" in "Friedensplatz" erschien (Abb. 15). Die Schlagzeile *La Vittoria "mutilata"* (der "verstümmelte" Sieg) beinhaltet wörtlich den Hinweis auf körperliche Verstümmelung (was bei einem Abstraktum wie einem "Sieg" eigentlich keinen rechten Sinn macht). Mit einer psychoanalytischen Extrapolation könnte man hier auch Kastrationsängste vermuten.[64] Diese zunächst etwas gewagt erscheinende These wird gestützt durch die unter der Schlagzeile abgebildete Karikatur, in der eine jugendliche, männliche Person eine mit einer Burka verschleierte Figur anspricht und fragt, ob sie eine Taliban-Frau oder Afghanin sei. Die durch die Ganzkörperverhüllung quasi ihrer Gliedmaßen beraubte Person antwortet, sie sei ein Mann und habe Salghetti gewählt. Diese Karikatur ist auf verschiedenen Ebenen interessant: Zum einen durch die Verknüpfung von Friedensplatz-Befürwortern mit dem tagespolitisch gerade aktuellen Feindbild "Taliban / Islamismus"; zum anderen wird auf der tieferen, körperbezogenen Ebene der Verlust des symbolischen Namens "Siegesplatz" mit einer Entmännlichung und mit einem Verlust von Gliedmaßen, von körperlicher "coerenza", letztlich auch von Handlungsfähigkeit und Selbstbestimmung gleichgesetzt.

Für diese spezifische Ausprägung der "aufgeregten" Gruppenfantasie im Vorfeld der "Siegesplatz"-Volksbefragung haben wir nur auf der italienischen Seite Hinweise gefunden. Wir fassen die bisherigen Befunde der quantitativen und qualitativen Inhaltsanalysen thesenhaft zusammen:

> Die Stimmungslage in Südtirol spiegelte tendenziell vor der Bozener Volksbefragung eine überregional verbreitete, *kriegerische* Grundstimmung wider. Die Gruppenfantasien hatten jedoch in den einzelnen Ländern, Regionen und Volksgruppen unterschiedliche Nuancen. Im rechtsextremen Spektrum des italienischsprachigen Bevölkerungsteils gibt es Hinweise auf Desintegrations- und Entmännlichungsfantasien.

---

[63] deMause (2000), S. 203 ff.
[64] zur Bedeutung von Entmännlichungs- und Verweiblichungsängsten für die Politik siehe Ducat (2004).

Abb. 15: *AN a Bolzano*, Zeitung *La Vetta d'Italia*, Dez. 2001, S. 7.[65]

7. Tore und Durchgänge: Symbolische Orte universaler Regressions- und Wiedergeburtsfantasien?

Es fällt auf, dass es weltweit zahlreiche Monumente gibt, die im äußeren Erscheinungsbild dem Bozener Siegesdenkmal ähnlich sind und die ebenfalls mit nationalen und historischen Fantasien aufgeladen sind. Ein direktes Gegenstück zum faschistischen Siegesdenkmal Bozens ist auf der österreichischen Seite, in der Hauptstadt Nordtirols, das Innsbrucker Befreiungsdenkmal, wo regelmäßig Aufmärsche der rechtsgerichteten Tiroler Schützen stattfinden (Abb. 16). Zwar ist der historische Kontext der Entstehung dieses Denkmals ein ganz anderer, aber sowohl in der Form, als auch in der Funktion als Kristallisationspunkt nationaler Kulte zeigt sich eine deutliche Isomorphie. Dasselbe gilt in Deutschland für das Brandenburger Tor (Abb. 17), wo – 70 Jahre nach den spektakulären Fackelaufmärschen der Nazis – heute gelegentlich wieder (Neo-) Nazis hindurchmarschieren.[66] Eine interessante historische Einzelheit ist, dass bis 1918 nur der deutsche Kaiser das Recht hatte, den mittleren Torbogen zu durchfahren.[67] Dies war offenbar eine Art "heiliger Ort". In Form der Wagenlenkerin der Quadriga, die das Tor krönt, spielt auch beim Brandenburger Tor, wie beim Bozener Siegesdenkmal, die Siegesgöttin "Viktoria" eine Hauptrolle. Die Liste der kultischen Tore ließe sich fortsetzen, etwa um die in den meisten französischen Städten stehenden Triumphbögen mitsamt ihren antiken Vorbildern.

Näher an den vermutlichen Ursprung dieser eigenartigen Sakralisierung von Tor-Monumenten kommen wir heran, wenn wir eine Abbildung aus der schon

---

[65] Quelle: http://www.alleanzanazionale.bz.it, Website der *Alleanza Nazionale* in Südtirol/Trentino.
[66] siehe *Der Spiegel*, 26. 11. 2001, S. 15.
[67] http://www.planet-wissen.de, Wahrzeichen / Porträt Brandenburger Tor (letzter Zugriff: 20. 3. 2006).

Gruppenfantasien im Umfeld des "Siegesplatz"-Konfliktes 131

mehrfach zitierten Ausgabe der *Tiroler Schützenzeitung*, in welcher die Volksabstimmung zum "Siegesplatz" so konform mit den italienischen Rechtsextremen kommentiert wurde, heranziehen: Es zeigt – gewissermaßen als einen Ur-Prototyp all der Tore und Triumphbögen – *die Tür zur Geburtskirche in Bethlehem* (Abb. 18). Damit wird das Stichwort "Geburt" explizit genannt, und die Vermutung, dass die mit dem nationalen Kult assoziierten Tore etwas mit Regressions- und Wiedergeburtsfantasien derer, die da hindurchmarschieren (oder Kränze ablegen), zu tun haben, wird plausibler.[68]

Abb. 16: Schützen- und Soldatenaufmarsch vor dem Befreiungsdenkmal in Innsbruck (*Tiroler Schützenzeitung*, November 2002).

Abb. 17: Das Brandenburger Tor.[69]

Abb. 18: Tür zur Geburtskirche in Bethlehem (abgebildet in der *Tiroler Schützenzeitung* auf derselben Seite wie der Beitrag von Otto Scrinzi, s.o.)

---

[68] zur kollektiven Regression in gefühlte Geburts- und vorgeburtliche Zustände, insbesondere im Zusammenhang mit Krieg, siehe auch deMause (2000).
[69] Quelle: Wikipedia, http://de.wikipedia.org/wiki/Bild:2006-09-19_Berlin_Brandenburger_Tor.jpg (letzter Zugriff: 20. 2. 2007).

Was hat dies mit der Fragilität des italienischen Nationalbewusstseins, mit der Suche nach "Kohärenz" und mit den Ängsten vor Entmännlichung zu tun? *Initiationsrituale* dienen bei vielen Stammeskulturen einer Herstellung und Bestätigung von Männlichkeit (der adoleszenten Initianden) durch eine symbolische Wiedergeburt.[70] Auch bei militärischen Aufmärschen an Siegesdenkmälern spielt die Bestätigung eines offenbar als fragil erfahrenen Männlichkeitsgefühls und, allgemeiner, einer bedrohten kollektiven Identität eine Rolle. Ist es also ein Zufall, dass solche Aufmärsche bevorzugt an Orten stattfinden, die eine Geburtssymbolik beinhalten? Tatsächlich wird ja bei derartigen Anlässen gern und oft auch an Mythen der *nationalen* (Wieder-) Geburt erinnert. – Bei Mario Erdheim finden wir die These, dass Initiationsrituale eigentlich dem Schutz vor der potenziell kulturverändernden Kraft der Adoleszenz, also der Abschirmung gegen Veränderung dienen.[71] Es ist demnach durchaus schlüssig, dass – übertragen auf die heutige Zeit – der Kult um Torbögen und Siegesdenkmäler gerade in denjenigen Teilen des politischen Spektrums am stärksten virulent ist, wo der größte Widerstand gegen gesellschaftliche Veränderung und emanzipative Prozesse vorherrscht.

Wir fassen diese Überlegungen wieder thesenhaft zusammen:

> Die Fantasien beider Antagonisten (d.h. hier: der extremen Rechten beider Seiten) sind sich strukturell ähnlich. Es liegen komplementäre Abspaltungs- und Projektionsphänomene vor, und beide Seiten regredieren in "Tordurchgangs-"/Geburtsfantasien, wodurch schwache Identitäten stabilisiert und Veränderungen abgewehrt werden sollen.

8. Schlussfolgerungen

Die Auseinandersetzung um den Namen "Siegesplatz" liefert ein Beispiel für die emotionale "Sprengkraft" von Symbolen, wie sie auch in vielen anderen Fällen deutlich wird – besonders auffällig zum Beispiel im letzten Jahr bei den weltweiten Ausschreitungen nach der Veröffentlichung von Mohammed-Karikaturen in Dänemark. In diesem Fall, wie auch im Falle des "Siegesplatzes", musste sich die Aufgeregtheit in den beteiligten Bevölkerungsteilen erst aufbauen. Dabei spielte die eine Konfliktpartei der anderen durch provokative Aktionen und Medienbotschaften quasi die Bälle zu. Es sind aber nicht nur die Extremisten beider Seiten, die für diese Dynamik verantwortlich sind. Das Ergebnis der Volksbefragung in Bozen hat gezeigt, dass auch ein großer Teil der eigentlich gemäßigten Bürgerinnen und Bürger von irrationalen Stimmungen erfasst werden kann. Ängste um die eigene, als prekär erlebte Identität, Ängste vor dem bedrohlich wirkenden "Anderen", Gefährdungen des Selbstwertgefühls sind offenbar weit verbreitet und können Ergebnis individueller, früher traumatischer Erfahrungen wie auch kollektiver, aktuell erfahrener ökonomischer und sozialer Umstrukturierungsprozesse sein. Auch die globale politische Lage spielt, wie wir gesehen haben, eine Rolle. In einer symbolisch aufgeladenen Kontroverse wie derjenigen um die Benennung des "Siegesplatzes" bieten

---

[70] siehe etwa Eliade (1988).
[71] siehe Adler (1993), S. 146 f.

sich die politischen Akteure als Delegierte an, die die Emotionen der eigenen Gruppe bündeln, auf einen griffigen Nenner bringen und durch die Projektion auf die jeweiligen "Feinde" die an sich selbst gespürten Unsicherheiten quasi neutralisieren und durch Auftrumpfen ("Sieg") großspurig überspielen. Zusammengefasst als These:

> Die rechten Parteien beider Seiten bündeln jeweils die teilweise unbewussten Ängste und Ressentiments der aufeinander bezogenen Gruppen und agieren deren destruktive Fantasien aus. Sie fungieren *zugleich* als Scharfmacher und als Delegierte.

Die Medien wirken dabei als Vermittler der Stimmungen und Emotionen – und zwar in beide Richtungen, von der Masse zu den Delegierten und umgekehrt. Zwar verschärfen die extremistischen Agitatoren die Stimmung und sind auch in der Lage, die Medien zu manipulieren. Andererseits greifen sie aber auch diejenigen Themen und Stimmungslagen auf, die gerade "populär" sind, um davon selbst zu profitieren. Die sich daraus ergebende Dynamik der Medienbotschaften ist vermutlich für das "zyklenhafte" Auftreten aufgeregter Stimmungslagen verantwortlich und ist für eine psychohistorische Medientheorie von zentraler Bedeutung.[72] Zur Verdeutlichung und Vertiefung – und weil es für die von uns beobachtete Einbettung lokaler in globale Gruppenstimmungen relevant ist – zitieren wir hier eine längere Passage aus den Kommentaren von Peter Krieg zu seinem Dokumentarfilm "Vaters Land" über den Mythos der Nation:

> "Die *Oszillation*, also die Schwingung von Körpern, die von den kleinsten Teilchen der Materie bis in den menschlichen Herzmuskel beobachtbar ist, liefert vielleicht auch den Schlüssel für die Übertragung von individuellen Phänomenen auf die Gruppe, das Kollektiv: Zwei Penduluhren, an eine Holzwand gehängt, bewegen nach einiger Zeit ihre Pendel synchron zueinander. [...] Auch die menschliche Psyche 'oszilliert' offensichtlich um die Attraktoren Angst und Wunsch. Die *Kommunikation* ist dabei das Medium, das die individuellen Schwingungen auf die Gruppen überträgt und eine spürbare Synchronität entstehen lässt, die wir als 'Stimmung', 'Zeitgeist', oder 'Klima' registrieren. Unter Kommunikation verstehe ich hier alle Elemente menschlichen Gedankenaustauschs, von der individuellen bis zur Massenkommunikation. Je umfassender diese Kommunikation ist, desto ausgedehnter auch der Synchronisationseffekt: Im Zeitalter der weltumspannenden Kommunikation mithilfe von Satelliten und Fernsehen können wir beobachten, wie nicht nur ganze Völker und Kontinente, sondern ganze 'Blöcke', ja, sicher bald der ganze Planet in synchrone 'Stimmungen' gerät. Diese Synchronisation kann also offensichtlich auch die vorherrschenden Identifikationskollektive transzendieren."[73]

---

[72] vgl. auch Kurth (2004), S. 168 ff.
[73] Krieg (1990), S. 83 f.; Hervorhebungen nicht im Original.

9. Methodische Bemerkungen und Ausblick

Aus den obigen Ausführungen ergibt sich, dass ein Sich-Aufschaukeln möglicherweise "kritischer" Stimmungen anhand einer Analyse von Medienbotschaften erkennbar sein sollte. Ein Fernziel wäre eine Art "Frühwarnsystem" zur Vorbeugung politischer, ethnischer oder religiöser Krisen. Die Inhaltsanalyse spielt dabei insofern eine wichtige Rolle, als sie die Auswertung einer großen Zahl von Dokumenten in kurzer Zeit erlaubt. Da die globalen Informationsströme immer stärker anwachsen, stellt allein die Menge des zu analysierenden Materials eine Herausforderung dar. (In unserem Fall haben wir uns ja auf einen – sehr kleinen – Teil der Pressemeldungen und Internetseiten aus dem zu untersuchendem Zeitraum beschränkt; die – vermutlich noch viel wirkmächtigeren – Inhalte von Fernseh- und Radiosendungen haben wir gänzlich ignoriert.)

Die traditionellen Formen der Inhaltsanalyse haben einen aufwändigen "Vercodungsprozess" erfordert, um vom Printmaterial erst einmal zu auswertbaren Einheiten zu kommen. Glücklicherweise hat nun der technische Fortschritt, der die Informationsflüsse so vergrößert hat, auch Mittel zum einfacheren digitalen Zugriff auf Medieninhalte hervorgebracht. Insbesondere ist in den letzten 10 Jahren das World Wide Web zu einer globalen Informationsquelle geworden, deren Potenzial von der sozialwissenschaftlichen Inhaltsanalyse offenbar noch nicht annähernd erfasst und gewürdigt worden ist. Es gibt bislang nur sehr wenige Arbeiten, die sich mit der (teil-) automatischen inhaltsanalytischen Auswertung von Webseiten befassen[74], und die vorhandenen Arbeiten beschränken sich oft auf Fragen des Marketings oder der produktbezogenen Marktforschung. Hier könnte noch viel geleistet werden, um mit modernen Werkzeugen gezielt das Internet als neue Quelle für die psychohistorische Inhaltsanalyse und Gruppenfantasieanalyse auszunutzen – sowohl für globale als auch, wie in unserem Fall, regionale Analysen. Eine einfache Schlagwortsuche mit Web-Suchmaschinen wie "Google" kann allerdings in der Regel nicht die Anforderungen solcher Analysen an Strukturiertheit, Genauigkeit und Reproduzierbarkeit erfüllen. Vielversprechender ist die Entwicklung spezieller Werkzeuge für die Auswertung von vorstrukturierten Textkorpora innerhalb des WWW; zu letzteren zählen insbesondere:

- Archive von Webseiten und von Online-Ausgaben von Zeitungen, Zeitschriften und TV-Magazinen,
- vollständige Zeitungsarchive online, wie wir sie teilweise in unserer Studie genutzt haben,
- das Internetarchiv www.archive.org/web/web.php (welches das Web allerdings unvollständig und zeitlich inhomogen erfasst),
- Internet-Tagebücher, sogenannte Weblogs (Blogs), die in den letzten Jahren ein rasantes Wachstum verzeichnen und als neues, partizipatives Basismedium gelten[75];

---

[74] Klein (o.J.).

[75] vgl. von Randow (2006).

darüberhinaus wären längerfristig auch nicht-textuelle Quellen einzubeziehen, wie etwa

- Bilddaten, die teilweise in Datenbanken vorstrukturiert vorliegen,
- Videodateien (z.B. auf www.youtube.com) und Filme,
- Internet-Radio- und Fernsehsendungen (Podcasts).

Diese zuletzt genannten Quellen erfordern allerdings technisch wesentlich aufwändigere Auswertungsverfahren als diejenigen, die wir hier angewandt haben. Es sei noch einmal betont, dass die im Rahmen unserer Studie angewandten inhaltsanalytischen Methoden nur einen allerersten, theoretisch und statistisch noch sehr schwach fundierten Ansatz darstellen, um Masseninformationen um ein bestimmtes, lokales politisches Ereignis herum auszuwerten. Es sollte auch deutlich geworden sein, dass für aussagekräftige Ergebnisse unbedingt eine Kombination dieser quantitativen Methoden mit detaillierten, auf Hintergrundwissen beruhenden qualitativen Auswertungen erforderlich ist.

Danksagung

Dank gilt den Studierenden Daniela Geike, Michael Büttner, Alexander Schulze, Marco Ulbrich ("INSANE") und Daniel Dräger, Martin Fischer, Daniel Paschke, Mike Passberg ("SPICE") für das Programmieren von Software zur automatisierten Auswertung von Internet-Zeitungsarchiven im Softwarepraktikum im Rahmen ihres Studiums der Informatik bzw. der Informations- und Medientechnik.

Literaturangaben

Adler, Matthias (1993): Ethnopsychoanalyse. Das Unbewusste in Wissenschaft und Kultur (Schattauer, Stuttgart / New York 1993).

Atz, Hermann (2003): Das Referendum zum "Friedensplatz" in Bozen und seine Auswirkungen auf die Landtagswahlen 2003 in Südtirol. *In:* Filzmaier, Peter / Plaikner, Peter / Cherubini, Isabella / Pallaver, Günther (Hg.): *Jahrbuch für Politik:* Tirol und Südtirol 2003. La politica in Tirolo e in Sudtirolo 2003 (Athesia, Bolzano/Bozen 2004), 220-227.

Bartoli, Domenico (1959): Rifiutano ciò che offriamo, e ciò che vogliono è assurdo. *Corriere della Sera*, 25. 10. 1959.

Baur, Siegfried / von Guggenberg, Irma / Larcher, Dietmar (1998): Zwischen Herkunft und Zukunft. Südtirol im Spannungsfeld zwischen ethnischer und postnationaler Gesellschaftsstruktur (Alpha & Beta, Merano/Meran 1998).

Berghold, Josef (1997): Italien-Austria. Von der Erbfeindschaft zur europäischen Öffnung (Eichbauer, Wien 1997).

Berghold, Josef (2005): Feindbilder und Verständigung. Grundfragen der politischen Psychologie (Verlag für Sozialwissenschaften, Wiesbaden 2005).

Bonfadelli, Heinz (2004): Medienwirkungsforschung I. Grundlagen (3. Aufl., UTB, UVK Verlagsges., Konstanz 2004).

Comina, Francesco (2002): A chi la Vittoria? *Confronti. Mensile di fede, politica, vita quotidiana,* 11 / 2002.

deMause, Lloyd (2000): Was ist Psychohistorie? Eine Grundlegung (Psychosozial-Verlag, Gießen 2000).

Destra.it (2002): Costruire l'Europa, conservare la memoria. *Destra.it. La rivista telematica della Destra Italiana,* 1.10.2002, www.destra.it/html2/articoli.php?id=349.

Ducat, Stephen J. (2004): The Wimp Factor. Gender gaps, holy wars, and the politics of anxious masculinity (Beacon Press, Boston 2004).

Eliade, Mircea (1988): Das Mysterium der Wiedergeburt. Versuch über einige Initiationstypen (Insel, Frankfurt/M. 1988, engl. Original: Birth and Rebirth, 1958).

Früh, Werner (1981): Inhaltsanalyse. (Verlag Ölschläger, München 1981).

Furlani, Silvio / Wandruszka, Adam (1973): Österreich und Italien. Ein bilaterales Geschichtsbuch (Jugend & Volk, Wien / München 1973).

Gatterer, Claus (1981): Über die Schwierigkeit, heute Südtiroler zu sein. Rede anlässlich der Verleihung des Südtiroler Pressepreises, gehalten am 31. 1. 1981 (Selbstverlag Kontaktkomitee für's Andere Tirol, o.O. 1981). *Auch in:* Ders.: Aufsätze und Reden (Raetia, Bolzano/Bozen 1991), 311-326.

Gatterer, Claus (1991): Alcide Degasperi. *In:* Ders: Aufsätze und Reden (Raetia, Bolzano/Bozen 1991), 187-205.

Gottschalk, Louis A. (1979a): Quantification and psychological indicators of emotions: The content analysis of speech and other objective measures of psychological states. *In:* ders.: The Content Analysis of Verbal Behavior. Further Studies (SP / Wiley, New York etc. 1979), 541-564.

Gottschalk, Louis A. (1979b): A hope scale applicable to verbal samples. *In:* ders.: The Content Analysis of Verbal Behavior. Further Studies (SP / Wiley, New York etc. 1979), 1-7.

Gojyo, Sha (2002): Pensieri di Storia: Storia di una piazza, Storia di un popolo. *Ultima Thule,* 21. 10. 2002, www.ultimathule.it/modules.php?name=News&file=article&sid=47.

Gruber, Alfons (2002): 75 Jahre Siegesdenkmal in Bozen. Siegesplatz – Friedensplatz – Siegesplatz. *Südtirol in Wort und Bild,* Jg. 46/4 (2002), 24-27.

Klein, Harald (o.J.): Inhaltsanalyse von Webseiten: Probleme und Lösungsansätze. http://www.gor.de/gor99/tband99/pdfs/i_p/klein.pdf (letzter Zugriff: 20. 2. 2007).

Klingemann, Hans-Dieter (Hg., 1984): Computerunterstützte Inhaltsanalyse in der empirischen Sozialforschung. (Campus Verlag, Frankfurt a.M. / New York 1984).

Krieg, Peter (1990): Vaters Land. Mythen der Moderne 1. Buch zum Film (Zweitausendeins, Frankfurt/ M. 1990).

Kurth, Winfried (2004): Stimmungen und Gruppenfantasien in 2002 und 2003 – die ambivalente Haltung der Deutschen zum Irak-Krieg. *In:* Janus, Lutz / Kurth, Winfried (Hg.): Psychohistorie und Politik. *Jahrbuch für Psychohistorische Forschung* 4 (2003) (Mattes Verlag, Heidelberg 2004), 131-173.

Maas, Andrea (2005): Ein Vergleich "Referendum Friedensplatz - Siegesplatz" aus dem Blickpunkt der Südtiroler Tageszeitungen *Dolomiten, Neue Südtiroler Tageszeitung, Alto Adige* und *Il Mattino.* Diplomarbeit, Universität Innsbruck, Institut für Politikwissenschaft, Innsbruck 2005 (112 S.).

Mohler, Peter Ph. / Züll, Cornelia / Geis, Alfons (1989): Die Zukunft der computerunterstützten Inhaltsanalyse (cui). *ZUMA Newsletter* Nr. 25 (Nov. 1989), Mannheim, 39-46.

Nardiello, Vincenzo (2002): Siamo il partito degli italiani e difendiamo tutti gli italiani. *Destra.it. La rivista telematica della Destra Italiana,* 9. 11. 2002, www.destra.it/html2/articoli.php?id=399.

Oberkofler, Gertrud Maria (2003): Referendum: Umbenennung von Friedensplatz in Siegesplatz am 6. Oktober 2002 in Bozen. Hausarbeit im Seminar "Unbewusste Dimensionen in aktuellen öffentlichen Auseinandersetzungen" (Leitung: Josef Berghold), Wintersem. 2002/03 an der Universität Innsbruck (9 S.).

Peterlini, Hans Karl (2003): Wir Kinder der Südtirol-Autonomie. Ein Land zwischen ethnischer Verwirrung und verordnetem Aufbruch (Folio, Wien 2003).

Rössler, Patrick (2005): Inhaltsanalyse. (UTB basics, UVK Verlagsges., Konstanz 2005).

Rusinow, Dennison I. (1969): Italy's Austrian Heritage, 1919-1945 (Clarendon Press, Oxford 1969).

Schöfer, Gert (Hg., 1980): Gottschalk-Gleser Sprachinhaltsanalyse. (Beltz, Weinheim / Basel 1980).

Tolz, Robert D. (1979): Paranoia and the politics of inflammatory rhetoric. In: Gottschalk, Louis A.: The Content Analysis of Verbal Behavior. Further Studies (SP / Wiley, New York etc. 1979), 953-977.

Urthaler, Anton (1991): Ich-Identität und Ethnizität am Beispiel Südtirol (Diplomarbeit, Univ. Salzburg 1991).

von Randow, Gero (2006): Es bloggen die Blogger im rauschenden Netz. *Die Zeit*, 9. 3. 2006, S. 43.

Weber, Robert Philip (1990): Basic Content Analysis. (Second Ed., Sage Publications, Newsbury Park etc. 1990).

Zendron, Alessandra (2002): Lettera dal Sudtirolo – Cinquanta per cento. *Questo Trentino* (Internetausgabe), 13/2002; http://www.questotrentino.it/2002/13/Sudtorolo_censimento.htm (letzter Zugriff 28. 2. 2006).

Anhang

Originaltexte rechtsextremer italienischer Kommentatoren zur "Friedensplatz/Siegesplatz"-Kontroverse

Sha Gojyo: Pensieri di Storia: Storia di una piazza, Storia di un popolo (Gojyo 2002)

21 dicembre 2001. Una data che rimarrà inevitabilmente nella memoria dell'intera città di Bolzano. Il sindaco Giovanni Salghetti Drioli (sostenuto da una maggioranza di centro sinistra alle elezioni comunali), d'accordo con la giunta e il consiglio comunale cambiano il nome di "Piazza della Vittoria" in "Piazza della pace" senza coinvolgere i cittadini e turbando gran parte dell'opinione pubblica locale.
Con questa sua scellerata decisione, il sindaco infanga la memoria di coloro che durante la prima guerra mondiale persero la vita per ripristinare e per difendere i confini della patria, nella speranza di unificare tutti gli italiani in un unico territorio, anche coloro che erano oppressi da dominazioni straniere.
Il monumento della Vittoria, edificato durante il periodo fascista in memoria dei caduti, é stato a lungo vittima di attentati da parte dei separatisti altoatesini durante gli anni '60. Nonostante le bombe il monumento non cadde mai, ma fu necessario circondarlo con una cancellata di ferro. A questi stessi separatisti ora, in molte valli dell'Alto Adige, sono dedicate vie e piazze... Con il passare degli anni il monumento non fu più motivo di contestazioni, tanto da essere diventato il principale punto di ritrovo di Bolzano per i giovani di lingua italiana cosi come per quelli di lingua tedesca.
Ciò nonostante, l'opportunismo politico del sindaco Salghetti ha avuto la meglio. Dietro a false motivazioni ideologiche di esaltazione della pace si nascondeva l'intenzione del sindaco di guadagnarsi le simpatie della SVP (Suedtiroler Volkspartei), l'attuale partito di maggioranza, e dei cittadini di lingua tedesca.
A difendere l'italianità della regione, Alleanza Nazionale e il suo maggiore esponente Giorgio Holzmann si sono duramente opposti all'inopportuna manovra del sindaco e si sono impegnati in una raccolta di firme affinché venisse concessa ai cittadini l'opportunità di scegliere attraverso un referendum consultivo. Il referendum viene concesso, e da qui inizia la vera battaglia. Una battaglia fatta di volantini, cortei, persino di lettere recapitate ai cittadini.
Già...il sindaco e il vicesindaco si lanciano in un epidittico a favore della Pace, condannando i nazionalismi e rivangando in modo estremamente inopportuno episodi di oltre mezzo secolo fa, pur di accaparrarsi un voto.
Ma non solo. Assieme alla coalizione politica dei "Verdi" il sindaco organizza il "Pullman della Pace", un automezzo tappezzato di bandiere arcobaleno con la scritta "Pace", a bordo del quale gira per le strade di tutta Bolzano con il suo entourage...venendo ricoperto di insulti di ogni genere.
Alleanza Nazionale vanta invece l'intervento, in una gremitissima Piazza Walther, di Ignazio La Russa e del vicepremier Gianfranco Fini, che, in difesa del popolo italiano e della sua storia, condanna l'inopportuna scelta di Salghetti di contrapporre alla vittoria della grande guerra un valore universalmente condiviso come quello della pace.

All'improvviso Bolzano, città non certo abituata ai riflettori, si rende conto di essere diventata un caso nazionale, al punto che diverse emittenti televisive nazionali trasmettono degli speciali sulla "Piazza della Discordia". I cittadini di Bolzano vengono chiamati alle urne per decidere non solo il destino della Piazza, ma anche di una convivenza che si é incrinata paradossalmente a causa del sindaco.
Domenica 6 ottobre, il giorno della votazione, 50.000 cittadini si recano alle urne per votare (2.000 cittadini in più rispetto alle elezioni comunali che videro trionfare Salghetti Drioli). In tarda serata l'annuncio ufficiale: la vittoria del "SI", la fazione favorevole al ripristino della denominazione originaria di "Piazza della Vittoria", é schiacciante. Il distacco é di oltre 24 punti percentuali.
Non si é trattato soltanto di una vittoria dei cittadini italiani, si é trattato di una vittoria nel segno del rispetto della storia, del rispetto nei confronti degli eroi che hanno combattuto per la nostra patria.
Al sindaco Salghetti che nella sua lettera ha scritto "La storia non si cancella, ma esaltiamo la pace e non la guerra", Bolzano ha risposto unita con un "Nulla può sostituire la vittoria".

Costruire l'Europa, conservare la memoria (Destra.it 2002)

Fini in campo per tutelare piazza della Vittoria

Si avvia alla conclusione la campagna politica in vista del referendum consultivo che si terrà domenica a Bolzano sul mantenimento del nome di piazza della Pace o sul ripristino del nome piazza Vittoria. Proprio sulla stessa piazza, dove sorge il monumento alla Vittoria nella Prima guerra mondiale, terrà un comizio il leader di An e vicepresidente del Consiglio, on. Fini.
Il cambio di nome e' stato deciso e realizzato nei mesi scorsi dalla giunta di centrosinistra-SVP con il sindaco Giovanni Salghetti-Drioli: la Vittoria celebra il passaggio dell'Alto Adige dall'Austria all'Italia e il monumento è considerato come una offesa dalla Svp e da gran parte della popolazione di lingua tedesca. Un comitato sostenuto da AN e da tutto il centrodestra ha organizzato invece il referendum chiedendo il ripristino del vecchio nome considerato come una parte importante della identità italiana in Alto Adige, con il rischio – smentito dai dirigenti SVP – che in futuro vi siano richieste di cambiare altri nomi di strade o piazze.
Contro l'arrivo di Fini si sono schierati vari partiti e dirigenti della Svp che in questa settimana si sono mobilitati in favore del no. Anche FI, schieratasi con il si dopo che il ministro Frattini aveva tentato una mediazione per evitare il referendum, ha annunciato che nei prossimi giorni saranno probabilmente a Bolzano alcuni ministri.

Vincenzo Nardiello: Siamo il partito degli italiani e difendiamo tutti gli italiani (Nardiello 2002)

"Cittadini, non toccate neppure una pietra, proteggete i monumenti, i vecchi palazzi... Tutto ciò è la vostra storia, il vostro orgoglio". Non era certo ai No global che pensava Lenin parlando al popolo russo nel 1918. E non è di questo che vogliamo parlare noi, ma della Patria e del nuovo rapporto che, a detta di tutti, si starebbe instaurando tra gli italiani e la loro memoria storica. Il 4 novembre il Presidente Ciampi, rilanciando questi temi, ha affermato di sentire che finalmente gli italiani sono uniti nella condivisione della loro storia, che ormai sono più le cose che ci uniscono che quelle che ci dividono. La seconda e la terza carica dello Stato, inoltre, hanno idealmente reso omaggio a quei 600mila italiani che caddero per celebrare l'apoteosi dell'unità nazionale che fu la Prima guerra mondiale. Squilli di fanfare e discorsi solenni hanno contrassegnato una giornata che, comunque, resta declassata ad un qualsiasi giorno feriale. Tutti, a destra a sinistra, si sono affrettati ad applaudire le parole del Presidente, facendo finta di dimenticare quanto accaduto appena un paio di mesi fa a Bolzano.
Che cosa è successo? Si è svolto un referendum, promosso da An, perché alla sinistra era venuta la bislacca idea di fiancheggiare i sudtirolesi nella battaglia per la rimozione della targa dalla piazza che celebra la Vittoria. Coerenza vuole che si ricordi la totale assenza delle massime cariche dello Stato al cospetto di un affronto alla storia d'Italia, all'Unità d'Italia, agli italiani vivi e a quelli morti, alla nostra dignità nazionale; una cosa che sarebbe stata ed è inconcepibile in qualunque paese democratico che abbia un minimo di dignità per se stesso e rispetto per la propria storia. Solo An, con l'appoggio timido – salvo lodevoli eccezioni personali – degli alleati di governo, si è impegnata a fondo affinché venisse ripristinata la targa originaria al posto di quella di "Piazza della pace" imposta dalla sinistra (a proposito: è stato fatto? È stato dato seguito alla volontà popolare? Il silenzio dei media è imbarazzante). È davvero stupefacente, allora, come una parte dell'Italia passi dalla totale e cinica indifferenza su un fatto così importante come il tentativo di rimuovere il simbolo (e con esso la memoria, perché i simboli servono proprio a preservare la memoria) della Vittoria del '18, al goffo tentativo di appropriarsi di un tema, quello dell'identità nazionale, nella speranza di strapparne la bandiera a destra in vista di futuri e sperati successi elettorali. Coerenza avrebbe voluto che chi ha applaudito alle celebrazioni del 4 novembre avesse avuto il coraggio e la risolutezza di appoggiare apertamente il referendum promosso da An per ripristinare il simbolo dell'italianità. La stessa coerenza, poi, imporrebbe di ricordare che i comunisti italiani – e con essi l'intero Cln – avrebbero volentieri rinunciato a quelle terre frutto della Vittoria conquistata con il sangue dei nostri soldati allorché, negli anni a cavallo del 1945, furono a un soffio dal consegnarle alla Jugoslavia del dittatore comunista Tito. Ormai non c'è occasione pubblica in cui non rieccheggi il motto presidenziale della "storia condivisa". Ci sia consentito di dubitare della possibilità di condividere una storia che è stata raccontata solo a metà, che è stata tramandata in maniera faziosa, dalla quale sono migliaia di pagine che mancano, centinaia i fatti cancellati, negati e rimossi. La condivisione potrà venire soltanto dopo una grande operazione di verità. Senza ipocrisie e senza più buchi neri.

Bernhard Wegener

Die mythischen Begründungen der Nationen

Albert Schweitzer[1] beklagte 1921, dass die Geschichtsbücher für den Schulgebrauch Pflegestätten der Geschichtslügen waren: "Dieser Missbrauch der Geschichte ist für uns Notwendigkeit. Die Ideen und Gesinnungen, die uns beherrschen, lassen sich nicht aus der Vernunft begründen". Die Nation im Blick soll im Folgenden aufgezeigt werden, dass der Begriff der Nation im Konnex mit dem der Herrschaft/der Herrscher steht. Die Herrscher präsentier(t)en sich wie Stammesväter oder Väter einer Sippe/Großfamilie und die Nationen, Völker wurden zu Kindern (vgl. in der Bibel "Kinder Israels", die Reden vieler Könige "An mein Volk..." u. ä.). Wir sind damit in eine doppelte Komplikation involviert, betreffend die objektiven und subjektiven Seiten der geschichtlichen Personen und der Betrachter.[2]

Sakralität der Herrschaft und der Herrscher

Einem assyrischen Vorbilde folgend, befand sich am Schatzhaus in Persepolis ein Relief, das Xerxes thronend darstellt. In der Mitte wird der thronende Großkönig mit Zepter und Lotosblüte als Insignien gesehen. Als Kopfbedeckung trägt er eine hohe, zylindrische Mütze.[3]

Das persische Reich ist ein Beispiel, dass mehrere Nationen unter dem jeweiligen Großkönig vereinigt wurden. Es wurden Legenden um die Güte des Herrschers (schon bei Artaxerxes und Artaxerxes II) entworfen und ein Ritual der Geschenke an den Großkönig von den jeweiligen Städten und Nationen[4]. Kyros II nahm den Titel "König der Länder" an[5]. Ließen die Vorgänger des Xerxes die Religionen anderer Nationen bestehen, stürzte jener deren Nationalgötter[6], was besagt, dass die Herrschaft den Fremdreligionen und den Nationen überlegen war. Die Macht der Kaiser wurde teils durch Abstammung, teils mythisch begründet. Die mythische

---

[1] Schweitzer (1923), S. 28/29.
[2] Die Mischung aus objektiven Gründen und subjektiven, persönlichen Anteilen in der Wissenschaft kann bis in die Gegenwart aufgezeigt werden. Erinnert sei an die Missachtung, die der Kritik J. Wolffs entgegengebracht wurde, der sich dagegen wandte, die Judenverfolgung als religiöses Schicksal zu interpretieren. J. Fest erwähnt Wolff an keiner Stelle in seinem Buch. Einige Interpreten vertraten, dass Neid eine Rolle spielte, weil Wolff von den Alliierten Zugang zu deren Archiven erhielt. Andere meinten, weil er kein studierter Historiker war, sei dessen Ansicht als obsolet anzusehen. Im psychohistorischen Sinne ist die Neigung der Historiker zum Konservatismus von Interesse.
[3] Gabelmann (1984), S. 8.
[4] Wiesehöfer (2005), S. 67.
[5] Wiesehöfer (2005), S. 71. Die Herrschaft nach innen kann noch durch Herkunft, Volkszugehörigkeit usw. erklärt werden. Wurde diese natürliche Basis des patriarchalischen Anspruchs überschritten, musste eine Begründung aus einer Vorstellung eines "Übervaters" (= Gott) hergeleitet werden.
[6] Wiesehöfer (2005), S. 78 f.

Begründung war ein bedeutendes Legitimationsmittel. Ein Beispiel aus dem Achaimenidenreich: "Es kündet Dareios der König: Durch den Willen Auramazdas bin ich König, Auramazda hat mir das Reich verliehen". Auramazda war der Hauptgott.[7] Der Großkönig thronte überhöht, war sakral.[8] Der Mythos fand seinen Ausdruck in einem Kultus.[9]

Die Landnahmen, wurde behauptet, beruhen auf göttlicher Verheißung, denn das vorausgesetzte göttliche Recht entzog anderen Ansprüchen jegliche Basis.[10] Den Phasen der Landnahmen folgten Phasen der Festigung und der Erschütterung der Reiche. Auch hier werden mythische Traditionen rezipiert und mit Helden, Halbgöttern, Göttern verknüpft. Ein immer wiederkehrendes Thema der Macht- oder Staatssicherung ist der Zweikampf, wie wir ihn bereits von David und Goliath kennen.[11]

Rom verstand sich als Friedensstifter unter den Nationen, die unter Roms Herrschaft vereinigt waren. Im römischen Staat konnten Angehörige anderer Völker Bürger werden (*pax romana*). Auch Roms Herrschaft über die Nationen wird durch göttliche Berufung begründet[12], und die Kaiser wurden göttlich.

Überhöhungen der Herrscher ins Mythische finden sich auch in anderen Kulturen. So wurde, obschon die Lebensführung nicht zweifellos religiösen Vorschriften entsprach, Muhammad bei al-Hanfiyya von seinen Anhängern angedichtet, er sei nicht gestorben, sondern lebe entrückt in den Radwa-Hügeln nahe Medina und werde am Ende der Zeiten als Mahdi (hier im Sinne von charismatischer Führer) erscheinen.[13] Herrschaftsansprüche über andere Länder in Verbindung mit eines Sakralisierung des Herrschers sind aus dem Islam bekannt[14], aus Süd-Indien[15], Japan[16] und vielen anderen Regionen.

Eine entsprechende Entwicklung gab es auch im Europa des Mittelalters. Bei den Merowingern galt noch, dass Könige, wenn sie abgesetzt wurden, zu Klerikern

---

[7] Wiesehöfer (2005), S. 89.

[8] Sehr ähnliche Formulierungen finden sich bei Thutmosis III zu den eroberten Ländern: "Mein Vater hat sie mir gegeben, Amon-Re, der Herr der Throne beider Länder, der tüchtige Gott..." Nach Topitsch (1969), S. 39, Fußnote. Die verschiedenen Typen des sakralen Königtums sollen an dieser Stelle nicht weiter berücksichtigt werden (vgl. W. von Soden: Stichwort *Königtum, sakrales* im RGG, Galling 2000, Bd. 3, S. 1713 f). Seit dieser Zeit gibt es in Darstellungen die Proskynese vor dem König. Gabelmann (1984), S. 15. u. ö.

[9] Schmidbauer (1999), S. 30-32.

[10] 1. Mose 12; 1. Mose 26,24; 3. Mose 18,1-4 u. ö. Die Landverheißung Israels ist ein Mythos. Uffenheimer (1987), S. 206 f.

[11] Bei Pseudo-Fredegar wird berichtet, dass der byzantinische Kaiser Heraklius den militärisch überlegenen Kaiser der Perser zum Zweikampf forderte, der einen Stärkeren, als er es war, schickte, der Byzantiner diesen bezwang, in der Gegenüberstellung dem Perserkaiser den Kopf abschlug, worauf dessen Heer flüchtete. Althoff (1988), S. 303. In einigen Erzählungen gehen solche Darstellungen ins Anekdotische, aber auch jene hatten die Aufgabe, bestimmte Personen und Geschehnisse in ihrer Bedeutung hervorzuheben.

[12] Straub (1986), S. 44 f.

[13] Krämer (2005), S. 50.

[14] Krämer (2005), S. 10.

[15] Dirks (1992), S. 40/41.

[16] Eisenstadt (1992), S. 237 f.

Die mythischen Begründungen der Nationen 141

gemacht wurden. Im Ordo Cencius II findet sich die von der sog. Konstantinischen Schenkung abgeleitete Formulierung, dass der Papst den König in der Sakristei zum Kleriker machen solle. Zu Heinrich VI wird in einer Urkunde von 1196 erwähnt: ubi nos fraternitatem et canonicam habemus, und Friedrich I kann man als Kanoniker von St. Peter sehen. Damit hat der König einen sakralen Charakter erhalten[17]. Das Liber Pontificalis berichtet, dass Karl dem Großen bei der Krönung von Klerus und Volk von Rom zugerufen wurde: "Karolo, piissimo Augusto a Deo coronato, magno et pacifico imperatore, vita et victoria".[18] Diese Herleitung von göttlicher Gnade wird als rechtliche Grundlage verstanden.[19]

Die Kaiser waren seit dem 12. Jahrhundert zu schwach, um eine Einheit im Reiche herzustellen. In vielen Teilen des Reiches sprach man nicht deutsch, und die verschiedenen Völkerstämme, Sprachzweige, Verfassungen strebten gegeneinander.[20] Im 13. Jahrhundert gab es eine epochale Umstrukturierung vom christlich-feudalen orbis christianus zu einer nationalen, territorialen und rationalen Staatspolitik der aufstrebenden Großmächte. Ludwig VIII (+ 1226) berief sich auf das Erbe Karls des Großen, und ein neuer Königsmythos wurde etabliert. Heinrich VI und Karl I von Anjou strebten ein imperium mundi an, was ihnen die Bezeichnung als Phantasten einbrachte. Karl strebte mit Berufung auf die Nachfolge Karls des Großen an, "princeps et monarcha totius Europae" zu sein.[21] Das Bestreben, das sakrale Königtum zu festigen, wurde von staatstreuen Geistlichen unterstützt, so nannte Fulbert von Chartre seinen König "Heiligkeit" usw.[22] Es waren dies vor allem Traditionen, die in Frankreich und England[23] an Bedeutung zunahmen. Das Königtum wurde von den Herrschern gerne als eine Institution des göttlichen Rechts aufgefasst.[24] In Frankreich wurde eine mythenhafte Legende aufgebaut, die zu einer Praxis führte, dass der König Kranke durch Berührung von den Skrofeln heilen konnte.[25] Der ins

---

[17] Fuhrmann (1984), S. 324.

[18] In der Fassung A der *Divisio regnorum* vom 6. 2. 806 (S. 41) heißt es: Imperator Caesar Karolus rex Francorum invictissimus et Romani rector imperii pius felix victor ac triumphator semper augustus omnibus fidelibus sanctae aecclesiae et cuncto populo catholico praesenti et futuro gentium ac nationum que sub imperio et regime eius constitute sunt. Nach dem Zuruf erfolgte die Proskynese. (Reichsannalen 801 nach Rau (1993), S. 75).

[19] 1460 wendet Peter von Andlau eine allegorisch-typologische Deutung an: "Was sollen wir denn unter Petrus, dem Apostelfürsten und Fundament der Kirche anders verstehen als das königliche Priestertum? Was bezeichnet der Hirtenstab, auf den sich der Hirte stützt und mit dem das umherirrende Schaf zur Herde zurückgeführt wird und der räuberische Wolf vertrieben sind, anderes als das Heilige Reich?" (Andlau (1998), S. 149). Im Privilegium de non appellando vom 8. 5. 1482 heißt es: "Wir Fridrich von Gottes gnaden romischer keyser..." (Eisenhardt (1980), S. XV). Im Privilegium de non appellando vom 12. 8. 1521: "Wir Karl der funfft, von gots gnaden erwelter römischer Kaiser..." Eisenhardt (1980), S. 137. S. a. Erdheim (1984), S. 373 zu Kaiser Friedrich II.

[20] Arndt (1805), S. 101.

[21] Boehm (1968), S. 26.

[22] Wilhelm der Große, Herzog von Aquitanien wendet sich an seinen König Robert, den er als Mittler zwischen Gott und dem gesamten Regnum sieht, mit der Frage nach der Bedeutung des Blutregens. Werner (1987), S. 5.

[23] Nach Auffassung über das Königtum im 10. Jahrhundert in England, erscheint der König als Mittler zwischen Gott und Volk. Kleinschmidt (1979), S. 125.

[24] Münch (1980), S. 18/19.

[25] Bloch (1998), S. 25, 113.

Sakrale gehobene Monarch wurde nicht als sterblich, sondern als im Tode nur ruhend vorgestellt. Eine Folge beim Tode Franz I von Frankreich war, dass eine Holzpuppe dem König nachgebildet am Schluss seines Leichenzuges mitgeführt wurde, um zu symbolisieren, dass er lebt.[26]

Große Reiche zerfallen. Es ist eine moralisch-mythische Deutung, dass dies aufgrund eines Sittenverfalls geschehe.[27] Wird ein Zerfall, eine Auflösung der Großreiche beobachtet, wird gern auf Mythen restitutiven Charakters zurückgegriffen. Ein solcher Mythos ist der des Goldenen Zeitalters.[28]

Es entstanden zu "mythischen" Jahreszahlen, z.B. 1000, zahlreiche neue Mythen um den Kaiser der Endzeit.[29] Eine Wurzel der Endkaiser-Vorstellung findet sich bei Pseudo-Methodios: Auf dem Höhepunkt der Macht der die Christen unterjochenden Araber zieht der für tot gehaltene König der Griechen, wie aus dem Rausch erwachend, gegen sie in den Kampf und vernichtet sie. Nach einer Zeit allgemeinen Friedens übergibt der König beim Erscheinen des Antichrist sein Reich an Gott, indem er auf Golgatha seine Krone auf das heilige Kreuz setzt und seine Hände zum Himmel ausstreckt. Darauf wird das Heilige Kreuz mit der Krone zum Himmel erhoben, während der König seine Seele Gott empfiehlt und stirbt.[30] Ähnliche Mythen kennen wir aus vielen Kulturen. Der Herrscher (nicht etwa die Priester!) wird zum Vollzieher der Heilsgeschichte. Auch der Mythos vom schlafenden Kaiser, der dereinst das Deutsche Reich wieder aufrichten wird, hat eine apokalyptische Dimension[31], die in einem Friedensreich enden soll. Jedoch geht in diesen Vorstellungen dem Friedensreich jeweils eine Schreckensherrschaft voran.

Die neuere Geschichte

Es bleibt festzuhalten, dass einerseits sakrale Überhöhungen des Herrschers als eine altbekannte Tatsache gelten kann, eher selten in Verbindung mit *einer* Nation[32],

---

[26] Krabs (1996), S. 38.

[27] Millar (1771), S. 212.

[28] Gratian (367-383) wurde so gepriesen am Anfang seiner Regierung. Haec est illa Latii veteris aetas aurea celebrata cognomine, qua fertur incola fuisse terrarum necdum moribus offensa Iustitia, schreibt Symmachus mit dem Wunsch, auch die alte Religion wiederherzustellen. Deren Todesstoß erhielt sie bekanntlich 391 unter Theodosius (Widmer (1985), S. 15. Es sei darauf verwiesen, dass der Mythos vom Paradies eine völlig andere Funktion hat, denn jenes ist nur als verlorenes bekannt. Es gibt keinen Rückweg.

[29] Möhring (2000), S. 31 u. ö.

[30] ebd., S. 49.

[31] Am 18. 12. 1940 befahl die Weisung 21: Die deutsche Wehrmacht muss darauf vorbereitet sein, auch vor Beendigung des Krieges gegen England Sowjetrussland in einem schnellen Feldzug niederzuwerfen (Fall *Barbarossa*)... (nach Aleff (1970), S. 191).

[32] Staaten, Herrschaften über eine Bevölkerung nur einer Nationalität waren und sind Raritäten. S. dazu mehrere Artikel in Erkens (2002). In der Slavenchronik von Helmhold werden Westfalen, Holländer, Sachsen zu Nationen gerechnet (S. 230-231), wohingegen die Preußen eindeutig zu den Slawen gerechnet sind. Auch die Germanen wurde in alten Quellen manchmal als unterschiedliche Nationen aufgefasst. Helmold von Bosau: Slavenchronik (1999), S. 3-4 und 230-231.

Die mythischen Begründungen der Nationen 143

vielmehr mit einem Gedanken eines Reiches[33], in dem viele Nationen vereint waren.[34] Die Wahlherrschaft verlor in Europa – wie fast überall – schnell an Einfluss. Die herrschende Kaste, die Familie, die Sippe, die Blutsverwandtschaft begründete einerseits eine Friedenspflicht, führte bei den Türken und einigen arabischen Herrschern zur Ausrottung der Geschwister des neuen Herrschers, und begründete in anderen Regionen die Blutrache. Der Absolutismus Ludwigs XIV wurde bereits von Erdheim als Beispiel einer extremen narzisstischen Ausprägung charakterisiert.[35] Der Hoch-Adel entwickelte sich in der europäischen Geschichte immer mehr zu einer übernationalen Herrschaftsclique, wobei verwandte Adlige als Chefs von Staaten (wie heute von Konzernen) Kriege führten (Bsp.: Friedrich der Große vs. Katharina die Große).[36] Die Herrscher sprachen oftmals nicht die Sprache ihrer Untertanen, und in vielen Staaten war die Amtssprache nicht mit der Volkssprache identisch. Dem Fürstenbund vom 23. 7. 1785 gehörte der König von Großbritannien als Kurfürst von Braunschweig an.[37] Ähnliche überstaatliche bzw. übernationale Verknüpfungen waren reichlich. Joseph unternahm 1784 als Kaiser in Ungarn den Versuch, Deutsch als Amtssprache einzuführen (bis dahin war es Latein!) mit dem Ziel "zur Ehre der Nazion und zugleich der ganzen Monarchie".[38]

Seit der Französischen Revolution von 1789 bezieht sich der Patriotismus auf die Loyalität zur Nation und zum Nationalstaat. Der Begriff der bürgerlichen Nation

---

[33] Für einzelne Gebiete waren auch Staatenbildungen aufgrund gemeinsames Blutes, väterlichen oder mütterlichen, aufgrund von Verwandtschaft berichtet worden. Nach Buisson (1988, S. 193/294) trifft das für die nordischen Länder des 11. Jahrhunderts zu. Die Verwandtschaft begründete eine Friedenspflicht – ein Motiv, das sich in vielen Märchen aufzeigen lässt. Eine Berufung auf die "Teutsche Nation" geschah schon 1474 in Bern als Propagandamittel, um die Miteidgenossen vor der Burgundischen Gefahr zu warnen (Sieber-Lehmann (1991) S. 562f.). Die erste Blüte des Reichspatriotismus entfaltete sich am Ende des 15. Jahrhundert aus dem Geist des Humanismus, der aus einem antiken Text, nämlich der "Germania" des Tacitus sich nährte, ein "Kultbuch des Nationalgefühls" (Stolleis (1989), S. 9). Es bestanden keine Kontinuitäten im nationalen Sinn. So wurde die Germania des Tacitus im 9. Jahrhundert bei Rudolf von Fulda erwähnt und kam dann erst im 15. Jahrhundert als Neuentdeckung wieder vor. Das Werk wurde als Geschichtsquelle aufgefasst, und es erfolgte eine Gleichsetzung von Germanen und Deutschen. Graus (1986), S. 529-589.

[34] Erasmus hat in einem Brief das bunte Gewimmel der Nationen am Hofe Karls V geschildert: "Spanier, Marranen, Chievristen, Franzosen, Kaiserliche, Neapolitaner, Sizilianer – was weiß ich!" (Skalweit (1958), S. 379). National gemischte Bevölkerungen verlangten besondere rechtliche Regelungen im deutschen Reich seit dem Mittelalter (Hoke (1969), S. 43/44). In Vielvölkergemeinschaften geht oft eine Furcht der kleineren Gruppen, assimiliert, aufgesogen zu werden einher. Hierfür ist ein Beispiel die liberale Judengesetzgebung Alexanders II, die einige jüdische Gruppierungen die Assimilation als nationalen Selbstmord auffassen ließ (Fleischhauer (1982) S. 267). Delbrück verwies später auf Österreich, in dem die Nationalitäten den Staat gefährdeten (Delbrück (1914), S. 80).

[35] Erdheim (1984), S. 396 f. Die Selbstinszenierung kennen wir von römischen Kaisern, von Attila und zahlreichen Gewaltherrschern bis hin zu Hitler.

[36] Kaiser Franz Joseph kam zur Auffassung einer Identität von Reich und Kaiser in seiner Person. Erdheim arbeitete sehr schön heraus, dass jener als erster Soldat seines Reiches im Krieg zu Hause blieb. Erdheim (1984), S. 377-382.

[37] Deutscher Fürstenbund nach Duchardt (1983), S. 106.

[38] Stauber (1995) S. 61.

sei damals begründet worden.[39] Es entsteht der Eindruck, dass Napoleon weitaus mehr Einfluss auf die Nationenbildungen genommen hat und der Wiener Kongress in engem Zusammenhang mit einer Neubegründung des Nationalbegriffs und einer Neuordnung der Nationen steht.[40]

Mit dem neu erweckten Interesse an der Nation um 1800 wandte sich die Philologie vermehrt der Erforschung alter Texte zu, so dem Nibelungenlied. Es entwickelte sich ein Streit, ob die Texte um 1175 oder im 13. Jahrhundert anzusetzen seien. Dieses Werk jedenfalls überschreitet nationale Grenzen. Warum gerade dieses Stück als "national" eingestuft wurde ist unklar.[41] Die Frage ist auch, warum Siegfried eine so zentrale Funktion bekam, denn wie schon Jacob Burckhardt[42] analysierte, kommt in der Heldensage als imaginäre Geschichte der Nation eher Dietrich von Bern die Hauptgestalt zu.[43]

Mit der Suche nach der nationalen Identität in Deutschland entwickelte sich ein begünstigendes Element für den Aufstieg der deutschen Literatur. Klopstock ist hier zu nennen, der National-Epos-Diskurs. 1788 ließ sich Schiller durch Körner inspirieren, ein nationales Heldenepos über Friedrich II von Preußen zu schreiben, eineinhalb Jahre nach dessen Tod, als der Mythisierungsprozess im vollem Gange war.[44] 1791 schreibt er: Friedrich II ist kein Stoff für mich, und zwar aus einem Grunde, den Du vielleicht nicht für wichtig hältst. Ich kann diesen Charakter nicht lieb gewinnen; er begeistert mich nicht genug, diese Riesenarbeit der Idealisierung an ihm vorzunehmen.[45] Klopstock und Herder scheiterten an diesem Stoffe. Wir haben es mit einer Mythisierung zu tun, die nahezu modern erscheint, denn nach 1786 erlebte Friedrich eine Reinkarnation auf Uhren, Ketten, Schmuckbändern u.a.m. Biester in der Berlinischen Monatsschrift: "Er hat aufgehört hienieden zu denken, zu handeln, zu lehren! Er ist nicht mehr, der große Herrscher über Millionen, der Rathgeber fremder Monarchen, der Schiedsrichter unter Fürsten..."[46] Auch die Anekdotensammlungen Nicolais trugen zum Mythizismus bei in einer Weise, die Friedrich volksnah darstellen sollte, und die nicht der Realität der Person

---

[39] Eventuell ist der Unterschied zwischen vormoderner Adelsnation und neuer Bürgernation zu sehen. Die Bürgernation schuf den Mythos einer uralten Existenz eines deutschen Volkes, das sich seinen Staat wieder schaffen müsse.

[40] Das Heilige Römische Reich Deutscher Nation endete am 6. 8. 1806, als Franz II seine Würde als Reichsoberhaupt und die Kaiserkrone niederlegte. Das Reichskammergericht überlebte allerdings noch bis 1817. (Mader (2005), S. 46f.). Birtsch (1989), S. 3, unterscheidet einen Reichs- und einen Staatspatriotismus. Die Bezugsmomente des Reichspatriotismus sind sehr unterschiedlich aufgefasst worden, mal auf den Kaiser, dann auf die Reichsverfassung usw. (Aretin (1989), S. 31). Es ist unterschiedlich interpretiert worden, was als das Reich aufzufassen war.

[41] Wagners Rezeption des Themas folgt der Völsunga Saga, einer altisländischen Prosa des späteren 13. Jahrhunderts. Neumann (1967), S. 60.

[42] Burckhardt (1957) Bd. V, S. 30.

[43] Den Wormsern fiel ihre Verknüpfung mit den Nibelungen erst durch den Besuch Wilhelms II 1889 wieder als bedeutendes Moment auf. Bönnen (1999), S. 38.

[44] Wiedemann (1989), S. 78.

[45] ebd., S. 80.

[46] nach Hellmuth (1995b), S. 27.

Die mythischen Begründungen der Nationen 145

entsprach.[47] An Friedrichs Person schlossen sich zahlreiche patriotische Phantasien an. Seit dem Siebenjährigen Krieg entstand ein Kult um den Tod für das Vaterland. Die Wolffsche Philosophie wirkte hier unterstützend mit einer altruistischen Ethik, die dazu führte, dass der Untertan in die Pflicht genommen werden konnte. Mit der Idee vom Tod für das Vaterland wurde diese Idee radikalisiert.[48]

Der Vaterlandsbegriff[49] ist später von dem der Heimat abgelöst worden.[50] Über teils nostalgische, teils idyllenhaft ausgeschmückte Szenerien wurden Grenzüberschreitungen von der Gemeinde in Richtung Nation möglich, die Identitätenbildung wird damit zu einer Scheinpartizipation am Ganzen.[51]

Der Reichsgedanke wurde wiederbelebt mit Wilhelm I. Hinsichtlich der neuen deutschen Geschichte stellt das Jahr 1871 einen Angelpunkt dar, der immer wieder auf ältere Begründungsgeschichten blicken ließ. Es kamen in Frage: die Schlacht am Teutoburger Wald, der Tod Barbarossas, Verbrennung der Bannandrohung Martin Luthers, die Völkerschlacht und die Kaiserproklamation von Versailles.[52] Zur Zeit Wilhelms II war dieses neue Reich wieder in Auflösung begriffen[53] und der derangierte Caesar wurde verspottet: "Und was wollen gar die Hohenzollern in der neuen Welt, deren Chef noch vor wenigen Wochen vom Kampf des Bösen mit dem Guten, vom Kampf der angelsächsischen mit der germanischen Weltanschauung, vom Kampf der Hölle mit dem Himmel sprach und dabei sich selber, wie natürlich, mit schimmerndem Schwert in den Himmel versetzte?"[54]

Am 15. März 1938 rief Hitler auf dem Wiener Heldenplatz: "Als Führer und Reichskanzler der deutschen Nation und des Reiches melde ich vor der Geschichte nunmehr den Eintritt meiner Heimat in das Deutsche Reich."[55] Hitler scheint von

---

[47] Friedrich II war durchaus nicht der volksnahe König, wie er in den Geschichtsklitterungen dargestellt wurde. Er sprach normalerweise Französisch und liebte die vulgäre deutsche Sprache nicht.

[48] Arndt in seiner "Friedensrede eines Deutschen" vom 13. 7. 1807: "Unser größtes Vaterland ist Himmel und Erde, unser großes Europa, unser kleines Deutschland....Wir wollen durch die Bürgerschaft zur höheren Menschlichkeit: darum müssen wir unser Volk und unser Vaterland lieben." (Arndt (1807), S. 86). Solchen und ähnlichen Ideen folgend starben die "Helden", die realiter elendiglich krepierten, einen Bühnentod. Heinrich von Kleist rief in seinem Drama *Die Herrmannschlacht* auf, alle Bedenken und alle Moral hinter das Wohl der Nation zu stellen.

[49] Fichte schreibt: "...und dass es lediglich der gemeinsame Grundzug der Deutschheit ist, wodurch wir den Untergang unserer Nation im Zusammenfließen derselben mit dem Auslande abwehren, und worin wir ein auf ihm selber ruhendes und aller Abhängigkeit durchaus unfähiges Selbst wiederum gewinnen können." Fichte will den gebildeten Ständen die Fortentwicklung der Nation antragen (Bd. 7, S. 279), er will aufzeigen, dass der Deutsche "an und für sich, unabhängig von dem Schicksale, das ihn dermalen betrogen hat, in seinem Grundzuge sey, und von jeher gewesen sey..." "Der Deutsche ist zuvörderst ein Stamm der Germanier überhaupt." (Bd. 7, S. 312).

[50] Die europäische Nation des 19. Jahrhunderts, die sich in ihrer Geschichte ausdrückt, ist zunächst eine Emotion. François & Schulze (2001), S. 19.

[51] Greverus (1989), S. 167; Confino & Skaria (2002), S. 12-13.

[52] Flacke (2001b), S. 100.

[53] "Das Deutsche Reich war in seiner Wirklichkeit ein ungeheuer starker, konzentrierter, von dem Motor einer machtvollen Industrie vorangetriebener Nationalstaat. Der Theorie nach war es ein loser Bundesstaat oder Fürstenbund...." Mann (1958), S. 23.

[54] Bengler (1919), S. 368.

[55] nach Aly (2005), S. 26. "So bedeutet die Reichsidee der Gegenwart... die schärfste Kritik der westeuropäischen Nationalidee, die auf das deutsche Schicksal nicht angewendet werden kann. Denn das Reich

Kontinuitätsvorstellungen beeinflusst gewesen zu sein. Er suchte an die mittelalterliche Reichstradition und an die damit verbundenen chiliastischen Erwartungen anzuknüpfen, indem er Mitte 1939 die Bezeichnung *Drittes Reich* untersagte zu Gunsten des *Tausendjährigen Reiches*.[56]

Als Wahn und Elend dieses "Reiches" in Trümmern lagen, war es aber weder mit der Idee des Reichs noch der Nation vorbei.[57]

In der DDR wurde die Herausbildung einer einheitlichen sozialistischen Nation erwartet, aber in ihrer 2. Verfassung vom 6. 4. 1968 hieß es in Artikel 1: "Die DDR ist ein sozialistischer Staat deutscher Nation" und in Artikel 6, Abs. 1 wurde die "deutsche Nation" als "deutsches Volk" bezeichnet. Heinrich von Brentano sprach kurz vor Aufgabe seines Ministeramts am 6. 12. 1961 über die Sorge, dass "der Mangel an echtem Nationalgefühl" zu einem staatsbürgerlichen Problem werden könne.[58] Interessant ist, dass die DDR ihr Militär "Nationale Volksarmee" nannte: "Der Soldat der Nationalen Volksarmee schwört, nicht irgendeinem Gott, Kaiser, König oder sonst einer Person, sondern seinem ... Vaterland, der DDR allzeit treu zu dienen."[59] Sonderliche Konzepte von "Nation" zeigten sich auch im Westen und hielten sich nach der Wiedervereinigung.[60] Es bleibt zu erwägen, ob Deutschland heute eine Nation oder ein Staat ist.[61] Die angesichts der Schuldfrage an den Morden zu Zeiten des Nationalsozialismus beobachtbare Nachkriegstendenz des Ausweichens auf eine Nicht-Identität[62] im Zusammenhang mit einem nicht verinnerlichten Kosmopolitanimus[63] ließen Freiraum für linke und rechte neue Mythen.[64]

---

ist undenkbar als nationaldemokratische Gleichsetzung von Staat und Volk wie Staat und Gesellschaft; es ist die herrschaftliche Ordnung und Führung, die gerade die Volksordnung und das Zusammenleben mehrerer Völker ermöglicht." Wendland (1934a), S. 201.

[56] Münkler (1989), S. 355.

[57] "Die äußere Dimension der 'deutschen Frage' ist mit dem Wort von der 'verspäteten Nation' treffend umrissen worden. Die Deutschen saßen auf dem Überbleibsel dessen, was Dreißigjähriger Krieg, Westfälischer Frieden vom 'Heiligen Römischen Reich Deutscher Nation' hinterlassen hatten, als in England, Frankreich und den Vereinigten Staaten von Nordamerika ein wirtschaftlich und politisch starkes Bürgertum längst nationale Einheit mit bürgerlicher Freiheit verbunden hatte." Ehmke (1979), S. 51. "Die westlichen Demokratien, so schien es uns, hatten jenen verhängnisvollen Irrweg vermieden, der uns über den wilhelminischen Untertan zum Nazi-PG und zu den Mitläufern der Verbrechen geführt hatte. Am liebsten wären viele von uns gleich Amerikaner geworden, nicht viel anders wollten übrigens im östlichen Teil des ehemaligen Deutschland manche Jugendlichen anfangs gern Russen sein." Fetscher (1979), S. 115.

[58] Kopp (1981), S. 170-173.

[59] nach Beermann (1959), S. 106.

[60] Werner Weidenfeld gab 1993 ein Buch heraus: "Deutschland. Eine Nation – doppelte Geschichte". Er spricht von der Teilung der Nation in zwei Staaten (Weidenfeld 1993b, S. 13). Er meint, die Deutschen sind zu einer pragmatischen Nation geworden (S. 23). Greiffenhagen & Greiffenhagen (1993) sprechen von *Einer Nation: zwei politische Kulturen* (S. 29). Maaz (1993) kennzeichnet das neue Deutschland (Teil DDR) als vor allem durch Ängste geprägt (S. 86/87). Zitelmann (1993, S. 218) referiert, dass Grass, Habermas, Kuby enttäuscht wurden, dass die vermeintliche Überwindung des Nationalen in der Bundesrepublik nur eine Täuschung war.

[61] "Es gehört in diesen Kontext psychodynamisch begründeter Nationalitätskonzepte, dass nirgendwo auch nur der Versuch gemacht wird, die Notwendigkeit eines solchen Deutschland – in welchen Grenzen auch immer – zu begründen." Hennig (1991), S. 52.

[62] Mutterlose & Belz (2004), S. 309.

[63] Bowden (2003), S. 235f.

Mythos und Nation

Cassirer schrieb 1949, dass der Mythus immer als das Ergebnis einer unbewussten Tätigkeit und als ein freies Produkt der Einbildungskraft bezeichnet worden ist. "Aber hier finden wir Mythus planmäßig erzeugt. Die neuen politischen Mythen wachsen nicht frei auf! ...Sie sind künstliche Dinge, von sehr geschickten und schlauen Handwerkern erzeugt."[65] Bereits der aufklärerische Göttinger Altertumsforscher Heyne führte den Mythos auf historische *und* psychologische Wurzeln zurück. Er ist die Vorstellungs- und Ausdrucksform von Menschen, die geistig im Zustand der Kindheit, zivilisatorisch in dem der Rohheit leben.[66] Interessant ist heute die Funktion des nationalen Mythos in konkurrierenden und hegemonialen Ideologien, als kybernetisches Element zur Steuerung von gesellschaftlichen Prozessen und zur Durchsetzung politischer Ziele. Psychohistorisch gilt aufzuzeigen, dass auch die gemachten Mythen auf unbewusstes Material zurückgreifen.[67]

"Ein Staat legitimiert sich vor den Bürgern durch seine Funktionstüchtigkeit; die Legitimation des Reichs hingegen ist sein Alter, seine Stiftung durch Gott, seine wunderbare Geschichte..."[68] Von Anbeginn an hat das Reich in der deutschen Geschichte die Qualität einer mythischen Verheißung gehabt.[69] Mythen sind Element politischer Integration. Die historischen Mythen haben eine Funktion der Vereinigung nach innen und der Abgrenzung nach außen. Der Mythos verbindet lebende und tote Generationen zur Gemeinschaft. Es ist der Gründungs- und Ursprungsmythos, der dafür Sorge trägt, dass ein Staat oder Volk mehr ist als eine Gemeinschaft der gerade Lebenden. Dabei sollen die eigenen nationalen Charakteristika hervorgehoben werden und die Besonderheiten in Abgrenzung zu anderen herausgestellt werden. Insofern sind Mythen immer auch propagandistisch[70], denn es resultieren unterschiedliche Zielbestrebungen der Völker, Staaten und Gemeinschaften.[71] Der Mythos stellt eine Art Sinnhaftigkeit der Gegenwart her. Mythen haben nicht nur "erklärenden" Anspruch auf die Vergangenheit, sondern wollen die Gegenwart bestimmen und eine Zukunft vorhersagen. Der Mythos hat keine reale Zeit, sondern es werden in ihm Vergangenheit, Gegenwart und Zukunft zusammengefasst. Die

---

[64] Enderwitz (1990), S. 45, 148 u. ö.; Müller (1995), S. 88, 142.

[65] Cassirer (1949), S. 367.

[66] nach Schmidt (1989), S. 128.

[67] Nationale Mythen sind integrale Bestandteile herrschender Ideologien, die eine Rückwirkung zur Absicherung der jeweiligen politischen Systeme haben. Ein anderer Bezug entsteht zwischen nationalen Mythen und dem jeweils erstellten Heldengalerien. Das optimistische nationale Denken war ein "Nationalunterbewusstsein". (Salewski (1981), S. 22). Historisches Selbstverständnis ist wesentlich unterbewusst und insofern vom historischen Bewusstsein qualitativ unterschieden. Salewski (1981), S. 26.

[68] Münkler (1989), S. 339.

[69] Der Nationalstaat wirkt wie eine säkulare Religion.

[70] Nation kann eine identitätsstiftende Aufgabe für handelnde Subjekte haben, will durch Integration der persönlichen in eine gemeinsame Geschichte Sinn und Kohärenz verleihen. Das nationale Wir ist klassenlos. Es vereint Staat und Volk (Held & Ebel (1983), S. 24). Über den Begriff der Nation kann der einzelne an der Geltung der Nation in der Welt partizipieren (Fußball, Olympische Spiele usw.).

[71] Das erste Element, in dem sich die Nationen einig sind, ist der Glaube an Mythen als ihre eigentliche Geschichte. Die Historiker des 19. Jahrhunderts waren mit allen ihren Ansprüchen auf Wissenschaftlichkeit darin verwickelt. François & Schulze (2001), S. 19.

mythische Zeit verläuft zyklisch.[72] Dem Mythos wird eine symbolisch wirksame Struktur zugesprochen[73], der die Funktion, Legitimierung und Regulierung gesellschaftlichen Erhalts und der Reproduktion garantieren soll, und er ist ein Instrument der Kontrolle ideologischer Systeme.[74] Es ist natürlich die Frage, inwiefern Mythen über die Nation einem Kollektivbewusstsein zuzuordnen sind, wie dieses zustande kommt, und wann es "aktiviert" wird.[75] Bei Sorel[76] steht im Mythos nicht die Wirklichkeit im Vordergrund, sondern der Wille, auf die Wirklichkeit einzuwirken. Der Mythos soll ein Gefühl hervorrufen, das Kohäsion schafft und die Gruppe zum Handeln anregen soll.[77] Es gibt eine Annahme, dass wir die Identitätsfindung nicht durch Identifikationsakte, sondern auf dem Umweg über den Fremden erreichen, worin der Mythos eine bedeutende Funktion hat.[78] Der Ort des Mythos scheint zu sein, wo Definitionen überschritten werden, bei den Übergängen. Mythen drücken eine Wahrheit der jeweiligen Gesellschaft aus, haben eine Entsprechung zur Welt. Jedoch: Nationalideologien werden von oben nach unten durchgesetzt, sie fungieren wie Verbote und Gebote Erwachsener in Familien. Die Nationen sind, so betrachtet, "erfunden", zu einem bestimmten Zweck, sind ein historisch-ideologisches Konstrukt, das einer Herrschaftsdurchsetzung entspricht.[79]

Geschichtlich waren Nationalstaaten eine Ausnahme, Vielvölkerstaaten die Regel.[80] Historische Nationen schließen mehrere Ethnien ein. Nur die Anerkennung der nationalen und politischen Gemeinschaft unterschiedlicher Ethnien lässt eine

---

[72] Hübner (1981), S. 26.

[73] Symbol und Mythos sind nicht gleichzustellen, und Symbole treten zwischen ein historisches Geschehen und dessen Repräsentanz im Bewusstsein, wie sich in den Erinnerungen an den Holocaust darlegen lässt. Die Legenden und Sagen sind nicht einem Mythos gleichzusetzen, sondern sie können mythisch wirken. Bei der Geschichte der Ermordung von Juden wäre eine mythologische Sichtweise geradezu ein Delikt.

[74] "Wenn Volk das erste und der Einzelne das letzte ist, dann kann Erziehung nur wenig oder gar nichts mit Entfaltungen individueller Anlage zu tun haben. Dann wird Erziehung zur Sache der Nation. Dann steigert der geformte Wille des Volkes jedes und alles Erziehungsgeschehen zu einer völkischen Funktion." Schreiner (1934), S. 205. Mythos ist somit ein wirksames Mittel der Massenbeeinflussung (Djuric (1979), S. 138). Die Ideologie ist im Gegensatz zum Mythos eine Art gelebter Unwahrheit.

[75] Bolz (1989), S. 246 f. Die Möglichkeit der Aktivierung von Mythen liegt in ihrer Offenheit, denn damit sind unterschiedliche Deutungen und In-Bezug-Setzungen möglich.

[76] Die Mythen sind geschichtliche Kräfte (forces historiques) ganz besonderer Art, die in allen Zeiten und auf allen Gebieten des gesellschaftlichen Lebens auftauchen, die einen hohen "Bewegungswert" (*valeur motrice*) haben und die im Sinn einer moralischen Erneuerung wirken. Mythen sind intuitive Sinnbilder. Sorel (1921), S. 33.

[77] Max Weber (1921/22, S. 242) sah den Begriff der Nation mit pathetischen Empfindungen beschwert. Das Nationalgefühl kann eine Differenz zu der tatsächlichen Nation haben (Elsass, Irland), es kann zu Aufteilungen der nationalen Identitätsempfindung auf bestimmte Bereiche, Gebiete des Lebens kommen. Nation ist für Weber ein Begriff, der, wenn überhaupt eindeutig, dann jedenfalls nicht nach empirisch gemeinsamen Qualitäten der ihr Zugerechneten definiert werden kann. Er besagt, im Sinne derer, die ihn brauchen, zunächst unzweifelhaft, dass gewissen Menschengruppen ein spezifisches Solidaritätsempfinden anderen gegenüber zuzumuten sei, gehört also der Wertsphäre an. Weber (1921/22), S. 528.

[78] Liebrucks (1982), S. 312.

[79] Das Scheitern des Nationalstaatenkonzepts an der Realität führte über zu den "psychopathischen" Homogenisierungs-Nationalismen der Faschisten.

[80] Kappeler (1982), S. 152.

Die mythischen Begründungen der Nationen 149

demokratische Entwicklung zu. In Italien wurde der Begriff der Nation, früher kompromittiert durch den antidemokratischen Faschismus, wieder emanzipiert und emotional erholt.[81] Die Europäisierung und die damit verbundene De-Konstruktion[82] des Nationalstaats führt nicht zur Auslöschung der Nation. Es gibt eine Wiederbesinnung auf eine nationale Identität zusammen mit einer Rekonstruktion der Idee der Ethnie, die stellvertretend für Volk und Rasse zu stehen scheint. Ethnonationale Separierungen, Regionalismen, ausländerfeindliche und fremdenfeindliche Programme treten wieder hervor. Die gegenwärtige Ökonomisierung versteht die Nation als Exporteinheit.[83]

Freud sah am Krankenbett des Mythos die Symptome, die ihm bereits durch seine Patienten bekannt waren.[84] Aber Freud zeigte nach einem Bericht von Jones eine nationale Anfälligkeit[85], er ließ sich von der Kriegspropaganda Franz Josephs anstecken, verfiel regressiv in eine "militärische Begeisterung seiner Knabenzeit" und schrieb am 26. Juli 1914 an K. Abraham: "Ich fühle mich aber vielleicht zum ersten Mal seit 30 Jahren als Österreicher und möchte es noch einmal mit diesem wenig hoffnungsvollen Reich versuchen. Die Stimmung ist überall eine ausgezeichnete. Das Befreiende der mutigen Tat."[86]

Einige nationale Gründungsmythen

Im folgenden sollen Mythen einiger bestehender Staaten betrachtet werden.[87] Es handelt sich um kollektive Beschwörungen, die sich in Riten[88], Nationalfeiertagen

---

[81] Rusconi (1993), S. 43.

[82] Ob allerdings eine dekonstruktivistische Interpretation der Verhüllung des Reichtagsgebäudes durch Christo der Dimension des Bauwerks als nationales Symbol entspricht, darf bezweifelt werden. Speth (1995) schrieb: "Die Verhüllung selbst, der Vorgang ist etwas Ästhetisches" und "Der Vorgang des Verhüllens und Enthüllens hat eine sakrale Dimension". Die Realität zeigte allerdings mehr Volksfest- bzw. Happening-Charakter, und Verhüllen und Enthüllen geschieht in jeder Badeanstalt. Es wird in dem Artikel versucht, durch Sprache einen neuen Mythos zu erzeugen. Die reale Dekonstruktion des Mythos geschah demgegenüber vielmehr in der sog. "Reichskristallnacht".

[83] Boris Groys zur nationalen Identität: "Ich würde sagen: Man braucht sie dort, wo man vor einem Exportproblem steht. Denn für den kulturellen Import, für den Konsum stellt sich die Frage nach der kulturellen Identität nicht... Die Kultur muss zunächst einmal unter einen starken Exportdruck geraten, damit man sich zu fragen beginnt: Was eigentlich will man exportieren?" Groys (2002), S. 103/104.

[84] eine abgewandelte Formulierung von Cassirer (1949), S. 43.

[85] Gamm (1989), S. 160-161.

[86] beide Stellen nach Erdheim (1984), S. 381; vgl. auch Schmidbauer (1999), S. 103-105.

[87] Die Piasten-Legende, die Berufung von Premysl, die Legende von Ludmila, die Geschichte von Danebog u.a. sind solche Begründungslegenden. Nationale Mythen spielen auch in der übrigen Welt eine bedeutende Rolle, z.B. in der Auseinandersetzung von Singhalesen und Tamilen, im Ramayana und der Legende von der Dämoneninsel Lanka. "Nationen sind auf Mythen gebaut. Ich wurde großgezogen mit den Mythen von Massada und Tel-Chai, sie formten das Bewusstsein der neuen hebräischen Nation." Avnery (2002), o.S. Aber es gibt Völker, Nationen ohne Staat (z.B. die Kurden), andere befinden sich in der Phase der Staatenbildung (Palästinenser). Nationen als religiöse Zusammenschlüsse sind immer noch von großer Bedeutung, aber oft einhergehend mit sprachlichen und volksgemeinschaftlichen Einflüssen. Die verschiedenen Nationenbegriffe von Fichte bis Anderson sollen hier nicht diskutiert werden.

[88] Der Ritus hat die Aufgabe, die Vitalität von Glaubensinhalten zu bewahren (Durkheim (1984), S. 441f). Allerdings, die beschworene Geschichte ist mehr erträumt als Realität.

usw. niederschlagen. Die Definition von Nation bereitete oftmals Schwierigkeiten und kann, wie heute noch am Beispiel Irlands zu sehen ist, in einer Abhängigkeit von einem Machtgefüge gesehen werden.[89]

In Europa herrschen Mythen mit christlicher Begründung vor, und 16 Nationen kennen ein "Gründungsereignis", in dem der Islam als Gefahr vorkommt. Interessant ist, dass viele Begründungsmythen gar nicht auf dem Territorium des Landes spielen, zu dem sie gehören (Hus in Konstanz, Gustav Adolf in Lützen).

Die Kontinuität der Nation zu beweisen und zu sichern, war im Frankreich des 19. Jahrhunderts die Hauptaufgabe der historischen Forschung und Lehre.[90] Der Nationalmythos Frankreichs ist ein historisches Konstrukt, das erst im 19. Jahrhundert systematisch aufgebaut wurde.[91]

Unter dem Eindruck des aufkommenden Totalitarismus kam es in den Dreißiger Jahren in der Schweiz zu einer ins Mythische gesteigerten Rückbesinnung auf die alte Eidgenossenschaft.[92] Es handelt sich um eine reine Geschichtskonstruktion mit mythischer Überhöhung historischer Geschehnisse (Rütli-Schwur etc.). Die schriftliche Überlieferung von der Gründung der Eidgenossenschaft findet sich im Weißen Buch von Sarnen, das 1470 geschrieben wurde, als Mischung von lokalen Legenden und Sagenmotiven. Interessant: Wilhelm Tell war beim Rütli-Schwur nicht dabei.

Die belgischen Mythenproduzenten, insbesondere die Historienmaler, die mit Orden bestückt wurden, hatten z.B. den belgischen Anteil an den Kreuzzügen hervorzuheben, denn Gottfried und Balduin gelten als belgische Nationalhelden.[93]

Die dänische Gründungslegende, dass Königin Thyre Danebod das Danewerk gegründet hat, ist geschichtlich widerlegt worden, weil die Anlagen wesentlich älter sind.[94] Die Norwegische Nation ist eine Erfindung, nachdem am 14. Januar 1814 Dänemark auf Norwegen verzichten musste. Leif Eriksen wurde die erwählte Kultfigur als Nationalheld.[95] In Italien spielte für die Vereinigungsideen der Nation Dante eine bedeutende Rolle.[96] In Österreich wurde Maria Theresia eine Art Mutter der Nation.[97]

Einige Nationalmythen traten in Konkurrenz, so der Tannenbergmythos und der Grundwaldmythos (Deutschland-Polen). Als die Feiern am Anfang des 20. Jahrhunderts einsetzten, lag das Gebiet in Deutschland, und die Feierlichkeiten fanden deshalb in Krakau statt. 1901 errichteten Deutsche auf dem Schlachtfeld von Tannenberg ein Denkmal für den am 15. 7. 1410 gefallenen Ulrich von Jungingen. Dem schloss sich ein neuer Kult um Hindenburg an. Polen, lange Zeit eine Nation ohne

---

[89] Helle (1994), S. 326.
[90] François & Schulze (2001), S. 21, 25-26.
[91] Rieger (2001), S. 368. Gegenüber anderen mythischen Begründungen der Nationen besteht aber eine historisch nachprüfbare Grundlage. Der Prozess Jeanne d'Arc 1431-1456 (1961), S. 227.
[92] Marchal (1992) S. 103.
[93] Koll (2001), S. 54-55.
[94] Adriansen & Jenvold (2001), S. 78.
[95] Bohn (2001), S. 256.
[96] Porciani (2001), S. 202/203.
[97] Bruckmüller (2001), S. 283.

Die mythischen Begründungen der Nationen 151

Staat, verstand sich als Abbild des gekreuzigten Christus.[98]

Nach Auflösung der kommunistischen Machtsphäre suchten Politiker neuer Staaten nach Identifizierungsfiguren. In Kroatien kam man auf den Pavao-Ritter Vitezović[99], während in den baltischen Staaten die Skerst-Familie und starke deutsche Einflüsse sichtbar wurden.[100] Gleichzeitig trat aus anderen Gründen eine Neubesinnung auf Nationalitäten in anderen Regionen ein.[101]

Mythos und Kultus hängen eng zusammen, ähnlich der Theorie und Praxis. Die Verwendung der Kunst für nationale Zwecke spiegelt sich in Nationalmusiken, der Malerei und als rein politisches Propagandamittel[102].

Es soll im Folgenden an Beispielen aus Texten der Nationalhymnen[103] das Denken und Empfinden verdeutlicht werden. Von 82 durchgesehenen Hymnen wurden nur in 7 Frauen erwähnt. Malawi hat eine Gleichrangigkeit von Frauen und Männer in der Hymne. Religiöse Motive wie "Gott segne" usw. kommen sehr oft vor. In 28 Ländern wird in der Hymne die Flagge in irgendeiner Weise verteidigt. Einige der Texte gehören ins Kuriositätenkabinett (Hervorhebungen durch den Autor).

Afghanistan: So lange die Erde und der Himmel bestehen,
   So lange die Welt dauert,
   So lange es Leben in der Welt gibt
   So lange wie *ein einziger* Afghane atmet,
   So lange wird es *Afghanistan* geben...

2. Strophe Österreich: ...Heiß umfehdet, wild umstritten,
   liegst dem Erdteil du inmitten,
   einem starken Herzen gleich....

China: ... Millionen mit einem Herzen,
   Bekämpft das feindliche Feuer.
   Marschiert voran!...

Kuba: ...Wir fürchten nicht einen glorreichen Tod,
   für das Vaterland *zu sterben, heißt leben.*

---

[98] Mick (2004) S. 6; Wilkiewicz (2000), S. 43.
[99] Blaz-evic (2003), S. 251.
[100] Perkins & Patrikeef (2001), S. 37.
[101] Phillips & James (2001), S. 27; Dinero (2004), S. 261.
[102] Hirschberg (1919) in der Widmung: "Dies Buch gehört denen, die sich heute noch deutsche Vaterlandsliebe und deutsches Nationalgefühl bewahrten." "Alles Heldische trägt Zug des Monumentalen, des Großen, des Einfachen. Das Heldische ist der Grundzug der neuen Staatsauffassung und muss der Grundzug aller neuen Kunst und Kultur sein" (Wendland (1934b), S. 52). "Die Weltanschauung des neuen Deutschen Reiches gibt der Kunst, die sich wieder gebunden fühlt, den neuen Inhalt. Sie wird damit eine 'Tendenz' erhalten, die über aller 'Tendenzkunst' der letzten Zeit steht, aber auch weit über aller bisherigen 'freien' Kunst" (daselbst, S. 81).
[103] Nationalhymnen: alle Texte aus http:/www.national-anthems.de.

Dänemark, 2. Strophe: In lang zurückliegenden Tagen
war dieses Land die Heimat der Heroen
die hier vom Kriege ruhten..
und in der Königshymne heißt es:
König Kristian stand am hohen Mast in Rauch und Qualm
sein Schwert hämmerte so fest,
dass Helm und Hirn des Goten barst...

Im Refrain der Marseillaise: Zu den Waffen Bürger!
Schließt die Reihen!
Vorwärts, marschieren wir!
Das *unreine Blut*
Soll unsere Äcker tränken!

Griechenland: ...Geht voran zum Kampf
Sucht Freiheit oder Tod.

Japan singt: Möge die Regierung des Kaisers
für tausend Jahre, nein achttausend Generationen fortdauern...

Nigeria: 2. Strophe: Oh *Schöpfergott*
Führe unsre edle Sache...

Polen: Noch ist Polen nicht verloren,
Während wir leben,
Was uns fremde Macht genommen,
Holen wir mit dem Säbel zurück.

Thailand: ...Die Thais lieben den Frieden,
Aber sie sind *keine Feiglinge im Krieg...*

Togo: Togo erhebe dich! Lasst uns kämpfen ohne Wanken!
Sieg oder Tod, aber in Würde.

Der Nationalismus

Im allgemeinen wird der Prozess der Entstehung einer nationalistischen Bewegung als stufenweise Identitätsbildung rekonstruiert, und es werden Indikatoren für die Verbreitung nationalen Bewusstseins gesammelt.[104] Der Patriotismus ist nicht dem Nationalismus gleichzusetzen, gleichwohl er eine Voraussetzung sein kann.[105] Der

---

[104] Der Beginn des Nationalismus wird allgemein mit der Französischen Revolution angesetzt. Hellmuth (1995a), S. 4-5.
[105] Der Gedanke des Vaterlandes, der mit dem Nationalismus einherging, spielte eine Rolle. Denn es war oft ein nicht geliebter Vater, der zu einer gespaltenen Übertragung führte mit dem narzisstischen

Die mythischen Begründungen der Nationen 153

Nationalismus entspringt einen entzündenden Zustand des Nationalbewusstseins, der gewöhnlich durch Wunden, eine Art kollektiver Demütigung, verursacht wird,[106] wobei autoritäre Persönlichkeits- und Sozialstrukturen förderlich sind. Weitere Bedingung ist ein unentwickeltes Bild der Nation bei bestehender Differenz zwischen Gebildeten und der Mehrheit der Bevölkerung. Berlin[107] nennt die Deutschen die "ersten wirklichen Nationalisten" mit ihrer Verbindung zwischen verletztem kulturellem Stolz mit einer philosophisch-historischen Vision, die die Wunde schließen und eine inneren Widerstandsherd ausbilden sollte. Ähnliches gilt für den Nationalismus im Zarenreich, der als kollektive Abwehrreaktion gegen die Verunsicherungen und Ängste entstand, die diese Krisen im internationale Rahmen mit sich brachten. Es entstehen dann fatale Verknüpfungen von Gemeinschaftsideologie und emotionalen Zusammenhängen und der Abgrenzung nach außen.[108]

Der Mythos bekommt hier seine Funktion, insofern er Ursprünge aufweisen will, und damit die Funktion das wissenschaftliche Kausalitätsprinzip vorweg nimmt. Es werden im mythischen Prozess psychische Eigenschaften scheinbar objektiviert. Die alte Völkerpsychologie, gleichgültig ob philosophischen oder psychologischen Ursprungs[109], kann als eine Systematisierung solcher den Mythen entspringenden oder sie begründender Vorurteile gesehen werden, und wir kennen Belege seit der Antike.[110] Das subjektive Andere tritt dem Menschen als ein ihm

---

Wunsch, ihn für sich gut zu machen, zu okkupieren als eine vorgestellte Idealnation. Der gute Vater ist ein mächtiger Vater. Der fremde Mann, der fremde Vater greift die Familie, die Gemeinschaft an. Es kommen Phantasien von Vergewaltigung, des sexuellen Missbrauchs und ähnliches auf. Der Fremde wird negativ apostrophiert. Das geschieht oft unter dem Mantel eines für sich selbst beanspruchten Kulturbewusstseins. Negativ gewendet, tritt die Angst vor einem Identitätsverlust hervor, einer Identität, die bewusst von den Geängstigten meist gar nicht vertreten werden kann. Der Nationalismus selbst kann dabei unbewusst sein. Der Rassismus zeigt keine notwendige Verbindung mit dem Nationalismus (contra: Bock (1993), S. 307). Der Rassenstaat Südafrikas wurde als eine Revolution von oben erklärt, durchgesetzt von einer reaktionären Koalition industrieller und agrarischer Führungsschichten. Marx (1991), S. 34.

[106] Berlin (1972), S. 14. Die kollektiven Empfindungen einer zugefügten Wunde stellen eine notwendige, aber keineswegs hinreichende Bedingung des Nationalismus dar. Berlin (1990), S. 59.

[107] Berlin (1990), S. 64.

[108] Oexle (1992) S. 144.

[109] Schmidbauer (1999) S. 65 f.

[110] Agrippa von Nettesheim (1913, S. 204) charakterisierte: "...die Italiener leuchten herfür mit ihrem königlichen Adel; die Französischen sind närrisch; die Sizilianer scharfsinnig; die asiatischen Völker der Wollust ergeben..." Leibniz verweis bereits darauf, dass der Name eines Teiles einer Nation auf die ganze übertragen wird, so sind alle Germanen von den Franzosen Alemannen genannt worden, eine Bezeichnung, die den romanischen Sprachen, wie wir heute wissen, gemein ist. Goethe schreibt über die "Älteren Perser": "...der mag dort eine frische, vom Schlaf dem ersten Tageslicht sich entgegenregende Nation erblicken, hier aber ein verdüstertes Volk, welches gemeine Langeweile durch fromme Langeweile zu töten trachtet." In Frau Jenny Treibel lässt Fontane Vogelsang die englische Nation als impertinent charakterisieren. Lichtenberg formulierte: "Keine Nation fühlt so sehr, als die deutsche, den Wert von andern Nationen, und wird leider! von den meisten wenig geachtet, eben wegen dieser Biegsamkeit. Mich dünkt, die anderen Nationen haben recht: eine Nation, die allen gefallen will, verdient von allen verachtet zu werden." Herder: "Manche Vorzüge des Geistes und der Lebensweise hat man unserer Nation absprechen wollen; das Lob, das man ihr, das man ihren braven Männern, ihren guten Regenten und Helden durch alle Zeiten zugestand, war die so genannte deutsche Biederkeit, Treu und Glaube." Herder schrieb in den *Ideen zur Philosophie der Geschichte der Menschheit*: "Der Menschenbär würde sein kaltes, der Menschenaffe sein warmes Vaterland lieben; so wie wir noch gewahr

Fremdes gegenüber. Sein Denken, Fühlen und Wollen scheint ihm als Willenskundgebung des Fremden, das wieder zum übermächtig Göttlichen wird.[111] Die Nation, Gott wird ein objektivierter Affekt[112] und nur bei der Bewusstwerdung in die Psyche reintegriert. Ein anderer Umgang damit ist allerdings, dass die Differenz zum Fremden, zum Anderen aufgehoben wird und zum Eigenen assimiliert wird.[113]

Eine Schwierigkeit psychohistorischer Betrachtungsweise ist, dass Nation und Nationalismus in tiefenpsychologischer Sicht je nach Grundlage der Autoren sehr unterschiedlich bewertet und interpretiert werden und – wie Erdheim zeigte – Freud und Abraham, wie auch andere Psychoanalytiker zu Zeiten des Ersten Weltkrigs durchaus regressiv reagierten, sich mit den Siegen identifizierten. Freuds Brief an Salomé vom 11. 12. 1914 kann man als Entweichen zu einer übergeordneten Vatervorstellung verstehen: "Wir haben abzutreten, und der oder das große Unbekannte hinter dem Schicksal wird ein solches Kulturexperiment einmal mit einer anderen Rasse wiederholen."[114] Das Phantasma des "guten Herrschers" taucht bei Freud immer wieder auf, und man gewinnt den Eindruck, dass er immer wieder mit der Enttäuschung über das Versagen der Herrschaft ringen muss.[115]

Nationalismus kann als eine Form kollektiver Selbstverteidigung von einer Krise partiell unterliegenden, vor ihren Anforderungen kapitulierenden und in die Sicherheiten einer gemeinsamen Volksideologie fliehenden Vertretern der nationalen Gruppen gesehen werden. Als eine bedeutende unterbewusste Kraft tritt hier hierbei häufig das Ressentiment auf. "Die Wendung zum Nationalismus geht auf eine Reihe von Faktoren zurück, von denen neben politisch-territorialen und sozialpsychologischen auch Persönlichkeitsfaktoren von entscheidender Bedeutung sind."[116] Man könnte z.B. interpretieren, dass der Melancholiker im Blick auf den Nationalismus die Emanzipation eher verweigert, der Schizoide sie in einer idealen Repräsentation des Vaters sieht, die er nicht real erleben kann.[117]

Nationalisten leben in einer virtuell destruktiven Welt. Es geht um ein Freund-Feind-Denken. Die Identifikation mit der eigenen Gruppe kann einen unbewussten

---

werden, dass, je tierischer eine Nation ist, desto mehr ist sie mit Banden des Leibes und der Seele an ihr Land und Klima befestigt." La Mettrie schrieb: "Das rohe Fleisch macht die Thiere wild; die Menschen würden bei derselben Nahrung es werden. Letzteres ist so wahr, dass die englische Nation, welche das Fleisch nicht so gekocht wie bei uns, sondern roth und blutig isst, an dieser mehr oder weniger grossen Wildheit... Theil zu nehmen scheint."

[111] Jung & Kerényi (1951), S. 19.

[112] "Die Nation besteht nicht aus der Masse, sondern aus der Aristokratie des Geistes: die Nation lebt nicht von der Vergangenheit, sondern von der Zukunft. Die Ziele der Nation werden ihr nicht von den Menschen gesteckt, sondern von dem Lenker aller Geschicke im Himmel, welcher die Nationen dahin stellt, wo sie stehn sollen, nicht damit sie glücklich seien, sondern damit sie seinen Heilsgedanken dienen." de Lagarde (1913), S. 76-77.

[113] Ein Beispiel ist die Legende von der glorreichen arischen Vergangenheit, wie sie der Wiener Guido von List in der Vorzeit das Nationalsozialismus formulierte und Autoren wie Langbehn, Avenarius, Diederich, die eine romantische und mystische Ideologie vertraten. Langbehn kam zu der etwas verrückt anmutenden Meinung, dass Christus ein Prototyp des Ariers sei. Mosse (1961), S. 84f.

[114] nach Erdheim (1984), S. 383.

[115] Erdheim (1984), S. 384-385.

[116] Fleischhauer (1982), S. 261.

[117] Lang (1978), S. 182.

Die mythischen Begründungen der Nationen

Prozess in Gang setzen, in dem der Nationalist seine Aggressionen in der Außengruppe objektiviert, während er sein Eros in der Binnengruppe verwirklicht.[118] Das ist ein Vorgang, den Fenichel projektive Identifizierung nannte. Das ermöglicht ihm, seine Ambivalenz zu überwinden. Er entledigt sich durch Übertragung auf die Außengruppe aller Elemente seiner Persönlichkeit, die er als unangepasste, unerwünschte und störende innere Regungen (schlechte innere Objekte) empfindet.

Nationalismus kann eine Verbindung von Regression und Projektion sein. Das national homogene Land und der politisch souveräne Staat können als eine Projektion des Primärnarzissmus[119] gesehen werden. Nationalismus wäre im Rahmen dieser Theorie eine kollektive Verneinung der Trennung von der Mutter mit allen ihren Gliedern (der Gesamtnation) und eine kollektive Projektion der narzisstischen Phantasien der einzelnen Glieder der Nation. Das Prinzip, dass die angestrebte glückliche Vereinigung mit der Mutter und die uneingeschränkte territoriale Souveränität durch den Vater bedroht wäre, ist mit jenem als Eindringenden und Unterdrücker identisch. Unterdrückt zu werden hieße, sich dem Realitätsprinzip zu unterwerfen, das durch den Vater verkörpert wird.[120] Die Nation erscheint wie eine kollektive Persönlichkeit, wie der Held[121], und jener bekommt bei Freud in der Bedrängung Züge des Paranoikers: "Das Vorbild, welches der Paranoiker im Verfolgungswahn wiederherstellt, liegt im Verhältnis des Kindes zu seinem Vater. Dem Vater kommt eine derartige Machtfülle in der Vorstellung des Sohnes regelmäßig zu, und es zeigt sich, dass das Misstrauen gegen den Vater mit seiner Hochschätzung innig verknüpft ist."[122] Eine Parallelisierung zum Individuellen erscheint auch bei Abraham, indem er schreibt: "Der Mythus ist ein Stück überwundenen infantilen Seelenlebens des Volkes. Er enthält (in verschleierter Form) die Kindheitswünsche des Volkes."[123] Abraham meint, dass sich das Volk mit der Hauptgestalt des Mythos identifiziert. "Jedes Volk will von einem Hauptgott abstammen..."; es werden die Phantasien an den Himmel projiziert.[124] Im nationalen Ideal kommen alle Gefährdungen der Themen der Adoleszenz vor (Größen- und Allmachtsphantasien, das Verhältnis zur Autorität, Loslösung von der Familie, Umgang mit aggressiven Tendenzen, sexuellen Wünschen und die Konfrontation mit dem Tod).[125]

---

[118] vgl. auch Berghold (2005), S. 119.

[119] Fetscher (1979), S. 130.

[120] Hier besteht eine Verknüpfung mit den Heldensagen. Nach Rank ist der Vater identisch mit dem König, dem tyrannischen Verfolger. Die erste Stufe der Milderung dieses Verhältnisses zeigen die Mythen, in denen die Loslösung des tyrannischen Verfolgers von dem wirklichen Vater versucht wird, aber noch nicht ganz vollzogen ist. Denn der tyrannische Verfolger ist noch verwandt mit dem Helden, und zwar ist es meist sein Großvater. Rank (2000), S. 117.

[121] Rank (2000), S. 51.

[122] Freud: Totem und Tabu (1913), S. 57.

[123] Abraham (1999), S. 291.

[124] Abraham (1999), S. 295; S. 319. Ähnlich dürfte man auch die Phantasiebeziehungen von Historikern zu ihren Helden sehen. Mitscherlich (1978), S. 197.

[125] Wirth (1987), S. 99.

Literaturangaben

Abraham, Karl (1999): Traum und Mythus. Eine Studie zur Völkerpsychologie. *In:* derselbe: Psychoanalytische Studien, Bd. I. Hg.: Cremerius, Johannes (Psychosozial-Verlag, Gießen 1999), S. 261-323.

Adriansen, Inge / Jenvold, Birgit (2001): Dänemark. Für Fahne, Sprache und Heimat. *In:* Flacke (2001a), S. 78-100.

Agrippa von Nettesheim (1913): Die Eitelkeit und Unsicherheit der Wissenschaften und die Verteidigungsschrift. Hg.: Mauthner, Fritz. Bd. 1 (Georg Müller, München, 2. Aufl. 1913).

Aleff, Eberhard (1970): Das Dritte Reich. (Fackelträger-Verlag, Hannover, 3. Aufl. 1970).

Althoff, Gerd (1988): Gloria et nomen perpetuum. Wodurch wurde man im Mittelalter berühmt? *In:* Althoff, Gerd / Geuenich, Dieter / Oexle, Otto Gerhard / Wollasch, Joachim (Hg.): Person und Gemeinschaft im Mittelalter. Karl Schmidt zum fünfundsechzigsten Geburtstag (Jan Thorbecke, Sigmaringen 1988), S. 298-313.

Aly, Götz (2005): Hitlers Volksstaat. Raub, Rassenkrieg und nationaler Sozialismus. (Bundeszentrale für politische Bildung, Bonn 2005).

Andlau, Peter von (1998): Kaiser und Reich. Libellus de Cesarea Monarchia. Hg.: Müller, Rainer A. (Insel Verlag, Frankfurt a. M. / Leipzig 1998, 1. Aufl. 1460).

Aretin, Karl Otmar Freiherr von (1989): Reichspatriotismus. *Aufklärung* 4 (1989), 25-36.

Arndt, Ernst Moritz (1805): Geist der Zeit, Teil I, 3. Aufl. *In:* Arndts Werke. Hg.: Leffson, August / Steffens, Wilhelm (Deutsches Verlagshaus Bong & Co, Berlin / Leipzig / Wien / Stuttgart, ohne Jahr, 1. Aufl. 1805).

Arndt, Ernst Moritz (1807): Geist der Zeit, Teil II. *Darin:* Friedensrede eines Deutschen. 2. Aufl. *In:* Arndts Werke. Hg.: Leffson, August / Steffens, Wilhelm (Deutsches Verlagshaus Bong & Co., Berlin / Leipzig / Wien / Stuttgart 1809, 1. Aufl. 1807).

Avnery, Uri (2002): Nationalmythos Dschenin. Wie Israels Premier Ariel Scharon Grundlagen für den Staat der Palästinenser legt. *Junge Welt*, 18. 4. 2002.

Beermann, Fritz (1959): Die tragenden Kräfte der "Nationalen Volksarmee". *die neue gesellschaft* 6 (1959), 101-110.

Bengler, Jakob (1919): Fürstliches Debacle. *In:* Bloch, Ernst: Kampf, nicht Krieg. Politische Schriften 1917-1919. Hg.: Korol, Martin (Suhrkamp Verlag, Frankfurt a. M. 1985), S. 368-370.

Berghold, Josef (2005): Das Unbehagen in der Globalisierung. *In:* Janus, L. / Galler, F. / Kurth, W. (Hg.): Symbolik, gesellschaftliche Irrationalität und Psychohistorie. *Jahrbuch für Psychohistorische Forschung*, 5 (2004) (Mattes Verlag, Heidelberg 2005), S. 117-120.

Berlin, Isaiah (1972): The Bent Twig. A Note on Nationalism. *Foreign Affairs* 51 (1972), 11-30.

Berlin, Isaiah (1990): Der Nationalismus. (Hain, Frankfurt/M., 1990).

Birtsch, Günter (1989): Erscheinungsformen des Patriotismus. *Aufklärung* 4 (1989), 3-5.

Blaz-ević, Z. (2003): Performing national identity: the case of Pavao Ritter Vitezović (1652-1713). *National Identitites* 5 (3) (2003), 251-267.

Bloch, Marc (1998): Die wundertätigen Könige. (C. H. Beck, München 1998).

Bock, Gisela (1993): Gleichheit und Differenz in der nationalsozialistischen Rassenpolitik. *Geschichte und Gesellschaft* 19 (1993), 277-310.

Boehm, Laetitia (1968): De Karlingis Imperator Karolus, Princeps et Monarcha Totius Europae. Zur Orientpolitik Karls I. von Anjou. *Historisches Jahrbuch* 88 (1968), 1-35.

Die mythischen Begründungen der Nationen 157

Bönnen, Gerold (1999): Nibelungenstadt, Nibelungenjahr, Nibelungenfestspiele. Aspekte. Rezeption in Worms von der Jahrhundertwende bis zum Zweiten Weltkrieg. *In:* Bönnen, Gerold / Gallé, Volker (Hg.): Ein Lied von gestern? Wormser Symposium zur Rezeptionsgeschichte des Nibelungenliedes. *Der Wormsgau*, BH 35 (1999), 37-82.

Bohn, Robert (2001): Norwegen. Die Erfindung einer Nation. *In:* Flacke (2001a), S. 248-268.

Bolz, Norbert (1989): Entzauberung der Welt und Dialektik der Aufklärung. *In:* Kemper (1989), S. 223-241.

Bowden, B. (2003): Nationalism and cosmopolitanism: irreconcilable differences or possible befellows? *National Identities* 5 (3) (2003), 231-249.

Bruckmüller, Ernst (2001): Österreich. "An Ehren und an Siegen reich". *In:* Flacke (2001a), S. 269-294.

Buisson, Ludwig (1988): Formen normannischer Staatenbildung (9.-11. Jahrhundert). *In:* Moltmann & Theuerkauf (1988), S. 291-380.

Burghartz, Susanna / Gilomen, Hans-Jürgen / Marchal, Guy P. / Schwinges, Rainer C./ Simon-Muscheid, Katharina (Hg., 1992): Spannungen und Widersprüche. Gedenkschrift für Frantisek Graus (Jan Thorbecke Verlag, Sigmaringen 1992).

Burckhardt, Jacob (1957): Gesammelte Werke Bd.1-10, Bd. V. (Wissenschaftliche Buchgesellschaft, Darmstadt 1955-1959), S. 30.

Cassirer, Ernst (1949): Vom Mythus des Staates. (Felix Meiner, Hamburg 2002, 1. Aufl. 1949).

Confino, A. / Skaria A. (2002): The Local Life of Nationhood. *National Identities* 4 (1) (2002), 7-24.

de Lagarde, Paul (1913): Deutscher Glaube. Deutsches Vaterland. Deutsche Bildung. (Eugen Diederichs, Jena 1913).

Delbrück, Hans (1914): Regierung und Volkswille. (Georg Stilke, Berlin 1914).

Der Prozess Jeanne d'Arc 1431-1456 (1961). Akten und Protokolle. Hg.: Schirmer-Imhoff, Ruth (dtv, München 1961).

Dinero, Steven (2004): New Identity/Identities Formulation in a Post-Nomadic Community: The Case of the Bedouin of the Negev. *National Identities* 6 (3) (2004), 261-275.

Dirks, Nicholas B. (1992): Rituelles Königtum und Kultur: Die politische Dynamik kulturellen Wandels in der mittelalterlichen Geschichte Südindiens. *In:* Eisenstadt, S. N. (Hg.): Kulturen der Achsenzeit II. Ihre institutionelle und kulturelle Dynamik. Teil 2. Indien (Suhrkamp, Frankfurt/M. 1992), S. 38-79.

Djuric, Mihailo (1979): Mythos, Wissenschaft, Ideologie. (Rodopi, Amsterdam 1979).

Divisio regnorum, 6. Februar 806 (1970). *In:* Borst, Arno / Fleckenstein, Josef / Reindel, Kurt (Hg.): Die Kaiserkrönung Karls des Großen. (Vandenhoeck & Ruprecht, Göttingen 1970).

Duchardt, Heinz (1983): Quellen zur Verfassungsentwicklung des Heiligen Römischen Reiches Deutscher Nation (1495-1806). (Wissenschaftliche Buchgesellschaft, Darmstadt 1983).

Durkheim, Emile (1984): Die elementaren Formen des religiösen Lebens. (Suhrkamp, Frankfurt/M., 2. Aufl.1984, Orig. 1968).

Ehmke, Horst (1979): Was ist des Deutschen Vaterland? *In:* Habermas (1979), S. 51-76.

Eisenhardt, Ulrich (1980): Die kaiserlichen privilegia de non appellando (Böhlau, Köln / Wien 1980).

Eisenstadt, Shmuel N. (1992): Die japanische Geschichtserfahrung. *In:* Eisenstadt, S. N. (Hg.): Kulturen der Achsenzeit II. Ihre institutionelle und kulturelle Dynamik. Teil 1. China, Japan (Suhrkamp, Frankfurt a. M. 1992), S. 235-241.

Enderwitz, Ulrich (1990): Reichtum und Religion. Der Mythos vom Heros (Ca-Ira-Verlag, Freiburg/Br.

1990).

Erdheim, Mario (1984): Die gesellschaftliche Produktion von Unbewußtheit. Eine Einführung in den ethnopsychoanalytischen Prozeß (Suhrkamp, Frankfurt/M 1984).

Erkens, Franz-Reiner (Hg., 2002): Sakralität von Herrschaft. *Darin:* Streck, Bernhard: Das Sakralkönigtum als archaistisches Modell. Wilcke, Claus: Vom göttlichen Wesen des Königtums und seinem Ursprung im Himmel. u.a. Artikel (Akademie-Verlag, Berlin 2002).

Fetscher, Iring (1979): Die Suche nach der nationalen Identität. *In:* Habermas (1979), S. 115-131.

Fichte, Johann Gottlieb (1845/46): Reden an die deutsche Nation. *In:* Sämtliche Werke Bd. 1-8, Bd. 7 (Veit & Comp., Berlin 1845/46).

Flacke, Monika (Hg., 2001a): Mythen der Nationen. Ein europäisches Panorama (Koehler & Amelang, München, 2. Aufl. 2001).

Flacke, Monika (2001b): Deutschland. Die Begründung der Nation aus der Krise. *In:* Flacke (2001a), S. 101-128.

Fleischhauer, Ingeborg (1982): Zur psychohistorischen Genese des modernen Nationalismus im Zarenreich. *Geschichte und Gesellschaft* 8 (1982), 258-279.

Fontane, Theodor (1973): Frau Jenny Treibel. *In:* Romane und Erzählungen in acht Bänden. Goldammer, Peter / Erler, Gotthard / Golz, Anita / Hahn, Jürgen (Hg.), Bd. 6 (Aufbau-Verlag, Berlin / Weimar, 2. Aufl. 1973), S. 282 f.

François, Etienne / Schulze, Hagen (2001): Das emotionale Fundament der Nationen. *In:* Flacke (2001a), S. 17-32.

Freud, Sigmund (1913): Totem und Tabu. (Fischer Verlag, Frankfurt/M., 13. Aufl. 1974, 1. Aufl. 1913).

Fuhrmann, Horst (1984): Rex canonicus – Rex clericus? *In:* Fenske, Lutz / Rösener, Werner / Zotz, Thomas (Hg.): Institutionen, Kultur und Gesellschaft im Mittelalter. Festschrift für Josef Fleckenstein zu seinem 65.Geburtstag (Thorbecke Verlag, Sigmaringen 1984), S. 321 –326.

Gabelmann, Hanns (1984): Antike Audienz- und Tribunalszenen. (Wissenschaftliche Buchgesellschaft, Darmstadt 1984).

Galling, Kurt (Hg., 2000): Die Religion in Geschichte und Gegenwart. (Directmedia, Berlin, 2. elektronische Ausgabe der 3. Aufl. 2000).

Gamm, Gerhard (1989): Wahrheit aus dem Unbewussten? Mythendichtung bei C. G. Jung und Sigmund Freud. *In:* Kemper (1989), S. 148-175.

Goethe, Johann Wolfgang v. (1960): Ältere Perser. *In:* Berliner Ausgabe. Siegfried Seidel (Hg.): Poetische Werke, Bd. 1-16. Kunsttheoretische Schriften und Übersetzungen (Bd.17-22), Bd. 3 (Aufbau-Verlag, Berlin, 1960), S. 176.

Graus, Frantisek (1986): Verfassungsgeschichte des Mittelalters. *Historische Zeitschrift* 243 (1986), 529-589.

Greiffenhagen, Martin / Greiffenhagen, Sylvia (1993): Eine Nation: Zwei politische Kulturen. *In:* Weidenfeld (1993a), S. 29-45.

Greverus, Ina-Maria (1989): Wem gehört die Heimat? *PP-Aktuell* 8 (1989), 163-179.

Groys, Boris (2002): Politik der Unsterblichkeit. Vier Gespräche mit Thomas Knoefel (Carl Hanser Verlag, München / Wien 2002).

Habermas, Jürgen (Hg., 1979): Stichworte zur "Geistigen Situation der Zeit". 1. Band, Nation und Republik (Suhrkamp, Frankfurt/M. 1979).

Hauser, Oswald (Hg., 1981): Geschichte und Geschichtsbewusstsein. (Muster-Schmidt Verlag, Göttingen/Zürich 1981).

Die mythischen Begründungen der Nationen

Held, Karl / Ebel, Theo (1983): Krieg und Frieden. Politische Ökonomie des Weltfriedens (Suhrkamp, Frankfurt a. M. 1983).

Helle, Andreas (1994): Demokratisierung und regionaler Protest in Ulster 1885-1923. *Geschichte und Gesellschaft* 20 (1994), 324-348.

Hellmuth, Eckhart (1995a): Einleitung. *Aufklärung* 10 (1995), 3-10.

Hellmuth, Eckhart (1995b): Die "Wiedergeburt" Friedrichs des Großen und der "Tod fürs Vaterland". Zum patriotischen Selbstverständnis in Preußen in der zweiten Hälfte des 18. Jahrhunderts. *Aufklärung* 10 (1995), 23-54.

Helmold von Bosau (1999): Slavenchronik. *In:* Quellensammlung mittelalterlicher Geschichte. Fontes medii aevi. CD-ROM (Heptagon, Berlin 1999).

Hennig, Eike (1991): Die Republikaner im Schatten Deutschlands. Eine Studie (Suhrkamp, Frankfurt a. M. 1991).

Herder, Johann Gottfried (1965): Ideen zur Philosophie der Geschichte der Menschheit. *In:* Stolpe, Heinz (Hg.): Johann Gottfried Herder, Bd. 1, 2. (Aufbau-Verlag, Berlin / Weimar 1965), Bd. 1, S. 149.

Herder, Johann Gottfried (1971): Briefe zur Beförderung der Humanität. *In:* Stolpe, Heinz / Kruse, H.-J. / Simon, D. (Hg.): Johann Gottfried Herder, Bd. 1 und 2 (Aufbau Verlag, Berlin / Weimar 1971), Bd. 1, S. 92, und Bd. 2, S. 161.

Hirschberg, Leopold (1919): Die Kriegsmusik der deutschen Klassiker und Romantiker. (Friedrich Vieweg, Berlin 1919).

Hoke, Rudolf (1969): Die rechtliche Stellung der national gemischten Bevölkerung am Nordrand der Adria im mittelalterlichen deutschen Reich. *Zeitschrift der Savigny-Stiftung für Rechtsgeschichte* 86 (1969), 41-74.

Hübner, Kurt (1981): Über verschiedene Zeitbegriffe in Alltag, Physik und Mythos. *In:* Korff, F. W. (Hg.): Redliches Denken. Festschrift für Gerd-Günther Grau zum 60. Geburtstag (Frommann-Holzboog, Stuttgart 1981), S. 20-30.

Jung, C. G. / Kerényi, K. (1951): Einführung in das Wesen der Mythologie. (Rhein-Verlag, Zürich, 4. rev. Aufl. 1951).

Kappeler, Andreas (1982): Historische Voraussetzungen des Nationalitätenproblems im russischen Vielvölkerreich. *Geschichte und Gesellschaft* 8 (1982), 159-183.

Kemper, Peter (Hg., 1989): Macht des Mythos – Ohnmacht der Vernunft? (Fischer Verlag, Frankfurt a. M. 1989).

Kleinschmidt, Harald (1979): Untersuchungen über das englische Königtum im 10. Jahrhundert. (Musterschmidt, Göttingen 1979).

Koll, Johannes (2001): Belgien. Geschichtskultur und nationale Identität. *In:* Flacke (2001a), S. 53-77.

Kopp, Fritz (1981): Der Nationsbegriff in West- und Mitteldeutschland. *In:* Hauser (1981), S. 167-182.

Krabs, Otto (1996): Wir, von Gottes Gnaden. Glanz und Elend der höfischen Welt (C. H. Beck, München 1996).

Krämer, Gudrun (2005): Geschichte des Islam (Bundeszentrale für politische Bildung, Bonn 2005).

Künneth, Walter / Schreiner, Helmuth (Hg., 1934): Die Nation vor Gott. Zur Botschaft der Kirche im Dritten Reich (Wichern Verlag, Berlin 1934).

La Mettrie (1875): Der Mensch eine Maschine. Hg.: Ritter, A. (Erich Koschny Verlag, Berlin 1875).

Lang, Hermann (1978): Psychiatrische Perspektiven zur Frage nach dem Vater. *In:* Tellenbach, Hubertus (Hg.): Das Vaterbild im Abendland I. (Kohlhammer, Stuttgart / Berlin / Köln / Mainz 1978), S. 179-191.

Leibniz, Gottfried Wilhelm (1879): Die Theodicee. Hg.: von Kirchmann, J. H.(Dürr, Leipzig 1879).

Liber Pontificalis, Vita Leonis III (XI-XXVI) (1970). *In:* Borst, Arno / Fleckenstein, Josef / Reindel, Kurt (Hg.): Die Kaiserkrönung Karls des Großen. (Vandenhoeck & Ruprecht, Göttingen, 2. Aufl. 1970).

Liebrucks, Bruno (1982): Irrationaler Logos und rationaler Mythos. (Verlag Königshausen und Neumann, Würzburg 1982).

Lichtenberg, Georg Christoph (1967): Sudelbuch. Bd. 2. *In:* Lichtenberg, Georg Christoph: Schriften und Briefe. Hg.: Promies, Wolfgang. Bd. 1-3 (Karl Hanser, München 1967).

Maaz, Hans-Joachim (1993): Eine Therapie für Deutschland? Psychosoziale Aspekte im deutschen Einigungsprozeß. *In*: Weidenfeld (1993a), S. 83-95.

Mader, Eric Oliver (2005): Die letzten "Priester der Gerechtigkeit". Die Auseinandersetzung der letzten Generation von Richtern des Reichskammergerichts mit der Auflösung des Heiligen Römischen Reiches Deutscher Nation. Colloquia Augustana Bd. 20 (Akademie-Verlag, Berlin 2005).

Mann, Golo (1958): Deutsche Geschichte des XX. Jahrhunderts. (Büchergilde Gutenberg, Frankfurt a. M. 1958).

Marchal, Guy P. (1992): Das Mittelalter und die nationale Geschichtsschreibung der Schweiz. *In:* Burghartz et al. (1992), S. 91-108.

Marx, Christoph (1991): Afrikaaner Nationalismus und die Errichtung des Rassenstaates in Südafrika 1910. *Geschichte und Gesellschaft* 17 (1991), 30-60.

Mick, Christoph (2004): "Den Vorvätern zum Ruhm – den Brüdern zur Ermutigung". Variationen zum Thema Grunwald / Tannenberg. *zeitenblicke* 3 (2004), Nr. 1 (9. 6. 2004), URL: http://zeitenblicke.historicum.net/2004/01/mick/index.html.

Millar, John (1771): Vom Ursprung des Unterschied in den Rangordnungen und Ständen der Gesellschaft (Suhrkamp, Frankfurt/M. 1987, 1. Aufl. 1771).

Mitscherlich, Alexander (1978): Könige sind archetypische Großväter. *In:* ders: Das Ich und die Vielen (R. Piper & Co., München / Zürich 1978), S. 196-211.

Möhring, Hannes (2000): Der Weltkaiser der Endzeit. Entstehung, Wandel und Wirkung einer tausendjährigen Weissagung (Jan Thorbecke Verlag, Stuttgart 2000).

Moltmann, Günter / Theuerkauf, Gerhard (Hg., 1988): Ludwig Buisson. Lebendiges Mittelalter. Aufsätze zur Geschichte des Kirchenrechts und der Normannen. Festgabe zum 70. Geburtstag (Böhlau Verlag, Köln / Wien 1988).

Mosse, G. L. (1961): The Mystical Origins of National Socialism. *Journal of the History of Ideas* 22 (1961), 81-96.

Müller, Jost (1995): Mythen der Rechten. Nation, Ethnie, Kultur (Edition ID-Archiv, Berlin / Amsterdam 1995).

Münch, Paul (1980): Göttliches oder weltliches Recht? Zur Kontroverse des J. Althusius mit den Herborner Theologen (1601). *In:* Quarthal, Franz / Setzler, Wilfried (Hg.): Stadtverfassung, Verfassungsstaat, Pressepolitik. Festschrift für Eberhard Naujoks zum 65. Geburtstag (Jan Thorbecke Verlag, Sigmaringen 1980), S. 15-32.

Münkler, Herfried (1989): Das Reich als politische Vision. *In:* Kemper (1989), S. 336-358.

Mutterlose, Frank / Belz, Friedemann (2004): Deutschsein als Negativität: Sein durch Nicht-Sein. *Verhaltenstherapie & psychosoziale Praxis* 36 (2004), 301-312.

Neumann, Friedrich (1967): Das Nibelungenlied in seiner Zeit. (Vandenhoeck & Ruprecht, Göttingen 1967).

Oexle, Otto Gerhard (1992): Das Mittelalter und das Unbehagen an der Moderne. Mittelalterbeschwörungen in der Weimarer Republik und danach. *In:* Bunghartz et al. (1992), S. 125-169.

Perkins, J. / Patrikeef, F. (2001): National Identity Formation in the Baltic Provinces of the Russian Empire: The Skerst Family in the Nineteenth and Twentieth Centuries. *National Identities* 3 (1) (2001), 37-49.

Phillips, A. / James, P. (2001): National Identity between Tradition and Reflexive Modernisation: The Contradictions of Central Asia. *National Identities* 3 (1) (2001), 23-35.

Porciani, Ilaria (2001): Italien. "Fare gli italiani". *In:* Flacke (2001a), S. 199-222.

Rank, Otto (2000): Der Mythus von der Geburt des Helden. Versuch einer psychoanalytischen Mythendeutung (Verlag Turia + Kant, Wien 2000, Nachdruck der 2. Aufl. von 1922).

Rau, Reinhold (Hg., 1993): Quellen zur karolingischen Reichsgeschichte. T. 1. *Darin:* Die Reichsannalen (Wissenschaftliche Buchgesellschaft Darmstadt, Nachdruck 1993).

Rieger, Dietmar (2001) : Jeanne d'Arc canonisée et non canonisée. Remarques sur la Pucelle littéraire au XXe siècle. *Romanistische Zeitschrift für Literaturgeschichte / Cahiers d'Histoire des Littératures Romanes* 25 (2001), 361-379.

Rusconi, Gian Enrico (1993): Erneutes Nachdenken über die Nation. Zwischen regionalem Separatismus und europäischer Vision. *Neue Hefte für Philosophie* 34 (1993), 42-65.

Salewski, Michael (1981): Nationalbewusstsein und historisches Selbstverständnis, oder: Gibt es neue Wege historischen Erkennens? *In:* Hauser (1981), S. 19-46.

Schmidbauer, Wolfgang (1999): Mythos und Psychologie. (Ernst Reinhardt Verlag, München / Basel, 2. akt. Aufl. 1999).

Schmidt, Alfred (1989): Deutungen des Mythos im achtzehnten und neunzehnten Jahrhundert. Von Heyne zu Marx. *In:* Kemper (1989), S. 125-147.

Schreiner, Helmuth (1934): Drei Grundprobleme nationalpolitischer Erziehung. *In:* Künneth & Schreiner (1934), S. 205-240.

Schweitzer, Albert (1923): Verfall und Wiederaufbau der Kultur. (C. H. Beck'sche Verlagsbuchhandlung, München, 10. Aufl. 1951, 1. Aufl. 1923).

Sieber-Lehmann, Claudius (1991): "Teutsche Nation" und Eidgenossenschaft. Der Zusammenhang zwischen Türken- und Burgunderkriegen. *Historische Zeitschrift* 253 (1991), 561-602.

Skalweit, Stephan (1958): Karl V. und die Nationen. *Saeculum* 9 (1958), 379-392.

Sorel, Georges (1921): Réflexions sur la violence. (M. Reviere, Paris 1921).

Speth, Rudolf (1995): Der Reichstag als politisches Kollektivsymbol. Anmerkungen zum deutschen Nationalmythos. http://www.zlb.de/projekte/kulturbox-archiv/buch/speth3.htm.

Stauber, Reinhard (1995): Vaterland – Provinz – Nation. Gesamtstaat, Länder und nationale Gruppen in der österreichischen Monarchie 1750-1800. *Aufklärung* 10 (1995), 55-72.

Stolleis, Michael (1989): Reichspublizistik und Reichspatriotismus vom 16. zum 18. Jahrhundert. *Aufklärung* 4 (1989), 7-23.

Straub, Johannes (1986): Reichsbewusstsein und Nationalgefühl in den römischen Provinzen. Spanien und das Imperium Romanum in der Sicht des Florus. *In:* derselbe: Regeneration imperii. Bd. II (Wissenschaftliche Buchgesellschaft, Darmstadt 1986), S. 39-62.

Topitsch, Ernst (1969): Mythos – Philosophie – Politik. Zur Naturgeschichte der Illusion (Verlag Rombach & Co., Freiburg/Br. 1969).

Uffenheimer, Benjamin (1987): Mythos und Realität im alten Israel. *In:* Eisenstadt, S. N. (Hg.): Kulturen der Achsenzeit. Ihre Ursprünge und Vielfalt. Teil I. Griechenland, Israel, Mesopotamien (Suhrkamp, Frankfurt a. M. 1987), S. 192-239.

Weber, Max (1921-1922): Wirtschaft und Gesellschaft. Grundriss der verstehenden Soziologie. 5. rev. Aufl., Besorgt von Johannes Winckelmann (J. C. B. Mohr, Tübingen, 5. rev. Aufl. 1980, 1. Aufl. 1921-1922).

Weidenfeld, Werner (Hg., 1993a): Deutschland. Eine Nation – doppelte Geschichte (Verlag Wissenschaft und Politik, Köln 1993).

Weidenfeld, Werner (1993b): Deutschland nach der Vereinigung: Vom Modernisierungsschock zur inneren Einheit. *In:* Weidenfeld (1993a), S. 13-26.

Wendland, Heinz-Dietrich (1934a): Staat und Reich. *In:* Künneth & Schreiner (1934), S. 176-204.

Wendland, Winfried (1934b): Kunst und Nation (Reimar Hobbing, Berlin 1934).

Werner, Karl Ferdinand (1987): Gott, Herrscher und Historiograph. Der Geschichtsschreiber als Interpret des Wirkens Gottes in der Welt und Ratgeber der Könige (4.-12. Jahrhundert). *In:* Hehl, Ernst-Dieter / Seibert, Hubertus / Staab, Franz (Hg.): Deus qui mutat tempora. Festschrift für Alfons Becker zu seinem 65. Geburtstag (Jan Thorbecke Verlag, Sigmaringen 1987), S. 1-31.

Widmer, Werner (1985): Felicium temporum reparatio. *In:* Reinle, Adolf / Schmugge, Ludwig / Stotz, Peter (Hg.): Variorum munera florum. Latinität als prägende Kraft mittelalterlicher Kultur. Festschrift für Hans F. Häfele zu seinem 60. Geburtstag (Jan Thorbecke Verlag, Sigmaringen 1985), S. 11-17.

Wiedemann, Conrad (1989): Zwischen Nationalgeist und Kosmopolitismus. Über die Schwierigkeiten der deutschen Klassiker, einen Nationalhelden zu finden. *Aufklärung* 4 (1989), 75-101.

Wiesehöfer, Josef (2005): Das antike Persien. (Albatros, Düsseldorf 2005).

Wilkiewicz, Zbigniew R. (2000): Die großen nationalen Mythen Polens. *In:* Bizeul, Yves (Hg.): Politische Mythen und Rituale in Deutschland, Frankreich und Polen. (Duncker & Humblodt, Berlin 2000), S. 38 f.

Wirth, Hans-Jürgen (1987): Die Sehnsucht nach Vollkommenheit. Zur Psychoanalyse der Heldenverehrung. *Psychosozial* 31 (1987), 96-113.

Zitelmann, Rainer (1993): Wiedervereinigung und deutscher Selbsthass. Probleme mit dem eigenen Volk. *In:* Weidenfeld (1993a), S. 235-248.

Karam Khella

Die Universalistische Erkenntnis- und Geschichtstheorie und ihre Bedeutung für die psychohistorische Forschung[1]

Die psychohistorische Forschung war schon immer ein blinder Fleck der Geschichtswissenschaft. Mein Referat möchte ich mit dem Ausdruck der Anerkennung für Ihre Arbeit auf diesem Gebiet beginnen. Ich gratuliere Ihnen für Ihre Entscheidung, diesen Auftrag wahrzunehmen. Es gibt keinen Zweifel daran, dass ein dringender Handlungsbedarf besteht, diese Forschungslücke zu schließen. Haben Sie aufrichtigen Dank dafür.

Ein Grund, warum Historiker Abstand davon genommen haben, emotionale, psychosoziale Faktoren und ihren Anteil am historischen Prozess zu erforschen, hängt wohl damit zusammen, dass es an geeigneten Untersuchungsmethoden fehlte. Die vorherrschenden Methoden und Theorien vermochten es nicht, diese Theorielücke zu schließen. Weder der Geschichtspositivismus noch der dialektische und historische Materialismus verfügen über die Epistemologie und Methodologie, die dazu notwendig wären.

Die Universalistische Erkenntnis- und Geschichtstheorie ist geradezu der berufene theoretische Rahmen, in dem die psychohistorische Forschung den angemessenen Ort findet, von wo aus sie die Psychodynamik als Geschichtsfaktor erforscht und die psychosozialen Anteile unter die Triebkräfte des historischen Prozesses einordnet.

Einleitend beginne ich mit der Erläuterung einiger Grundbegriffe. Es folgt eine Darstellung des Aufbaues und der Systematik der Universalistischen Erkenntnistheorie – im folgenden kurz "Universalismus" genannt. Anschließend gehe ich auf die Einordnung und den Auftrag der psychohistorischen Forschung aus universalistischer Sicht ein. Am Schluss erläutere ich die drei im Titel der Veranstaltung angekündigten Begriffe – Universalismus, Einheit, Humanismus – und ihren Zusammenhang zur Thematik.

I.

Universalistische Erkenntnistheorie

Die Kapitelüberschrift "Universalistische Erkenntnistheorie" besteht aus drei Grundbegriffen des philosophischen Denkens: "Erkenntnis", "Theorie", "Universalistisch".

---

[1] Vortrag auf der 20. Jahrestagung der Deutschen Gesellschaft für Psychohistorische Forschung vom 24. bis 26. März 2006 in Hamburg.

Alle drei sollen erläutert werden, wobei der Universalismusbegriff erst weiter unten definiert wird.

"Erkenntnis"

Die philosophische "Erkenntnis" ist im wesentlichen keine andere als die allgemeinmenschliche, alltägliche Erkenntnis. Sie ist eine spezifische Eigenschaft des Menschen, die ihn gegenüber allen anderen Lebewesen abhebt. Bei dieser Allgemeinheit der Erkenntnisfähigkeit wundert es, welche dramatische Rolle "Erkenntnis" in der Religions- und Philosophiegeschichte spielt.

Schon seit Urzeiten hat ein Bewusstsein vom Erkenntnisproblem bestanden. Die biblische Geschichte beginnt gerade mit der Darstellung des Konflikts um die Erkenntnis, der ja einen sehr tragischen Ausgang hatte. Der Baum der Versuchung im Paradies trägt den Namen "Baum der Erkenntnis". Im Gegenzug sprachen auch alte Religionen von der "alle erlösenden Erkenntnis" ("Gnosis"). Damit haben sie sich dem Erkenntnisproblem gestellt. Sie haben dann eine Handlungsanleitung zur *"Erlösung durch Erkenntnis"* gegeben. Altägyptische philosophische Anschauungen haben Wege zur Erlangung der *"wahren Erkenntnis"* vorgeschlagen.

Bei den Auseinandersetzungen um die Erkenntnis ging es um viele Einzelaspekte. Philosophisch besonders bedeutsam ist die Frage Erkennbarkeit oder Unerkennbarkeit des Seins, Gnosis versus Agnosis.

In der klassischen Literatur werden für "Erkenntnis" zwei Begriffe der Koine verwendet: "gnosis" und "epistema". Gnosis bedeutet Wissen, epistema Erkenntnis. Für andere Schulen bedeutet Gnosis Erkenntnis. Zu diesen zählt auch die geistesgeschichtlich bedeutsame Religionsphilosophie, die sich selbst als "Gnosis" bezeichnet. Epistema wird auch im Sinne von Wissen verwendet. Je nach Geistesrichtung kann jeder der beiden Termini als "Wissen" oder "Erkenntnis" definiert werden. Man beachte dabei, dass "Wissen" und "Erkenntnis" auch in der klassischen Literatur als zwei unterschiedliche Kategorien gegeneinander abgegrenzt wurden. Plotin z.B. verwendet "epistema" im Sinne von Erkenntnis. Bei der Übersetzung dieses Begriffspaars soll stets darauf geachtet werden, welche Schule oder welcher Autor jeweils zu Wort kommt. Ein ganz anderer ist der Ausdruck "Hermeneutik". Sie liegt sowohl der Epistema als auch der Gnosis zugrunde. Am Anfang der Denkhierarchie steht stets die Hermeneutik. Nach diesem sprachgeschichtlichen, linguistischen Exkurs kommen wir wieder zum Ausgangsproblem zurück: "Erkennbarkeit" versus "Unerkennbarkeit".

In der Neuzeit haben sich alle marxistischen Schulen der Reihe nach mit hohem Anspruch auf Gültigkeit für die "Erkennbarkeit" ausgesprochen. Das Problem der Unerkennbarkeit blieb indes ungelöst. Die Odyssee durch die Theoriegeschichte wurde nicht abgeschlossen. Die lange Irrfahrt der Schulen hielt weiterhin an.

"Theorie"

Entgegen der generell herrschenden Auffassung ist der Ausdruck "Theorie" nicht griechisch. Er ist arabischen Ursprungs, aus "tura" (wörtl. "es wird gesehen"), und bedeutet die "Sehweise", "Sicht", "Schau", "Anschauung".

Die Universalistische Erkenntnis- und Geschichtstheorie

Über die Notwendigkeit der Theorie brauchen wir nicht zu streiten. Sie ist ein Wegweiser des fachlichen Denkens. Sie dient der Orientierung und der Vertiefung. Insbesondere ist sie bei abstraktem Denken unverzichtbar. Noch notwendiger ist die Theorie als Anleitung bei Arbeiten mit Anspruch. Aber auch in der Praxis ist sie ein notwendiger Begleiter, wenn das Handeln nicht intuitiv, spontan und ziellos ablaufen soll. Planmäßige, programmatische, zielorientierte Praxis ohne Theorie ist undenkbar; sie wäre verantwortungsloser Aktionismus. In einigen klassischen Schriften wird die Theorie als Waffe beschrieben. Die Einsicht in die Notwendigkeit der Theorie ist zwar kein Konsens, wird aber selbst von Theoriegegnern zumindest nicht offensiv angegriffen. Nach dem Mephistospruch "Grau ist alle Theorie – Grün ist des Lebens goldener Baum" handeln viele. Trotz alledem genießt die Theorie eine Ehrenstellung. Doch mit dem Lob der Theorie wird die Kehrseite der "Theorie" übersehen.

Theorie ist eine Falle.

Jede Theorie ist bestrebt, ihre Richtigkeit zu behaupten. Wendet man sie bei einer Abhandlung an, so führt sie zwingend dahin, dass die Ergebnisse dieser Ausarbeitung die Richtigkeit der angewandten Theorie bestätigen. Diese Eigenschaft wohnt jeder Theorie inne, sonst wird sie bei nächster Gelegenheit verworfen. Aber die Eigenschaft "Selbstbehauptung" geht auf die nachfolgende Theorie über. Bei dieser Relativierung ist es richtig zu sagen, jede Theorie hat bei der Anwendung den Trend, sich selbst zu bestätigen. Festgestellte Fakten und ermittelte Befunde werden durch die vorhandene Theorie interpretiert und führen somit notwendig zur Bestätigung der Theorie. Die Ergebnisse bestätigen die Voraussetzungen. Denn die "Voraussetzungen" haben sich bereits durch ihre theoretisch bestimmte Auswahl auf eine Richtung festgelegt. Noch schärfer formuliert: Die Resultate sind vorgegeben.

Die naheliegende Lösung, man verzichte auf eine Theorie und den Gebrauch von Theorien, ist ein Notausgang, der sehr oft begangen wird, insbesondere im Empirismus. Es ist der Weg des geringsten Widerstands, der aber in das Vakuum führt. Der gegenwärtige Wissenschaftsbetrieb ist extrem empiristisch beherrscht und ganz gewiss atheoretisch.

Der Verzicht auf "Theorie" in Wissenschaft und Praxis ist ein gefährlicher Kurzschluss. Es heißt, man wandert durch ein unbekanntes Gebiet im Dunkeln ohne Beleuchtung und ohne Landkarte. Man dreht sich im Labyrinth.

Die Theorielosigkeit ist selbst eine theoretische Einstellung – mit negativem Vorzeichen. Die bewusste Theorielosigkeit und die Arroganz gegen die Theorievertreter sind sogar die schlechteste Variante aller Theorien.

Theorie ist notwendig!

Theorie ist eine Falle!

Ein wahrhaft schweres Dilemma; was tun?

"Hermeneutik"

"Hermeneutik" bedeutet "Verstehen". Das Wort ist koptisch. Der älteste mir bekannte Beleg für den Ausdruck "Hermeneutik" geht auf das erste/zweite christliche Jahrhundert zurück. Es handelt sich um das Evangelium nach Thomas (koptisch), Kapitel 1, Vers 1. Der Begriff wird auch dort im Sinne des heute üblichen Gebrauchs verwendet: Selig sei der, der diesen Text liest und seinen (verborgenen) Sinn begreift. Hermeneutik ist die Basis eines jeden kognitiven Vorgangs.

Im speziellen Sinne wird der Begriff "Hermeneutik" als bewusster Versuch des Verstehens begriffen. Dazu aber wird besonderer Wert auf den Grundsatz gelegt, die Dinge so zu verstehen, wie sie – an sich – sind, und nicht so, wie der Betrachter sie gern haben möchte.

Schon von alters her wurde der Hermeneutikbegriff auf das Verstehen von (geschriebenen) Texten eingeengt. Konsequent müsse man diese Texte so verstehen, wie der oder die Urheber sie gemeint habe(n), nicht so wie der Leser sie verstanden haben will. Deshalb sei vor dem verbreiteten Irrtum gewarnt, Hermeneutik in die Nähe von "Erklärung", "Auslegung" oder "Kommentar" zu bringen. "Hermeneutik" und "Erklärung" sind keine Synonyme, sondern sie bilden eher einen Gegensatz. Die Hermeneutik schließt eine Auslegung nicht aus, das sind aber zwei verschiedene, aufeinanderfolgende Prozesse. Auf jeden Fall gilt es, erst die "Hermeneutik", dann die "Erklärung", "Auslegung", "Kommentierung" durchzuführen.

> *Definition:* Hermeneutik ist das "Verstehen" des Neuen durch die Aktivierung des gespeicherten Wissens, das mit dem neuen Gegenstand zusammenhängt. Aus Bekanntem wird auf Unbekanntes geschlossen, aus Altem wird Neues begriffen.

Um Erkenntnisprobleme zu diagnostizieren, ist ein näheres Beleuchten des Prozesses eines Erkenntnisvorganges notwendig.

"Hermeneutischer Zirkel"

"Hermeneutischer Zirkel" bedeutet "kreisförmiger Vorgang des Verstehens und der Erkenntnis neuer Phänomene". "Zirkel" oder "kreisförmig" bedeutet in diesem Kontext "Hin- und Rückweg". Der hermeneutische Zirkel ist ein notwendiger Vorgang zum Verstehen neu auftretender Erscheinungen. Man überträgt bereits erkanntes Vorwissen auf neue Phänomene, um durch das Bekannte das Unbekannte zu ermitteln.

Auch ohne formalisierte Ausbildung und den Besuch studienvorbereitender Schulen sammeln alle Menschen während eines lebenslangen Lernens Erkenntnisse. Wenn wir beispielsweise von Erfahrung oder Weisheit sprechen, reden wir von erworbenen, erlernten Werten, ohne dass ein Schulbesuch vorausgesetzt werden muss. Jeder Mensch verfügt über Erfahrungen und Erfahrungswerte. Jeder ist imstande, seine Erfahrungen zu reflektieren, auszuwerten und daraus Konsequenzen für Theorie und Praxis zu ziehen. Die Erfahrungen sind nicht nur eine wichtige Quelle der Erkenntnis; vielmehr sind sie die wichtigsten und verlässlichsten Ressourcen für den Menschen überhaupt, um neue Einsichten gewinnen zu können. Kein Mensch ist ausgeschlossen. Fazit: Jeder Mensch ist unabhängig von einer formalisierten Ausbildung erkenntnisfähig. Es fragt sich, wie der Prozess des Verstehens funktioniert.

a) Bei der Beobachtung eines neuen, dem Betrachter unbekannten Phänomens entsendet er Strahlen vom Gehirn auf den Gegenstand mit dem Auftrag, ein Abbild von ihm zu erstellen.
b) Die Strahlen kehren zum Gehirn mit einer Abbildung zurück.
c) Das erstellte Bild wird im Gehirn analysiert. Die Komponenten werden ausdifferenziert in solche, welche dem Betrachter aus früheren Erfahrungen vertraut sind, und solche, die unbekannt sind.
d) Folglich wird das neue Phänomen einer dem Betrachter bekannten Gattung zugeordnet (es gehört der Gruppe der Rosen, der Schmetterlinge, der Gestirne, der religiösen Ideenlehre, der Linguistik usw. an).
e) Aus den bekannten Elementen des Gegenstandes wird auf das Unbekannte geschlossen.
f) Mit dem gewonnenen Ergebnis der Analyse kehren die Strahlen auf den Gegenstand zurück, um festzustellen, dass die Auswertung und Kategorisierung tatsächlich zutreffen.
g) Schließlich kehren die Strahlen zum Gehirn zurück. Im positiven Fall wird das Ergebnis bestätigt, im anderen Fall revidiert, um weiter zu untersuchen.

Alle oben ausgeführten Schritte dienen dem Verstehen des unbekannten Gegenstandes. Da es sich um einen kreisförmigen Vorgang handelt (vom Gehirn zum Gegenstand und zurück), wird der Vorgang des Verstehens als "hermeneutischer Zirkel" bezeichnet.

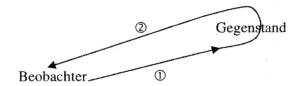

Abb. 1: Schema der Arbeitsweise des hermeneutischen Zirkels.

Der "hermeneutische Zirkel" ist an sich nichts Schlechtes und nichts Gutes. Er ist die Arbeitsweise des Gehirns; an ihm kann man nicht vorbei. Er ist auch hilfreich und nichts Schädliches; er ist aber störanfällig.

"Geschlossener hermeneutischer Zirkel"

Der hermeneutische Zirkel an sich ist eine Funktion des Gehirns, die als solche wie jedes andere Organ wertfrei ist, d.h. er ist nicht auf eine bestimmte Richtung des Verstehens festgelegt. Andererseits ist er auch nicht immun gegen Fixierung auf eine bestimmte Sehweise und selektive Wahrnehmung. Er ist sogar leider sehr zur

Abkapselung geneigt. Viele Menschen sehen die Dinge nur unter einer bestimmten, vorgegebenen Wertung. Diese Einstellung ist nicht angeboren, sondern erworben – durch Sozialisation, Erziehung, Bildung und Ausbildung.

Der hermeneutische Zirkel ist störanfällig. Die unvermeidliche Folge einer doktrinären Erziehung ist die Einflussnahme auf die Einstellung des Menschen gegenüber neuen Erscheinungen, mit denen er im Laufe seines Lebens konfrontiert ist. Das Problem entsteht dann, wenn sich der "hermeneutische Zirkel" schließt. Die Strahlen, die vom Gehirn auf ein neues Phänomen entsandt werden, sind bereits – beim Start – mit der Interpretationsweise des Neuen beladen. Sie betrachten es unter einem vorgegebenen Vorzeichen. Der hermeneutische Zirkel ist geschlossen. Der Erkenntnisprozess dreht sich im Leerlauf. Das Vorwissen dient dazu, neue Erkenntnisse auf die Bestätigung – gleichwohl Erweiterung – des Vorwissens zu reduzieren. Die Ausgangsvoraussetzungen werden nicht in Frage gestellt. Dieser vorprogrammierte Vorgang ist es, was wir als "geschlossenen hermeneutischen Zirkel" bezeichnen.

Bewusst oder unbewusst schleichen sich Vor-Urteile ein, die den Prozess des Verstehens in eine bestimmte Richtung lenken. Neues wird nicht mehr unvoreingenommen und vorurteilsfrei begriffen; vielmehr steht es unter einem im voraus existierenden Urteil. Gemäß diesem vorprogrammierten Urteil wird das Neue bereits gewertet.

Wie funktioniert der "geschlossene hermeneutische Zirkel"? Die Unerkennbarkeit beruht auf dem Problem, dass der Mensch mit einer Voraussetzung im Kopf eben diese Voraussetzung auf den Gegenstand projiziert. Man betrachtet ein Phänomen und meint, es zu verstehen: "Das ist das und das...". Man glaubt, diesen Gegenstand erkannt zu haben. In Wirklichkeit hat der Mensch lediglich ein im eigenen Kopf zuvor bestehendes Modell auf den Gegenstand projiziert, welches zu ihm – zusammen mit der Deutung des Neuen – zurückkehrt. So hat der Betrachter in Wirklichkeit nur sich selber, d.h. sein Vorwissen, reproduziert.

Experiment: Wir beauftragen vier verschiedene Personen, sich zu einem öffentlichen Ereignis zu begeben, es zu beobachten und unabhängig voneinander Bericht darüber zu erstatten. In aller Regel werden wir feststellen, dass die Berichte vielleicht sogar erheblich voneinander abweichen. Unter der Voraussetzung, dass allen Berichterstattern die gleichen Bedingungen des Sehens, Hörens und Beobachtens zur Verfügung stehen, stellt sich die Frage nach den Ursachen dieser Differenzen. Ganz bestimmt liegen sie nicht am Geschehen, sondern im Kopf des Betrachters. Das bekannteste Beispiel ist die Darstellung des Lebens Jesu in den verschiedenen Evangelien.

Im Kopf des Menschen sind offensichtlich Kriterien und Maßstäbe angelegt, an denen das Geschehen beurteilt und gewertet wird. Die Vorurteile und Vorverurteilungen sind ein fatales Ergebnis dieser Voreingenommenheit. Verinnerlichte Werte und Normen, auf die man alle Menschen verpflichten will, können zu solchen Vorverurteilungen führen. Auch Dogmen aller Art können einen analogen Effekt herbeiführen.

Die vom Gehirn auf den Gegenstand entsandten Strahlen sind also von Anfang an nicht wertfrei oder neutral, sondern geladen. Sie sind vorbelastet – durch ein Vor-Urteil. Der Betrachter ist nicht unvoreingenommen, sondern befangen. Das Ergebnis der Betrachtung liegt schon fest, bevor sie stattgefunden hat. Sie ist nicht voraussetzungslos. Was Ergebnis sein soll, liegt bereits als Bedingung vor. Auch in der Forschung sind die Resultate präexistent. Sie schleichen sich – dem Forscher meist unbewusst – ein und tauchen am Ende der Untersuchung als "Resultate" auf. Wenn Max Weber davon spricht, Wissenschaft sei wertfrei und neutral, so gibt er sich einer reinen Illusion hin. Wir sehen es nüchterner und sprechen vom *"geschlossenen hermeneutischen Zirkel"*.

Die Forschung ist vom "geschlossenen hermeneutischen Zirkel" nicht viel weiter entfernt als die Allgemeinheit. Die viel beschworenen Annahmen "Neutralität", "Objektivität", "Wertfreiheit der Wissenschaft" und anderes mehr erweisen sich bei kritischer und selbstkritischer Betrachtung als reine Illusion. Leider ist es so, dass der geschlossene hermeneutische Zirkel gerade in Lehre, Forschung und Bildung noch ausgeprägter als anderswo besteht.

Auch der Forscher projiziert auf den Gegenstand sein gespeichertes Vorwissen, seine Interpretations- und Deutungsmuster, die zu ihm mit einer Erklärung des betrachteten Objekts zurückkehren. Er glaubt, den Gegenstand verstanden zu haben. Er ermittelt die Resultate und trägt sie in sein Protokoll ein. Real aber bestätigen die Ergebnisse der "wissenschaftlichen" Forschung die Voraussetzungen. Es wird zwar von "überraschenden", "unerwarteten" Resultaten berichtet, doch diese neuen Forschungsergebnisse beziehen sich auf die Details, nicht auf die Grundlagen. Sie beziehen sich auf die empirische Seite der Forschung. Indes bleiben diese Erfolge rein pragmatischer Natur, da eine umwälzende Erkenntnis mit dem geschlossenen hermeneutischen Zirkel unvereinbar ist.

Die Erkenntnissperren entstehen durch Projektion vorprogrammierter Auffassungen auf neue Phänomene. Die vermeintliche Erkenntnis des Neuen ist real die Bestätigung des Vorwissens. Sie ist in Wirklichkeit eine Selbsttäuschung.

Kein Mensch, der die Dinge auf der Basis des "geschlossenen hermeneutischen Zirkels" observiert, ist frei, denn er ist nicht frei von Vorurteilen. Emanzipation und geschlossener hermeneutischer Zirkel sind unvereinbar.

Jede Theorie hat die Tendenz, sich selber zu bestätigen. Diese Funktion ist die ausgeprägte(ste) Form eines geschlossenen hermeneutischen Zirkels. Sie ist nicht harmlos, sondern gefährlich, da sie latent wirkt. Der Anwender arbeitet in der Illusion, wissenschaftlich, und damit immun gegen Fehler, zu verfahren. Die Euphorie ist ein Begleitphänomen des geschlossenen hermeneutischen Zirkels. Diesen zu öffnen, ist die Aufgabe des folgenden Schritts.

"Offener hermeneutischer Zirkel"

Nötig ist also eine Theorie, welche den hermeneutischen Zirkel nicht schließt, sondern öffnet.

Die Emanzipation vom *Circulus vitiosus* beginnt erst mit der Öffnung des hermeneutischen Zirkels. Der betrachtete Gegenstand wird an sich begriffen, nicht gemäß einer vorgefassten Meinung gewertet.

Man könnte einwenden, dass damit auch ethische Kategorien und moralische Werte ihre Verbindlichkeit verlören. Dies wäre jedoch die falsche Konsequenz. Denn wir sprechen davon, einen Menschen unter ein Vorurteil zu stellen, und nicht davon, dass Werte außer Kraft gesetzt werden sollen. Eine voreingenommene Betrachtung kann auch einen Menschen verurteilen, der sich zu denselben Werten bekennt. Hermeneutik bedeutet, einen Menschen so zu verstehen, wie er sich selbst versteht, und nicht so, wie er nach den Kriterien des Betrachters und seinem Moralkodex gewertet wird. Selbstverständlich steht es jedem offen, seine eigenen Wertvorstellungen zu vertreten.

Das Ganze lässt sich auch einfacher formulieren: Der "geschlossene hermeneutische Zirkel" vermittelt ein Fremdbild vom Gegenstand und das Selbstbild des Betrachters. Der offene hingegen vermittelt ein Selbstbild des Gegenstandes und erweitert daher die universellen Erkenntnisse des Betrachters.

Tabelle 1: Hermeneutische Synopse

Geschlossener hermeneutischer Zirkel	Offener hermeneutischer Zirkel
Erkenntnisgewinn ist Erweiterung von Vorwissen	Erkenntnisgewinn ist Erweiterung von Vorwissen
Verstehen neuer Inhalte durch Mobilisierung des eigenen Vorwissens	Verstehen neuer Inhalte durch Mobilisierung des eigenen Vorwissens
Kreisförmige Erkenntnisentwicklung, sich verstärkender *circulus vitiosus*	Spiralförmige Erkenntnisentwicklung
Vorgang der Hermeneutik vollzieht sich relativ ruhig und dauert kurz	Vorgang der Hermeneutik vollzieht sich unruhig und dauert länger, da der gespeicherte Sinnzusammenhang oft de- und remontiert wird
Neue Informationen werden als Bestätigung der vorgefassten Meinung wahrgenommen	Neue Informationen bewirken ständige Überprüfung der Erklärungsmuster
Das Vorverständnis wird als abgeschlossen betrachtet	Das Vorverständnis wird als nicht abgeschlossen betrachtet
Die vorgefasste Meinung wird durch neue Informationen bestätigt	Das Vorverständnis wird durch neue Informationen ständig geprüft, bestätigt, erweitert, gegebenenfalls korrigiert
Weltbild statisch, dogmatisch, starr, unflexibel	Weltbild dynamisch, beweglich, fortschreitend, flexibel
Erkenntnistheoretische Stagnation, weltanschauliche Erstarrung	Erkenntnistheoretischer Fortschritt, dynamisches Welt-, Geschichts-, Gesellschafts- und Menschenbild

Der "offene hermeneutische Zirkel" lässt den neuen Gegenstand der Betrachtung für sich sprechen. Das Objekt wird an sich verstanden. Abgesehen von den oben angesprochenen Barrieren, die durch den geschlossenen hermeneutischen Zirkel entstehen und die die unbelastete, freie Kommunikation nicht zulassen, ist es erst der offene hermeneutische Zirkel, welcher Entdeckungen und Erfindungen bis hin zu aufregenden neuen Erkenntnissen und wissenschaftlichen Revolutionen möglich macht. Es leuchtet ohne weiteres ein, dass im Zeichen des geschlossenen Zirkels Wissen nur rotiert. Wirklich umwälzende Forschungsresultate können erst erzielt werden, wenn die Voraussetzungen, die Grundlagen des geschlossenen Denkens, erschüttert werden. Dann können auch Befunde, die bisher immanent interpretiert wurden, womöglich einen radikal neuen Sinn erlangen.

Korrelation zur psychohistorischen Forschung

Die Auflösung der Mechanismen der Hermeneutik macht es klar, warum Herrschaftssysteme oder solche, die danach trachten, es so leicht haben, ihre Ziele mit massenpsychologischen Mitteln durchzusetzen. Mit entsprechend ausgearbeiteten Erziehungsmethoden vermögen sie es, Generationen zu lenken und zu steuern. Es sind weniger die rhetorischen Mittel des Redners, wie oft geglaubt wird, sondern die *inneren* hermeneutischen Voraussetzungen des Hörers, die ihn empfänglich machen. Der Mensch wird nicht von außen, sondern von innen regiert. Die Konstituierung eines "geschlossenen hermeneutischen Zirkels" übernimmt selbstständig die Aufgabe, Herrschaftsziele zu internalisieren. Die Individuen und die Masse realisieren sie – sogar ohne den äußeren Zwang. Vermittels der Erziehung penetriert ein Herrschaftsmuster den Kopf. *Das äußere System schlägt in ein inneres System um.* Geht das politische Dogma in ein inneres Dogma über, so funktioniert der Mensch selbsttätig – sogar gegen eigene Bedürfnisse und Interessen. Die innere Gewalt des Dogmas, des geschlossenen hermeneutischen Zirkels, ist mächtiger als jede äußere Gewalt. Gegen äußere Gewalt reagiert der Mensch mit Widerstand, gegen die innere nicht. Der jeweilige Erfolg von Ideologien besteht in dem Maße, wie lückenlos sie den hermeneutischen Zirkel schließen. Der Mensch – als Individuum oder als Masse – wird gelenkt und gesteuert weniger von außen als von innen. Der Erfolg einer öffentlichen Rede ist umso größer, je mehr sie mit dem hermeneutischen System des Empfängers übereinstimmt.

Diese Interaktion – zwischen Herrschenden und Beherrschten – funktioniert nicht primär durch den Faktor Furcht: Bürger gehorchen, um nicht bestraft zu werden. Keine Oligarchie wird es je fertig bringen, gegen eine Mehrheit zu regieren. Sie vermag es nur deshalb, weil es ihr gelungen ist, die Untertanen von innen her zu steuern. Nur deshalb vermag es die Oligarchie, die Mehrheit nur noch zu lenken. Die Untertanen tun den Rest selbsttätig, "freiwillig". Gewalt von außen ist nicht notwendig. Sie wird nur noch gegen einen begrenzten Widerstand verübt. Gegen ein ganzes Volk kann die Gewalt nicht funktionieren.

Sehr früh beginnt die Pädagogik damit, den geschlossenen hermeneutischen Zirkel zu programmieren. Ein ganzes Leben bleibt der Mensch bereit, einen vorgezeichneten Weg "freiwillig" zu gehen, von dem er glaubt, er sei seine freie Wahl. Er tut es auch dort, wo jede Überwachung fehlt. Gewaltanwendung ist nicht notwendig. Bis in den Tod folgt er – bewusst oder unbewusst – den internalisierten Weisungen, dem inneren Zwang.

In der bisherigen Diskussion über "Untertänigkeit" und "blinden Gehorsam" wurde einseitig auf die Irreführung durch die Herrschenden und ihre Demagogie abgehoben. Diese reduktive Betrachtung hat die "Untertanen" freigesprochen und die Herrschenden allein belastet. Die Systemkritik, die bei diesem Schritt stehenbleibt, ist unzureichend, aber auch nicht hilfreich. Denn gewalttätige Herrscher werden beseitigt, aber *der "geschlossene hermeneutische Zirkel" bleibt*. Er wird nunmehr neu besetzt. Das alte System, das ancien regime, erlangt in der Geschichtsschreibung eine neue Funktion. Die politische Kritik fixiert sich auf das alte Regime. Seine Gewalttaten stehen unter dem Fokus der Kritiker. Die Verbrechen des neuen Regimes verschwinden im Schatten des alten. Und wenn es das alte Regime nicht gegeben hätte, hätte das neue es erfunden.

Der "geschlossene hermeneutische Zirkel" garantiert die *Kontinuität vom alten zum neuen System*. Er wird neu belegt und neu programmiert. Schlimm, denn die Untertanen wehren sich gegen die Kritik und haben dabei ein gutes Gewissen: Damals herrschte der Faschismus, heute leben wir in der Demokratie.

II.

Die Universalistische Erkenntnistheorie stellt ein pyramidales Modell auf, das die Hierarchie innerhalb des Erkenntnisprozesses aufzeigen soll (siehe Abbildung 2).

Universalistische Erkenntnispyramide

Abb. 2: Schematische Zeichnung der Erkenntnispyramide.

I. Ebene – Disziplinen: Die einzelnen Fächer, Disziplinen und Fachbereiche, z.B. Agrarkunde, Biologie, Psychologie, Geschichtskunde. Die erste, oberste Ebene der Pyramide stellt die Fachwissenschaften dar.

Das Phänomen, dass Wissenschaft fragmentarisch, atomistisch vermittelt wird, ist geistesgeschichtlich neu. Die Zeichnung lässt die Zusammengehörigkeit aller Fachbereiche und die Einheit der Wissenschaften unter Wahrung der Spezialisierung in Erscheinung treten.

II. Methodologie, Methodik: Den Wissenschaften liegen Methoden zugrunde, mit deren Hilfe die Bausteine und Fakten eines jeden Faches ermittelt werden. Methoden sind Empirie, Statistik, Logik, Experiment, Exegese, Hermeneutik. Es gibt zwar noch reichlich mehr Methoden; dennoch nimmt ihre Zahl insgesamt stark ab, wenn sie zahlenmäßig zu den Wissenschaftsfächern in Relation gesetzt werden. Eine einzige Methode bedient verschiedene Fächer. Das "Experiment" ist eine Methode der Fächer Physik, Chemie u.a., die "Empirie" eine Methode der Soziologie, Psychologie etc. Offensichtlich verbirgt die Vielzahl der Fächer die Tatsache, dass es eine einzige Wirklichkeit gibt, die unter verschiedenen Aspekten untersucht und gelehrt wird. Überhaupt nimmt die Zahl der Möglichkeiten innerhalb der Erkenntnispyramide von oben nach unten ab. Auf der letzten reflektierten Ebene, der siebten Stufe, sind es nur noch zwei Möglichkeiten.

III. Epistemologie, Wissenschaftstheorie: Den einzelnen Wissenschaften und den Methoden liegt die Wissenschaftstheorie zugrunde. Die Theorie ist den Wissenschaften (I. Ebene) und der Methodik (II. Ebene) übergeordnet, daher wird sie in der Erkenntnispyramide tiefer eingereiht. Tiefere tragen höhere Ebenen. Tiefere sind Metaebenen. Wissenschaftstheorien sind Geschichtspositivismus, Empirismus, Dialektik u.a.m.

Die Aufgabe der Epistemologie besteht darin, Lehrinhalte theoretisch zu begründen und zu vermitteln. Im heutigen Wissenschaftsbetrieb ist das theoretische Denken überhaupt extrem vernachlässigt. Theoriebezogene Lehrangebote verschwinden nahezu vollständig aus den Vorlesungsverzeichnissen. Wenn das Wort "Theorie" zur Bezeichnung eines Lehrangebots erscheint, z.B. "theoretische Mechanik", handelt es sich kaum um Theorie im wissenschafts- oder erkenntnistheoretischen Sinn des Begriffs. Diese Tatsache der *a-theoretischen* Ausbildung ist nur das Symptom dafür, dass der Pragmatismus vorherrscht. Da aber der Pragmatismus Erfolge im Sinne der Bildungspolitik und der sie tragenden Verwertungsinteressen zeitigt, vertrauen Forscher auf die Richtigkeit ihres Weges.

IV. Erkenntnistheorie ist der Wissenschaftstheorie (III. Ebene) übergeordnet. Letztere stellt die Anwendung der vierten Ebene dar. Daher wird die Erkenntnistheorie eine Ebene tiefer eingeordnet. Die Erkenntnistheorie ist die Metaebene der Wissenschaftstheorie. Erkenntnistheorien sind z.B. dialektischer und historischer Materialismus, Positivismus, Universalismus u.a. Auch die Religionen stellen einen Sonderfall von Erkenntnistheorien dar.

Das bildungspolitische Interesse konzentriert sich zunehmend auf "angewandte Wissenschaften". Forschung und Lehre fokussieren auf verwertbares Wissen. Elementare theoretische, marktunabhängige Lehrinhalte geraten zunehmend unter Legitimationszwang, ja in bedrohliche Existenzängste.

V. Kosmologie: Die Menschheit existiert nicht isoliert, sondern als Teil des Universums, sogar nur als kleiner Punkt. Die Beziehung des Mikrokosmos zum Makrokosmos ist es, was wir als "Kosmologie" bezeichnen. Frühere Anschauungen und Philosophien waren in dieser Hinsicht viel weiter als gegenwärtiges Bewusstsein. Sie erkannten die Einheit des Universums und lehrten die Notwendigkeit des Einklanges des Mikro- mit dem Makrokosmos.

Wie alle anderen Ebenen stellt auch die Kosmovision eine Theorie-Praxis-Beziehung dar. Sie bestimmt das Verhältnis des Menschen zu anderen Organismen, den Lebewesen, der Natur und dem Kosmos überhaupt.

Das Universum ist nicht eine Anhäufung von Einzelteilen. Es ist eine Einheit. Es ist integriert. Nur in seiner Ganzheit ist es vollkommen. Es verkündet permanent diese Einheit. Die kosmischen Manifestationen bringen diese Einheit unaufhörlich zum Ausdruck. Durch die ihm eigene Zeitsemantik rekonstruiert der Universalismus die Einheit, die im Bewusstsein des modernen Menschen zerstört wurde. Es handelt sich nicht nur um die räumliche, sondern auch um die zeitliche Einheit. Die Bewegung ist ein Kontinuum.

Die Menschen sind Teil der universellen Einheit. Die universalistische Wiederherstellung der Einheit von Mikro- und Makrokosmos ist eine Frage von großer praktischer Bedeutung. Der Mensch ist aufgerufen, den Dingen im All ihnen gemäße Handlungen entgegenzubringen (z.B. Wahrung und Erhaltung der Natur, des natürlichen Kreislaufs, keine Nutzung der sphärischen und Welträume für militärische Zwecke. Überhaupt ist der Krieg keine dem Leben gemäße Handlung).

Die Umweltproblematik und die ökologischen Katastrophen der Gegenwart sind Ausdruck der Störung des Verhältnisses des Menschen zur Natur und zum Universum. Der Universalismus ist bestrebt, den Einklang von Mensch und Universum, von Mikro- und Makrokosmos wiederherzustellen.

VI. Weltbild, Weltanschauung: Die Erkenntnishierarchie gewinnt von oben nach unten an Bedeutung. Die weltanschaulichen Ansichten bestimmen die Erkenntnistheorie (IV. Ebene). Letztere ist eine Anwendung der sechsten Ebene. Weltanschauungen sind z.B. Ideologien, Parteien, Rationalismus, Toleranz, Intoleranz, Optimismus, Skeptizismus, Kulturpessimismus, pädagogischer Nihilismus, Solidarität, Liebe, Dualismus, Einheit und nicht zuletzt die Religionen und die Makrophilosophien. Weltbilder sind ferner: Materialismus, Eurozentrismus, Dualismus, Einheit, Universalismus.

Alle höheren fünf Ebenen stellen eine nähere Darlegung und Spezifizierung des Weltbildes dar. Gemäß der pyramidalen Struktur der Erkenntnis liegt es nahe der Basis. Das Weltbild bestimmt die Weltanschauung und alle höheren Ebenen.

VII. Menschenbild: Es hat die Führung des gesamten Pyramidalsystems inne. Es bestimmt den gesamten Erkenntnisprozess und alle höheren Ebenen.

Jeder Mensch hat ein Menschenbild, Selbstbild, Fremdbild und Feindbild. Niemand ist ohne Welt- und Menschenbild. Das ist aber die Basis des Erkenntnisprozesses überhaupt. Erst die Klassenerziehung versperrt der Mehrheit den Weg zur Pyramidenspitze. Nur eine immer dünner werdende Elite erreicht den Gipfel.

Die verschiedenen Menschenbilder lassen sich reduzieren auf zwei: "Dualismus" oder "Einheit", syn. "Menschenverachtung" oder "Menschenrespekt", syn. "Humanismus" oder "Rassismus", "Ethnozentrismus" oder "Universalismus".

Das Menschenbild gibt die grundsätzliche Richtung einer jeden höheren Ebene an. Es stellt die Wegweiser, Weichen und Schienen für den Weg, den Menschen einschließlich Wissenschaftler und Forscher wählen und gehen. Das Menschenbild bestimmt sämtliche reflektierte Ebenen der Pyramide. Sie stellen die gedankliche Darlegung, Spezifizierung und Anwendung des Menschenbildes dar.

Die oben bezeichneten sieben Ebenen sind alle reflektierte Ebenen. Ihnen entgegengesetzt ist die achte Ebene.

VIII. Präreflektierte Ebene: Sie umfasst Inhalte aus der frühesten und frühen Sozialisation sowie sämtliche Einflüsse, welche ein Mensch empfängt, ohne sie zu reflektieren, wobei sie dennoch sein Verhalten mitbestimmen, z.B. irrationalen Hass oder Untertänigkeit und Gehorsam. Zwar unreflektierte Verhaltensmuster, prägen sie dennoch menschliches Handeln mit. Die präreflektierte Ebene ist vor allem jene, die von autoritären Strukturen angesprochen wird, die Menschen so weit bringen können, dass sie zerstörerische und selbstzerstörerische Befehle empfangen und umsetzen.

Es wäre eine Illusion, anzunehmen, der Wissenschaftsbetrieb sei von der präreflektierten Ebene unbeeinflussbar. Die vorreflektierte Ebene beeinflusst die Forschung viel mehr, als man denkt.

Hass, Aggressionsbereitschaft und anderes mehr sind maßgeblich beteiligt an der Arbeit von Forschern. Daraus ergibt sich die Notwendigkeit, sich mit den Inhalten der vorreflektierten Ebene auseinanderzusetzen, sie zu reflektieren, ihre Komponenten kritisch zu analysieren und, je nachdem, zu verwerfen oder sich anzueignen. Sozialisationsaufarbeitung, selbstkritische Retrospektive und epikritische Evaluationen sind notwendig.

Außerpyramidaler Bereich: Die Erkenntnispyramide schwebt nicht im Vakuum. Sie steht im historischen Kontext. Die herrschenden Interessen und Ideologien setzen alles daran, die Erkenntnisstruktur eines jeden Menschen zu programmieren, um ihn gemäß ihren Absichten zu steuern.

Der Universalismus hat die Erkenntnispyramide unter doppeltem Interesse rekonstruiert und nachgezeichnet:

a) Die Notwendigkeit der Demontage destruktiver Erkenntniswege: In der hierarchisch, auf Ausbeutung aufgebauten Gesellschaft ist der Mensch den herrschenden Interessen und ihren Einflüssen auf das individuelle und kollektive Bewusstsein unterworfen. Sie begleiten den Menschen von seiner frühsten Sozialisation an über Bildung, weiterführende Schulen, den Wissenschaftsbetrieb, in das Forschungslabor, in die berufliche Tätigkeit, in die Freizeit bis hin in das Greisenalter, buchstäblich von der Wiege bis zur Bahre. Über alle Winkel seines Lebens bis in das Schlafzimmer hinein ist der Mensch der Manipulation unterworfen.

b) Konstruktiv: Die Erkenntnispyramide neu aufbauen im Zeichen des Humanismus, Universalismus und der Einheit.

Weitere Beobachtungen an der pyramidalen Struktur des Denkens

a) Die Erkenntnispyramide wird – wie eine Steinpyramide – von unten nach oben aufgebaut. Die fachwissenschaftliche Ebene, die alle tieferen Ebenen reflektiert, steht an der Spitze der Pyramide. Die Ebenen werden von oben nach unten nummeriert (also ihrem Aufbau entgegengesetzt), da sie vom Bewusstsein her von oben reflektiert werden. Bei guter Ausbildung lernen die Studierenden, ihre intellektuelle Sozialisation aufzuarbeiten, den Aufbau ihres Erkenntnissystems zu reflektieren und so die Ebenen von oben nach unten zurückzuverfolgen. Bei dieser Retrospektive sollen die Teilnehmer Fehlauffassungen und Fehlverhalten zu revidieren und zu korrigieren versuchen.

b) Die achtstufige Erkenntnispyramide zeigt, dass die tieferen Stufen allen Menschen gemeinsam sind. Erst bei den oberen Stufen, nahe der Spitze und an der Pyramidenspitze, gehen die Menschen infolge der sozialen Schichtung auseinander.

c) Die Betrachtung der Pyramide zeigt auch, dass die in der Moderne fehlverstandene Spezialisierung zur Auseinanderdividierung nicht nur der Fachbereiche führt. Im Bewusstsein der Akademiker wird auch die Realität fragmentiert.

d) Der Spezialisierung tut die gleichzeitige Integrierung der Realität keinen Abbruch. Im Gegenteil, wer das Gesamtspektrum nicht im Auge behält, wird auch das Detail nicht richtig begreifen. Durch die fehlerhaft verstandene Spezialisierung können auch qualifizierte Fachkräfte von den Entscheidungsprozessen ausgeschlossen werden.

e) Fragmentierung tritt erst auf den höheren Ebenen und besonders an der Pyramidenspitze ein, während die unteren Stufen keine Spaltungen darstellen. Sie sind allen Menschen zugänglich. Daraus folgt, dass die Brüche im Pyramidenbau weniger qualifizierter Menschen künstlich erzeugt werden.

Korrelation zur psychosozialen und psychogeschichtlichen Forschung

In der präreflektierten Ebene ist das gesamte Depot enthalten, auf das politische Ideologien und irrationale Anschauungen zurückgreifen, um den Menschen zu programmieren und zu funktionalisieren, ihn dann aber – von innen her – beliebig zu steuern und zu lenken. Auf die achte Ebene basierend bauen Ideologien ihre eigene Pyramide durch alle acht Ebenen hindurch bis zur Spitze hin auf.

Hier liegt aber auch die Chance, den geschlossenen hermeneutischen Zirkel aufzubrechen und den umzingelten Geist zu befreien. Die Öffnung des hermeneutischen Zirkels beginnt mit der Reflexion des Unreflektierten. Die fehlerhaft oder gar irrational aufgebaute Pyramide wird demontiert und neu aufgebaut.

Jeder und jedem sind alle Erkenntniswege offen. Aber auch jeder, ob Akademiker oder nicht, ist für den geschlossenen hermeneutischen Zirkel anfällig; Akademiker sind es nicht weniger als einfache Menschen. Durch den geschlossenen hermeneutischen Zirkel ist der Mensch ein Gefangener seiner selbst. Diese Gefangenschaft ist grausamer als jedes Zuchthaus, denn in ihr gibt es keinen Widerstand. R gleich Null. Geschlossener hermeneutischer Zirkel (G) und Widerstand (R) sind unvereinbar. Gibt es R, so schmilzt G von selbst wie Schnee an der Sonne.

Der Mensch in der modernen Gesellschaft genießt die bürgerlichen Freiheiten. Umso schlimmer, denn er verliert das Bewusstsein für Freiheit. Manche Gefangenen sind freier als etliche in Freiheit. Das Gefängnis wurde nach innen verlegt. Wächter, Aufseher, Hochsicherheitstrakte sind nicht erforderlich. Der Sozialisationstyp im Dualismus ist der Mensch im selbstgebauten Gefängnis. Er übt die Aufsicht über sich selbst.

Er dreht sich im Kreis. Er wendet vorgegebene Denkmuster auf unterschiedliche Strukturen an und kommt am Schluss auf denselben Ausgangspunkt zurück. Das etablierte Erziehungssystem programmiert den geschlossenen hermeneutischen Zirkel als Schulcurriculum und Ausbildungskanon. Doch die Aufrechterhaltung des Lehrgebäudes ist jedem Einzelnen überlassen. Wer darin lebt, erbaut sein eigenes Gefängnis selber.

Der Gefangene trägt die Schlüssel seines eigenen Gefängnisses in der Hand. Der Schritt, aufzustehen, den geschlossenen hermeneutischen Zirkel aufzubrechen, ist denkbar einfach und doch unmöglich. Der Gefangene seiner selbst sitzt gelähmt in seinem Käfig. Er ist nicht gelähmt. Umso fataler, denn er glaubt nur, gelähmt und untherapierbar zu sein. Das Tor aus der Haft zu öffnen ist nicht unmöglich; nur der Gefangene glaubt, es sei unmöglich ("Nihilismus"). Er sehnt sich nach Freiheit, aber er weiß nicht wie ("Skeptizismus"). Beim geringsten Fluchtversuch wird der Gefangene erschossen ("Pessimismus"). Das Gefängnis ist doch nur eine Fiktion. Durch einen Willensakt zerfallen die steinernen Mauern und die eisernen Gitter wie ein Kartenhaus ("Optimismus").

Mit den Stichworten "Skeptizismus", "Pessimismus", "Nihilismus", "Optimismus" haben wir die möglichen Varianten der philosophischen Schulen charakterisiert. Sie ziehen nicht nur durch die Geistesgeschichte hindurch, sondern beherrschen auch die Lehrstühle für Philosophie in der Gegenwart. Ich befürchte, Recht zu haben, wenn ich behaupte, dass gegenwärtig der Optimismus aus dem philosophischen Lehrbetrieb nahezu vollständig verschwunden ist. Mir persönlich ist kaum ein Fachvertreter in Europa bekannt, der eine offensiv optimistische Philosophie präsentiert. Der Kreis schließt sich – von der Realpolitik über Erziehung und Ausbildung bis zur Berufsausübung.

Auch vor der "Universalistischen Theorie" haben andere Schulen diese Funktion des Denkens, den Leerlauf des geschlossenen hermeneutischen Zirkels, erkannt; sie verfehlten jedoch die Lösung. In der Konsequenz landeten sie im "Agnostizismus", "Skeptizismus", "Pessimismus" und "Nihilismus". Andere verwarfen prinzipiell das Prinzip "Theorie". Doch erwies sich die Theorielosigkeit als die übelste Form aller Theorien.

Zum Schluss des Referats gehe ich auf die drei als Titel angekündigten Begriffe ein.

III.

Universalismus – Einheit – Humanismus

Ein zentrales Anliegen der Universalistischen Erkenntnistheorie lässt sich zusammenfassen in den drei Begriffen: "Universalismus", "Einheit" und "Humanismus".
 Philosophie und Wissenschaft sind an sich keine Garantie für den Charakter des Weges, der Gesellschaft und der Lebensführung. Wissenschaft und Philosophie gibt es nicht ohne Attribut. Sie sind entweder destruktiv oder konstruktiv. Dazwischen existiert kein Freiraum. Auf die ethische Orientierung kommt es an. Dazu dient das universalistische Dreieck. Die drei Begriffe sind synonym.

Universalismus im Sinne der "Universalistischen Erkenntnistheorie" bedeutet "Integration", "Integration in weitester Bedeutung". Der Ausdruck "Universalismus" heißt: Zusammenhänge erforschen und aufzeigen. Der Erkenntnisvorgang soll den Horizont der Betrachtung so weit wie möglich ausdehnen. Selbstverständlich setzt sich eine Untersuchung ein klar umrissenes Erkenntnisziel. Dadurch wird eine Eingrenzung der Thematik vorgenommen. Spezialisierung ist notwendig, doch kann sie richtig oder falsch betrieben werden. Der Universalismus ist bestrebt, Spezialisierung und Integration zu verbinden und die Beziehungen zwischen allen Erscheinungen des Seins herzustellen.

Problem Integration versus Spezialforschung: Spezialforschung darf sich von der Integration in das Gesamtspektrum der Wissenschaft und zu den weiteren Stufen der Erkenntnispyramide nicht abkoppeln. Die Spezialisierung, die gegenwärtig den Wissenschaftsbetrieb beherrscht, ist nicht deshalb falsch, weil sie nicht sein darf, sondern weil das Breitspektrum der Realität mit der Folge ausgeblendet wird, dass der Spezialist nicht mehr weiß, wozu seine Forschungsergebnisse genutzt werden (man denke an die Antwort Otto Hahns (1879-1968, Nobelpreis 1945 !)).
 Die Spezialisierung ist nur richtig, wenn das Breitspektrum der Wirklichkeit nicht aus den Augen verlorengeht. Die universalistische Betrachtung der Spezialforschung schränkt nicht die Leistungsfähigkeit ein, im Gegenteil. Wer das Breitspektrum nicht versteht, begreift das Spezialgebiet auch nicht. Er kann nur in einem Forschungslabor sitzen, wobei andere ihn lenken und steuern.

Problem "eherne Gesetzlichkeit": Alle Naturgesetze sind relativ, nicht absolut. Sie gelten jeweils nur unter gegebenen Bedingungen.
 In der Gesellschaft bestehen zu aller Zeit Wahlmöglichkeiten zwischen Handlungsalternativen. Mit jedem Schritt, den die Subjekte einleiten, können sie ihren Freiheitsgrad und Handlungsspielraum einengen oder erweitern.

Was in der Geschichte eingetreten ist, hätte nicht eintreten müssen. Darin stellt sich die Universalistische Geschichtstheorie dem Nomismus des historischen Materialismus, dem "historischen Determinismus", entgegen.

Selbstschutz vor dem "geschlossenen hermeneutischen Zirkel": Natürlich stellt die Universalistische Erkenntnistheorie Prinzipien zum wissenschaftlichen Arbeiten auf. Doch an keiner Stelle handelt es sich um Nomismus.

Dem Universalismus wurde der geschlossene hermeneutische Zirkel gewahr. Die Anwendung eines Arbeitsprinzips stellt sich selber in Frage, bis es durch die Untersuchungsergebnisse und konkreten Befunde bestätigt wird.

"Universalismus als Antithese": Es gibt zweierlei Theorien. Die einen verdichten das Denken zum zirkulierenden Kreis. Sie versklaven den Geist und locken ihn in ihren geschlossenen hermeneutischen Zirkel. Die Resultate bestätigen die Voraussetzungen. Der Universalismus dagegen prüft sich selber anhand eines jeden Erkenntnisvorgangs, um gegebenenfalls sofort den Kurs zu korrigieren.

Im ersteren Fall unterwirft die Theorie den Benutzer. Der Universalismus aber unterwirft *sich* dem Benutzer und bietet sich ihm als Hilfe an. Mit jedem Untersuchungsergebnis prüft sich die Universalistische Erkenntnistheorie und ist jederzeit bereit, sich selber zu revidieren, zu korrigieren und zu vervollkommnen. Die Universalistische Erkenntnistheorie ist emanzipatorisch. Der Universalismus erhebt den Anspruch, eine Alternative zu sein. Die Autonomie, Unabhängigkeit und Freiheit des Anwenders dürfen nicht beeinträchtigt werden. Gleichwohl muss ihm geholfen werden. Es gelang der Universalistischen Erkenntnistheorie, den geschlossenen hermeneutischen Zirkel aufzubrechen und zu öffnen.

Erkenntnisfähigkeit und Erkennbarkeit des Seins: Die Universalistische Erkenntnistheorie hat das Erkenntnisproblem gelöst, und zwar nicht deklamatorisch, wie dies der Marxismus getan hat: "Die Welt ist erkennbar...". Vielmehr hat sie aufgezeigt, wie dieses Problem methodisch gelöst werden kann. Daher mussten wir einen neuen Theoriebegriff prägen. Die Theorie soll ihren Benutzer von der Theoriesklaverei befreien. Der Universalismus will nicht in dem Sinn eine Theorie sein, wie es andere Theorien Theorien sind.

Optimismus contra Skeptizismus und Pessimismus: Die Universalistische Erkenntnistheorie ist eine optimistische Theorie, das heißt, sie geht von der Erkenntnisfähigkeit, Erkennbarkeit und Veränderbarkeit des Seins aus. Die Erkennbarkeit der Welt ist die Voraussetzung ihrer Veränderbarkeit.

Der Universalismus betrachtet die Erkenntnis als ein Problem, das theoretisch und methodisch gelöst werden soll. Damit stellt sich der Universalismus gegen den Versuch, das Erkenntnisproblem als unlösbar darzustellen (Agnostizismus, klassische und neuere skeptizistische und pessimistische Theorien).

Einheit: Sie ist im Zeitalter des Dualismus zerstört und soll wiederhergestellt werden. Einheit ist die Alternative zur gespaltenen Welt, z.B. in Nord und Süd.

"Universalismus" hat mit "Globalisierung" nichts gemeinsam. Globalisierung in einer gespaltenen Welt verschärft nur die Kluft zwischen Nord und Süd. Die Reichen werden reicher, die Armen ärmer.

Universalismus bedeutet Überwindung der zerstörten Einheit. Die Menschheit ist mit einer einzigen Gruppe angetreten. Sie bildet mit sich selbst und mit dem ganzen Universum eine Einheit. Die Einheit soll wiederhergestellt werden. Die gestörte Beziehung zur Natur und ihre Reduzierung auf ein Ausbeutungsobjekt müssen überwunden werden. Das durch ihre Militarisierung zerstörte Verhältnis zu den Sphären muss als Garantie fürs Überleben beseitigt werden.

Einheit bedeutet Einklang des Mikrokosmos mit dem Makrokosmos und Harmonie unter allem Seienden.

Humanismus ist die Praxis des Universalismus, im einzelnen:

Integration der Menschheit zu einer zusammengehörigen Gemeinschaft, zur Großfamilie ohne Bevorzugung oder Diskriminierung.

Die friedliche Koexistenz soll etabliert und ungestört von Aggression und Krieg aufrechterhalten werden. Alle Kulturen sind gleichberechtigt. Die Völker sollen miteinander in Liebe, ohne Bevormundung oder Bedrohung zusammenleben.

Der Globus ist ein einheitlicher Körper. Er muss entmilitarisiert werden und allen als gemeinsamer Wohnort dienen – ohne Privilegierung oder Benachteiligung.

Das sind vorrangige, absolute Ziele des Universalismus, denen Wissenschaft, Forschung, Lehre und Bildung zu dienen haben. Nur so können die Freiheit aller, der Frieden unter den Völkern, die Einheit der Menschheit, die Unversehrtheit des Globus und die Erhaltung des ökologischen Kreislaufes gewährleistet werden.

Der Universalismus ist Methode und Theorie (2., 3. u. 4. Ebene), Einheit das Ziel, Humanismus die Praxis (5., 6. u. 7. Ebene der Erkenntnispyramide).

Aus dem bisher Gesagten leuchtet der existentielle Sinn des Dreiecks "Universalismus – Einheit – Humanismus" ohne weiteres ein. Der Erkenntnisweg des Menschen soll alle Bereiche des Seins einbeziehen, daher: "Universalismus" ist Theorie und Methode, "Einheit" Ziel, "Humanismus" Praxis.

Juha Siltala

The material basis for psychological boundaries

"Autonomous" and "relational" ideal types from the point of view of the bargaining power of common men

1. Property and freedom?

Property is only one power source among others, such as military, political or intellectual power. It cannot exist without other power sources: Violators of property must be sanctioned, vested interests lobbied for and ideologically justified.

In the US Neo-Conservative discourse, property and freedom are straightforwardly fused. Richard Pipes explains the English "Sonderweg" in history by the fact that English kings could not wage war financed by earnings of their domains but were obliged to solicit taxes from the parliament, consisting mostly of small landed capitalists, who then were able to press habeas corpus rights and legislative power for themselves. In Eastern countries, however, where patrimonialism prevailed, the crown owned its subjects and their holdings. There, the subjects had at most a limited usufruct for their land and could not use property as source of bargaining power against the crown.[1]

Property rights enabled their holders to say no to their overlord and refuse to provide all their surplus for his wars. In his memoirs, Pipes succinctly summarizes his scholarship: "The most dependable means of thwarting government from expanding its power and encroaching on citizens' liberties, therefore, was to make certain that the bulk of the wealth rested in the hands of citizens in the form of inalienable property."[2] Disregarding its political use in the Reaganite USA, this claim does deserve closer consideration.

Translated into philosophical language, the question of withholding resources for one's own use concerns the precondition of autonomy: how does one to stay in contact with others without being instrumentalized by others? For a psychoanalytically oriented researcher, the vicissitudes of the property concept are interesting in regard to separation and individuation: as one way to set boundaries between one's own will and others' wills. Social sciences, on the other hand, have actually emerged to solve the problem of integration of individual freedom and social order. Analogically, the acquisition of land that could be bought and sold may have corresponded to a sort of individuation as compared to living enmeshed in an intricate system of symbiotic obligations.

---

[1] Pipes (1999).
[2] Pipes (2003), p. 113.

2. Proprietary relationships and the system of conditional property rights

In feudal society, property was defined by proprietary relationships. No one owned his estate exclusively; instead, it was used according to mutual obligation. When the system of conditional property is taken as the central definition of feudalism, feudalism can be extended as far as into the 18th century in western Europe. We can thus rescue feudalism as an analytic concept from the contextual disputes of medievalists and escape the narrowest juridical definition, restricting feudalism to the area between the Loire and the Elbe ca. 1000 AD.[3] But we could just as well skip the problematic feudalism entirely and speak more strictly about a system of conditional property rights. I will reserve "feudalism" as the synonym for conditional property rights for the sake of late 20th century analogies between robber barons and corporate CEOs, because the feudalism concept may catch obviously distinct phenomena.

When the king granted land to a lord, king's rights over the land still remained, except for the particular interest he had parted with. Everyone from the king down through the tenants and sub-tenants to the peasants who tilled the land had a certain dominion over it, but no one held an absolute lordship over it. Mutual obligations were renegotiated according to power relations but never ceased to be reciprocal.[4]

The feudal conceptualization was most often considered that the dominium of the landlord was primary, with the peasant usage to be derived from it. Free peasants were rare.[5] Peasant estates in general bore more liabilities than did those of the lords, had to deliver material servitude and most often were under the jurisdiction of the lord. Peasant usage was based on contracts and was according to K. F. Eichhorn, a researcher into feudal justice, "kein wahres Eigentum" (not real property), even if it could be hereditary.[6] In this system of mutual dependencies, the boundaries between "mine" and "thine" were not exclusive. According to Damian Hecker, the medieval freedom was never general but meant freedom from a definite payment in a system of mutual services and obligations. A freedom meant freedom from a third person's will, not an absolute discretionary power: Every freedom was filled with obligations.

The fundamental concept of medieval law was not the abstract freedom of an isolated individual, but rather social obligation. Freedoms were privileges and participation in a hierarchical order. Who was not bounded and protected, was not free but an outlaw. Property never appeared free from the power relationship (Herrschaft), and civil justice was not separated from public justice. The broadest definition of dominium covered the territory of a "state," the narrowest covered only a definite possession. As late as in the 18th century, dominium became "Hoheit," evolving into pure civil justice. During medieval and the early "modern" centuries, multifaceted rights were defined not by the possibility for their transfer but by their practical use.[7]

---

[3] Teschke (2003), pp. 49-60; Brunner (1958); Hietaniemi et al. (1997).
[4] McIlwain (1932), p. 181; Schlatter (1973), pp. 63-64.
[5] Bluntschli (1853), pp. 287-288, 321.
[6] Eichhorn (1845), §§ 245, 247; Stobbe (1882/83) § 71; Gerber (1891), pp. 127-128.
[7] Hecker (1990), pp. 43, 73-80, 83-84, 87, 107, 112.

The continuity of conditional property rights, along with the shrinking of the peasants' autonomy, characterized the emergence of the first centralized states. For a man making his earning by work, land tenure under the system of conditional property rights conferred weak formal guarantees against the demands of his lord. The subjects were not possessive individuals but existed only as a means to produce land rent or taxes for the nobility and the crown. "Free" peasants in Sweden (including Finland) have often been seen as a contrast to serfs in eastern Europe, but they too were, first and foremost, tax subjects. At worst, during the 17th century wars of religion, annual rent and taxes consumed all the surplus of land in use by the peasantry[8], and according to the new Swedish instructions in the 1690s, half the yield of the farm belonged to the crown. In principle, tax arrears for a period of three years, despite temporary exemption from taxes during crop failures, would cost the peasant his hereditary rights (bördsrätt). Neither the crown nor the donation holders recognized even usufruct for such a peasant, who could be freely evicted if changing the farmer could ensure better results for the farm. These crown peasants were equal to tenant farmers on old allodial manor lands.

On the new donations in Sweden and Finland since 1604, which in practice privatized state power of land taxation by half but differed from East European Gutsherrschaft, being merely administrative units for taxed farming, those peasants who had lost their hereditary rights could be taxed more flexibly and required to perform day labor, at worst 3 days a week instead of the official 18 days a year per house that was set for tax peasants. Peasants' negotiating power diminished, as the quality and amount of the rent could be dictated by the lord, appealing to the indefinite character of mutual obligations (Hoheit). Features of Gutsherrschaft were underlined in old allodial fiefdoms of the nobility.[9]

Not even the peasant enjoying hereditary rights to pay taxes directly to the crown according to the fixed registries or cadastres enjoyed dominium plenum (full possession) during the dominance of the high nobility during the 17th century: best, he had the right to use and inhabit his lands (dominium utile), whereas the dominium directum belonged either to the crown or to the landlord. The main difference between donated tax peasants and those accountable directly to the crown was not in the level of tax burden but in the consistence of the land rent – noblemen preferred day labor, whereas cash or products were more practical for the purposes of the crown.[10]

The limit for tax and labor were set by crop failures demanding tax reductions and by shortage in the labor force which prevented evictions of unproductive tenants: regardless of all juridical achievements of the nobility, the lords had in practice to accept the rent that their peasants delivered. Conflicts caused by the policy of appropriation often outweighed any possible benefits of the increased

---

[8] Lindegren (1992), p. 192.

[9] Kujala (2003), pp. 36-46, 49-51, 54-94, 101-113, 132-133, 140, 142, 150-151, footnote 203. Cf. Wunder (1995), pp. 23-24.

[10] Jutikkala (1958), pp.142-162; Revera (1975), pp. 14, 86-87; Kujala (2003), p. 46 footnote 49, 140, 142, 146.

burden on peasants.[11] Overburdening the peasants seldom paid off: The lords or the crown had to accept the rent the peasants considered fair to pay or could afford; over-extending them only made the official economy collapse and drove the taxpayers into a subsistence economy.[12]

Even had subordination of peasants not been total, and the crown had had to negotiate with local communities,[13] holding the means of production as such did not make peasants free and guarantee against impingements. Antti Kujala has criticized the revisionist tendency of newer Swedish historians to deny or relativize the fact that the lords of donated tax-yielding lands systematically sought to obtain their tax subjects' inheritance.[14] Kujala emphasizes, along with James C. Scott[15], that the weapons of the weak to resist corvée, wage labor, land rent or exaggerated taxation are foot-dragging, dissimulation, false compliance, feigned ignorance, pilfering, slander, boycott, arson, sabotage, and military desertion. These can limit total exploitation. Those subordinated unofficially established their own criteria of a fair deal. For those who had to work for living, private property was one means among others to withhold from the elite something they would be able to give, but the giving of which would not serve their own rational interests.

Although this unwritten "constitution" of economic exchange, the "moral economy"[16] of subjects, was continuously tested and redefined by both the lords and their subjects, its existence was nevertheless acknowledged by both parties. Charles Tilly has shown how those in power react to pressure with bargaining.[17] During the Great Northern War, peasants ceased to pay taxes entirely and began to desert from the militias, after the army had proven unable to protect them. Taxation can thus be seen as a power compromise in which the taxpayers tried to fix the quantity of taxation and the crown tried to bypass these fixed amounts written in the cadastre by means of extraordinary auxiliary taxes and levies.[18]

The Italian strike limited expropriation, but this method of bringing the subjects' own will into play – this negative "Eigensinn" – also thwarted the peasants' own initiative to improve their living conditions. The peasants, whose surplus was in toto expropriated either by the nobles or indirectly by the crown to be used mainly for overseas wars or manors, were not actually encouraged to be innovative or

---

[11] Kujala (2003), pp. 36-46, 49-51, 54-94, 101-113, 132-133, 140, 142, 150-151.

[12] Kujala (2003), pp.112-113; 132-133, 147, 151.

[13] Cf. the discussion of the power state by Eva Österberg and Erling Sandmo in the preface of Österberg & Sogner (2000). Jan Lindegren (1980), Heikki Ylikangas (1991), Charles Tilly (1995) and Kimmo Katajala (2002) have emphasized the military state's power to exploit peasants suffocating resistance by means of capital punishment and conscriptions, whereas the more prevailing trend – partly reflecting the postmodern emphasis on individual construction of social realities – has been to show how the crown had to negotiate with its taxpayers (Österberg (1989); Gustafsson (1994); Karonen (1999), pp. 329-331). Kujala sees the Nordic model of interaction stemming from Otto Brunner's (1939) vision of reciprocal obligations binding masters and vassals in the Middle Ages.

[14] Kujala (2003), pp. 22-26, 95-100.

[15] Scott (1975), pp. 28-41, 289-350.

[16] Moore (1978), pp. 3-48; Thompson (1991), pp.185-258.

[17] Tilly (1995), pp. 99-103.

[18] Kujala (2003), pp. 30-33, 93, 112-114, 152-157, 163, 184-188.

effective in their management of land. This was especially the case for the peasants of southwest Finland, who were required to do day-labor in lieu of taxes or rent during the summer. In Ostrobothnia, on the other hand, peasants had the incentive to increase their productivity – in order to pay taxes in cash or to hire substitute soldiers – by producing tar.[19] This was the fiscal argument presented for the enclosure acts during the 1730s and 1740s.

The Swedish instances of peasants' resource control and withholding can be generalized. Benno Teschke has shown that both medieval lords and the absolutist "modern" state were dependent on the silent consent of their fiscal subjects. Due to lack of manpower after the Black Death, the French peasants pressed for hereditary rights to their tenures. The main obstacle to appropriating more surplus from the peasants was the fact that they – in many parts of western Europe – had succeeded in confirming their tenure as hereditary after the Black Death and the ensuing shortage of manpower. The peasant families were able to support themselves on a subsistence basis outside the market. As the landlords tried to expropriate all the surplus, there were no longer incentives for more effort than required for everyday life.[20] A system that tried to expropriate all the surplus from primary producers for elite wars was compelled to wage wars to expand the tax base, because productivity could not be increased.

3. Competition for the tax base and enclosure acts

A miracle of productivity occurred before the industrial takeoff: During the millennia of conditional property rights and serfdom, economic growth was unknown, but its curve began to rise exponentially towards the end of the 18th century in Europe, along with the end of the conditional property system.[21] The confirmation of private estates for peasants since the latter half of the 18th century in western and northern Europe was motivated by geopolitical competition between states as regards population and the tax base, not by humanitarian concerns, but it brought along with it a broadening middle class that was less at the mercy of fate.[22]

The "Great Transformation" into so-called modern property relationships began with the enclosure decrees in Tudor England. The enclosure acts introduced the idea that land could belong to individuals in the form of real estate. Landed estates were broken up into individual pieces of property that could be bought and sold. Proprietary relationships gave way to property relationships. Although the everyday life for peasants had often been precarious, English covenants guaranteed every man a right to remain on the land of his or her ancestors. Capricious landlords were not able to expel peasants from the land they were born onto. As the labor market was created by law, millions of peasants were freed both from their fixed obligations and from their traditional birth rights of attachment to a place, thus

---

[19] Villstrand (1992), pp. 219-244
[20] Teschke (2003), pp.168-172.
[21] Bernstein(2004), pp. 15-30.
[22] Pettersson (1983), pp. 49-78; Greenfeld (2001); Teschke (2003), p. 266.

obliging them to contract and sell their labor for wages in urban and industrial markets.[23]

In Sweden (including Finland), corresponding enclosure acts had been carried out since the middle of the 18th century on fiscal and mercantilist grounds. Established peasants were eager to support enclosure, if they could withhold forest, its value now estimated in money, and other undivided commons for their own use and for their offspring. A central conflict between crown and peasants was the division of "surplus" forests and meadows: The crown would have liked to find more estates to pay taxes, whereas the existing estates preferred division among the existing ones.[24] Property conferred bargaining power for this rural middle class and protected them from the fate of latifundia peons.[25]

The downside of enclosure acts was an enlarging proletariat forced to perform labor at any wage, being deprived of any alternative source of livelihood, the use of common land. Property thus could be turned into one weapon of the weak among other, more concealed methods to withhold one's labor from the elite; for the landless population, however, the redistributive implication of reciprocal consent was obliterated.

The last remnants of feudal over-dominium were removed in 1789, as the king of Sweden allied with the peasants against the rebellious nobility: The inherited estates owned by the peasants were declared equally inalienable as the nobility's estates and could no longer be confiscated for tax failure. The majority of the peasants living on crown land (formerly tax donations of the nobility rejoined to the sources of direct crown revenue since 1680) were confirmed in their rights of inheritance. Rent and tax began to be separated from each other.[26]

Property became a source of bargaining power for smallholders as soon as their contracting partner could no longer confiscate it. Until then, the peasants existed in principle only as easily replaceable tax producers for the purposes of the crown or noblemen. After the enclosure acts and confirmation of their dominium directum, prosperous peasants in Sweden/Finland and Denmark/Norway, now owning their estates and forests, were able to participate in market relationships when they needed cash, but also could stay away if they were lazy or content with living for subsistence.[27] Thus, the world market for buying wood and butter existed as a possibility but not yet as a pressure for peasant way of living. This decentralization of economic resources also promoted active citizenship and parliamentary politics, just as Richard Pipes has claimed.

During the latter half of the 18th century, as life expectancy increased, people began to overcome their fatalistic attitude toward life in general.[28] The relationship

---

[23] Polanyi (1944); Rifkin (2000), pp. 78-79.

[24] Ojanperä-Oksa (1996); Toivanen (1997); Talvitie (2005).

[25] Kuisma (1993), pp. 109-120.

[26] Berglund (1868/69).

[27] Swedish rural history has shown that the methods of agriculture had already developed before the enclosure acts, and population growth was accelerated; these factors, on the other hand, drove peasants and crown, simultaneously, to increase productivity. Olai (1987), pp. 104-109; Hoppe-Langton (1994), p. 50.

[28] Jay (2000), xx, 34-35, 58; Bernstein (2004), pp. 12-17, 46-47.

between effort and reward is crucial for health. The psychology of hope based on the studies by Martin Seligman connects this new optimism with self-efficacy: People need to control what happens to them. Along with their increasing control over life also emerged a sense of a discrete self able to affect the world.[29]

Institutional factors were more important than was industrialization: Industrial takeoff seems at first to have had negative effects. Average life expectancy in England between 1760 and 1820 improved but between 1820 and 1860 no longer increased. Much the same pattern appeared in infant mortality rates. Height increased during the late 18th century, but this was in the early 19th century followed by a deterioration. To be sure rapid population growth would have been unsustainable without the industrial takeoff about 1800, but was obviously not caused by the expansion.[30] Confirmation of commoners' property rights may have been the underlying factor behind the improvement and increasing expectations during the latter half of the 18th century.

It should be emphasized that the philosophy of liberalism was developed in a society where property was decentralized and dispersed and where the owners of it opposed any kind of centralized monopolies governing the market access.

4. Exclusive property rights

John Locke provided the ideology of individualism in his work *Of Civil Government* (1690): he defined private property as an inalienable natural right, logically primary to any social relationships. A man produced his own property by adding his labor to the raw stuff of nature, thus creating added value. Because he had "a Property in his own Person," "the Labour of his Body, and the Work of his hands," too "are properly his." "Whatsoever, then, he removes out of the state that Nature hath provided and left it in, he hath mixed his labour with it, and joined to it something that is his own, and thereby his property". Everyone could legitimately claim for himself "as much land as a man tills, plants, improves, cultivates, and can use the product of."[31]

In Locke's theory, a man expands the boundaries of his personality through labor, thus unilaterally changing parts of the reciprocal outside world into parts of his inviolable private world. The historians of theories of justice see the emergence of modern exclusive property rights in the shift from original occupation of land into work as the justification for private property.[32] According to Manfred Brocker, John Locke was the first to remove contractual elements or others' consent from the property theory, and this shattered the basis of any distributive justice. The original occupation of a piece of land would have required a contract for recognition of fait accompli, the shift from communal ownership into private properties. Differences in wealth corresponded directly with differences in industriousness. In the Lockean framework, a state could not tax its citizens by appealing to the common good

---

[29] Niedhammer et al. (2004); Reading (2004); Sagan (1987).
[30] Bernstein (2004), pp. 225-232.
[31] Locke (1965), § 27 and "Of Property".
[32] Paasto (2004), p. 74.

without their consent. Work was all that was needed to establish an exclusive relationship between a person and an object.[33]

In the elaborated theory of exclusive property rights, the rights of the subject of justice were guaranteed by the state as defined spheres of private autonomy, where the subject's discretionary freedom prevailed against the will of others. Free promises turned into wealth, because the person who promises something is able to transfer his/her right based on a promise to a third person. Property meant a domain with a protected right of use. Anyone who interfered in this use could be held responsible for reparations.[34]

The evolution of legal systems during the 19th century was measured by how soon each adopted the Roman concept of exclusive property rights and abandoned the medieval system of partial property rights.[35] Adoption of Roman law finally came to confirm peasant property, changing the tax into a rent, thus separating the public and private spheres of justice. In German countries, where conditional property rights lasted longer than in England, the definite rent obligation could be removed by compensating for the loss of the lord's property as early as in the 18th century. Peasant tenures came to be treated as property. Even a long tenure came to confer upon the peasant family the rights to convey, to inherit, and to encumber their estate with debt. Not even the broadest work or rent obligations were able to make a farmer's "gewere" incomplete. To be sure, land could not be as easily divided as other possessions, but the limitations gradually faded. Substantial property as limitless and exclusive right to use preceded in theory the change in real circumstances in which positive jurisprudence for a long time still acknowledged a variety of tenures.[36]

For the Romanist systematizers of law, any tenures or partial property rights were a contradictio in adjecto despite the fact that medieval people had lived by them and sub-possessions still were juridically acknowledged in Prussia and Bavaria. "A Dominium Utile is, however, not a real right of property but a right to a third person's thing, the (juridical) content of which, however, is defined by the (non-juridical) illusion that the user (exerting dominium utilis) would be a proprietor". The Dominus might have exerted a broader right to use a thing than others might, but could not be a proprietor if the dominus directus had not ceased to be the proprietor.[37] The proprietor retained the right to convey, transform, and defend his property after having given away the right to use it, and after the limitations ceased, the right of property returns in its entire scope (nuda proprietas). The proprietorship could not be parted but the proprietor defined the purpose and scope of every use. Just as Romanists did, the Germanists claimed that the original full property would be restored as the limitations set by law or a third person's right ceased to exert

---

[33] Brocker (1992), pp. 1, 122, 165, 184, 281.
[34] Pöyhönen (2000), pp. xii-xiii, 16, 38-39.
[35] Paasto (2004), passim.
[36] Eichhorn (1845), §§ 256-257; Stobbe (1882/83) §§ 71, 78; Gierke (1895-1917), vol. II, pp. 369-371, 374; Paasto (2004), p. 252.
[37] Windscheid (1879), footnotes 5-11.

influence.[40] This contradiction was solved by acknowledging only one kind of property and interpreting other kinds to be loans.

In the German feudal tradition, a longer or shorter tenure established the difference between concepts such as "vererbliches Eigentum," "lebenslängliches Eigentum und Leibsucht," "Lehnrecht und Leiherecht," "ablösbare Satzung und vormundschaftliches Nutzungsrecht."[41] Besides hereditary possession, there had also been life-long, tenured, conditional, deferred, and future possession. The tenure of a thing was relative, limited, and partial, changing over history. Private, family, clan, communal, and state rights overlapped each other in landed estates. German feudalism did not separate private and public and differentiated rights according to persons, whereas Roman juridical thought abstracted justice from concrete social settings. Liaisons between real estate, social status, political rights, and communities possessing rights faded, as Roman law replaced German historical and contextual traditions.

The evolution of justice meant for the jurists of the 19th century decontextualization of rights and linkage to free individual wills. Juridical concepts should be distilled from the description of various exchange acts that actually have taken place, and real interests should be replaced by abstract rules separating rights concerning a person and rights concerning a thing.[42]

The Romanist defended an absolute property concept resolutely, whereas the Germanists conferred upon the state more power to regulate the content and scope of the property. This nuance can be explained by a more collectivist concept of nation and the national soul.[43] Social intervention against the capitalist's abuses was more easily launched on the Germanist basis, whereas the absolute concept of property was used to prevent regulation. But the concept of absolute property was only a theoretical foundation stone for a legal system, indefinite as regard to time and scope – its factual use was always more regulated.[44]

The act of acquisition, work, was never a sufficient foundation for retaining property, even if the theories of justice adopted more and more mechanical causality, abandoning the qualitative and essential order of the ancient world. Locke was used to justify unlimited wealth, in disregard to the limited resources of land, still mentioned by Hugo Grotius, Samuel Pufendorff and Immanuel Kant.[45] A secular justification proved to be an ambiguous guarantee of private property.

Property as an exclusive, permanent, and absolute subjective right was gradually established in the interpretations of the French Code Civile during the 19th century. The system was built starting from the person: the will, the separation of mine and thine, and juridical relationships based on these facts. In the juridical arguments,

---

[40] von Roth (1880-86), pp. 54-61, 123; Paasto (2004), pp. 284-286.

[41] Schröder (1889), p. 261; Paasto (2004), pp. 337-338.

[42] Gerber (1891), pp. 1-13, 36, 49, 55, 118-124; Gierke (1895-1917), vol. II, pp. 348-357, 369-371; Paasto (2004), pp. 302-309, 317-321.

[43] Paasto (2004), p. 301; Greenfeld (2001), pp. 154-223.

[44] Paasto (2004), pp. 339, 347-355.

[45] Hecker (1990), pp. 116-85, 183, 194-199; Hecker (1995), pp. 385, 389-393; Paasto (2004), pp. 84-90.

a relationship with an object replaced social recognition and communal interests in the juridical arguments.

However, a definition of property has never prevented the regulation of ownership. Even be the state of nature constituted by private property instead by communal property, every state limits it, even though newer natural rights theories attempted to make the private sphere sacrosanct against every interference. In practice, property rights never attained a position of pure "object" relationship; the question always concerned interpersonal positions in a system of justice. Kant and Hegel, for instance, assumed common consensus for acquisition and equal possibilities to acquire property, when not to redistribute it.[46]

According to Päivi Paasto[47], who has studied the juridical literature and philosophy of Germany during the 19th century, the philosophical and juridical argument for the emergence of private property concentrated on the question of original occupation vs. labor as alternative sources of property rights. How could the natural rights that a person himself possessed be transferred to land through his work, if some other person already occupied the land? Was one allowed to transfer unequal opportunities through inheritance? The exclusive relationship between the possessor exerting his free will and the inanimate object of his will was to be complicated by the fact of mutual recognition of each one's rights that thus became dependent on one's contribution. Property as an exclusive right to use objects was shadowed by obligations to benefit the community through the use of one's abilities.[48]

A typical line of argumentation claimed that property was based on the inalienable freedom of an individual, so that acquired property or tenure rights could not be limited without violating that person's natural rights. The factual situation was the starting point for theorizing, and any deviation from the presupposed original equality in acquisition remained unexplained.[49] Exclusion fueled communitarian critiques claiming that property was usurpation of common goods, goods produced cooperatively. According to Pierre-Joseph Proudhon, even the results of a private person's work depended so heavily on others' work that their exclusive possession could be questioned.[50] Human work that conquered nature and made it submit to the sphere of untouchable human autonomy could easily serve as a moral argument against parasitic capitalists; then, it was used as a universal norm and no longer as the foundation for positive justice.[51] For Schopenhauer, for instance, everyone possessed his own body and his efforts, so that the expropriation of the results was equal to slavery as an insult to the person.[52] In jurisprudence, the alleged origins of private property faded from consciousness, as property came to be seen as a concrete

---

[46] Paasto (2004), pp. 95-154.
[47] Paasto (2004), pp. 43-62.
[48] Harris (1996), pp. 182-212, 230-236, 278-; Paasto (2004), pp. 59-63.
[49] von Zeiler (1819), pp. 25-32.
[50] Proudhon (1840).
[51] Brocker (1992), pp. 306, 324, 328.
[52] Paasto (2004), pp. 155-160.

object and not as a power position in the ever-changing social constellation.[53] Property was dealt with as a positive fact of life.

New theories of liberalism came to elevate acquisition as self-fulfillment: Property became a sign of each man's personal triumph. John Gerald Ruggie has suggested[54] that the emergence of the self-conscious man, as hypothesized by the psychologists of hope, correlates with exclusive rights and clear boundaries. According to Jeremy Rifkin, the shift from proprietary service to private property altered the very nature of human relationships and gave rise to modern sensibilities, including the new sense of self and the private realm and new institutions like the nation-state and the constitutional form of government.[55] Property had come to be seen as an inalienable part of a person in a phase of history that David Riesman once typologized by inner-directed entrepreneurs as the prevalent social character.[56] But as soon as the conditions of competition changed, property was redefined as conditional, and autonomous persons – along with their material basis – as obstacles to efficient production.

5. Re-collectivization of property relationships

Modern market and power relationships were characterized by property-as-an-inalienable-object concept for only a short period. According to Rifkin, in an era in which the amassing of physical capital defined the terms of commerce, and consumer goods defined the status of the individual, property rights reigned supreme.[57]

Both the owner and the owned began to encompass collective features. During the US "Gilded Age" (the 1880s), upon corporations was conferred the status of citizens with all accompanying civil rights. Between 1898 and 1904, the US economy was transformed from one in which indvidually owned enterprises competed freely among themselves into one dominated by a relatively few huge corporations, and each of which owned by many shareholders, could own stock in each other.

Big corporations as rulers of the markets made many populists and democrats question the continuity of the ideal republic, in which freeholders' property enabled them to have an influence on public affairs on the basis of their independent considerations.[58] Corporations had citizens' rights but not citizens' obligations: They were free to pursue their private interests without constraints.

Courts handled corporations as juridical "persons," with their own identity separate from the individual owners' and managers', entitled to conduct business in their own name and go to court to assert their rights. Viewed as an entity, "not imaginary or fictitious, but real, not artificial but natural," as described by University of Chicago law professor Arthur W. Machen in 1911, the corporation was trans-

---

[53] Paasto (2004), pp. 209-211, 223-224, 228-230, 239-243, 247, 280-282.
[54] Ruggie (1993), p. 169.
[55] Rifkin (2000), pp. 79-80.
[56] Riesman et al. (1950).
[57] Rifkin (2000), p. 82.
[58] Lasch (1991).

formed into a free being.[59] Initially, private property had become untouchable as a part of a person and his free will. Now, the pursuit of profit by the corporations was equated with the exercise of an individual's free will and declared almost holy. Minimum-wage and maximum-hour protection was interpreted as an offence against personal liberty.

As long as this rule prevailed, shareholder value was not counterbalanced by public interest. The lawsuit Ford v. Dodge of 1916 still represents the legal principle that managers have a legal duty to put shareholders' interests above all others and have no legal authority to serve any other interest. Ford's decision to cancel a dividend to reduce prices was solved to the benefit of shareholders: a company could not be run "for the merely incidental benefit of shareholders and for the primary purpose of benefitting others."[60] Externalization of costs and privatization of profits as a tendency was built into the corporate system, where the liabilities of the owners were limited and management separated from ownership of the company. Shareholders cannot be sued for the crimes committed by a corporation, and directors have traditionally been protected by the fact that they have no direct involvement in decision-making. Executives can seldom be proven to be "directing minds" behind destructive actions.[61]

This tendency towards maximization of profits at the cost of staff could be constrained by forcing corporations to reinternalize costs, but only when political regulation was backed up by popular opinion. Corporations were based on legal agreements and can be deconstructed by revocation of their charter as publicly traded companies, if they do not otherwise honor the legitimate interests of their employees, society, and the environment. Maximizing profits as the only goal of a company has been based on an economic theory of a perfect market that does not allow any deviation from maximal efficiency. But human societies seldom have approached the perfect market situation.[62]

In Europe, the opposite collectivization of the concept of property took place, as the system of mutual social insurance was being built up after the end of the 19th century, and labor contracts were collectivized. As long as farmers, shopkeepers, and self-employed entrepreneurs constituted the majority, wage labor could be dealt with as a police problem at the margins. But as dependent employees grew into the vast majority, including more and more white collar workers, the problem was addressed – under the threat of strikes and revolution – as a social one. Paid labor was turned from a discontinuous market commodity into a sort of shareholdership of society beyond the still-existing inequality between have and have-nots.[63] At best, during the long cycle of growth since World War II, culminating in the 1970s, lifelong jobs were conceived of as the jobholder's private property, and he could even sue his employers when fired without his, his trade union's or the state bureauracy's

---

[59] Quot. Horwitz (1987), p. 51.
[60] Smith (1998).
[61] Bakan (2004).
[62] Livingston (2000); Bakan (2004); *Helsingin Sanomat* 21. 5. 2006 "Osakeyhtiölain soisi edistävän yhteiskuntamoraalia" Timo J. Tuovinen.
[63] Castel (2000); Marshall (1973).

consent. Thus, jobs approached land tenure as a source of autonomy and bargaining power, as well documented by income statistics that indicate that the early 1970s were the best of times of Western European employees.

The fundamental Marxist critique that welfare capitalism left heteronomous work and surplus value untouched needs some revision: During the 1970s, as political pressure from the left and from trade unions peaked, the functional share of GDP between capital and labor was most favorable for employees with their 70% share (as compared to 55% on average in the 1990s), and their net increase in wages / salaries was, for instance, 20,5% in West Germany, versus in the 1990s, –2.2% .[64] The compensation for US CEOs was only 30-fold that of their employees, now it is 530-fold for the top 100 CEOs.

Subjective identification with the middle class and a new sensitivity to personal choices, coming to the fore during the 1960s, was based on hard facts. Self-actualization as a norm and rejection of the sacrificial work ethic of earlier generations remained a lasting heritage of the "affluent society" atmosphere of the 1960s. But just as land tenures proved to be dependent on the competitive advantage of "nations", so did job tenure with all its perks and benefits. The person, this romantic potential beyond the ever-shifting social roles, proved to be a social construction – but once it emerged, it resisted the changes that made middle-class expectations diminish.

The market saturation of the world economy since 1974 can be defined as an overcapacity problem.[65] Instead of shortening working hours based on good productivity, the problem was "solved" from the point of view of capital return: To stop the loss of profits from investment, employers now required cuts in wages or downsized their work force. According to Neoliberals, gaining hegemony since the plunge in the Fordist boom of postwar decades, the collapse of the Bretton Woods system of regulated capital transfers, and the crisis of national macropolitics, the collective welfare system meant that the undeserving majority voted itself into the purse of a wealthier minority. This was an insult not only to individual freedom but to the iron laws of evolution, causing determining the societies to stagnate.[66] A new deal was necessary to reward investors and to return paid labor to the basics, to being a mere market tool with no social guarantees that only made the labor market inflexible and reduced total competitiveness of a site.

Supply-side economics has required the employees to do more with less in order to encourage investments and growth, but as a matter of fact the investments have concentrated in assets, real estate, and the products of the flourishing finance industry instead in production to fuel employment and consumption.[67] Capital markets were deregulated in order to encourage investment but instead of starting a benign cycle of industrial renewal, consumption, and welfare, the capital obliged the

---

[64] Müller (2004), p. 57. See also *The New York Times*, August 22, 2005 "Why a Booming Economy Feels Flat. Personal Income Is a Key Area Where Workers Fall Behind, Compared With the Past" Mark Turnbull.

[65] Brenner (1998).

[66] Tilman (2001); Schui & Blankenburg (2002); Walpen (2004).

[67] Jenner (1999); Huffschmid (2002); Bonner & Wiggin (2003); Hannich (2005).

production economy to perform continuous benchmarking with other sources of profit in the virtual realm of financial speculation.

The struggle for survival replaced the romantic dreams of reconciliation of man with the nature of the 1960s: now, some employees had to overextend themselves, while others suffered from underemployment or from being totally dropped from the work force. Instrumental concerns of competitive units, be they sites, companies, profit centers, or individuals, prevailed at the cost of value-rational goal setting. The fear of linking things into an over-arching picture is most obvious in the US Republicans' counter-science, but the same anti-intellectual atmosphere rules also in Europe, where, for instance, the universities are starving, and intellectual freedom is hollowed out through management and a quality-assurance bureaucracy. A closing down of the mental spaces in an alleged information society results from a manic defense against vulnerability, and loss of control, and a hidden aggression unconsciously haunting the ruling elites.

Bipolar mental disorder seems evident on the societal level in such a way that while employers show mania, their employees suffer from depression. Employees everywhere seem to have lost their sense of causal efficacy, the origins of all hope: Collectively, they can no longer strike for a fairer deal, because capital may exit, and as individuals, they cannot win, because they must do more with less without even then being certain of their jobs; they can be laid off due to minor differences in capital returns. As a matter of fact, western employees face the feudal conditions ante-18th century, when all the surplus the commoners produced was appropriated, and a fatalistic attitude seemed the only adaptive reaction.

But fatalism concerns only things beyond one's personal sphere: people are in general quite optimistic as regards their career, family life, friends and hobbies, but turn pessimistic as regards politics, the environment, or corporations. "I'm OK – You are not!" This kind of split in emotions can be explained by a dissociation characteristic to trauma but adaptive in the short run. This small-scale optimism also explains the real estate cocooning and "Bohemian Bourgeois" nostalgia for solid things and handicraft. Seen from the point of view of Peter Sloterdijk, self-comforting by one's closest environment is not only a regression but maybe also regression in the service of the ego: an attempt to achieve some protected space for personal meaning-giving as a basis for further contacts with the ever-shifting external world.

Some culture diagnoses certainly see children now "growing up in a world of networks and connectivity in which combative notions of mine and thine, so characteristic of the propertied market economy, are giving way to a more independent and embedded means of perceiving reality – one more cooperative than competitive and more wedded to systems thinking and consensus building." [68] Praise for the information society has, on the other hand, turned communication into community and required employees to give up "Darwinian survival" and surrender unconditionally to the social organization they live in.[69] These organizational meta-subjects, in their turn, have not replaced the Darwinist struggle with pursuit of the common good as easily as some theories of network economy seem to presuppose. Academic

---

[68] Rifkin (2000), pp. 12-13.
[69] Siltala (2004).

enthusiasm during the 1990s for deconstruction of essential selves and the fervor against "false concreteness" of the provisional results of relational processes might also have been a defensive reaction: attempts to rescue hope and see only the emancipatory side in the collapse of rugged, middle-class male autonomy in the labor market, demanding more and more flexibility, discontinuity, and elastic values.

The liberating advantages of property emphasized by Pipes seem to grow according with the amount and liquidity of wealth but turn into the opposite as regards small owners and solid, locally rooted property, which may have use value for its holders but is not easy to sell. Big Money is able to evade taxes, the social obligation often principally connected with the very concept of property, whereas the middle classes must shoulder a growing set of obligations, because their tied up savings or real estate cannot flee over borders.

The seemingly unhistorical analogy between late capitalism and feudalism may be carried even further: The CEOs and the inside players in the stock exchange market are benefitting from their structural position at the top of the food chain, like the medieval robber barons or 17th century war entrepreneurs, both of them possessing the means of coercion – the weapons – and thus able to privatize state power for their personal use. Their compensation is not based on diligence or skill. In contrast, those who have to earn their living by work are more and more doomed to fill the lowest levels of the value chain, be they employees or independent subcontractors or self-employed professionals.

"Businesses already are well along the way toward the transition from ownership to access. They are selling off their real estate, shrinking their inventories, leasing their equipment, and outsourcing their activities in a life-or-death race to rid themselves of every conceivable kind of physical property. ... Many companies no longer sell things to one another but rather pool and share their collective resources, creating vast supplier-user networks that co-manage each others' businesses." [70] What matters is command of market access, and market access is often monopolized by technical standards/platforms, brands, delivery chains, or quality assurances. Owning the means of production no longer guarantees bargaining muscle like that.

Consequently, selling one's own work no longer makes an individual independent – the only thing that does is commanding market access over many others. A producer has to accept the price dictated by Wal-Mart; a trucking entrepreneur, in debt for his truck, accepts grudgingly the price bargained between a big forest industry company and the logistics chain between the subcontractor and the client, and the "independently" contracting cleaning woman seldom meets with a client, supplied by a chain for half her earnings. In the new economy, smallholders – be they small entrepreneurs such as independent shop keepers, contractors, farmers, or researchers – must submit to producing cheap raw material or to combining components for the final product of the corporation, defined by the franchise, brand, or standard.[71]

---

[70] Rifkin (2000), p. 5, see also pp. 36-55.

[71] Rifkin (2000), pp. 56-72. In Helsinki city area, there are only 26 "wild" foodshops. *Vartti* 20. 10. 2005 "Pienen piirin ruokakauppias".

Bourgeois civil justice equated during the 19th century the ability to work with capital investment. Now, the principal difference between these equal items of personal property is even more striking, because small, independent entrepreneurs and farmers still could be seen as "typical" citizens instead poor vagabonds: Owning one's ability to support oneself does not free the "owner" from the compulsion to work under any required conditions.[72] A small proprietor does no longer possess himself.

Creative work, so central to the person-centered Lockean theory of private property, is one illustrative example. The intellectual property rights of inventors, writers and artists are under growing pressure in the network society, but rights are confirmed by every existing state power for the corporations commanding market access. The industrial inventor, for instance the Finnish inventors of text messaging, once adopted the morality that it is inappropriate to appropriate an idea that has emerged in collaboration based on open sources. This has not prevented publicly traded stock market companies from privatizing "common goods" for their own benefit. "It felt bad for all us undemanding developers that our work, once proven to be valuable, enriched people quite other than us," says Matti Makkonen, graduate engineer. "If we had just invented text messaging, we would establish our own company to produce devices for sending messages and require royalties from all telecompanies." Ideas developed at work are more and more interpreted as belonging to the employer, not to their creators.[73] The relational, power-dependent concept of property is practiced when author's rights against illegal copying via the net are weighed against the right to free communication among consumers. The former is doomed as old-fashioned, when new technology turns "creative work again into something free floating, from which anyone is allowed to draw as much as s/he desires."[74] Again, we could see an analogy with conditional property rights: Peasants or employees are allowed to use their talents/resources only for the benefit of the lord, not to enrich themselves into independence from the obligation to work.

Thus, the ideology of a free market is used against the intentions of its 17th and 18th century theorists to justify confiscation of the products of those who have brought something into being by their own work. Instead, this creative capacity is conferred on capital that transforms use values into revenue. Corporations have replaced individuals as juridical subjects exerting exclusive property rights, whereas individuals face more and more the other side of the property concept: property as a social obligation for which to be held accountable for.

Legal definitions now follow practice. Reflecting the social rights developed during the 20th century, even the right to property has been considered to have changed into a regulated position of merely some rights among others, and the scope of the concept of property has been defined by actual law makers; wealth has thus

---

[72] Decker & Hecker (2002), pp. 95-126.

[73] *Helsingin Sanomat* 15. 6. 2006 "Keksinnöistä maksettava arvon mukaan" Matti Makkonen. Cf. *Helsingin Sanomat* 11. 6. 2006 "Suomalaiskeksintöjä tarjolla – halvalla"; Huuskonen 2006; Kontkanen 2006; *Helsingin Sanomat* 20. 5. 2006 "Tekijänoikeudet jo haitaksi tieteellisille kirjastoille" Jarmo Saarti.

[74] Pöyhönen (2000), p. 141; *Helsingin Sanomat* 29. 6. 2005 "USA: n korkein oikeus vahvisti tekijänoikeuksien asemaa verkossa", 1. 7. 2005 "Kilpajuoksu teknologian kanssa".

come to mean occupying a position in the dynamic system of mutual obligations. According to the socially-minded mainstream of justice, this shift has been paradigmatic. According to some dissidents, all the limitations can be explained as deviations from the original freedom, and continuity from 19th century bourgeois thinking still prevails.[75] Juha Pöyhönen, professor of civil justice, defines the new concept of wealth as an ever-shifting position of risk. A deal no longer produces an irreversible and exclusive right forever, but the holder of property remains entangled in a web of reciprocal obligations between persons who represent different interests deserving protection. The protection of wealth varies according to these interests and depends on policy adopted by various actors. There no longer exists a sphere of permanently protected private autonomy.[76] In a superficial sense, the concurrence between various contracts no longer excluding each other's validity that is dependent more on a communal sense of justice than on abstract rights[77] seems to return to the feudal way of conceptualizing property relationships as proprietary relationships.

The difference between the generally condemned private interest and the eulogized public good lies in the capital return. Property should circulate, bring in revenues, or else it will be shifted into other hands. For instance, private forests are in hardly any sense private, when the owners are obliged to sell whenever it suits the forest industry, at prices dictated by local monopolies. Because forestry is publicly funded, the harvest should serve the forest industry, thus defined as the representative of the public good. "When the growth of a forest stops, it brings about double damage. In the capital market, the owner would gain a good return for his forest earnings, and new forest would begin to grow. When the forest is not harvested, the owner loses his wealth," declares a mill owner, demanding punitive taxation for these incompetent holders of universal capital.[78] Until now, farmers have not viewed their inherited estates as just another commodities among others – instead, their moral imperative has been to hold onto their estates to ensure security down the generations. Land improved by one's own hand has more value enshrined in it than mere surplus value. "A piece of land is like a beloved being – it cannot be owned. It can be taken care of and loved. New generations will always follow, new assignations would ensue." Thus, land was seen to guarantee ontological continuity and the ultimate meaning of life.[79] Now, it is not allowed to stay out of the market or to participate in trade only when one needs to sell.

The rentablity spiral forces more and more people to abandon agriculture as humane way of life, and the maximized units left are industrial plants run by international TNCs. These, following the logic of an industrial economy of scale, have to expand, and to reduce unit costs infinitely. As suppliers of specialized raw material for vertically integrated agribusiness, entrepreneurial farmers have to shoulder

---

[75] Zitting & Rautiala (1963) p. 205; Kartio (1991) p. 155; Pöyhönen (2000), pp. xi-xvii; Sontis (1973), pp. 981ff.; Rittstieg (1983), pp. 161ff.; Lewis (1985), pp. 241; Peter (1949), pp. 30, 64, 102; Paasto (2004), p. 351.
[76] Pöyhönen (2000), pp. 140-150.
[77] Pöyhönen (2000), pp. 169, 171, 196.
[78] *Helsingin Sanomat* 19. 3. 2005 "Sahayrittäjä rankaisisi puuta panttaavia metsänomistajia verolla".
[79] *Yliopisto* 14/2004 "Kiinni ikuisessa maassa", "Ei vapaasti vaihdettavissa" Virve Pohjanpalo.

market risks with earnings that often remain lower than for waged labor. They are forced to live at a self-sustaining level under market stress, but debt and the mortgage spiral prevent them from living on a self-sustaining level outside the market, as peasants have traditionally been able to do.

Mario Cogoy, an Italian economist, says that the extreme form of a market utopia consists of two ideas: On the one hand, people are supposed to acquire professional competence in one single field, where they will then earn sufficient funds to buy everything else in life from the market. On the other hand, this will imply total abolition of work and skills in the private life of people, since all labor and skills are absorbed into the market. Now, it is impossible to think of the commercial economy as auxiliary, serving the needs of families and individuals instead of using them as means of production and consumption. Total capitalization of life thus excludes the alternative that most people, according to value studies, now appreciate the most: working less after the satisfaction of their basic needs. Robert Jungk, the founder of futurology, once made the point that "people out of work are in a certain way in a privileged position because they are no longer chained to the capitalist production machine. They have more time, they can think and act in ways which may be beneficial for society, if they only have enough motivation."[80]

For the western middle classes, a paid-for real estate means freedom to choose between vita contemplativa and vita activa. But in a system of ever-shifting power positions, a mortgaged house no longer guarantees a relative freedom from labor market dependency: Private property may be eliminated if it prevents the participation of its holder in "free" competition on an equal basis or prevents area development for the benefit of capital investors. The labor force should move without constraints and pay taxes for their fictive dwelling incomes, thus remaining under pressure to maximize their incomes. "This is like Nottingham in reverse," comments Charles Svoboda, regarding Spanish coastal construction: middle-class real estate is confiscated with formal compensation in order to "make money for a few" at the command of hotel or holiday village chains – and the victims of confiscation have to pay for the traffic and services they have tried to escape! In the Rocky Mountains, gas production spoils natural resources on which local people are dependent. They cannot prevent it, because resources underneath the surface belong to the state government, and the Federal Bureau of Land Management privatizes this common good for publicly traded stock market companies, leaving only 12% of the profit for local use. If proprietors are companies large enough to assert their rights, their private interest is interpreted as the public interest; they might even be allowed to plan city areas, bypassing the community government.[81] The main purpose of a city is no longer the common good but return for investment, just as is the case in the

---

[80] Cocoy (1995); Pietilä (2004) (quoting Jungk).

[81] *Helsingin Sanomat* 24. 7. 2005 "Ikaalisten kaupunki leventää tietä yksityisen tilan maille", 20. 8. 2005 "Kaupunkipolitiikka uusliberalistisella linjalla" Anne Haila, 7. 8. 2005 "Janakkala saa pakkolunastaa sukuhuvilan kuntopolun vuoksi", 8. 5. 2006 "Maakaasubuumi mullistaa Kalliovuorten herkkää ympäristöä", 12. 6. 2006 "Kaoottinen rakentaminen vähentää loma-asumisen suosiota Espanjassa" (Stadt als Beute).

publicly traded corporations now fitting both communal administration and cooperative societies into a Procrustean bed.[82]

Bringing in the cash to produce a capital return of 10-15% is the only effort that nowadays is rewarded with options large enough to free a CEO from work for the rest of his life. Even the natural monopolistic profits of a privatized energy company are honored with such rewards, even if the profits are not invested in useful purposes but in stock bubbles.[83] And making "inefficient" capital more productive means shrinking the free space of those who work for money and cannot live on capital return.

Property in middle-class dreams may refer to a haven in a heartless world. Daniel Kahneman[84] and other psychologists of economic behavior have shown how loss-averse common people are (compared with the psychopathic insensitivity to the consequences of the big players of "creative destruction" [85]). In the common mentality, a loss weighs more than a comparable chance to gain. The tension between willing risk-takers, playing with others' money, and risk-averse common citizens may prove to be a decisive conflict dimension in the modern world.

Consumer confidence in the USA has recently stemmed first and foremost from the real estate bubble, the family house being the main property of members of the middle class, and its price being boosted by the low rate of interest. A long-term study shows, however, that real estate owners have never prospered irreversibly. Robert J. Schiller, a Yale economist, claims that every housing boom of the last few centuries has been followed by decades in which home values fell relative to inflation. On the Herengracht canal, an upscale neighborhood in Amsterdam, the actual financial return that a house produces for its owner has often been fantastic for 25 or 50 years, but the long-term trend matches the general rise in house prices equal to gains in people's incomes. Over the long course of history, families have not been forced to devote an ever-larger chunk of their money to the roof over their heads. "A whole lot of the price increases you see in houses is imaginary, because it's just inflation," says Piet M. A. Eichholtz, an economist from Maastrich University. "People say, 'I have a house. It protects me against the economic imbalances or misfortunes of the country.' The big lesson is that real estate does not give you the protection that people think it does." [86] Why support finance capitalism, if one's assets are doomed to lose their fictive value?

Family inheritance loses its significance. In the USA, nearly 40% of those in the World War II generation say it is very important to pass real estate or financial

---

[82] *Osuustoiminta* 2/2006 "Katainen lupasi korjausta osuuskuntien verokohteluun", 7. 6. 2006 "Kuntien voitontavoittelu vaatii jatkuvaa kustannusten supistamista".

[83] *Helsingin Sanomat* 23. 9. 2005 "Fortumin johdolla päällekkäiset palkkiot", 5. 10. 2005 "Fortumin tuotekehitys on supistunut kolmasosaan seitsemässä vudoessa", "Yhtiöiden edullisuus ja matalat korot pitävät pörssin vilkkaana", 21. 10. 2005 "Fortum tekee hyvää tulosta monopolillaan", 9. 6. 2006 "Kun mikään ei riitä" Jenni Virtanen.

[84] E.g. Kahneman (2003).

[85] Babiak & Hare (2006).

[86] *The New York Times*, August 21, 2005 "Be Warned: Mr. Bubble's Worried Again". Cf. *Helsingin Sanomat* 5. 9. 2005 "Helsingin asunnot ovat taas kivunneet huippuhintoihin": The prices of flats in Helsinki since the 1960s have grown 2.5-fold although remaining the same elsewhere in Finland.

assets onto their kids, while only 10% of baby boomers agree to this opinion.[87] The middle-classes people often have to consume their earnings themselves to make ends meet, and the horizon of expectations has been focused on individual self-actualization, not on ontological anchoring in the chain of generations.

Deprived of collective safety nets or stable property, employees are obliged to accept any work at the market price, even below the level of sustainability.[88] Benefits from portable pension funds will never be as high as in the pay-as-you-go-system of mutual insurance, even if the last years of the 1990s promised it. After the bubble had burst, pension-fund savers in the USA found themselves to have a 201k retirement program instead of 401k. Now, pension savers are solicited with a promise of 7% average profit in the long run, but if companies were so productive, there would exist no problem in financing public pension systems.[89] Small investors or "Lumpeninvestoriat," as stock market analysts William Bonner and Addison Wiggin condescendingly call them, have always had to pay the bill for the gains the first movers make. Information is equally available and decisions the most rational only in a theoretical market model.[90] Attracting people to put their savings in financial assets or letting them participate in the formerly exclusive high-yield funds of big players, using hedge fund techniques (taking a high level of debt, using derivatives which allow investors to bet on price moves without taking full ownership of shares, and selling borrowed securities in the hope of buying them back at a lower price, making money from market downturns) may mean democratizing the risk but hardly democratizing profit chances. Returns have fallen, and opportunities for generating high performance from inefficient markets are rare.[91]

Common citizens are forced to participate in a game that they cannot understand. A new deal has occurred for the benefit of capital, because the bargaining power of employees has vanished, and their means for survival outside direct market dependency have been gone. For those who have to work to make their living, private property, be it a piece of land or a permanent job, has ceased to confer independence; instead, they become more and more market-dependent. Common people who have sought security in mutual insurance and politically guaranteed jobs are now forced to take part in market competition to the full to keep afloat. The very notion of public interest, protecting the agency of the majority, is slipping away, as corporates are remaking citizens in their own image. Property has returned to its medieval phase as a pure power relationship, and that is why property becomes irrelevant for corporations who share the market among themselves.

---

[87] *The New York Times*, August 1, 2005 "The greatest generations shares the wealth". See also *Helsingin Sanomat* 22. 8. 2005 "Vaurastuneet suuret ikäluokat luopuvat perinnöstä yhä useammin".

[88] Recently, more and more blue-collar workers have refused to accept unfair payment and work conditions, eating their savings and resorting to disability insurance. They do no longer value their work because it is not valued in payment. *The New York Times*, 31 July 2006 "Men Not Working and Not Wanting Just Any Job".

[89] Stiglitz (2003); *Helsingin Sanomat* 8. 5. 2006 "Eläkepäivillä tarvittavat varat kannattaa panna tuottamaan" Susanna Miekk-oja & Vesa Puttonen.

[90] Thurow (2003); Frank (2004); Hannich (2005).

[91] *Financial Times*, June 18, 2005 "Private investors set to join the party".

Pipes universalizes the political blessings of the modern English property concept from the 17th century, a period of a more equal distribution of property, ignoring the possibility of private monopolies. Quite like Friedrich von Hayek and Milton Friedman, two central Neo-Liberal economists, he sees monopolies only in trade unions or in rent-seeking by the bureaucracy, presupposing that the economic equilibrium of the free market will automatically be based on fair market access.[92]

It is easy to understand that Pipes, as Jewish refugee, who narrowly escaped from Nazi-occupied Poland, is interested in the resources of individuals against state power and neglects the possibility that individuals may also obtain resources by and through the state against monopolistic power in the private sector. Another Jewish refugee, Hannah Arendt, held the opposite point of view concerning monopolies: "All our experiences ... tell us that the process of expropriation that started with the rise of capitalism does not stop with the expropriation of the means of production; only legal and political institutions that are independent of economic forces and their automatism can control the inherently monstrous possibilities of this process. What protects freedom is the division between governmental and economic power, or to put it in Marxian language, the fact that the state and its constitution are not superstructures."[93] Pipes' main question as to the economic distribution as a basis for a republic and division of power remains valid, but his general conclusions are confused due to his indifference to the dynamics of capital as separated from middle class livelihood.

The potential for any change may be hidden in the fact that the common people so seldom win in the monopolistic game. One obvious form of Foucauldian "productive" power, the sense of being an exception from the majority, encourages people to expect a social rise due to their inherent quality and to distance themselves from the "losers," who apparently are ontologically different and also somehow deserve their fate in the weakest-link reality TV shows. As soon as people realize that they cannot escape the structural fate of holding junk jobs and bonds by playing opportunist game strategies, their sense of individual worth and the restorative resources of their private "claustrospheres" can be mobilized against the structures of the labor market and against the subjugation of human needs by capital.

References

Arendt, Hannah (1972): Crises of the Republic. (Harcourt Brace Jovanovich, New York 1972).

Babiak, P. / Hare, R. (2006): Snakes in Suits. Psychopaths in the Workplace (Regan Books, New York 2006).

Bakan, Joel (2004): The Corporation. The Pathological Pursuit of Profit and Power (Constable, London 2004).

Berglund, Theodor (1868-69): Om äganderätten till jord. *JFT* 1868-69, 26-52.

Bernstein, Jay W. (2004): Birth of Plenty. How the Prosperity of the Modern World was created (McGraw-Hill, New York 2004).

---

[92] Schui (2000), pp. 76-79.

[93] Arendt (1972) (Thoughts on Politics and Revolution), p. 173; Young-Bruehl (1982), pp. 398-406.

Bluntschli, J. K. (1853): Deutsches Privatrecht. Erster Band (München 1853).

Bonner, William / Wiggin, Addison (2003): Financial Reckoning Day. Surviving the Soft Depression of the 21st Century (Wiley, Hoboken, NJ 2003).

Brenner, R. (1998): The economics of global turbulence. *New Left Review* I/229 (1998), 1-265.

Brocker, Manfred (1992): Arbeit und Eigentum. Der Paradigmenwechsel in der neuzeitlichen Eigentumstheorie (Wissenschaftliche Buchgesellschaft, Darmstadt 1992).

Brunner, Heinrich (1961): Deutsche Rechtsgeschichte. I. 3. Nachdruck der 2. Auflage (1906) (Duncker & Humblot, Berlin 1961).

Brunner, Otto (1939): Land und Herrschaft: Grundfragen der territorialen Verfassungsgeschichte Südostdeutschlands im Mittelalter, Bd. 5. (Rohrer, Baden b. Wien 1939).

Brunner, Otto (1958): Sozialgeschichte Europas im Mittelalter. (Vandenhoeck & Ruprecht, Göttingen 1958).

Brunner, Otto (1990): Grundfragen der territorialen Verfassungsgeschichte Österreichs im Mittelalter. (Wissenschaftliche Buchgesellschaft, Darmstadt, 5. Aufl. 1990).

Castel, Robert (2000): Die Metamorphosen der sozialen Frage. Eine Chronik der Lohnarbeit (UVK Universitätsverlag Konstanz Gmbh, Konstanz 2000).

Cocoy, Mario (1995): Market and non-market determinants of private consumption and their impacts on the environment. *Ecological Economics* 13 (1995), 169-180.

Decker, Peter / Hecker, Konrad (2002): Das Proletariat. Politisch emanzipiert – sozial diszipliniert – global ausgenutzt – nationalistisch verdorben. Die große Karriere der lohnarbeitenden Klasse kommt an ihr gerechtes Ende (GegenStandpunkt Verlag, München 2002).

Eichhorn, Karl Friedrich (1845): Einleitung in das deutsche Privatrecht mit Einschluss des Lehenrechts. (5. verbess. Ausgabe, Vandenhoek & Ruprecht, Göttingen 1845).

Frank, E. (2004): The Raw Deal. How Myths and Misinformation About the Deficit, Inflation, and Wealth Impoverish America (Beacon Press, Boston 2004).

Gerber, Carl Friedrich (1891): System des Deutschen Privatrechts. (16. Auflage, G. Fischer, Jena 1891).

Gierke, Otto (1895-1917): Deutsches Privatrecht. I-III (Duncker & Humblot, Leipzig 1895-1917).

Greenfeld, Liah (2001): The Spirit of Capitalism. Nationalism and Economic Growth (Harvard University Press, Cambridge, MA / London 2001).

Gustafsson, Harald (1994): Political Interantion in the Old Regime: Central Power and Local Society in the Eighteenth-Century Nordic States (Lund 1994).

Hannich, Günter (2005): Börsenkrach und Weltwirtschaftskrise. Der Weg in den 3. Weltkrieg (Jochen Kopp Verlag, Rottenburg 2005).

Harris, J. W. N (1996) : Property and Justice. (Oxford 1996).

Hecker, Damian (1990): Eigentum als Sachherrschaft. Zur Genese und Kritik eines besonderen Herrschaftsanspruchs. *Rechts- und Staatswissenschaftliche Veröffentlichungen der Görres-Gesellschaft. Neue Folge* 57 (1990) (Schöningh, Paderborn / München / Wien / Zürich)

Hecker, Damian (1995): Plädoyer für einen offenen Eigentumsbegriff. Zu einem Freiheits- und Eigentumsbegriff ohne Recht zur Herrschaft über Sachen. *In*: Grawert, Rolf / Schlink, Bernhard / Wahl, Rainer / Wieland, Joachim (Hg.): Offene Staatlichkeit. Festschrift für Ernst-Wolfgang Böckenförde zum 65. Geburtstag (Berlin 1995), pp. 379-393.

Hietaniemi, Tapani / Karasjärvi, Tero / Kokkonen, Ossi / Lehtonen, Tuomas M. S. / Malkki, Janne / Nurmiainen, Jouko / Piippo, Mikko / Sadeniemi, Matti (1997): Feodalismi. Uuden ajan käsite, keskiajan ilmiö, maailmanhistorian kategoria (Vastapaino, Tampere 1997).

Hoppe, Göran / Langton, John (1994): Peasantry to capitalism. Western Östergötland in the nineteenth century. *Cambridge studies of historical geography* 22 (1994) (Cambridge).

Horwitz, Morton (1987): Santa Clara revised: The development of corporate theory. *In:* Samuels, Warren / Miller, Arthur (eds.): Corporations and Society: Power and Responsibility. (Greenwood Press, New York 1987).

Huffschmid, Jörg (2002): Politische Ökonomie der Finanzmärkte (VSA, Hamburg 2002).

Huuskonen, Mikko (2006): Copyright, Mass Use and Exclusivity. On the Industry Initiated Limitations to Copyright Exclusivity, Especially Regarding Sound Recording and Broadcasting. Diss. University of Helsinki (Yliopistopaino, Helsinki 2006).

Jay, Peter (2000): The Wealth of Man. (Public Affairs, New York 2000).

Jenner, Gedo (1999): Das Ende des Kapitalismus – Triumph oder Kollaps eines Wirtschaftssystems? (Fischer, Frankfurt/M. 1999).

Jutikkala, Eino (1958): Suomen talonpojan historia. Toinen, uudistettu ja lisätty laitos (SKS, Turku 1958).

Kahneman, Daniel (2003): A psychological perspective on economics. *American Economic Review* 93 (2003), 162-168.

Karonen, Petri (1999): Pohjoinen suurvalta: Ruotsi ja Suomi 1521-1809 (WSOY, Porvoo 1999).

Kartio, Leena (1991): Esineoikeuden perusteet. (Lakimiesliiton kustannus, Helsinki 1991).

Katajala, Kimmo (2002): Suomalainen kapina: Talonpoikaislevottomuudet ja poliittisen kulttuurin muutos Ruotsin ajalla (n. 1150-1800). *Historiallisia tutkimuksia* 212 (SKS, Helsinki 2002).

Kontkanen, Pirjo (2006): Tekijänoikeudet yliopistotutkimuksessa ja -opetuksessa. (Helsingin yliopisto, yksityisoikeuden laitos, Helsinki 2006).

Kuisma, Markku (1993): Metsäteollisuuden maa. Suomi, metsä ja kansainvälinen järjestelmä 1620-1920 (SKS, Helsinki 1993).

Kujala, Antti (2003): The Crown, the Nobility and the Peasants 1630-1713. Tax, rent and relations of power. *Studia Historica* 69 (Finnish Literature Society, Helsinki 2003).

Lasch, Christopher (1991): The True and Only Heaven. Progress and Its Critiques (W. W. Norton & Company, New York / London 1991).

Lewis, Carole (1985): The Modern Concept of the Ownership of Land. *Acta Juridica* 1985, pp. 241-266.

Lindegren, Jan (1980): Utskrivning och utsugning: Produktion och reproduction i Bygdeå 1620-1640. *Studia Historica Uppsaliensia* 117 (Acta Universitatis Uppsaliensis, Uppsala 1980).

Lindegren, Jan (1992): Ökade ekonomiska krav och öffentliga bördor 1550-1750. *In:* Winge, H. (ed.): Lokalsamfunn og ovrighet i Norden ca. 1550-1750 (Oslo 1992).

Livingston, J. (2000): The strange career of the "Social Self". *Radical History Review* 76 (2000), 53-79.

Locke, John (1965): Two Treatises of Government. 2 (ed. Peter Laslett). (Mentor Books, New York 1965).

Marshall, T. H. (1973): Class, Citizenship, and Social Development. (Greenwood Press, Westport 1973).

McIlwain, Charles H. (1932): The Growth of Political Thoughts in the West, from the Greeks to the End of the Middle Ages. (Macmillan, New York 1932).

Moore, Barrington (1978): Injustice. The Social Bases of Obedience and Revolt (Macmillan, London 1978).

Müller, Albrecht (2004): Die Reform-Lüge. 40 Denkfehler, Mythen und Legenden, mit denen Politik und Wirtschaft Deutschland ruinieren (Droemer, München 2004).

Niedhammer, I. / Tek, L. / Starke, D. / Siegrist, J. (2004): Efford-reward imbalance model and self-reported health: Cross sectional and perspective evidence from the GAZEL cohort. *Social Science and Medicine* 58 (2004), 1531-1541.

Ojanperä-Oksa, Outi (1996): Niitynvaltaukset ja niittyriidat Ilmajoen pitäjässä 1762-1808. Suomen ja Skandinavian historian pro gradu - tutkielma, Helsingin yliopisto.

Olai, Birgitta (1983): Storkiftet I Ekebyborna: svensk jordbruksutveckling avspeglad I en östgötasocken. *Studia historica Upsaliensia* 130 (Acta Universitatis Uppsaliensis, Uppsala 1983).

Olai, Birgitta (1987): "...till vinnande af ett redigt Storskifte..." En komparativ studie av storskiftet I fem härader. *Studia historica Upsaliensia* 145 (Acta Universitatis Uppsaliensis, Uppsala 1987).

Österberg, Eva (1989): Bönder och centralmakt I det tidigmoderna Sverige: Konflikt – kompromiss – politisk kultur. *Scandia* 62 (1989), 73-95.

Österberg, Eva / Sogner, Solvi (eds., 2000): People Meet the Law: Control and conflict-handling in courts: the Nordic countries in the post-Reformation and pre-industrial period. (Universitetsforlag, Oslo 2000).

Paasto, Päivi (1994): Omistuskäsitteistön rakenteesta: tutkimus jaetun omistusopin mahdollisuudesta ja merkityksestä omistuskäsitteistössä 1700-luvun lopulle tultaessa. Sarja C: *Scripta lingua Fennica edita* 101 (Turun yliopiston julkaisuja, Turku 1994).

Paasto, Päivi (2004): Omistuksen juuret. Omistusoikeuden perustelua koskeva oppihistoriallinen tutkimus. *Suomalaisen Lakimiesyhdistyksen julkaisuja* A: 255 (Suomalainen lakimiesyhdistys, Jyväskylä 2004).

Peter, Hans (1949): Wandlungen der Eigentumslehre seit dem 19. Jahrhundert. Ein Beitrag zur neueren Geschichte des Zivilrechts (Aarau 1949).

Pettersson, Ronny (1983): Laga skifte I Hallands län 1827-1876: Förändring mellan regeltwång och handlingsfrihet. *Stockholm studies in economic history* 6. (Acta Universitatis Stockholmiensis, Stockholm 1983).

Pietilä, Hilkka (2004): Households as the counterforce to globalization. A dream of an option out of drudgery and slavery of the market (unpublished manuscript).

Pipes, Richard (1999): Property and Feedom (Alfred A. Knopf, New York 1999).

Pipes, Richard (2003): VIXI. Memoirs of a Non-Belonger (Yale UP, New Haven / London 1999).

Polanyi, Karl (1944): The Great Transformation: The Political and Economic Origins of Our Time. (Beacon Press, Boston, Mass., 1944).

Pöyhönen, Juha (2000): Uusi varallisuusoikeus (Kauppakaari Oyj - Lakimiesliiton kustannus, Helsinki 2000).

Proudhon, Pierre-Joseph (1840): What is Property? An Inquiry into the Principle of Right and of Government (transl. Benj. R. Tucker). (New York 1970).

Reading, Anthony (2004): Hope & Despair. How Perceptions of the Future Shape Human Behavior (The John Hopkins University Press, Baltimore / London 2004).

Revera, Margareta (1975): Gods och gård 1650-1680. Magnus Gabriel De la Gardies godsbildning och godsdrift i Västergötland. 1. *Studia Historica Uppsaliensia* 70 (Acta Universitatis Uppsaliensis, Uppsala 1975).

Riesman, David / Glazer, Nathan / Denney, Reuel (1950): The Lonely Crowd. A Study in the Changing American Character (Yale UP, New Haven / London 1969).

Rifkin, Jeremy (2000): The Age of Access. How the Shift from Ownership to Access is Transforming Modern Life (Penguin Books, London 2000).

Rittstieg, Helmut (1983): Zur Entwicklung des Grundeigentums. *Juristenzeitung* 5-6/1983, 161-167.

Ruggie, John Gerard (1993): Territoriality and Beyond: Problematizing Modernity in International Relations. *International Organization* 47 (1993), 139-174.

Sagan, L. A. (1987): The Health of Nations: True Causes of Sickness and Well-Being (Basic Books, New York 1987).

Schlatter, Richard (1973): Private Property: The History of an Idea (Russell & Russell, New York 1973).

Schröder, Richard (1889): Lehrbuch der Deutschen Rechtsgeschichte. (Leipzig 1889).

Schui, H. (2000): Wie die Kapitalmacht auf die Köpfe wirkt. *In:* Schui, H. / Spoo, E. (Hg.): Geld ist genug da. Reichtum in Deutschland (3., aktualisierte Auflage, Distel Verlag, Heilbronn 2000), 71-88.

Schui, Herbert / Blankenburg, Stephanie (2002): Neoliberalismus: Theorie, Gegner, Praxis. (VSA, Hamburg 2002).

Scott, James C. (1975): Weapons of the Weak: Everyday Forms of Peasant Resistance. (Yale UP, New Haven 1975).

Siltala, Juha (2004): Elastic minds at the flexible labor market. The rise and fall of psychological man. *In:* Janus, Ludwig / Kurth, Winfried (eds.): Psychohistorie und Politik. *Jahrbuch für Psychohistorische Forschung* 4 (2003) (Mattes Verlag, Heidelberg 2004), pp. 185-212.

Smith, Gordon D. (1998): The shareholder primacy norm. *The Journal of Corporation Law* 23 (1998).

Sontis, Johannes (1973): Strukturelle Betrachtungen zum Eigentumsbegriff. *In:* Paulus, G. / Diederichsen, U. / Canaris, C-W. (Hg.): Festschrift für Karl Larenz. (München 1973), pp. 981-1002.

Stiglitz, Joseph E. (2003): Globalization and Its Discontents. (W. W. Norton & Company, New York / London 2003).

Stobbe, Otto (1882/83): Handbuch des Deutschen Privatrechts. I-II. (2. Auflage, Wilhelm Herz Verlag, Berlin 1882/1883).

Sundberg, Kerstin (1993) Resurcer och sociala relationer. Studier av ett lokalsamhälle I förändring 1600-1800: Österhaninge och Västerhaninge socknar. *Bibliotheca historica Lundensis* 76 (Lund University Press, Lund 1993).

Talvitie, Petri (2005): Vastarintaa vai myötämieltä? Talonpoikien suhtautuminen isojakoon Uudellamaalla 1757-1848. Suomen ja Pohjoismaiden historian pro gradu -tutkielma, Helsingin yliopisto.

Teschke, Benno (2003): The Myth of 1648. Class, Geopolitics and the Making of Modern International Relations (Verso, London / New York 2003).

Thompson, Edward Palmer (1991): Customs in common. (The Merlin Press, London 1991).

Thurow, L. C. (2003): Fortune Favors the Bold: What We Must Do to Build a New and Lasting Global Prosperity. (Collins, New York 2003).

Tilly, Charles (1995): Coercion, Capital, and European States, AD 990-1992. (Basil Blackwell, Cambridge, MA, 1995).

Tilman, R. (2001): Ideology and Utopia in the Social Philosophy of the Libertarian Economists. *Contributions in Economics and Economic History* 223 (Greenwood Press, Westport, Connecticutt / London 2001).

Toivanen, Hannes (1997): Yksilöllisen ja erillisen synty. Kollektiivisen maanhallinnan kriisi Merikarvialla vuosina 1750-1800. Suomen ja Skandinavian historian pro gradu -tutkielma, Helsingin yliopisto.

Villstrand, Nils-Erik (1992): Anpassning eller protest. Lokalsamhället inför utskrivningen av fotfolk till den svenska riksmakten 1620-1679 (Åbo Akademis förlag, Åbo 1992).

Walpen, Bernhard (2004): Die offenen Feinde und ihre Gesellschaft. Eine hegemontheoretische Studie zur Mont Pélerin Society. *Schriften zur Geschichte und Kritik der politischen Ökonomie* 1 (VSA, Hamburg 2004).

Windscheid, Bernhard (1879): Lehrbuch des Pandektenrechtes, 1. Bd. (5. Auflage, Ebner & Seubert, Stuttgart 1879).

von Roth, Paul (1880-86) System des Deutschen Privatrechts. (Tübingen 1880-1886).

von Zeiler, Franz Edlen (1819): Das natürliche Privat-Recht. (3. verbesserte Auflage, Beck, Wien 1819).

Wunder, Heide (1995): Das Selbstverständliche denken. *In*: Peters, Jan (Hg.): Gutsherrschaft als soziales Modell. Vergleichende Betrachtungen zur Funktionsweise frühzeitlicher Agrargesellschaften. *Historische Zeitschrift*, Beiheft 18 (1995).

Ylikangas, Heikki (1991): The Historical Connections of European Peasant Revolts. *Scandinavian Journal of History* 26 (1991), 85-104.

Ylikangas, Heikki (2004): Kiista uudisasutuksesta isojaon syynä. *Historiallinen aikakauskirja* 102 (2004), 494-507.

Young-Bruehl, Elisabeth (1982): Hannah Arendt. For Love of the World (Second Edition, Yale UP, New Haven / London 2004).

Zitting, Simo / Rautiala, Martti (1963): Esineoikeuden oppikirja. Yleinen osa. *Suomen lakimiesliiton kirjasarja* 20 (Suomen lakimiesliiton kustannus, Helsinki 1963).

"Warum Krieg?"

Peter Canzler

Analytische Theorien zu Krieg und Gewalt bei Freud und Bergeret

Die Beschäftigung mit der Frage "Warum Krieg?" hat zwei verschiedene Quellen: Eine aktuellere, nämlich den Ausbruch des dritten Golfkriegs vor 2 Jahren, und eine ältere in Gestalt eines Briefwechsels zwischen Albert Einstein und Sigmund Freud 1932 vor der Machtergreifung der Nationalsozialisten. Die erste Quelle entsprang meiner Sorge und Empörung über einen erneut drohenden Golfkrieg, die ich im Januar 2003 meinen Kollegen auf der Mitgliederversammlung im DPV-Institut mitteilte und sie zur öffentlichen Stellungnahme ermutigte. Erfreulicherweise erging es anderen ähnlich wie mir, so dass ich eine erste Diskussionsveranstaltung über Hintergründe des zweiten und eines möglichen dritten Golfkrieges ins Leben rufen konnte, auf der zwei Dokumentarfilme gezeigt wurden, die uns die IPPNW zur Verfügung gestellt hatte. Schon dazu hatten wir die Kollegen aller Heidelberger analytischer, psychotherapeutischer Institute eingeladen. Den nächsten Schritt in die Öffentlichkeit wagten wir anschließend, auch unter Mithilfe von Barbara Vogt, mit einem Vortrag von Horst Eberhard Richter über die Dehumanisierung des Kriegs im DAI. Dieser erkrankte leider im letzten Augenblick, sein Vortrag musste vorgelesen werden und führte dann angereichert von Beiträgen einiger unserer Kollegen auf dem Podium zu einer recht gelungenen Veranstaltung mit lebhafter Diskussion.

Unsere Enttäuschung, dass dieser Krieg trotz weltweiter Proteste nicht zu verhindern war und die Wahrheit dabei wieder einmal auf der Strecke blieb, wofür sich der damalige amerikanische Außenminister Powell zwar vor kurzem öffentlich schämte, aber nicht entschuldigte, bestärkte uns in der Gründung einer Arbeitsgruppe aller Institute, um den vielfachen, komplizierten Ursachen der Kriegsentstehung nachzugehen, insbesondere denen, die aus dem psychoanalytischen Blickwinkel zu erkennen wären. Die Federführung übernahm nun Michael Gingelmaier, der nicht nur über die Einhaltung des Rahmens wachte und uns mit Protokollen versorgte, sondern auch unser Unternehmen durch das Wechselspiel von Chaos und Struktur dort hin zu steuern half, wo wir heute damit angelangt sind. Aus unserem anfänglich eher assoziativen, frei schwebenden Vorgehen kristallisierten sich neben der von Freud postulierten destruktiven Triebneigung des Menschen als beachtenswerte Punkte folgende heraus: Die Bedeutung der Kulturentwicklung, der Einfluss der frühen Sozialisation, die Folgen von Traumatisierungen, der Unterschied ethnischer Mentalitäten, Geschlechtsunterschiede, Großgruppenphänomene sowie Psychologie des modernen Krieges mit seinen hochtechnisierten Möglichkeiten. Angesichts dieser Vielschichtigkeit des Themas wollten wir dann wissen, was Psychoanalytiker bisher dazu veröffentlicht hatten, und durchforsteten danach die Literatur. Dabei stellten wir fest, dass diese zum Thema Krieg nicht besonders umfangreich ist, und nahmen uns die besonders ausgiebig erscheinenden Beiträge genauer zu kritischen Auseinandersetzungen vor. Die Ernte unserer Bemühungen werden Ihnen meine

Kollegen und ich in kurzen Essays vorstellen, die auf jeweils zwanzigminütigen Referaten auf einem Symposium beruhen. Daraus könnte sich als weiterer Schritt ergeben, das Thema der Kriegsentstehung aus analytischer Sicht in eine größere Öffentlichkeit zu bringen – vielleicht auch in Erweiterung bzw. unter Einschluss der speziellen Kriegsform des Terrorismus.

Wenden wir uns nun der zweiten Quelle von "Warum Krieg?" zu, die eigentlich die primäre ist. Diesen Titel gab nämlich im Dezember 1932 Sigmund Freud einem Briefwechsel über Ursachen und Präventionsmöglichkeiten von Kriegen, zu dem ihn im Sommer 1932 Albert Einstein im Auftrage des Völkerbundes eingeladen hatte. Freud konnte die Veränderung des ursprünglichen Titels "Recht und Gewalt" auch deshalb durchsetzen, da sich Einstein schon unterwegs in die USA befand, wohin er wenig später emigrierte. Beide hatten sich bereits 1926 in Berlin kennen gelernt und pflegten eine von gegenseitiger Achtung und Interesse geprägte, aber nicht unkomplizierte Beziehung. Die gegenseitige Bewunderung betraf weniger das wissenschaftliche Werk des anderen – Freud verstand nichts von der Relativitätstheorie, und Einstein hatte erhebliche Vorbehalte gegenüber Freuds Theorien. Der 23 Jahre ältere Freud bewunderte vielmehr dessen Energie und Jugendlichkeit und schien ihn auch um den Nobelpreis zu beneiden. Einstein schätzte an Freud vor allem den Schriftsteller, pflichtete jedoch Freud in nicht wenigen psychoanalytischen Sichtweisen bei. Einstein dürfte auch deswegen Freud als Briefpartner ausgewählt haben, da dieser nicht nur in seinen großen Arbeiten wie "Die Zukunft einer Illusion" oder "Das Unbehagen in der Kultur" das Thema des Krieges immer wieder streifte, sondern ihm 1915 auch eine eigene Veröffentlichung in "Zeitgemäßes über Krieg und Tod" widmete.

Darin analysiert Freud den Ersten Weltkrieg, desillusioniert von seiner anfänglichen Begeisterung, während er offiziell noch als Ehre und heilige Pflicht verbrämt und seine zerstörerische Wirklichkeit verleugnet wurde, folgendermaßen: "Der kriegsführende Staat gibt sich jedes Unrecht, jede Gewalttätigkeit frei, die den einzelnen entehren würde. Er bedient sich nicht nur der erlaubten List, sondern der bewussten Lüge und des absichtlichen Betruges gegen den Feind, und dies zwar in einem Maße, welches das an früheren Kriegen Gebräuchliche zu übersteigen scheint. Der Staat fordert das Äußerste an Gehorsam und Aufopferung von seinen Bürgern, entmündigt sie durch ein Übermaß von Verheimlichung. Er löst sich los von Zusicherungen und Verträgen, durch die er sich gegen andere Staaten gebunden hatte, bekennt sich ungescheut zu seiner Habgier und seinem Machtstreben, die dann der einzelne aus Patriotismus gutheißen soll." Seiner Meinung nach hätte der Erste Weltkrieg vermieden werden können, wenn die internationalen Gremien zur friedlichen Lösung der damaligen Konflikte ernsthaft in Anspruch genommen worden wären. Dieser Krieg sei aus Machtstreben und Habgier ausdrücklich gewollt worden. Statt der patriotischen Idealisierung des Heldentodes für Gott, Kaiser und Vaterland fordert Freud eine neue, realistische Einstellung zum Tod ein. Wissenschaft und Medizin hätten sich ebenfalls der Kriegsführung zur Verfügung gestellt. Das persönliche Gewissen werde an den Staat abgetreten, der dem einzelnen "den Gebrauch des Unrechts untersagt hat, nicht weil er es abschaffen, sondern weil er es monopolisieren will, wie Salz und Tabak." Freuds damaliger Versuch, den Krieg zu entzaubern, mündet in seine Hypothese, dass der Krieg eine kollektive Regression zur Befreiung von kultureller Repression sei. Sein pazifistisches Engagement 1915 plädiert für die Verteidigung der Kultur mit friedlichen Mitteln als Prävention des Krieges.

"Gibt es einen Weg, die Menschen von dem Verhängnis des Krieges zu befreien?" Mit dieser Frage beginnt 17 Jahre später Albert Einstein seinen Brief an Freud, verbunden mit der Bitte, diese "vom Standpunkte Ihrer vertieften Kenntnis des menschlichen Trieblebens aus zu beleuchten." Er geht dann auf die unverzichtbare Verknüpfung von Macht und Recht ein und fordert, dass eine überstaatliche Organisation zur Schlichtung von Konflikten zur internationalen Sicherheit nicht nur eine Rechtsautorität, sondern auch die Macht zur Rechtsdurchsetzung haben müsste, die die souveränen Staaten ihnen teilweise abtreten sollten. Dies würde jedoch durch materiell ökonomisches Machtstreben und mächtige psychologische Kräfte verhindert. Einstein fragt, wieso sich die Massen von der Minderheit der jeweils Herrschenden verführen und dienstbar machen lassen. "Wie ist es möglich, dass sich die Masse durch die genannten Mittel bis zur Raserei und Selbstaufopferung entflammen lässt? Im Menschen lebt ein Bedürfnis, zu hassen und zu vernichten. Diese Anlage ist in gewöhnlichen Zeiten latent vorhanden und tritt dann nur beim Abnormalen zutage. Sie kann aber leicht geweckt oder zur Massenpsychose gesteigert werden." Hier ruft Einstein Freud als den erfahrenen Kenner der menschlichen Triebe auf die Bühne und fragt weiter: "Gibt es eine Möglichkeit, die psychische Entwicklung des Menschen so zu leiten, dass sie den Psychosen des Hasses und Vernichtens gegenüber widerstandfähiger werden?" Einstein beendete seinen handgeschriebenen Brief mit dem Wunsch, dass Freud das Problem der Befriedung der Welt im Lichte seiner neuen Erkenntnisse darstelle.

Freud geht 2 Monate später in seiner maschinengeschriebenen Antwort zunächst einmal auf die Ursprünge der Macht bzw. der Gewalt ein und behauptet, Interessenskonflikte unter Menschen würden wie im Tierreich prinzipiell unter Anwendung von Gewalt entschieden. Von jeher drücke der Stärkere dem Schwächeren seinen Willen auf, mit Gebrauch von Muskelkraft über Waffen bis hin zu geistiger Überlegenheit. Die Schädigung bzw. endgültige Auslöschung des Gegners sei die Endabsicht. Den Feind zu töten diene sowohl der eigenen Sicherheit wie auch der Befriedigung triebhafter Neigungen. Die Macht des einzelnen werde in der Gemeinschaft eingeschränkt bzw. an sie delegiert und dann zum Recht, dem sich die Mitglieder der Gemeinschaft verpflichtet fühlen und unterwerfen müssen. Zum Rechtserhalt der Gemeinschaft schaffe sie Vorschriften und Organe, die über ihre Einhaltung wachen und ihrer Befolgung mit Gewalt Nachdruck verleihen. Die Überwindung der Gewalt des Individuums fände also durch Übertragung der Macht an eine größere Einheit statt, die durch Gefühlsbindung ihrer Mitglieder zusammengehalten werde.

Treffend stellt Freud dann fest, dass genau diese Macht dem Völkerbund fehle. Dessen Ineffizienz wurde nach der Machtergreifung 1933 offenkundig, als Hitler den Völkerbund verließ und begann, internationales Recht mit den Füßen zu treten. Im gleichen Zug wurde die deutsche Veröffentlichung von "Warum Krieg?" verboten und die Schriften der beiden Protagonisten Freud und Einstein den Flammen der Bücherverbrennung preisgegeben. Im weiteren Verlauf seines Antwortschreibens geht Freud auf Einsteins Frage ein, wieso sich die Massen so leicht für den

Krieg begeistern lassen. Er führt dies auf einen allen Menschen angeborenen Trieb zum Hassen und Vernichten zurück, eine dem Eros entgegengesetzte Kraft, die andere zerstören und töten will, und die er als Aggressions- oder Destruktionstrieb bezeichnet. Die Verquickung destruktiver Neigungen mit anderen erotischen und ideellen Strebungen erleichtere natürlich deren Befriedigung im Kriege. Die tiefsten psychischen Ursachen der Kriegslust sieht Freud schließlich im Todestrieb, von dem er sagt, dass er zum Destruktionstrieb werde, "indem er mit Hilfe besonderer Organe nach außen gegen die Objekte gewendet wird. Das Lebewesen bewahrt sozusagen sein eigenes Leben dadurch, dass es Fremdes zerstört." Die Wendung der Destruktivität nach außen entlaste die Lebewesen, wirke wohltuend und diene zur "biologischen Entschuldigung all der hässlichen und gefährlichen Strebungen, gegen die wir ankämpfen." Sie seien der Natur näher als unser Widerstand dagegen.

Daraus folgert nun Freud, dass man die aggressiven Neigungen der Menschen nicht abschaffen könne. Man könne hingegen versuchen, sie soweit abzulenken, "dass sie ihren Ausdruck nicht im Kriege finden müssen." Aus seiner Triebtheorie leitet er eine Formel zur indirekten Bekämpfung des Krieges ab; man müsse gegen den Destruktionstrieb seinen mächtigen Gegenspieler, den Eros ins Spiel bringen: "Alles, was Gefühlsbindungen unter den Menschen herstellt, muss dem Krieg entgegenwirken." Asexuelle Liebe und Identifizierungen spielten dabei die Hauptrolle. Somit schließt Freud seinen Antwortbrief mit einer utopischen Hoffnung, dass der Prozess der Kulturentwicklung oder Zivilisierung der Menschen sowie die berechtigte Angst vor der enorm zerstörerischen Wirkung eines zukünftigen Krieges dem Kriegführen in absehbarer Zeit ein Ende setzen wird: "Alles, was die Kulturentwicklung fördert, arbeitet auch gegen den Krieg."

Die nicht übersehbare Gewaltneigung des Menschen hat Freud zeitlebens beschäftigt und ihren theoretischen Niederschlag vor allem in seiner Trieblehre gefunden. Wo heutzutage die Objektbeziehungstheorien Hochkonjunktur haben und die Bindungstheorie augenblicklich einen Siegeszug antritt, ist die triebtheoretische Betrachtungsweise aus der Mode gekommen. Vereinfacht ausgedrückt, entwickelte Freud im Laufe seiner langen wissenschaftlichen Laufbahn drei Triebtheorien, die sich immer aus zwei entgegengesetzten und ergänzenden Paarbildungen darstellen: Zuerst eine Theorie von Selbsterhaltungs- und Lebenstrieben. Aus ihnen kristallisierten sich dann die Sexualtriebe heraus, denen er die Zerstörungstriebe zuordnete. Am Ende seines Lebens fasste er diese Richtung in einem theoretischen Aufschwung bis in die Philosophie zu den Lebenstrieben und Todestrieb zusammen. Seiner Todestriebhypothese sind viele nicht gefolgt, so auch der französische Psychoanalytiker Jean Bergeret, der von Freuds Triebtheorie ausgehend und sie hinsichtlich ihrer Widersprüche klärend, seit den 80er Jahren das Konzept der *violence fondamentale*, der "fundamentalen Gewaltneigung" entwickelt hat, das er auch in Heidelberg auf einem EPF-Kongress vorstellte.

Die fundamentale Gewalt als universaler Urtrieb oder Urinstinkt ist allen Menschen wie auch den Tieren angeboren. Sie dient als animalisches Erbe dem Überleben und der Erhaltung des individuellen Lebens. Da hierfür eine aktive Aneignung der Umwelt erforderlich ist, hat die fundamentale Gewalt auch viel mit Freuds Bemächtigungstrieb zu tun. Als Selbstbehauptungstrieb gehört sie der Dimension des Narzissmus und damit der Selbstliebe an. In der fundamentalen Gewaltsicht geht es nach dem Motto: "Ich oder der andere, ich oder nichts, alles oder nichts, null oder eins". Interessanterweise ist auf diesem Code die Informatik aufgebaut, die auf untergründigem Wege in ihrer Verwandtschaft zur fundamentalen Gewalt die heutige unverblümte Rücksichtslosigkeit auf Kosten verminderter Kompromissbereitschaft fördert. Das Charakteristische fundamentaler Gewalt liegt nun darin, dass sie im Gegensatz zu Aggressivität und Sadismus kein lustvolles Vernichten des Objektes beabsichtigt, sondern unvermeidbare Zerstörung nur als Kollateralschaden bei der legitimen Verteidigung hinnimmt. Das Objekt als gleichberechtigter Anderer existiert in dieser Optik nicht. Ebenso wenig Wunsch noch Fähigkeit, sich in die Situation des Anderen zu versetzen. Es geht einfach um radikales Durchsetzen eigener Interessen, wobei auftretende Hindernisse als feindselige Angriffe erlebt werden, die es möglichst frühzeitig auszulöschen gilt.

Wenn man nach den Quellen dieses rein narzisstischen fundamentalen Gewalttriebes fragt, bietet sich phylogenetisch wie ontogenetisch die Hilflosigkeit menschlicher Existenz angesichts der überwältigenden Natur an. Von daher ging es der menschlichen Rasse in Millionen Jahren von Entwicklung um die Beherrschung der Natur, wobei unsere Generation angesichts immer neuer Rückschläge versucht, sie neu zu erfinden und zu erschaffen. Dieser Trend wird auch bei der Zeugung bzw. Erzeugung künftiger Menschen nicht halt machen. Hier liegen dann auch die ontogenetischen Quellen des fundamentalen Gewalttriebes, wenn man die Augen nicht davor schließt, dass von der Zeugung bis zur Geburt die individuelle menschliche Entwicklung von Anbeginn von Katastrophen, Hilflosigkeit und Zerstörung bedroht ist und wir unseren Geburtstag zurecht als glücklich Überlebende feiern dürfen. Die gefährliche Reise durch die persönliche Lebensgeschichte wie die menschliche Artgeschichte hat dabei einen Instinkt oder Trieb zum Überleben herausgebildet und geschärft, die fundamentale Gewaltneigung, die als etwas ganz normales und natürliches zur Conditio Humana gehört.

Bergeret geht es im Umgang mit ihr nicht um Kontrolle und Unterdrückung, sondern vielmehr um ihre Integration in die Gesamtpersönlichkeit bzw. Gesamtgesellschaft. Die primäre Gewalt müsse sich in den Strom von Objektbeziehung, Sexualität und des Ödipus integrieren, um ihn sozusagen mit seiner Urkraft anzufüllen. Auf diese Weise werde die primäre Gewalt in eine positive Richtung gelenkt, um authentische Sexualität und Kreativität zu eröffnen. Zu einer geglückten Integration der primären Gewalt braucht es verwirklichbare Lebenswerte und Eltern, die diese vorleben, um Radikalisierung und Fanatismus entgegen zu treten. Somit könne man Entgleisungen und Pervertierungen der Gewaltneigungen präventiv verhindern. Die fundamentale Gewalt sei nicht das Problem an sich, sie ist weder gut noch böse. Vielmehr ist das Problem ihre nicht geglückte Integration bzw. traumatogene Freisetzung und libidinöse Entbindung und Pervertierung. Hochsaison feiert die fundamentale Gewalt mit narzisstischer Radikalität in Kriegszeiten, im Kampf Mann gegen Mann, wo es in der Tat darum geht: Ich oder der Andere. Ihre notwendigen Einbindungen in den psychischen Apparat beim Individuum und kollektiv in Gesellschaftssysteme gehen dabei verloren. Ursachen dafür können akute oder chronische Traumatisierungen sein, die die Entwicklung geordneter heilsamer Strukturen erst gar nicht ermöglichen bzw. sie wieder zerstören.

Nicht nur Individuen, sondern auch Rechtsstaaten sind immer wieder in Gefahr, meist durch Notsituationen oder Erschütterungen in fundamentale Gewalt zurückzufallen. Darüber hinaus nährt transgenerationelle Weitergabe archaischer Gewalt den destruktiven Teufelskreis. Statt an der fundamentalen Gewaltspirale weiter zu drehen, wäre die Anerkennung von Verletzungen und Demütigungen und sich daraus ergebende Rücksichtnahme erforderlich.

Die Risikofaktoren seien auszumachen, die eine Entartung und Pervertierung des primären Gewaltpotentials fördern, damit psychopathologische und soziopathologische Entwicklungen vermieden bzw. beseitigt werden können. Die Aufgabe jeder individuellen oder kollektiven Sozialisierung bestehe also in einer hinreichenden Integration dieses Urtriebes in den psychischen Apparat bzw. die gesellschaftlichen Strukturen, damit ein erträgliches Miteinander überhaupt möglich ist. Dies ist gar nicht so einfach, denn aus der narzisstischen Ursicht der fundamentalen Gewaltneigung gibt es keine Objekte im Sinne bedeutsamer Anderer mit gegenseitigem aufeinander Angewiesensein, sondern eine lebensbedrohliche, auf die eigene Vernichtung ausgerichtete Umwelt, der man im Sinne des Selbsterhalts am besten mit einem Vernichtungsschlag zuvor kommt. Dieses Dilemma bleibt die Crux, wenn wir uns heutige internationale Konflikte vergegenwärtigen.

Literaturangaben

Bergeret, Jean (1984): La Violence Fondamentale. (Dunod, Paris 1984).

Einstein, Albert / Freud, Sigmund (1932): Warum Krieg? (Diogenes, Zürich, 13. Aufl. 2005).

Frank Bacher

Stavros Mentzos: Der Krieg und seine psychosozialen Funktionen

Hat der Krieg eine psychosoziale Funktion? Wenn ich im Folgenden dieser Frage weiter nachgehe, beziehe ich mich hierbei im Wesentlichen auf Stavros Mentzos und sein Buch "Der Krieg und seine psychosozialen Funktionen".[1]

Ich denke, Mentzos wird den im analytischen Bereich tätigen Leserinnen und Lesern ein Begriff sein von seinem Buch "Neurotische Konfliktverarbeitung" und der Beschäftigung mit Psychosen. Er ist Psychiater und Psychoanalytiker und leitete bis 1995 die Abteilung für Psychotherapie und Psychosomatik am Klinikum der Universität Frankfurt. Er ist von Abstammung Grieche, wovon in seinem Buch in einigen biographischen Anmerkungen die Rede ist.

So wie die Heidelberger Arbeitsgruppe "Krieg" durch den Irak-Krieg ins Leben gerufen wurde, waren es bei Mentzos der Falkland-Krieg und die begeisterten Gesichter der Engländer, die er im Fernsehen sah, die ihn anstießen, sich intensiver mit der Dynamik von Kriegen zu beschäftigen. Aber können wir als Psychoanalytiker überhaupt etwas zur Klärung dieser komplexen Frage beisteuern? Oder ist die Fragestellung gar nicht komplex, handelt es sich um reale Interessenkonflikte, die zu Kriegen führen, unvermeidlich, wie die Menschheitsgeschichte mit ihren fortwährenden Kriegen zu beweisen scheint? Sind Kriege dem Stuhlgang vergleichbar, wie Sebastian Haffner in seinen "Anmerkungen zu Hitler" schreibt:

> "Das Unangenehme, aber Unvermeidliche zum Verbrechen zu erklären, hilft nicht weiter. Ebenso gut wie den Krieg könnte man den Stuhlgang zum Verbrechen erklären. Der kürzeste Blick auf die Weltgeschichte lehrt nämlich, dass der Krieg aus dem Staatensystem ebenso wenig zu verbannen ist wie der Stuhlgang aus dem biologischen System des menschlichen Körpers."

Und er begründet, "dass die Konflikte der Staaten ... im Zuspitzungsfall nur gewaltsam, eben durch Kriege, ausgetragen werden können."[2]

Müssen wir Psychoanalytiker uns also notwendigerweise auf diesem uns fremden Terrain verirren? Mentzos bekennt freimütig, dass er sich mit solchen Zweifeln auseinanderzusetzen hatte, und der Heidelberger "Arbeitsgruppe Krieg" ging es nicht anders. Denn Kriege sind, und daran besteht für Mentzos kein Zweifel, auch Ausdruck realer, machtpolitischer und ökonomischer Interessenkonflikte, die nicht wegpsychologisiert werden dürfen. Aber Kriege erfüllen auch psychosoziale Funktionen, und das wiederum wird von anderen wissenschaftlichen Disziplinen igno-

---

[1] Mentzos (2002).
[2] Haffner (1978).

riert. Wesentlich sei, die Interdependenz dieser verschiedenen, das Kriegsgeschehen und die Kriegsdynamik beeinflussenden Faktoren zu untersuchen und besser zu verstehen – gerade auch im Hinblick einer Kriegsprävention. Mentzos' Weg der Erkenntnis, das sei an dieser Stelle eingeschoben, gründet sich auf ein dialektisches Denken, das wird in seinem Buch immer wieder deutlich. In einem kleinen Nachtrag kommt er auf das berühmte Wort des großen griechischen vorsokratischen Philosophen Heraklit zu sprechen, dass der "polemos" der Vater aller Dinge sei. Polemos bedeute bei Heraklit nicht Krieg, sondern Kampf, Streit, Auseinandersetzung, Gegensatz, und er zitiert Heraklit weiter (nach Capelle): "Das Widerstrebende vereinige sich und aus den entgegengesetzten Tönen entstehe die schönste Harmonie, und alles Geschehen erfolge auf dem Wege des Streites". Für Mentzos sind solche echten Lösungen und Integrationen von Gegensätzen, die aufeinanderprallen, möglich, gerade auch in einer geglückten psychischen Entwicklung des Menschen, wenn beim Durchlaufen des "Grundkonflikts" zwischen selbstbezogenen und objektbezogenen Tendenzen immer höhere Stufen der Wir-Bildung erreicht werden.

"Polemos" als Krieg ist nun eine besonders ungünstige Variante der Konfliktlösung, für Mentzos eigentlich eine Bankrotterklärung, dass keine echte Lösung der zugrundeliegenden Konflikte gefunden werden konnte. In einem Kapitel seines Buches, in dem er sich mit dem Beitrag der Humanethologie zum Phänomen Krieg beschäftigt, konzediert er Vertretern wie Eibl-Eibesfeldt, dass der Krieg eine "erhaltende Funktion" haben kann und deswegen selektioniert wurde, wenn Menschen um Land- und Naturgüter konkurrieren und der Krieg solche Interessenkonflikte entscheidet. Aber, so Mentzos, dieser Lösungsversuch ist auch "dysfunktional", und um dies zu illustrieren, verwendet er eine Analogie aus der Individualpsychotherapie. Auch zwangsneurotische Mechanismen können in dem Sinne funktional sein, dass sie als ich-stützendes Korsett das psychische Überleben ermöglichen. Aber sie sind dysfunktional im Vergleich zu anderen, reiferen Bewältigungsmodi der Konfliktverarbeitung, wenn es um Ziele geht, die über den Erhalt einer minimalen Kohäsion und Integration des Selbst hinausgehen.

Was sind nun, nach Meinung von Mentzos, die psychosozialen Funktionen des Krieges? Welche psychischen Motive sind in der Kriegsdynamik wirksam, welche psychischen Bedürfnisse suchen im Krieg Befriedigung? Ist es ein primärer, autochthoner Aggressionstrieb oder Todestrieb, der sich periodisch und unabänderlich im Krieg entlädt? Sprechen die Greuel des Krieges nicht dafür, bezeugen geradezu die dem Menschen innewohnende Grausamkeit? Mentzos bestreitet entschieden die Existenz eines solchen Aggressions- oder Todestriebs – und er sieht sich dabei im Gegensatz zu vielen Psychoanalytikern. Er versteht die Aggression als eine Disposition, als eine Reaktionsbereitschaft des Menschen, und sieht sich dabei in Übereinstimmung mit modernen Verhaltensbiologen wie Frans de Waal, der Aggression als Feuer beschreibt: eine Zündflamme brenne in uns allen, und wir machen Gebrauch von ihr, wenn es die Situation erfordert. Wie steht es mit dem Soldaten an vorderster Front, der das Handwerk des Tötens verrichten soll? Mentzos zitiert Arthur Koestler aus einem Aufsatz aus den sechziger Jahren:

"Wer je in einer Armee gedient hat, kann bezeugen, dass gegen den sogenannten Feind gerichtete Aggressionsgefühle im trostlosen Einerlei des Krieges kaum eine Rolle spielen: Nicht Hass, sondern Langeweile und Angst, Heimweh, Hunger nach Sex und Sehnsucht nach Frieden beherrschen die Gedanken des unbekannten Soldaten".[3]

Diese Beschreibung entspricht meiner Vorstellung über den Krieg, wie sie in mir entstanden ist aus all dem, was ich über ihn im Laufe der Jahre erfahren habe. Ich erinnere mich daran, wie ein älterer Nachbar mir vor Jahren erzählte, wie seine Freunde und Schulkameraden während des Zweiten Weltkriegs auf Weihnachtsurlaub von Russland heimgekommen waren. Sie seien verzweifelt darüber gewesen, wie viele Menschen sie umgebracht hatten. Einer sagte: "Wenn es einen Herrgott im Himmel gibt – wir haben es nicht verdient, wieder heimzukehren." Die meisten seien auch nicht mehr heimgekommen. In einer Fernsehdokumentation sah ich vor Jahren, wie Kriegsveteranen, Russen wie Deutsche, als alte Männer viele Jahre nach dem Krieg unter Tränen davon berichteten, wie sie Menschen getötet hatten. Carl Zuckmayer beschreibt in seiner eindrucksvollen Autobiographie "Als wär's ein Stück von mir", wie er als 18-jähriger am Beginn des Ersten Weltkriegs von der Kriegsbegeisterung in Deutschland angesteckt wird und sich als Kriegsfreiwilliger meldet.[4] An der Front ist von der Kriegsbegeisterung nichts mehr da. Die alten Soldaten, schon länger an der Front, schikanieren die Neuankömmlinge für ihre begeisterte Kriegsfreiwilligkeit. Mentzos schreibt, meist müssten die Soldaten und Völker erst in aggressive Stimmung gebracht werden, damit der Krieg überhaupt geführt werden kann. Außerdem müssten biologisch verankerte Tötungshemmungen und Versöhnungsmuster blockiert werden, vor allem mittels einer Entmenschlichung des Gegners.

Wenn Mentzos die destruktive Aggressivität des Krieges auch als sekundär, reaktiv ansieht, konzediert er doch ihre Relevanz für seine Dynamik, wenn im Verlauf des Krieges Hass- und Rachegefühle immer stärker werden. Aber auf welchem Feld erfüllt der Krieg dann psychosoziale Funktionen? Für Mentzos sind es hauptsächlich narzisstische Defizite, die im Krieg Kompensation suchen – es sind demütigende, den Selbstwert verletzende Erfahrungen von Nationen, vor allem aber auch von Individuen. Als ein wesentlicher psychischer Mechanismus dient hierfür die Spaltung von Gut und Böse in sich selbst, die Projektion des Bösen nach außen, um es dann im Feind zu bekämpfen. Dieses Modell ist ja im Verständnis vieler psychoanalytischer Autoren zentral für das Verständnis des Krieges, wie bei Fornari, Volcan und Segal.[5] Bei Mentzos sind es vor allem narzisstische Ambivalenzkonflikte, auf individueller und auf kollektiver Ebene, die zum Ziel von Spaltung und Projektion werden: Eigene Scham- und Verachtungsgefühle werden abgespalten, auf den Feind projiziert und das eigene Selbstwertgefühl dadurch gestärkt und stabilisiert. Ein Beispiel auf nationaler Ebene ist für Mentzos die Beziehung zwischen Deutschland und Frankreich von der Französischen Revolution bis zum Ersten Weltkrieg. Er zitiert den Historiker Michael Jeismann, der in seinem Buch "Das Vater-

---

[3] Koestler, zit. bei Mentzos (2002).
[4] Zuckmayer (1966).
[5] vgl. die Beiträge von Rigamonti, Gabriel und Gingelmaier in diesem Band.

land der Feinde" zeigt, wie auf beiden Seiten das stark ausgeprägte Bedürfnis nach einer nationalen Selbstdefinition und Abgrenzung zu einer gegenseitigen Verachtung, Verunglimpfung und Anfeindung und schließlich zu mehreren, auf diesem Hintergrund kaum vermeidbaren Kriegen führte. Ein Vaterland ohne Feind gab es nicht. Das Eingangszitat von Mentzos, aus einem Gedicht des griechischen Dichters Konstantinos Kavafis, erklärt sich hieraus: "Und jetzt – was wird aus uns ohne Barbaren werden? Diese Menschen waren eine Art Lösung."

Ein zweiter psychischer Grundmechanismus, neben Spaltung und Projektion, der dem Einzelnen eine narzisstische Stabilisierung verspricht und dem Krieg eine psychosoziale Funktion ermöglicht, ist für Mentzos die Identifikation. Als Objekt der Identifikation bietet sich die Nation an. Das von allen geteilte Nationalbewusstsein und Identitätsgefühl sei von kaum zu überschätzender Bedeutung für die Selbststabilisierung des einzelnen und die vereinigende Integration bei großen Gruppen. Aber ähnlich der psychischen Dekompensation des Einzelnen könne auch eine Nation entgleisen hin zu hypomanischem Siegestaumel, oder umgekehrt im Fall des Misserfolgs und der Niederlage in einen Zustand narzisstischer Wut. Als Beispiel für eine solche enthusiastische Identifikation mit der Nation zitiert Mentzos Stefan Zweig, der in seinem Buch "Die Welt von gestern" die Stimmung in Wien zu Beginn des Ersten Weltkriegs beschreibt:

> "Um der Wahrheit die Ehre zu geben, muss ich bekennen, dass in diesem ersten Aufbruch der Massen etwas Großartiges, Hinreißendes und sogar Verführerisches lag, dem man sich schwer entziehen konnte. Und trotz allem Hass und aller Abscheu gegen Krieg, möchte ich die Erinnerung an diese ersten Tage in meinem Leben nicht missen: Wie nie fühlten die tausenden und hunderttausenden Menschen, was sie besser im Frieden hätten fühlen sollen: dass sie zusammengehörten."[6]

Dann spricht Stefan Zweig davon, dass jeder aufgerufen war, sein winziges Ich in diese glühende Masse zu schleudern, und davon, dass alle Unterschiede zwischen den Menschen überflutet waren von dem strömenden Gefühl der Brüderlichkeit. "Jeder einzelne erlebte eine Steigerung seines Ichs, er war nicht mehr der isolierte Mensch von früher, er war eingetan in eine Masse, er war Volk und seine Person, seine sonst unbeachtete Person hatte einen Sinn bekommen."[7]

Mentzos vergleicht Staaten und Völker, die zu einem übertriebenen nationalistischen Selbstverständnis (und entsprechendem Agieren) neigen, mit narzisstisch gestörten Erwachsenen oder auch gesunden Kindern, die eine narzisstische Zufuhr benötigen, um ihre labile Homöostase von Größenphantasien und Minderwertigkeitsgefühlen aufrechtzuerhalten. Aber ist ein solcher Vergleich gerechtfertigt – lässt sich eine ganze Nation, eine Ansammlung von Millionen von Menschen, mit dem gleichen Instrumentarium erfassen wie die Psyche eines Individuums? Voraussetzung hierfür wäre, dass individuelle intrapsychische Spannungen und Konflikte, in den

---

[6] Zweig, zit. bei Mentzos (2002).
[7] ebd.

Worten von Mentzos, in den großen Strom der Kriegsmotivation mit einfließen: Ressentiments, Wut aus privaten narzisstischen Kränkungen, Schuldgefühle aus privaten Ambivalenzkonflikten. Und, eine weitere Voraussetzung, diese individuellen partikularen Motivationskräfte müssten synchronisiert und gleichgeschaltet werden. Nach Mentzos geschieht dies durch die Propaganda. Aber diese Kriegspropaganda wird nur derart wirksam, weil es eine psychische Bereitschaft der "Vielen" gibt, sich verführen zu lassen. Diese Einflussnahme kann nur erfolgreich sein, wenn sie an bereits vorhandene Bedürfnisse anknüpft. Die Empfänglichkeit für eine solche Einflussnahme, Manipulation im großen Maßstab ist deshalb gegeben, weil, wie Mentzos formuliert, die meisten Menschen eher unzufrieden als zufrieden sind, als Kinder fast regelmäßig Demütigungen erfuhren und somit individualpsychologisch definierbare Defizite und Kompensationsbedürfnisse haben. Diese Verführbarkeit kann nun von einer Führungselite oder einzelnen Führern gezielt benutzt werden, um bewusste eigennützige reale machtpolitische oder ökonomische Interessen zu verfolgen. Diese Wenigen sind es, die letztlich vom Krieg profitieren; ein Beispiel hierfür ist für Mentzos das riesige, immer weiter wachsende internationale Waffengeschäft. Der Wunsch der Massen, sich mit einem idealisierten Objekt zu identifizieren, kann sich in einer verhängnisvollen Kollusion verbinden mit dem aufgeblähten Größenselbst eines Führers. Mentzos bezieht sich hier auf die Selbstpsychologie von Heinz Kohut, in der das Kind, nach der Desillusionierung des eigenen Größenselbst, kompensatorisch an der Größe und Stärke der idealisierten Elternfiguren phantasierend teilnimmt. So trifft sich, in den Worten von Mentzos, das regressiv aktualisierte Größenselbst des Führers mit der regressiv mobilisierten Tendenz zur Identifikation mit den idealisierten Eltern-Imagines: ein Reich, ein Volk, ein Führer! Ein psychosoziales Arrangement mit verheerenden Folgen.

Bevor ich mit den Überlegungen von Mentzos zur Kriegsprävention schließe, möchte ich doch den "Objektpol", um den Begriff von Mentzos zu benutzen, nicht ganz unerwähnt lassen. Wie wir gesehen haben, konzentriert sich Mentzos in seinen Überlegungen zu den psychosozialen Funktionen des Krieges auf die narzisstischen Aspekte, auf den "Selbstpol". Nur in einigen Zitaten streift er auch die Frage, inwieweit libidinöse Kräfte die Dynamik des Krieges beeinflussen. Aber ist es nicht auch widersinnig, im Krieg Kräfte walten zu sehen, die wir ansonsten im Zentrum der Liebesfähigkeit des Menschen sehen? Oder wir würden ihnen im Krieg allenfalls eine hemmende, blockierende Funktion zuschreiben. Doch die eingangs schon erwähnte Arbeit von A. Koestler, die Mentzos zitiert, stimmt nachdenklich. Er schreibt,

> "dass unsere Spezies nicht etwa an einem Übermaß an selbstdurchsetzender Aggression, sondern an einer übermäßigen Neigung zu selbst-transzendierender Hingabe leidet. Schon ein flüchtiger Blick auf die Geschichte sollte uns überzeugen: Die Zahl der individuellen Verbrechen, die aus selbstsüchtigen Motiven begangen wurden, spielt in der menschlichen Tragödie eine unbedeutende Rolle, wenn man sie mit der Zahl der Menschen vergleicht, die aus selbstloser Liebe zu

einem Stamm, einer Nation, einer Dynastie, einer Kirche oder einer Ideologie hingemetzelt wurden."[8]

Den Gedanken A. Koestlers folgend frage ich mich, ob ein aggressives "Einzelwesen" ohne die starken sozialen Bindungskräfte des Menschen willens und in der Lage wäre, sich der Kriegsmaschinerie, einem Heer einzuordnen und im Verbund zu kämpfen. Und hat die Kriegspropaganda nicht genau dies erfasst, wenn sie dem kriegsmüden Soldaten suggeriert, sein Liebesobjekt sei vom Feind bedroht – das letzte, stärkste Register sozusagen, um ihn nochmals zum Kampf zu motivieren?

Der Ausbruch des Ersten Weltkriegs in Deutschland, wie ihn Carl Zuckmayer in seiner Autobiographie beschreibt, erinnert an manchen Stellen an das Rendezvous von Liebenden: Helm, Tornister und Gewehrläufe der abrückenden Soldaten waren mit Blumen geschmückt; die Mädchen waren in einem Dauerzustand von Erregung und steter Bereitschaft; auf den Eisenbahnwaggons für die Front stand mit Kreide: "Kostenloser Ausflug nach Paris!" Und wenige Sätze später schreibt Zuckmayer: "Ja, wir zogen in diesen Krieg wie junge Liebende, und wie diese hatten wir keine Ahnung von dem, was uns bevorstand."

Es gibt noch weitere Zitate in Mentzos' Buch, die auf das Mitwirken der libidinösen Kräfte im Krieg hinweisen. Ein Vietnam-Veteran spricht von der Liebe zum Krieg und endet mit dem Satz: "Das Gefühl, was bleibt, wenn alle anderen Erinnerungen längst verblasst sind, ist das Gefühl der Kameradschaft". Ein amerikanischer Leutnant wird zitiert, wie er während des Golfkriegs seinen Soldaten sagte: "Ich weiß, dass ihr Angst habt, und dass es sehr schwierig ist, diese selbstverständliche Angst zu bekämpfen. Das beste Mittel, was ich kenne, ist die... Liebe. Die Liebe zu dem Kameraden, der neben dir kämpft und dieselben Risiken eingeht. Ich habe die Erfahrung gemacht, dass, wenn ich an ihn denke, die Angst verschwindet."

Es ist tröstlich zu erfahren, dass es seltene, glückliche Umstände gab, wo die libidinösen Kräfte nicht beim Kameraden haltmachten, sondern den Feind erreichten. Michael Jürgs beschreibt in seinem Buch "Der kleine Frieden im großen Krieg", wie es Weihnachten 1914 an vielen Stellen der Westfront zu Verbrüderungsszenen kam zwischen einfachen deutschen, englischen und französischen Soldaten: Die Soldaten in den Gräben, die ja nur wenige Meter auseinander lagen, begannen Weihnachtslieder zu singen. Die Deutschen riefen: "We not shoot, you not shoot!" Die Engländer antworteten mit: "Good old Fritz!" Schließlich wagte man sich aus den Gräben und traf sich zwischen den Fronten, um gemeinsam Weihnachten zu feiern.[9]

Sieht Mentzos nun aufgrund seiner Kriegsanalyse Chancen für eine Prävention des Krieges? Die Vorbeugung, das Vereiteln eines Kriegsbeginns ist für Mentzos schon deshalb Methode der Wahl, weil die Dynamik des Krieges einem Schwungrad ähnlich sei. Der Krieg ist am Anfang wie das Schwungrad mühsam und schwer in Bewegung zu setzen. Ist er aber einmal in Bewegung geraten, ist er aufgrund der Verluste, Verletzungen und Racheimpulse nur noch schwer zu stoppen – bis zum völligen Erschöpfen der Ressourcen. Auch in seinen Überlegungen zur Kriegsprophylaxe unterscheidet Mentzos zwischen den herrschenden Eliten und der breiten

---

[8] Koestler, zit. bei Mentzos (2002).
[9] Jürgs (2003).

Bevölkerung. Im Gegensatz zu einer Auffassung, die Masse brauche eine weise Führung, die sie vor ihren primitiven Kriegsimpulsen schütze, erwartet Mentzos von diesen Führungseliten eher wenig im Hinblick auf eine Kriegsprävention, denn sie erzielten durch Kriege tatsächlichen materiellen oder narzisstischen Gewinn. So bleibt als Ansatzpunkt, die Kriegsbereitschaft der Vielen und ihre Verführbarkeit zu reduzieren und den Kriegsprofiteuren damit das Wasser abzugraben. Mentzos unterscheidet eine kurz- und mittelfristige und eine langfristige Kriegsprophylaxe. Bei der kurz- und mittelfristigen Prävention stehen politische und rechtliche Druckmittel sowie Aufklärung und Bewusstmachung über die psychosozialen Arrangements im Mittelpunkt seiner Überlegungen. Um den Krieg überflüssig zu machen, genügt Aufklärung allein jedoch nicht. Dazu müssen seine psychosozialen Funktionen, die in den psychosozialen Arrangements implizierten Befriedigungen, Kompensationen und Stabilisierungen überflüssig werden. Das ist, wie Mentzos schreibt, ein schwieriger, komplizierter und langfristiger Prozess, denn es bedeutet, die Bedingungen zu verändern, die den Menschen eine normale Befriedigung ihrer Bedürfnisse blockieren, bei Mentzos vor allem die narzisstischen; mir scheinen auch die libidinösen wesentlich. Da die Ursachen hierfür in der frühkindlichen Sozialisation liegen, heißt für Mentzos langfristige Kriegsprophylaxe, auf individueller, familiärer und gesellschaftlicher Ebene dafür zu sorgen, dass diese frühkindliche Sozialisation möglichst gut gelingt, damit, im Modell von Mentzos, der Grundkonflikt zwischen autophilen und heterophilen Tendenzen immer wieder erfolgreich durchlaufen werden kann mit immer reiferen Lösungen und fortgeschrittenen Wir-Bildungen.

Klingt das nicht reichlich utopisch als Weg der langfristigen Kriegsprävention? Mentzos schwankt zwischen gemäßigtem Optimismus und Pessimismus. Er sieht positive Errungenschaften, und darunter auch die deutliche Verbesserung der Sozialisationsbedingungen in der frühen Kindheit, die menschlichere Behandlung von Kindern und der Respekt vor ihrem Leben. Seine schwersten Bedenken beziehen sich auf das ungebrochene Festhalten an einem ungebremsten Kapitalismus, der im Grundkonflikt zu einer Dominanz von Profitmaximierung und Konkurrenz führt, also der autophilen Tendenzen, auf Kosten des Potentials an kooperativer und Bindungsmotivation. Auch die Globalisierung gewinnt dadurch den Charakter von erzwungenen "Wir-Bildungen".

Literaturangaben

Haffner, Sebastian (1978): Anmerkungen zu Hitler. (Fischer, Frankfurt a.M., 26. Aufl. 1981, Originalausgabe 1978).

Jürgs, Michael (2003): Der kleine Frieden im großen Krieg. (Bertelsmann, München 2003).

Mentzos, Stavros (2002): Der Krieg und seine psychosozialen Funktionen. (Vandenhoeck & Ruprecht, Göttingen, 2. Aufl. u. Neufassung 2002, Erstausgabe bei Fischer, Frankfurt a.M. 1993).

Zuckmayer, Carl (1966): Als wär's ein Stück von mir. (Fischer, Frankfurt a.M. 2006, Originalausgabe 1966).

Ivano Rigamonti

Franco Fornari: Die Psychoanalyse des Krieges

In diesem Beitrag stelle ich Ihnen Franco Fornaris Buch "Die Psychoanalyse des Krieges" vor.

Franco Fornari lebte von 1921 bis 1985, war Arzt, Neuropsychiater und Psychoanalytiker, Direktor des Psychologischen Institutes, ordentlicher Psychologieprofessor an der Universität Mailand und von 1973 bis 1978 Präsident der italienischen psychoanalytischen Vereinigung.

In seinen zahlreichen Publikationen beschäftigt er sich immer wieder mit der Analyse der Rolle individualpsychologischer unbewusster Motive und Affekte in gesellschaftlichen Prozessen und Institutionen. Einige seiner Werke beschäftigen sich mit dem Krieg als gesellschaftliche Institution. Neben dem bereits erwähnten publizierte er noch: "Die Entheiligung des Krieges", "Die Psychoanalyse der atomaren Situation" und "Die Psychoanalyse der Friedenskultur".

Das von mir vorgestellte Buch "Die Psychoanalyse des Krieges" erschien 1969 und erlebte drei Auflagen, wurde auch ins Englische übersetzt. Es entstand als Ausarbeitung eines Vortrages, den Fornari 1964 auf dem 25. Kongress romanischsprachiger Psychoanalytiker in Mailand hielt und der zu zahlreichen Kontroversen führte. Die zentrale Auseinandersetzung drehte sich um die Frage, inwieweit die Psychoanalyse ein geeignetes Instrument sei, um gesellschaftliche Phänomene wie Krieg zu analysieren. Es wurde ihm der Vorwurf der "Psychologisierung" gemacht.

Fornari wehrt sich in seinem Vorwort gegen den Vorwurf der Psychologisierung und betont, andere Faktoren, z.B. Verteilungskämpfe, politische Machtkämpfe, ethnische Spannungen, Zwang etc. seien zwar notwendige Bedingungen, die durch Soziologie, Politik- und Geschichtswissenschaften analysiert werden könnten. Sie seien allerdings keine hinreichenden Bedingungen, um zu erklären, weshalb immer wieder die Masse der einzelnen Individuen – entgegen dem Imperativ des Selbsterhaltungstriebes, meistens auch entgegen den eigenen realen Interessen und im Widerspruch zu den erlebten oder tradierten Erfahrungen über das Ausmaß an Zerstörung und Selbstzerstörung – in den Krieg ziehen würde. Wenn man die Geschichte betrachte, könne man den Krieg auch nicht als gesellschaftliche Fehlentwicklung interpretieren, sondern müsse ihn als gesellschaftliche Institution begreifen, die nicht nur für wenige einzelne, sondern für die Masse der Individuen Vorteile biete. Da diese Vorteile offensichtlich nicht auf einer Realitätsebene feststellbar seien, müsse es sich um unbewusste innerpsychische "Vorteile" für jeden Einzelnen handeln. Als die Wissenschaft vom Unbewussten sei die Psychoanalyse geradezu prädestiniert und aufgefordert, ihren Beitrag zur Analyse und zur Entwicklung von Strategien gegen weitere kriegerische Entwicklung zu leisten.

Dies umso mehr, als die Alternative zu einer neuen Friedenskultur die atomare Zerstörung und Selbstzerstörung der ganzen Menschheit sei. Hier ist Fornari das Kind seiner Zeit: 1963 war mit der Kubakrise der Höhepunkt des "Kalten Krieges" erreicht.

Der theoretische Hintergrund Fornaris ist Melanie Kleins psychoanalytische Theorie mit den zentralen Begriffen der paranoiden und der depressiven Position. Fornaris zentrale These ist, dass die Mechanismen der frühesten Kindheit, die "psychotische" Verarbeitung der inneren Realität mittels Spaltung und paranoider Projektion im Unbewussten weiterleben und in gegebenen Situationen durch spezifische Regression aktiviert werden können. Er betrachtet den Krieg als extreme Konsequenz dieser Reaktivierung, als Ausdruck einer Wiederbelebung der frühen paranoid abgewehrten Trauer über den Verlust der idealen Mutter. Er nennt dies die "*paranoide Ausarbeitung der Trauer*".

Ich werde jetzt Fornaris zentrale Thesen erläutern und den argumentativen Bogen, den er auf über 200 Seiten macht, komprimiert wiedergeben.

Jede Beziehung ist nach Fornari per se ambivalent, da jede Beziehung nicht nur Befriedigung, sondern auch Frustration bietet. Die Befriedigung erzeugt Liebesgefühle, die Frustration Hassgefühle. Letztere sind in frühen Entwicklungsstadien bedrohlich und drohen das Liebesobjekt zu zerstören, werden durch Aufspaltung des Bildes der Mutter in "gute" und "böse" Anteile und durch Projektion auf die "böse" Mutter abgewehrt. Das Ergebnis ist, dass die drohende Zerstörung der "guten" Mutter durch die drohende Zerstörung durch die "böse" Mutter ersetzt wurde, die man zu recht bekämpfen kann. Die in der weiteren "gesunden" Entwicklung einsetzende Bewusstwerdung sowohl des Wunsches, das geliebte Objekt zu bewahren, als auch der eigenen Destruktivität, die das geliebte Objekt zerstören will, führt zur depressiven Position mit Trauer und Schuldgefühlen, die entweder idealerweise zum Aushalten der Ambivalenz und über wiedergutmachende Reparation zu einer Integration der eigenen destruktiven Anteile führt, oder – als Alternative – paranoid abgewehrt wird, was Fornari die paranoide Ausarbeitung der Trauer nennt.

Um die gesellschaftliche Relevanz dieses Mechanismus gerade im Hinblick auf die Entstehung kriegerischer Auseinandersetzungen zu begreifen, ist es nach Fornari wichtig, die Funktion der Gruppe zu analysieren und zu verstehen. Er referiert und analysiert in diesem Zusammenhang zahlreiche Beispiele aus der ethnologischen und ethnopsychoanalytischen Forschung.

Eine zentrale *Funktion der Gruppe* ist nach Fornari die Errichtung eines "guten Objektes" als Gruppenidentifikationsobjekt, in dem sich die Wiederbelebung der "guten Mutter" spiegelt, und gleichzeitig die Abwehr individueller innerer destruktiver Phantasien und Schuldgefühle durch Projektion auf den Feind. Dieses Phänomen ist allen Gruppen gemeinsam und wird durch Aufnahmerituale gefördert. In diesen Ritualen wird symbolisch die Trauer um den Verlust der "guten Mutter" und werden die Schuldgefühle aufgrund eigener destruktiver Phantasien gegenüber dieser Mutter durch eine *symbolische Wiedererweckung der "guten Mutter" in der Gruppenidentität* abgewehrt. In der Gruppe lebt der mystische Körper der Mutter und berührt die ursprünglichen Gefühle gegenüber der realen Mutter. Diese *Nähe zu psychotischen Verarbeitungsmodi* (d.h. Inneres wird ins Äußere verlagert) bewirkt in jeder Gruppe eine Schwächung der Realitätsprüfung. Die erlebte Realität steht im Dienst der Bewahrung der "guten Gruppenmutter"; das Überleben dieser "guten Mutter" hat Vorrang und wird dem Überleben des Individuums potentiell übergeordnet. *Die Realität wird nicht mehr durch die Realitätsprüfung validiert, sondern durch die Teilhabe an der Gruppe*. Diese "manische Verarbeitung der Trauer" wird durch die "paranoide Verarbeitung der Trauer" ergänzt. Um die Gruppenidentität vor den eigenen destruktiven Phantasien zu retten, besteht die Tendenz, diese im Sinne einer paranoiden Verarbeitung nach Außen zu projizieren, Feindbilder zu erschaffen.

Speziell auf das Phänomen Krieg angewendet, meint Fornari, dass, *wer in den Krieg zieht*, nicht vom Hass, sondern *von der Pflicht, das geliebte Objekt zu retten, motiviert wird*, und dass das abgespaltene "böse Objekt" nach Außen projiziert wird.

Nach Fornari kann man bei primitiven Stämmen besonders deutlich sehen, dass kriegerisches Handeln sehr eng mit Ritualen verwoben ist, in denen es um den Eintritt in die Gruppe der Erwachsenen, um Männlichkeit und um religiös-magische Überzeugungen geht. Ebenfalls kann man bei diesen Stämmen bereits reparative Tendenzen gegenüber dem Feind beobachten.

Neben der Unterwerfung gegenüber dem Vater, welche die ödipale Ebene und Thematik repräsentiert, bedeutet die Aufnahme in die Erwachsenengruppe immer auch den endgültigen Abschied von der Mutter.

Fornari schildert Beispiele, in denen der Kontakt zur Mutter abgebrochen wird, oder diese sogar nicht mehr angeschaut werden darf. Die Trauer über diesen Abschied wird manisch verarbeitet, indem die Gruppe ein Ideal anbietet, welches die gute Mutter symbolisch – Fornari spricht vom mystischen Körper der Mutter – als Illusion wieder zum Leben erweckt.

Diese – nach Fornari – manische Verarbeitung der Trauer wird durch introjektive und projektive Identifikationsprozesse unterstützt. Als Beispiel für introjektive Identifikation nennt Fornari die Kommunion in der katholischen Kirche, in der man sich den mystischen Körper einverleibt. Eine projektive Identifikation zeigt sich wiederum beim Stamm der Ashanti, nach deren Überlieferung der Gott Onyame über den Hohepriester einen goldenen Schemel als Repräsentation der Seele der Nation geschickt hat. In einem Ritual musste sich jeder Stammesangehörige jedes Jahr eine Haarlocke und ein Stück Fingernagel abschneiden. Der Priester stellte daraus eine Salbe her und bestrich damit den Schemel. Dadurch wurde der Schemel zum gemeinsamen Liebes- und Identifikationsobjekt. Als ich dieses Beispiel gelesen hatte, fragte ich mich, ob man nicht auch dem Fahneneid in unserer Gesellschaft eine solche Funktion zuschreiben könnte.

Dass hinter der Abwehr der Trauer die Abwehr von Ängsten und Vernichtungsphantasien liegt, die aus einer psychotischen Ebene stammen, zeigt sich nach Fornari besonders deutlich im Umgang mit den Toten. Zum Einen sind die Toten für viele Stämme potenziell vernichtende Wesen in einem Geisterreich, die man günstig stimmen muss, d.h. die eigenen destruktiven Phantasien werden auf den Toten projiziert und durch Gaben neutralisiert. Gleichzeitig wird – im Gegensatz zur Liebe – die Trauer bis zum heutigen Tage in öffentlichen Ritualen zur Schau gestellt, als wäre die Botschaft: Seht alle her, ich bin traurig, also kann ich nicht schuldig sein an seinem Tod. In diesem Akt werden unbewusste und bewusste Todeswünsche abgewehrt, d.h. nicht ein Problem der äußeren Realität, sondern ein Problem der inneren Realität wird in einem kollektiven Ritual bearbeitet. Auch unser Brauch, einen Grabstein über den Toten zu legen, könnte als Versuch, den Toten am Wiederkommen zu hindern, gesehen werden.

Die Projektion des eigenen inneren destruktiven Anteiles zeigt sich auch in der Überzeugung vieler Stämme, dass immer der benachbarte Stamm am Tode des Angehörigen schuld ist, auch wenn dieser eines natürlichen Todes gestorben ist, was den Angehörigen des Toten wiederum die Erlaubnis gibt, ohne eigene Schuld Angehörige des anderen Stammes zu töten.

Bei einigen Kopfjägerstämmen kann man auch sehen, dass das Töten des potenziellen Feindes an sich gut ist. Gleichzeitig lässt sich dort das Phänomen der Wiedergutmachung beobachten. So beginnen manche Stämme den präparierten Kopf zu verehren, bringen ihm Geschenke dar und machen ihn sich nach einer gewissen Zeit zum beschützenden Freund.

Einen Hinweis auf die Stimmigkeit seiner Theorie sieht Fornari auch in dem Phänomen, dass etliche Stämme, denen nach der Unterwerfung durch europäische Eroberer das Kriegführen verboten wurde, in eine kollektive Depression verfielen und Aggressivität nur gegen Angehörige sichtbar wurde. Aber – und hier dienen die Ashanti wieder als Beispiel – als deren goldener Schemel durch die europäischen Eroberer entweiht wurde, erwachten sie aus ihrer Lethargie und begannen sofort einen aussichtslosen Kampf gegen die Eroberer, d.h. sie versuchten das gute Mutterobjekt, das ihnen wichtiger war als das eigene Leben, zu retten.

Fassen wir zusammen: In der Gruppe wird der Abschied von der Mutter dadurch verarbeitet, dass die "gute" Mutter im Gruppenideal wieder zum Leben erweckt wird. Das Leben des Gruppenideales ist existenziell wichtig. Um dessen Tod zu verhindern ist jeder bereit, sein eigenes Leben zu opfern. Gleichzeitig wird die "böse" Mutter, d.h. die eigenen destruktiven Anteile, nach außen, auf den Feind projiziert und dort bekämpft.

Dass solche Phänomene nicht nur in primitiven Gesellschaften zu finden sind, macht Fornari auch an Beispielen aus der jüngeren Vergangenheit deutlich.

Er bezieht sich dabei auf Bions Unterscheidung zwischen "abhängiger Gruppe", "Gleichgesinnten-Gruppe" und "Kampf-Flucht-Gruppe", in der die unterschiedlichen emotionalen Zustände einer Gruppe beschrieben werden. Während sich in der "abhängigen Gruppe" die Gruppe unter der Phantasie vereinigt, in ihrer absoluten Abhängigkeit Schutz durch eine quasi-göttliche Kraft zu bekommen, wird die "Gleichgesinnten-Gruppe" durch die Phantasie einer messianischen Aufgabe und die "Kampf-Flucht-Gruppe" durch die Phantasie eines zu bekämpfenden oder zu fliehenden äußeren Feindes zusammengehalten. Dabei ist die zementierende Kraft in der "abhängigen Gruppe" Schuld und Depression, in der "Gleichgesinnten-Gruppe" die messianische Hoffnung und in der "Kampf-Flucht-Gruppe" die Angst und der Hass.

Er referiert eine beeindruckende Beschreibung von Money-Kyrle, der an einer öffentlichen Versammlung in Deutschland teilnahm, in der Hitler und Goebbels als Redner auftraten: "Beide Redner sagten das Gleiche, und die Wiederholung schien die Zuhörer nicht zu langweilen. Wie in Ravels Bolero steigerte die Wiederholung den emotionalen Effekt. Money-Kyrle, der Augenzeuge war, gesteht die erlebte Schwierigkeit, das Gleichgewicht zu bewahren. Es gelang ihm jedoch, sich nicht zu identifizieren, und von da an erschien ihm die Menge wie ein schreckliches Über-Individuum.

Für Money-Kyrle waren die Worte nicht sehr überzeugend, aber das Phänomen der Menge war beeindruckend. [Money-Kyrle von Fornari zitiert:] 'Die Individuen schienen ihre Individualität zu verlieren und zu einem dunklen, aber sehr mächtigen Ungeheuer zu werden, verrückt und zu jeder Sache fähig. Ein Ungeheuer ohne Verstand, aber mit sehr mächtigen Emotionen. Die Emotionen veränderten sich wie der Klang einer gigantischen Orgel. Der Klang war sehr laut, aber einfach: Drei oder vier Noten. Beide Orgelspieler spielten auf die gleiche Art die gleichen Noten. 10 Minuten lang sprachen sie über das Leiden Deutschlands in den 13 bis 14 Jahren nach dem Krieg [gemeint ist der Erste Weltkrieg]. In diesem Moment erlebte die Ungeheuer-Menge eine Orgie an Selbstmitleid. Dann kamen 10 Minuten lang Blitze gegen die Juden und die Sozialdemokraten, die als Verursacher dieses Leidens gebrandmarkt wurden. Das Selbstmitleid wich dadurch dem Hass: Die Ungeheuer-Menge drohte zum Mörder zu werden. Dann kamen 10 Minuten Diskussion, in der die Zunahme der nationalsozialistischen Partei bejubelt wurde, die aus kleinen Anfängen zu einer sehr mächtigen Kraft geworden war. Die Ungeheuer-Menge schien jetzt unter Drogen im Glauben an die eigene Allmacht. An dieser Stelle lud Hitler Deutschland ein, sich zu vereinigen; daraufhin begann in der Menge eine masochistische Note aufzutauchen. Hitler schwieg, und in die tödliche Stille sprach der Führer der Nazis, so als würde er Amen sagen: 'Deutschland muss leben, auch wenn wir dafür sterben müssen'. Die Ungeheuer-Menge war bereit zur Opferung.' "[1]

In dem Ablauf dieser Versammlung wird deutlich, wie erst depressive Phantasien geschürt und darauf durch paranoide Verfolgungs- und durch manische Omnipotenzphantasien ersetzt werden. In der dadurch geschaffenen manischen Situation erscheint die Selbstopferung zur Rettung der Mutter Deutschland als selbstverständlich. Oder wie Fornari schreibt: "Es öffnete sich das Paradies, in dem jedes Unrecht wieder gutgemacht wird: Das den Deutschen reservierte Paradies unter Ausschluss aller Anderen."[2] Dass Fornari im Jahre 1967 vom Einzug in das Paradies durch ein Selbstopfer schreibt, fand ich im Hinblick auf die in letzter Zeit immer wieder nachzulesenden Paradiesphantasien von Selbstmordattentätern beklemmend.

In diesen Beispielen wird nach Fornari deutlich, dass die Gruppe eine gewaltige Aufgabe zu lösen hat: Sie muss sowohl die depressiven Ängste, als auch die Verfolgungsängste, die durch die Trauererfahrung im Zusammenhang mit der erlebten Ambivalenz gegenüber den geliebten Objekten entsteht, kontrollieren und kanalisieren.

Mir persönlich fielen beim Lesen von Fornaris Buch auch Beispiele aus der jüngsten Vergangenheit ein. Bushs diverse Aufrufe z.B., die Werte der westlichen Welt zu verteidigen, der Freibrief, den potentiellen Feind präventiv anzugreifen, legt die Vermutung nahe, dass hier ebenfalls eine gutes Mutterobjekt unter Einsatz des eigenen Lebens verteidigt werden soll, und dass die depressive Position nach den Ereignissen des 11. Septembers, in denen die Frage der eigenen Mitschuld thematisiert wurde, mittels aggressiver Verfolgung und Vernichtung des Feindes projektiv abgewehrt werden soll. Zu überlegen wäre aber sicher auch, welche Gute Mutter im Rahmen von terroristischen Attacken verteidigt werden soll.

---

[1] Fornari (1988), S. 133-134.
[2] ebd., S. 134.

Wenn wir Fornari bis hierhin gefolgt sind, stellt sich natürlich die Frage, ob und über welchen Weg eine Veränderung überhaupt möglich ist. Fornari vertritt eine eher optimistische Sichtweise und sieht in den Schuldgefühlen einen Dreh- und Angelpunkt für eine Veränderung.

Wie bereits erwähnt, äußert sich in den *Schuldgefühlen* ein konstituierendes menschliches *Dilemma*, das Bewusstwerden sowohl des *Wunsches, das geliebte Objekt zu bewahren*, als auch der *eigenen Destruktivität, die das geliebte Objekt zerstören will*. Das Aushalten dieser Ambivalenz führt zur depressiven Position, aus der heraus Fornari die Lösung in der "wiedergutmachenden Verantwortung und Reparation" sieht. Aus diesen Überlegungen folgert Fornari, dass die Identitätsrituale von Gruppen und auch von Nationen ein Ausweichen vor der Auseinandersetzung mit der eigenen individuellen Schuld und eine Abwehr der depressiven Position darstellen, und dass die *Lösung* auf einer "Individualisierung" der Gruppe und auf der *Notwendigkeit, "zum Subjekt zurückzukehren"*, beruht. Dies, weil nach Fornari auf Gruppenebene eine Trauerarbeit konstitutionell nicht möglich ist; Trauerarbeit ist immer individuelle Trauerarbeit und bedeutet immer auch die Anerkennung eigener Schuldanteile.

Gerade der drohende Schrecken eines *atomaren Krieges* lässt Fornari paradoxerweise auf eine mögliche Veränderung hoffen. Im Gegensatz zur Weiterentwicklung und Herstellung immer potenterer Waffen findet in der Art der Waffen eine Regression statt, welche die bisherige Abwehr der psychotischen Ängste immer schwieriger macht. Die Kriege mit Schwert hatten ödipalen, die Kriege mit Gewehr und Bomben analen Charakter. In beiden Fällen konnte die Illusion aufrechterhalten werden, es könnte möglich sein, wenn auch unter Einsatz des eigenen Lebens, die "gute" Mutter zu retten und mit dem Feind die projizierten "bösen" Anteile zu zerstören. Da jedoch im atomaren Krieg die gegenseitige Zerstörung drohe, sei es zum ersten Male in der Geschichte dem Menschen nicht mehr möglich, die unbewusste psychotische Angst vor der Zerstörung des geliebten Objektes und damit der eigenen Selbstzerstörung durch Projektion auf den "Feind" und durch die Phantasie, durch dessen Zerstörung die "gute" Mutter und damit sich zu retten, abzuwehren. Im atomaren Krieg verschmilzt damit der *innere Schrecken mit dem äußeren Schrecken*. Indem sowohl das "Liebes"- als auch das "Feindesobjekt" zerstört zu werden drohen, verschmelzen sie zu einem "*gemischten Objekt*" und bieten dadurch die Chance, zu einem – nach Melanie Klein – "ganzen Objekt" zu kommen. Zu realisieren, dass man die "böse Mutter" nicht zerstören kann, ohne zugleich die "gute Mutter" zu zerstören, bietet die *Chance zur depressiven Position*, aus der heraus sich neue Sozialisationsformen entwickeln könnten.

Der Krieg als "gesellschaftliche Institution" ist nach Fornari in eine Krise geraten. Deshalb ist das Individuum gefordert, aber nicht im Sinne eines "revolutionären Subjektes" wie in der Vergangenheit, sondern als Subjekt, das die Errichtung einer "*Institution Omega*" vorantreibt. Nach Fornari wäre dies eine alternative Institution, die nicht mehr auf Grundlage der paranoiden Ausarbeitung der Trauer arbeitet. Ihr Ziel wäre zum einen die Aufklärung über die wahren Hintergründe der Entstehung von Kriegen, dass dem Bürger Krieg nicht wie bisher als spezielle Art von Kommunikation zwischen Nationen vermittelt wird, sondern als Prozess der Entfremdung der eigenen privaten Gewalt bei gleichzeitiger Monopolisierung dieser privaten Gewalt durch den Staat.

Im Gegensatz zum Staat, der mit seiner Gerichtsbarkeit psychotische Ängste der Einzelnen gegenüber äußerem Schrecken (z.B. das Opfer anarchischer Gewaltverhältnisse zu werden) abwehrt und durch seine Rechtsprechung Schutz, Sühne und Wiedergutmachung, mit anderen Worten, eine normale Ausarbeitung der Trauer ermöglichen soll, würde eine Institution Omega oder eine solche Art von Pazifismus den Einzelnen mit den eigenen psychotischen Ängsten konfrontieren. An dieser Stelle müsste die Psychoanalyse Mittel zur Verfügung stellen, um solche Ängste zu bewältigen.

Während das Recht den Bürger vor möglichen Ängsten gegenüber der äußeren Welt schützt, müsste *die Institution Omega den Bürger vor Ängsten gegenüber seiner inneren Welt schützen*. Ein zentraler Aspekt dieser Institution wäre die *Aufklärung über die "wahren" Ursachen, d.h über die inneren Ursachen von Kriegen*. Diese Institution müsste die *depressive Position fördern*. Sie müsste aber auch neue Institutionen fördern, in denen der Einzelne seine *neue Verantwortung*, d.h. die Verantwortung über Krieg und Frieden, leben könnte.

In welcher Form dies stattfinden könnte, lässt Fornari etwas im Vagen. Einerseits scheint ihm eine Weiterentwicklung der UNO zu einer Art Weltregierung vorzuschweben, welche die Möglichkeit hat, in Konflikten vermittelnd einzugreifen. Andererseits betont er, dass nur, wenn es dem Einzelnen möglich wird, nicht nur seine Schuld zu akzeptieren, sondern auch Wiedergutmachung zu tätigen, die Institution des Krieges gesellschaftlich überflüssig werden wird. Im Zusammenhang mit einer Erziehungspraxis, die das Aushalten von Ambivalenz fordert und fördert, würde dies zu einer echten, nicht von oben diktierten, sondern von der Basis, dem Einzelnen initiierten Entmilitarisierung der Welt führen.

Literaturangaben

Fornari, Franco (1975): The Psychoanalysis of War. (Indiana University Press, Indiana 1975; engl. Übersetzung der ital. Originalausg. von 1969, vgl. Fornari 1988).

Fornari, Franco (1988): Psicoanalisi della guerra. (Feltreinelli Verlag, Mailand 1988, 1. Aufl. 1969).

Peter Gabriel

Der Beitrag Hanna Segals zur Frage: Warum Krieg? und einige aktuelle Gedanken dazu

Es erscheint mir sinnvoll, vielleicht auch nötig, Ihnen zuerst kurz Hanna Segal vorzustellen: Sie ist Kleinianerin der ersten Stunde, zusammen mit Rosenfeld und Bion hat sie die Beobachtungen, Erfahrungen und theoretischen Schlussfolgerungen Melanie Kleins weiterentwickelt. Vor allem hat sie über Symbolbildungsprozesse gearbeitet. Mit ihrer Unterscheidung zwischen einem echten Symbol und den symbolischen Gleichsetzungen zum Beispiel in der Psychose ist sie bekannt geworden. In diesem Zusammenhang hat sie sich auch mit der Psychoanalyse von Kunst und Literatur beschäftigt. Ihre Schwerpunkt war die Arbeit mit Kindern, Psychotikern und Künstlern; ein großes Glück, wie sie sagt, gab ihr u.a. die Möglichkeit, das Wesen des Unterschieds von Symbolbildung in der Psychose zu der Symbolbildung in der Kunst zu erforschen. Sie ist 87 Jahre alt und wird heute noch von Analytikern aus der ganzen Welt zu besonders schwierigen Patienten und Behandlungssituationen konsultiert.

Bisher sind 3 Sammelbände ihrer Arbeiten erschienen, einer davon ist noch nicht ins Deutsche übersetzt und heißt: "Psychoanalysis, Literature and War", ein Vierter ist in Vorbereitung.

Nun zu unserem Thema: In Fragen von Leben und Tod kann ein Analytiker keine Abstinenz wahren, so Hanna Segal. So wie sie die Neutralität und Abstinenz im Behandlungszimmer verteidigt zum Zwecke der Entfaltung der Übertragung – und sie arbeitet nicht mit, sondern so gut wie ausschließlich in der Übertragung, denn: Erinnern findet immer in der Gegenwart statt, und sie bezieht sich dann lediglich auf etwas mehr oder weniger Zurückliegendes –, so klar und offen vertritt sie eine humanitäre Einstellung, die ihrem Verständnis nach jedem psychoanalytischen Ansatz zu Grunde liegen muss. Kurz: Psychoanalytische Neutralität heißt für sie nicht ethische Neutralität. Sich schwierigen Erinnerungen, inneren Konflikten und Affekten zu stellen, geht ihres Erachtens nur mit dem Trost einer guten therapeutischen Beziehung. So ist Psychoanalyse für sie nicht nur eine Denkungsart, weder im Klinischen noch im Politischen, sondern eine von tiefer Humanität geprägte Haltung. Vor kurzem noch nahm sie im Rollstuhl an einer Antikriegsdemonstration teil, um George W. Bush anlässlich eines Besuchs, wie sie sagte, ein "hearty welcome" zu bereiten.

Ihr Beitrag besteht zunächst also schon einmal darin, dass sie sich als Psychoanalytikern auch zu den gegenwärtigen und grundsätzlichen Fragen wie Krieg und Frieden und damit zu aktuellen Zeitproblemen äußert.

In diesem Zusammenhang hat sie drei Arbeiten direkt zum Thema Krieg geschrieben: Die erste erschien 1985 und hatte den Titel: "Schweigen ist das eigentliche Verbrechen". Darin geht es um die atomare Rüstung und das vorherrschende Schweigen dazu, welches sie mit psychoanalytischen Kategorien zu beschreiben und tiefer als bis dahin zu ergründen vermag. Doch anders, als wir das von Fornari kennen, sieht sie in der atomaren Abschreckung keine Chance auf einen Frieden, jedenfalls nicht auf einen dauerhaften. Ich will darauf hier jetzt nicht näher eingehen, da es ein spezielles Unterthema betrifft; ich möchte Ihnen aber drei Arbeiten sehr ans Herz legen: Eine von Fornari (eine andere als die in diesem Band von Rigamonti referierte), die von Hanna Segal, und eine weitere von Ernst Tugendhat – einem früher in Heidelberg lehrenden Philosophen – mit einem ganz ähnlichen Titel "Nachdenken über die Atomkriegsgefahr und warum man sie nicht sieht". Wenn man bedenkt, dass die zu erwartende Lebensdauer der Erde noch ca. 600 Millionen Jahren beträgt, kann man in Kenntnis der *conditio humana* und der bisherigen Geschichte nicht mit einem glücklichen Ausgang rechnen. Solche Überlegungen sowie die Tatsache, dass mit der Atombombe omnipotente psychotische Destruktionsphantasien Realität werden und auch kein symbolisches Überleben mehr vorstellbar bleibt, mögen Hanna Segal dazu veranlasst haben, 1983 zusammen mit Mo Laufer die "Psychoanalysts for the Prevention of Nuclear War" (PPNW) zu gründen.

Zum Thema Krieg generell, nicht speziell atomarer Bedrohung, hat sich Hanna Segal dann aus zwei Anlässen geäußert, nämlich den beiden Golfkriegen. Letztere Arbeit habe ich der Zeitschrift "Psychoanalyse im Widerspruch" zur Veröffentlichung vermitteln können, sie ist also gut zugänglich, der Titel lautet in deutlicher Anlehnung an Bion: "Von Erfahrung nicht lernen: Hiroshima, der Golfkrieg und der 11. September".[1] Die erste existiert nur in dem bereits erwähnten englischen Sammelband und heißt: "From Hiroshima to the Gulf War and after: Sociopolitical Expressions of Ambivalence".[2]

Ambivalenz ist bei Hanna Segal der zentrale Begriff, und sie meint damit die von Anfang des Lebens an bestehende Bereitschaft des Menschen zu Liebe und Hass. Sie geht deswegen in beiden Arbeiten auf die grundsätzliche Gewaltbereitschaft von Menschen und speziell von Menschen in Gruppen ein und bezieht das auf die jeweilige aktuelle politische Situation. Dabei stützt sie sich vor allem auf Freud, Klein und ihren Diskussionspartner Bion – neben Rosenfeld und Meltzer der prominenteste aus der Kleinianischen Gruppe der ersten Generation – und ergänzt das um ihre eigenen Theorien auf der Basis klinischer und politischer Beobachtungen, die sie miteinander verknüpft. Ich werde den Schwerpunkt meinem Thema entsprechend auf ihren eigenen Beitrag legen, muss aber etwas ausholen, da dieser ohne die vorgenannten Autoren, die Teil ihres Selbstverständnisses sind, undenkbar wäre.

Ich will das nicht in der Form tun, dass ich die Kleinianische Theorie hier nochmals darstelle, z.B. vom Hunger (auch der Haut), Gier, Spaltung, Projektion und so weiter, auch wenn das ihrem Denken über Krieg und Frieden in jedem Punkt zugrunde liegt. Diese Erkenntnisse scheinen sich inzwischen auf breiter Ebene auch außerhalb der Psychoanalyse durchzusetzen. So schrieb Helmut Schmidt zum Beispiel Anfang des Jahres, was einem Lehrbuch über Spaltung und Projektion entstammen könnte – ich zitiere sinngemäß: "Man muss kein Zyniker sein, wenn man feststellt, dass der Westen nach dem Ende des Kalten Krieges auf der Suche nach einem neuen Feind war." – Dies hat Hanna Segal schon viele Jahre vorher genauso voraus-

---

[1] Segal (2002).
[2] Segal (1997).

gesagt. Sinngemäß: Die Perestroika bietet die Chance, dass wir uns unserer eigenen Bedrohlichkeit etc. bewusst werden, aber auch die Gefahr, dass wir zur Rechtfertigung unserer Waffenarsenale neue Feinde suchen müssen.

Oder braucht man noch Beweise für Gier, einen der wesentlichen Kriegstreiber, Stichwort "Öl"? Jeremy Rifkin zum Beispiel, ein amerikanischer Verteidiger des europäischen Entwurfs, macht an vielen Beispielen deutlich, wohin der bestehende Kapitalismus uns gebracht hat. Ich will hier nur eines nennen: Dass die 400 reichsten Familien dieser Erde über ein Vermögen verfügen, das drei Milliarden der Ärmsten entspricht, zeigt, in was für einer Welt wir eigentlich leben.

Ich will es dabei bewenden lassen. Indessen will ich einen wichtigen Unterschied in Bezug auf den Todestrieb erwähnen, den meines Wissens Hanna Segal zuerst in einer klinischen Arbeit mit dem Titel "On the Clinical Usefulness of the Concept of the Death Instinct" formuliert hat. Darin legt sie ihr Verständnis dar vom Todestrieb als einem psychologischen Faktor und nicht einer biologischen Spekulation. Sie ist sogar der Meinung, dass Freud selber das eigentlich so gemeint und verstanden habe. – Ich meine, man sollte dann auch nicht mehr vom Trieb, sondern z.B. von "antilibidinösen Strebungen" sprechen, wie das einige Postkleinianer inzwischen heute tun.

Ich fasse Hanna Segals Überlegungen dazu kurz zusammen: Aller Schmerz kommt vom Leben. Während die Libido auf Objektsuche geht, Verbindung sucht und Liebe zum und Sorge um das Objekt entwickelt, zielt die Gegenstrebung darauf, das wahrgenommene Objekt und/oder – und das ist das Entscheidende – das wahrnehmende Selbst oder Teile davon – bei Ödipus das Auge – zu zerstören.[3]

Die Abwehr von Trauer und depressiver Schuldangst, wie wir das schon von Fornari im Anschluss an Melanie Klein kennen, ist besonders beim Übergang von psychotischen, paranoid-schizoiden Ängsten zu depressiven Ängsten zu beobachten. Sie ist es, die laut Hanna Segal (und Fornari) immer wieder den Zirkel neuer Gewalt in Gang setzt. Und ebenso wie die manische Abwehr setzt auch der Omnipotenzwahn bereits einen Bruch zwischen der adäquaten Wahrnehmung von innerer und äußerer Realität voraus, betont Hanna Segal. Dabei geht es nicht nur um die Abwehr von Ohnmacht, sondern auch und besonders um die Abwehr eigener aggressiv-destruktiver Strebungen. (Ebenso wie Angst nicht allein mit Realangst, sondern mit Angst vor inneren Vorgängen zu tun haben kann. Auch hier kann der größere Feind im Inneren sitzen.)

An dieser Stelle sei mir eine kritische Bemerkung in Richtung auf die Kritiker von Klein wie auch des späten Freud gestattet: Sobald begonnen wird, besonders problematische innere Faktoren zu thematisieren, kommt der Vorwurf, die äußere Realität zu übersehen, zumindest zu vernachlässigen. – Das ist eigenartig, so als könnten oder wollten wir den Blick in den Spiegel eben nicht aushalten, einen Blick, der uns die eigene tiefe innere Ambivalenz, vor allem den Hass, vor Augen führt: Das Gewaltpotential oder den Gewaltkern in uns. – Vielleicht ist das das eigentliche, viel tiefere Skandalon der Psychoanalyse nicht das Sexuelle, sondern das Destruktive – weswegen sie, die Psychoanalyse, ähnlich wie das Girard von den christlichen Religionen sagt, angegriffen wird.

---

[3] s. weiter auch Britton (2002).

Dabei ist es gar nicht so schwer, das wenigstens *gedanklich* zu begreifen: Die fehlende Brust oder das unzureichende Gute ist nicht einfach nur etwas, was nicht da ist und deswegen auch keinerlei Reaktion nach sich zieht, sondern sie löst Schmerz und schließlich Hass aus, wenn sie zu lange fernbleibt und nicht genügend verfügbar ist. Und wenn sie immer und ständig vorhanden ist, behindert sie Entwicklung und erzeugt so Hass. Und wenn sie gut und nährend ist und dennoch weg sein kann, kann sie Neid auslösen... Nur so ist die Angst vor der Zerstörung der guten Mutter, von der Fornari spricht, zu verstehen. Insgesamt bleibt also nur ein schmaler Korridor, der eine gesunde psychische Entwicklung ermöglicht.

Das meiste davon ist heute allgemein bekannt und anerkannt und so weit auch nicht Hanna Segals alleiniger, originärer Beitrag. Was aber *sie* herausgearbeitet hat und in den Mittelpunkt stellt, ist die Tatsache, dass es einen großen Unterschied zwischen dem Erleben von etwas und der Konzeptualisierung dieses Erlebens gibt: Die Bedeutung der Symbolbildung und des Denkens, was aus dem Fühlen stammt und mit diesem verbunden bleibt. (Sie hat damals noch nicht zwischen Mentalisierung von Affekten und Symbolbildung für Objekte unterschieden, diese Diskussion läuft gerade.)

Bezüglich der Ambivalenz von Liebe und Hass heißt das: Natürlich sind wir alle von Geburt an zutiefst ambivalent. Das Gewahrwerden dessen und das Durcharbeiten dieser Ambivalenz jedoch sind die entscheidenden, wenngleich auch die schwierigen und eminent voraussetzungsreichen Entwicklungsschritte. Sie sind also keinesfalls selbstverständlich, oft auch da nicht, wo uns das so erscheint. Ein Symbol ist erst dann ein wirkliches Symbol, mit dem wir etwas anfangen können, wenn es sozusagen um sich selbst weiß, wenn es also gleichzeitig irgendwo ein Bewusstsein davon gibt, dass es ein Symbol, d.h. ein Gedanke, ein Gefühl usw. über etwas ist und nicht notwendigerweise die Realität. Es bedarf neben der Toleranz für Subjektivität auch der Toleranz für Objektivität. So betont Hanna Segal z.B. auch, dass nicht der Traum der Königsweg zum Unbewussten ist, sondern erst seine Deutung, manchmal nicht seines Inhalts, sondern eher seiner Funktion: Warum wird er gerade hier und jetzt erzählt.

Hanna Segal wird nicht müde, auch im Zusammenhang mit politischen Fragen auf diesen Unterschied hinzuweisen. Z.B. sagt sie, dass es nicht nur darauf ankomme, die Geschichte zu erinnern, man müsse sie auch verstehen – und verstehen heißt nicht nur intellektuell, sondern auch emotional verarbeiten und verdauen können, sich den depressiven Themen, den eigenen Begrenzungen, den eigenen Wünschen stellen und sich immer wieder von paranoid-schizoiden Ängsten und Gefühlen zu depressivem Erleben und damit zur Selbsterkenntnis hin bewegen zu können. Und das ist ein unendlicher Prozess, denn: Die depressive Position von heute ist die pathologische Organisation von morgen. Was auch heißt, dass schon morgen Schuld und Scham für heute noch im rechten Bewusstsein Getanes entstehen können.

Immer geht es also um Selbsterkenntnis, besser gesagt um die Konzeptualisierung der Selbsterkenntnis. Und deswegen kommt sie zu dem Schluss: "Der eigentliche Krieg findet zwischen dem auf wechselseitigen Projektionen beruhenden Wahnsinn und der geistigen Gesundheit statt" (ich lasse den Nachsatz "...die auf Wahrheit beruht..." weg, denn er lädt zu Missverständnis und Missbrauch ein, wenn man "Wahrheit" als absolute Wahrheit missversteht) – ein Projekt wie die Trockenlegung der Zuiderzee, wie Freud das seinerzeit entsprechend bildlich beschrieb. Sie gibt sich dabei keinerlei Illusionen hin. In einem Interview (nachgedruckt in der *Psyche*) sprach sie davon, dass wir als Psychoanalytiker vielleicht lernen müssen, in Zeiten, die denen des Mittelalters gleichen, zu überleben. Dass es dabei aber gleichwohl darauf ankomme, sich Gruppenzwängen zu widersetzen und mutig die eigene Meinung zu vertreten... damit nicht so leicht eine kritische Masse erreicht werden kann, die zum Kriegführen nötig ist. Und das Ganze auch unter Bedingungen, die das Denken erschweren, z.B. einem mittelalterlichen Religionsverständnis, das auch die Politik ergreift, man nehme nur die Armageddonsehnsucht der Adventisten (die übrigens auch als symbolische Gleichsetzung verstanden werden kann).

Hanna Segal macht auch im tagespolitischen Geschehen darauf aufmerksam, wie groß das Risiko von Projektion ist. Man kann dann durchaus Fehleinschätzungen unterliegen, wie z.B. Colin Powell (bzgl. der Container). Er sagte (sinngemäß): "Ich werde vor der Geschichte dastehen als der Mann, der zu leichtgläubig war". – Solange man sich einen Irrtum eingestehen kann, ist das aber immer noch Lernen durch Erfahrung und Selbsterkenntnis, wenngleich ein sehr schmerzliches Lernen, das die Fähigkeit zu Schuld und Scham voraussetzt.

Nur haben wir es oft nicht mit Menschen oder Patienten und auch Politikern zu tun, die zu einer solchen Selbsterkenntnis und Selbstkritik in der Lage sind. Für diese, und manchmal auch für uns, sind erst die Voraussetzungen dafür zu schaffen. Darüber wissen wir theoretisch sehr viel. Das in der Praxis umzusetzen ist aber dennoch oft unglaublich schwierig. Man denke im Politischen nur z.B. an die Verantwortlichen von Hiroshima und Nagasaki, die überwiegend immer noch kein Unrechtsbewusstsein haben.

So stehen wir vor dem Problem, dass wir sowohl klinisch als auch politisch ganz gute theoretische Möglichkeiten der Erklärung der psychologischen Voraussetzungen von Kriegsbereitschaft haben, aber dennoch nur über sehr begrenzte praktische Möglichkeiten verfügen, therapeutisch und politisch: Die Natur unserer Ambivalenz zu erkennen, durchzuarbeiten und regulieren zu lernen. Bei dieser Aufgabe geht es, sehr verkürzt ausgedrückt, irgendwann dann nämlich auch um Affektregulierung. Wie gesagt, muss der Affekt aber erst einmal als solcher konzeptualisiert werden können. Deswegen spreche ich mich gegen eine verkürzende Begrifflichkeit aus.

Abschließend noch einmal ein Zitat von Hanna Segal: "Wir können das Böse und den Terror nicht restlos vernichten, ohne uns selbst zu zerstören. Weil es ein Teil von uns selbst ist". Vielleicht könnte diese Erkenntnis und die wechselseitige *empfundene*, nicht theoretische Anerkenntnis, dass dem so ist, schon vieles verändern. Gewiss macht es das Leben zunächst einmal nicht einfacher. Gut und Böse ist nicht mehr so klar getrennt, der Aggressor, der Terrorist, Diktator und so weiter ist auch in uns selbst, aber eben auch im Anderen in jeweils individueller Form und Ausprägung. Der "Teufel" ist dann in beiden, in allen Seiten, allerdings in mehr oder weniger starker Ausprägung. Es gibt dann nicht mehr den Kampf des Guten gegen das Böse, sondern nur noch den des Besseren gegen das Schlechtere – wobei das Bessere nicht frei vom Bösen ist. Es gibt dann auch keine so klaren und konkreten Frontlinien mehr, wie seit den Terrorakten von New York, Madrid, London und anderswo deutlich wurde. Die Konsequenz daraus ist nicht Relativismus, sondern

Differenzierung, die manchmal unendlich schwierig erscheint, und vor allem: Selbstreflexivität. Dann kann man nicht sogenannte "präemptive" Kriege wollen und sich weigern, sich dem Internationalen Gerichtshof zu unterstellen. Oder die Verbreitung von Massenvernichtungswaffen stoppen wollen, aber sich nicht selber zu atomarer Abrüstung verpflichten.

Die Fähigkeit, Ambivalenz erleben, erfahren, konzeptualisieren und ertragen zu können, ist ein fundamentaler Entwicklungsschritt und eine Errungenschaft. Damit verbunden ist das Erleben- und Ertragenkönnen von Verlustangst und Schuldgefühlen, die Verfolgungsängste ersetzen. Hass macht nicht nur Verfolgung, Verfolgung macht auch Hass. Aus dem Kreislauf auszusteigen heißt, Schuldfähigkeit und Wiedergutmachungswünsche und damit das, was man unter der depressiven Position versteht, zu entwickeln. Eine schuldfreie Zerstörung ist dann nicht möglich. Die Umwelt, die frühkindliche ebenso wie später die sozioökonomischen Bedingungen, erleichtert oder erschwert diesen Prozess.

Vielleicht führen solche Erkenntnisse ja zu einer Anerkenntnis der bestehenden Interdependenzen, die auch in eine zwischenstaatliche *declaration of interdependence*, wie Ulrich Beck sie analog zu der amerikanischen *declaration of independence* fordert, einmünden kann. Schon mit einem Bewusstsein davon wäre viel gewonnen. Wir würden im Anderen uns Selbst und uns Selbst im Anderen erkennen und nicht mehr so leicht zu Ausstoßung oder Dehumanisierung des Fremden neigen. Krieg führen würde dann wesentlich schwieriger und der casus belli müsste noch sehr viel gründlicher geprüft werden als das bisher geschieht. Bisher wurde uns noch jeder Krieg als absolut notwendig verkauft. Und es müsste sehr viel mehr zu seiner Verhütung getan werden. Wenn sich eine erstarkende Friedenssehnsucht weltweit dagegen richtet, sollte man sie nicht nur als naiv abtun (wie das der deutsche Gewaltforscher Sofsky im Zusammenhang mit dem letzten Irakkrieg getan hat). Es mag solche Anteile dabei geben, aber in dem Wunsch schon liegt ein wichtiges Ideal, vielleicht eine Utopie, die nötig ist; es ist jedenfalls nicht nur pathologische Idealisierung. Bei einem biologisch verstandenen "Todestrieb"konzept würde letzteres zutreffen – ein häufig anzutreffendes Missverständnis, wenn davon die Rede ist. Genau so sollte es, wie ich meine, *nicht* verstanden werden.

Literaturangaben

Britton, Ronald (2002): Ein malignes Gewissen – das neidische Über-Ich. *In:* Weiß, Heinz / Frank, Claudia (Hg).: Pathologische Persönlichkeitsorganisation als Abwehr psychischer Veränderung. (edition diskord, Tübingen 2002).

Fornari, Franco: (1975) Psychoanalysis of Nuclear War. (University of Indiana Press, Bloomington 1975).

Segal, Hanna (1992): Wahnvorstellung und künstlerische Kreativität. (Klett-Cotta, Stuttgart 1992).

Segal, Hanna (1996): Traum, Phantasie und Kunst. (Klett-Cotta, Stuttgart 1996).

Segal, Hanna (1997): From Hiroshima to the Gulf war and after: socio-political expressions of ambivalence. *In:* Steiner, J. (ed.): Psychoanalysis, Literature and War. (Routledge, London 1997), 157-168.

Segal, Hanna (2002): Durch Erfahrung nicht lernen. Hiroshima, der Golfkrieg und der 11. September. *Psychoanalyse im Widerspruch*, 28 (2002), 7-14.

Mirjam Liepmann

Frauen und Krieg – zum Beitrag von Frauen am Krieg [1]

Einführung

Im Rahmen einer Arbeitsgruppe zum Thema *Warum Krieg?* [2] fiel mir auf, dass in den psychoanalytischen Arbeiten [3] die Frage, welchen Beitrag Frauen bei der Entstehung und Durchführung von Kriegen "leisten", nicht explizit behandelt wird. Andererseits kennt man die Bilder aus dem Ersten und Zweiten Weltkrieg von Frauen und Müttern auf Bahnsteigen, wie sie die an die Front fahrenden jungen Männer bejubeln, und derzeit sieht man die Bilder von dunkel gekleideten Hamasfrauen, die schreiend und beschwörend ihre männlichen Kleinkinder als zukünftige Selbstmordattentäter aus der Menge in die Höhe heben. Auch das Photo der amerikanischen Soldatin Lynndie England neben den gedemütigten irakischen Kriegsgefangenen macht unmissverständlich klar, dass sich auch Frauen konkret im Krieg an Menschenrechtsverletzungen beteiligen. Auch wenn die überwiegende Mehrheit der Frauen sich "nur" an die Entscheidungen der Männer anpasst, so unterstützen sie auf diese Weise die einzelnen Soldaten, bzw. den Krieg.

Warum tun Frauen das, obwohl sie doch wissen, dass sie in Kriegszeiten häufig zu Vertreibungs- und Vergewaltigungs-Opfern werden und manchmal gar zum Auffüllen von Lücken und damit als Kanonenfutter dienen? Wenn sich Frauen in der Mehrzahl im Vorfeld nicht auflehnen, dann müssen sie sich entweder chancen- und aussichtslos fühlen oder aber eigene Interessen am Krieg der Männer verfolgen. Beschäftigt man sich mit diesen und ähnlich schwer anzuerkennenden Fragen, dann stößt man unversehens auf die hoch besetzte Problematik der Geschlechterdifferenz, die bekanntermaßen leicht zu Spaltungen und Zuschreibungen mit beiderseits heftigen Angriffen führt. Liegt hier einer der Gründe, weshalb sich PsychoanalytikerInnen mit der Thematik nicht auseinandersetzen, denn – soweit mir bekannt – haben sich nur Margarete Mitscherlich (1983, 1985) und Ruth Waldeck (1991) explizit mit den unbewussten Motiven von Frauen im Zusammenhang mit Krieg befasst.[4] Viel-

---

[1] Der vorliegende Text wurde zuerst veröffentlicht in: *Psychoanalyse im Widerspruch*, 18. Jg. (2006), H. 35, S. 77-90.

[2] die sich auf dem Hintergrund der politischen Lage im Nahen Osten, der Greuel im ehemaligen Jugoslawien und schließlich aufgrund der Irakkriege gebildet hatte, um in der Auseinandersetzung mit psychoanalytischen Texten zum Thema: Warum Krieg? der eigenen Hilflosigkeit und Ohnmacht etwas Konstruktives entgegenzusetzen und um mit diesem Wissen auch in die Öffentlichkeit zu treten. Eine erste Stellungnahme fand auf Initiative von Canzler, Gingelmaier u.a. 2003 im Deutsch-Amerikanischen Institut/Heidelberg (DAI) statt, und im Oktober 2005 wurde das theoretisch Erarbeitete in einem Symposium KollegInnen der Heidelberger psychoanalytischen Institute zur Diskussion vorgestellt, u.a. der Beitrag über *Frauen und Krieg – zum Beitrag von Frauen am Krieg*.

[3] vgl. Freud (1915); den Briefwechsel zwischen Einstein und Freud (Freud (1932)); Bergeret (1995); Mentzos (2002); Fornari (1970); Segal (1986, 2002); Volkan (1999).

[4] Die psychoanalytische Literatur zur weiblichen Aggression im allgemeinen, ihre Entwicklung und Ausdrucksformen wurden für die hier diskutierte Fragestellung nicht berücksichtigt, auch nicht biogra-

leicht gibt es auch berechtigte Zweifel, die in die Richtung gehen, dass Krieg ein allgemein menschliches und kulturelles Phänomen darstellt und deswegen die Geschlechterfrage keine besondere Rolle spielt; für Frauen und Männer würden dann dieselben archaischen psychischen Mechanismen gelten, wie es beispielsweise die Kleinianische und Postkleinianische Theoriebildung in diesem Zusammenhang postuliert.[5] Oder sind offene Gewalt und Kriegshandlungen eindeutig (nur) an die Aggressivität, den Sadismus von Männern gekoppelt? Meine Annäherung an diese Fragen werde ich im Folgenden versuchen dazustellen.

Historische Skizze[6]

Generell zieht sich Männergewalt durch die gesamte Kulturgeschichte. Kriege sind dabei nur die Spitze des Eisbergs. Die Rolle der Frau und ihr Beitrag zum Krieg sind nicht so offenkundig wie die der Männer. Obwohl "echte Kriegerinnen immer so selten wie das Einhorn" waren, schreibt der Militärhistoriker van Crefeld, werden seit Menschengedenken den Frauen gewalttätige und kriegerische Handlungen in Religionen und Mythologien zugeschrieben. Überliefert ist die biblische Judith aus Judäa, die dem babylonischen Feldherrn Holofernes unter Einsatz ihrer körperlichen und erotischen Reize den Kopf abschlug, und neben dem jeweils mächtigsten Götterpaar gab es in vielen Kulturen eine weibliche Gottheit, die für den Krieg zuständig war. Eine der frühesten Überlieferungen berichtet von der sumerischen Inanna, einer mit einem Bogen bewaffneten Kriegsgöttin, die – wie ihre Nachfolgerinnen – unverheiratet, jungfräulich und kinderlos war. Diese Geschöpfe bluteten nicht, waren meist jung und schön, manchmal auch alt und hässlich. Die in unserer westlichen Kultur bekannteste Kriegsgöttin ist die griechische Athene, die für den Dichter Hesiod (um 700 vor Christus) "die gewaltige, schlachterregende, heertreibende, unermüdliche Herrscherin" war.[7] Athene entsprang – bereits zum Kampf gerüstet – dem Kopf ihres Vaters Zeus, der zuvor ihre Mutter Minerva verschlungen hatte. Zeus schenkte Athene seinen mit dem Schrecken erregenden Kopf der Medusa geschmückten Schild sowie seine wichtigste Waffe, den Donnerkeil. Der dyadischen Verstrickung mit dem Vater entsprechend, blieb der Schoß der Athene unberührt.[8] Neben den berühmten göttlichen und halb-göttlichen Frauen, deren Aufgabengebiet der Krieg war, gibt es viele weitere Furcht einflößende weibliche Ungeheuer (etwa: *Die Rasende*/die irische Nehmen; *Die Schreckliche*/die ägyptische Net), die ersten

---

phische Berichte von Frauen über ihre Kriegserlebnisse und Interviews mit ihnen (z.B. Owings 1999), oder die Literatur zu Kriegsfolgen, wie sie in jüngster Zeit von Radebold (2000; 2003) oder Schlesinger-Kipp (2003) vorgelegt worden sind, da sie meine Fragestellung nur mittelbar berühren.

[5] etwa die Konzepte der wechselseitigen *Projektion* und der *symbolische Gleichsetzung* (Segal 1988) oder die *Abwehr der Trauer* über den Verlust der idealen Mutter (Fornari 1970), sowie die *Identifikation* mit einem idealisierten (Führer-) Objekt, bzw. der Nation (Mentzos 2002), wie sie auf dem Heidelberger Symposium 2005 von Gabriel, Rigamonti, Bacher u.a. referiert worden sind (in diesem Band).

[6] In diesem Abschnitt beziehe ich mich weitgehend auf van Crefeld: *Frauen und Krieg* (2001).

[7] zit. nach van Crefeld (2001), S. 56.

[8] Dass Athene nicht nur für ihre Funktion als Schlachtenlenkerin, sondern auch für Gerechtigkeit und Kunst steht und das Handwerk schützte, ist bekannt.

Kanonen trugen weibliche Namen (z.B. die *Dicke Berta*), und Hurrikans erhielten bis vor kurzem vorzugsweise weibliche Vornamen.

Ob nun Ungeheuer oder Jungfrau, diese Figuren besaßen keine klare sexuelle Identität; sie waren androgyn, manche gaben sich ausdrücklich männlich. Nur so konnten diese *Männergleichen Wesen* – wie sie in der Antike genannt wurden – an Kriegen teilnehmen, und nur weil sie keine eindeutige Frauengestalt besaßen, durften sie von Kriegern getötet werden; sonst wäre beispielsweise Achills "ruhmreiche Waffentat" – nämlich die Amazonengöttin Penthesilea zu töten – zum schlichten Mord degradiert. Bis heute steht der Begriff *Amazone* synonym für reale oder symbolische Kämpferinnen; er geht zurück auf ein mythologisches – übrigens einbrüstiges – kriegerisches Frauenvolk, das nomadenhaft lebte und sich nur zum Zwecke der Vermehrung der Männer bediente. Sie stehen archetypisch für den Kampf zwischen Männern und Frauen, wurden aber nach und nach in der Literatur und in anderen künstlerischen Zeugnissen (Malerei, Musik) immer eindeutiger als Frauen dargestellt. Je lebensnäher die beschriebenen Situationen wurden, um so häufiger mussten die Amazonen kriegerische Niederlagen hinnehmen, bis sie schließlich zu mehr oder weniger leidenden Dienerinnen des Mannes wurden. Mit anderen Worten: der Preis, den Frauen für ihre kriegerischen Eigenschaften und ihr nomadenhaftes Leben zu leisten hatten, war einerseits die Verleugnung ihres weiblichen Geschlechts und andererseits ihr bodenständiges Leben.

"Angesichts der Tatsache, dass real nur sehr wenige Frauen jemals tatsächlich im Krieg gekämpft haben, erfordert die wichtige Rolle der Kriegerinnen in Religion und Mythos eine Erklärung – um so mehr, als in der überwältigenden Mehrheit der Fälle die Phantasie, die sie schuf, offenbar eine männliche war."[9] *Männerphantasien!*[10] könnte man meinen und es dabei bewenden lassen, aber "der Mythos besitzt den indiskreten Charme des Ursprünglichen. Was in ihm gesagt wird, hat Gewicht; er schreibt sich vom Anfang her. Und wenn auch alle Texte nur Weiterschreibungen von früheren sind, so hält doch das rekonstruktive Auge bei diesen ersten auffindbaren, universalen Reden inne. Mythen sind Grundtexte, auf die alle Intertextualität zurückgeführt werden kann; das macht sie kostbar".[11] Als fortgeschriebene Erzählung und künstlerische Distanzierung machen sie das Grauen darstellbar, integrieren es in Kultur, suchen es darin zu überwinden. So strotzen auch die Grimmschen Märchen von hinterlistigen, neidischen, eifersüchtigen und brutalen Müttern, bzw. Stiefmüttern. Aus entwicklungspsychologischer Sicht verstehen wir, dass in den Märchen die Ängste der Kinder dargestellt und in die Mütterfiguren projiziert werden, um dann auf dem Weg des Erzählens, bzw. Vorlesens und Lesens auf verdaubarere Weise introjizierbar gemacht zu werden. Die künstlerische Erschaffung weiblicher kriegerischer Figuren leistet vermutlich analoge psychische Dienste, und so kennt auch die heutige Welt der Comics und Computerspiele analoge Gestalten. Die Kunstfigur Lara Croft beispielsweise ist nicht nur Objekt männlichen Begehrens, sondern avancierte auch zur weiblichen Identifikationsfigur auf dem Computerspielmarkt. Sie ist lebenshungrig, freiheitsdurstig, unabhängig-bindungslos; als selbstbe-

---

[9] van Crefeld (2001), S. 54.
[10] Theweleit (1977; 1978).
[11] Preußer (1994), S. 61.

wusste Abenteurerin und Grabräuberin sucht sie immer neue Risiken und fasziniert auf teilweise süchtig machende Weise Jungen wie Mädchen. "Das Geheimnis ihrer geschlechterübergreifenden Attraktivität liegt in ihrer Fähigkeit [...] jedermanns Sprache zu sprechen"[12], allerdings auf Kosten eines Sexuallebens. Ihre überdimensionalen weiblichen Attribute kennzeichnen sie keineswegs als "natürliche" Frau, sondern reproduzieren die herkömmliche Gleichung von Frau = Körper. Wie eh und je ist auch Lara Croft auf ihren Körper reduziert, allerdings in einem spekulativen, abstrakten Sinne, so wie die Matrix, die Urmutter, die Muttergottes. Auch Lara Croft ist jungfräulich, unsterblich, ohne Schmerz, aber auch ohne Lust, ohne Sexualität.[13] Die Idealität dieser virtuellen Figur wird zur wahren Realität erhoben und erscheint in dieser Perspektive "nicht nur in jeder Hinsicht schöner, schneller und perfekter. Sie verspricht außerdem die Erfüllung weiblicher gleichwie männlicher Ermächtigungsphantasien. Als ein universales Wunschverweisungssystem 'lebt' das Phänomen Lara Croft vom Phantasma einer erfüllten Realität. Nun wäre dagegen nichts einzuwenden, wenn es denn nicht mit seiner Kehrseite die Entwertung jener alltäglichen Wirklichkeit zur Folge hätte".[14] Insofern zementiert die "Medienfrau" die traditionelle Geschlechterordnung eher, als dass sie zur Differenzierung beiträgt.

Es gab auch immer einzelne reale Herrscherinnen, die durch Erbfolge in diese Rolle gelangten und manchmal – wenn Kriege stattfanden – wurden sie auch zu Feldherrinnen. Nach Einführung des Wahlrechts für Frauen (in Deutschland nach dem Ersten Weltkrieg) war es dann nur noch eine Frage der Zeit, bis die ersten Frauen auch in das Amt für Kriegs- und Verteidigungsangelegenheiten gewählt wurden; allerdings soll die Funktion des obersten Befehlshabers bis heute immer in männlicher Hand geblieben sein; so auch bei Golda Meir, Indira Gandhi und Margaret Thatcher. Unter der Herrschaft dieser drei Frauen wurden Kriege geführt. Wegen ihres Falklandkrieges (1982) wurde die *Eiserne Lady* in einem Song der bekannten Rockgruppe Crass als *Mutter von 1000 Toten* bezeichnet, was allerdings zur Empörung und Androhung gerichtlicher Schritte gegen die Musiker von Seiten konservativer Politiker führte. Thatcher kämpfte gegen die Gewerkschaften und verordnete dem Land eine Rosskur, sie verabscheute Kompromisse, und das Thema Gleichberechtigung war ihr egal.[15] Golda Meir war bereits 70 Jahre alt, als sie 1969 Ministerpräsidentin von Israel wurde. Zeitzeugen meinen, sie positionierte sich klar und duldete keinen Widerspruch, sie verkörperte Absolutismus, gemildert durch kleine mütterliche Gesten.[16]

Israel war übrigens das erste Land, in dem auch Frauen als Soldatinnen einberufen wurden, gefolgt von den USA. Das aber diente – so van Crefeld – ähnlich wie der Einsatz von Soldatinnen an der russischen wie deutschen Front im Ersten und Zweiten Weltkrieg allein dem Zweck, die entstandenen Menschenlücken aufzufüllen. Auch in den US-Streitkräften soll es nach dem Vietnamkrieg vorübergehend einen zahlenmäßig relativ hohen Anteil von Frauen gegeben haben (um 8,5 %, wäh-

---

[12] Deuber-Mankowsky (2001), S. 17.
[13] vgl. Deuber-Mankowsky (2001), S. 90.
[14] Deuber-Mankowsky (2001), S. 86 ff.
[15] s. *Die Zeit* vom 25. 8. 2005.
[16] s. *Die Zeit* vom 25. 8. 2005.

Frauen und Krieg – zum Beitrag von Frauen am Krieg 241

rend er vor- und nachher bei etwa 2,3 % lag und liegt), weil sich nicht genügend Männer, schon gar nicht solche, die einen College-Abschluss hatten, meldeten. Nur aus diesen Gründen seien Frauen notgedrungen angeworben worden, also wiederum zum bloßen Auffüllen von Lücken. Entsprechend abfällig bemerkt der Historiker: Frauen meldeten sich genau dann zum Militär, als dieses sich in einer schweren Krise befand und sein Ansehen ohnehin im Niedergang begriffen war. Eigentlich könne man Soldatinnen nur im Sanitätsbereich und in der Verwaltung einsetzen, in Bereichen also, die heute zunehmend privatisiert werden. Wenn ich den Historiker richtig verstehe, bewegen sich auch im kriegerisch-soldatischen Bereich Frauen in gewohnten Bahnen unter Einhaltung der hierarchischen Geschlechterordnung. Im Grunde gehören sie wie eh und je zum sog. Tross und bieten dort ihre Dienste an, wie es früher die Marketenderinnen, Flickschneiderinnen, Wäscherinnen, Köchinnen, Huren taten, bzw. sie arbeiten im administrativen Bereich und in der Krankenpflege.

Anders sieht es bei der Beteiligung von Frauen an Revolten, Revolutionen und Aufständen aus. Nach van Crefeld erregen Frauen von vornherein weniger Verdacht. Bei Festnahmen würden sie – im Vergleich zu Männern – weniger hart behandelt; darin läge eine der Erklärungen, weshalb Frauen von Männern in solchen Ausnahmefällen bei kriegerischen Unternehmungen geduldet würden. Rebellionen mit ihren scheinbar unüberwindlichen Hindernissen – so die Denklinie des Historikers – erlaubten es den Männern, an der Seite von Frauen zu kämpfen, ohne deswegen ihre Selbstachtung zu verlieren. Ein weiterer mir wesentlich erscheinender Aspekt besteht darin, dass Revolten nicht von Machtinhabern diktiert werden, sondern "aus dem Volk" heraus entstehen und – so könnte man hinzufügen – Frauen kennen sich von je her gut aus, wenn es um aussichtslos erscheinenden Widerstand geht. Obwohl Jeanne d'Arc (in Männerkleidung, Rüstung, weißem Banner und in göttlichem Auftrag) den Franzosen vor Orléans zum Sieg gegen die Engländer verhalf, wurde sie wegen Ketzertum und Hexerei vor ein geistliches Gericht gestellt und schließlich auf dem Scheiterhaufen verbrannt; allerdings 1920 vom Papst zur Schutzpatronin Frankreichs erklärt und heiliggesprochen. Schiller hat sie uns in seinem Drama *Die Jungfrau von Orleans* vor allem als Politikerin nahe gebracht.

In Italien sollen zwischen 1943 und 1945 etwa 35 000 Italienerinnen an Militäroperationen gegen die Deutschen teilgenommen haben. In Jugoslawien lag zwischen 1941 und 1945 der Anteil von Frauen bei etwa 10 % der Kämpfer in der Nationalen Befreiungsarmee. Auch im Unabhängigkeitskrieg Algeriens gegen Frankreich beteiligten sich unverhältnismäßig viele junge Frauen an den Widerstandskämpfen, und bei uns bestand in den siebziger Jahren die RAF etwa zur Hälfte aus jungen Frauen. Auch an den heutigen sog. *Farb-* bzw. *Blumenrevolutionen* (in der Ukraine, in Georgien, in Aserbaidschan, im Libanon, mit denen für Demokratisierung und größere politische Freiheit der Staatsbürger, zum Teil auch mit dem Ziel des Regimesturzes demonstriert wird) beteiligen sich viele junge Frauen.

Van Crefeld hält den biologischen Unterschied zwischen Männern und Frauen für ausschlaggebend, wenn es darum geht, zu erklären, weshalb Frauen in Kriegen und als Soldatinnen nichts zu suchen hätten. Sie seien rein physisch dafür ungeeignet. Er belegt das an vielfältigen körperlichen Maßen und wird nicht müde, dafür zu plädieren, dass es "bestimmte Felder (gibt) und das wichtigste ist der Krieg, den 'frau' am besten den Männern überlassen sollte".[17] Zur Untermauerung dieser These verweist er auf Freud und Deutsch und zitiert die inzwischen umstrittenen psychoanalytischen Konzepte von *Penisneid* und *Männlichkeitskomplex*, die erklären sollen, weshalb einzelne Frauen ihre grundlegende Eigenschaft (nämlich ihre Passivität) aufgeben und damit ihre ureigene weibliche Rolle verlassen (nämlich sich in Kriegszeiten vom Mann beschützen zu lassen, bzw. ihn in seinem Tun zu unterstützen). Dieses in namhaften Zeitungen positiv rezensierte[18] und im Internet von Männern emphatisch begrüßte Buch wirft nicht nur ein beängstigend reaktionäres Licht auf die Genderdebatte, hier im Zusammenhang mit Krieg, sondern auch auf den Stand der öffentlichen Rezeption psychoanalytischer Theoriebildung. Ich glaube, ich muss nicht betonen, dass es mir keineswegs darum geht, für eine konkrete Beteiligung von Frauen an kriegerischen Handlungen zu plädieren, sondern darum, dass wir Frauen uns in größerem Maße bewusst werden, dass wir die im Zusammenhang mit Krieg auf existentielle Weise zum Tragen kommenden Machtfragen nicht den Männern zuschieben bzw. diese ihnen allein überlassen können.

Unbewusste Motive, die Frauen bewegen, sich am Krieg zu beteiligen

Es gibt eine Reihe neuerer interessanter Arbeiten, die sich mit der psychosexuellen Entwicklung generell und mit den geschlechtsspezifischen Triebschicksalen, bzw. den unterschiedlichen Ausdrucksformen ödipaler und archaischer Aggressivität bei Männern und Frauen befassen, u.a. die Forschungsergebnisse von Rohde-Dachser[19] oder die Überlegungen verschiedener EPF- und IPA-Arbeitsgruppen.[20] Aber nur zwei Autorinnen, Margarethe Mitscherlich und Ruth Waldeck, haben sich – soweit mir bekannt – explizit mit der Frage nach den unbewussten Motiven von Frauen befasst, die ihre Beteiligung am Krieg erhellen. In ihrer Analyse über *die heimliche Lust der Frauen am Krieg der Männer*[21] geht Waldeck von einer These Raimund Reiches[22] aus, die lautet: In gewisser Hinsicht schickt die Frau den Mann ebenso in den Krieg, wie der Mann die Frau an den Herd fesselt, und anhand Christa Wolfs Text *Kassandra*[23] vertritt Waldeck die Auffassung, dass die Neigung von Frauen, ihre aggressiven und sexuellen Regungen zu unterdrücken bzw. abzuspalten, ganz dem gesellschaftlichen Frauenbild entspricht. Da aber Männer wie Frauen etwa mit dem gleichen Potenzial an Liebe und Hass, also ambivalent, ausgestattet sind, müssen diese Triebregungen bei der Frau anders kanalisiert werden, damit sie phänomenologisch passiv und aggressionslos erscheint. Dazu sei es notwendig – so die Autorin –, ihre aktive Sexualität und ihr aggressives Handeln auf Männer zu projizieren und an diese zu delegieren, wie es die Erzählung *Kassandra* anschaulich macht.

---

[17] van Crefeld (2001), S. 269.
[18] *Neue Zürcher Zeitung* vom 6. 9. 2001; *Frankfurter Allgemeine Zeitung* vom 20. 3. 2001.
[19] Rohde-Dachser (1996).
[20] s. Cournut (1999); Thomson-Salo (2000).
[21] Waldeck (1991).
[22] Reiche (1990).
[23] Wolf (1983).

Frauen lassen – dem Mythos um das gefallene Troia entsprechend, und der troianische Krieg steht hier für Kriege im Allgemeinen[24] – die Männer stark werden, indem sie ihnen das Ausleben der Aggression überlassen; sie erkaufen sich damit, nicht verantwortlich, nicht schuldig zu sein angesichts von Gewalt und Zerstörung. Ihr Selbstbild und die Beziehungen unter Frauen bleiben auf diese Weise relativ frei von offenem Hass und offener Rivalität. Leider ist der Preis, den sie für ein solches Verhalten zahlen, hoch: die delegierte destruktive Aggression entfaltet ein nicht mehr zu kontrollierendes Eigenleben. Kassandra (stellvertretend für die meisten Frauen) zieht die Rolle des Opfers vor; sie verzichtet auf die Flucht mit Aineias, ihrem Geliebten, wird gefangen und sexuell überwältigt. Das Feindbild, die Aggression, das Sexuelle bleiben außen, bei den Siegern und Eroberern. Aias, "Inbegriff der nackten gräßlichen männlichen Lust"[25], vergewaltigt Kassandra, und Achill, das Vieh (!), begeht Mord an Kassandras jungem Bruder und schändet die Leiche Penthesileas. Die Möglichkeiten der Entgrenzung, die der Krieg bietet, werden im Mythos beschrieben. Sieg und Lustbefriedigung fallen zusammen, und da "[ist] es [...] gut eine Frau zu sein, und kein Sieger", um aus Heiner Müllers *Quartett* von 1981 zu zitieren.[26] Andererseits hat die Macht "ihre eigenen Gesetze und ihre eigene destruktive Dynamik. Kriege dienen, auch das hat Kassandras Erzählung gezeigt, der Machterhaltung. Gewalt und Zerstörung entspringen also nicht männlicher Mordlust, sondern erscheinen nur deshalb als männliche Tat, weil Männern im 'Arrangement der Geschlechter'[27] die Ausübung der Macht übertragen wurde. Machtkämpfe und Kriege produzieren Gewalt und Zerstörungslust und deformieren dadurch beide Geschlechter, Penthesilea ist ein Beispiel dafür. Kassandras Geschichte ermöglicht die Einsicht, dass das von Frauen gern beschworene Feindbild des kriegslüsternen und gewalttätigen Mannes zum Teil, genauer: zur Hälfte durch die von Frauen vollzogene Projektion und Delegation eigener anrüchiger und ängstigender Triebregungen zustande kommt".[28]

In den Beiträgen von Mitscherlich *Frauen und Aggression* (1983) und *Die friedfertige Frau* (1985) wird die Analyse weiblicher unbewusster Phantasien und Verhaltensweisen ausdrücklich mit den gesellschaftlichen Aspekten des Geschlechterverhältnisses verknüpft. Man hat Mitscherlich eine Idealisierung der weiblichen Aggression vorgeworfen,[29] aber meiner Lesart zufolge stellt sie dem aggressiven, Kriege führenden Mann nicht grundsätzlich das Bild der nicht-aggressiven, friedfertigen Frau gegenüber, betont aber, dass der wesentliche Unterschied der Geschlechter in der Verarbeitung und Äußerung aggressiver (und sexueller) Triebregungen liegt. Diese Sichtweise hat inzwischen breite Akzeptanz gefunden hat.[30] Mitscherlich hat vehement auf die Gefahren der Projektion von Aggression aufmerksam gemacht, weil diese einen sich immer mehr steigernden, zerstörerischen Kreislauf in

---

[24] vgl. Preußer (1994): *Troia als Emblem.*
[25] Wolf (1983), S. 85.
[26] nach Preußer (1994), S. 67.
[27] Dinnerstein (1979).
[28] Waldeck (1991), S. 35.
[29] zur Kritik s. Becker & Stillke (1987).
[30] vgl. Gingelmaier (2006).

Gang hielten. Sie fordert die Frauen auf, zu "erkennen, dass sie mit der Wendung von Aggressionen gegen sich selbst und der daraus resultierenden Manipulierbarkeit durch Schuldgefühle nicht nur sich selbst schädigen, sondern auch den verhängnisvollen Kreislauf männlichen Aggressions- und Idealisierungsverhaltens mit aufrecht erhalten und ihrerseits das eingeschliffene Zusammenspiel männlicher Angriffs- und Zerstörungslust und weiblicher Unterwerfungs- und Opferfreude zu durchkreuzen beginnen".[31] Sie spricht auch von der "Unterwerfungslust und Resignation der Frauen" und ermutigt sie, "dem männlichen Imponier- und Selbstdarstellungsgehabe, dieser Wurzel vieler Gewaltakte und kriegerischer Auseinandersetzung"[32] ein Ende zu setzen. Frauen sollten aufhören mit ihrer Bewunderung für die männlich geprägte Macht und, auch im Hinblick auf intellektuelle Auseinandersetzungen, aufhören mit ihrer Bewunderung für "Hochtheoretiker und Wissenszauberkünstler".[33] Stattdessen sollten sie die eigene Identifikation mit männlichen Idealen und Wertvorstellungen überprüfen. Vielleicht haftet diesen Aufforderungen ein pädagogisch-moralisierender Unterton an, aber ich habe den Eindruck, dass auch heute, zwei Jahrzehnte später, noch (zu) viele Frauen – und ich denke dabei keineswegs nur an jene, die in islamischen Ländern leben – in bestimmten väterlichen Phantasmen gefangen sind und damit das Jahrtausende alte Geschlechter- und Generationenarrangement aufrecht erhalten[34], was – wenn es um Krieg geht – besonders fatale Auswirkungen hat. Die Idealisierung und übermäßige Identifikation mit dem Männlichen, die Sehnsucht nach Gleichheit (ich bin so wie er) bzw. die narzisstische wie die ödipale Illusion (er braucht mich) gefährden die Möglichkeiten, die in der Differenz zwischen den Geschlechtern als Unruhe stiftendes Moment im dialogischen Gegenüber liegen. Dass die seit der Antike immer wieder beschriebenen Frauenbilder bis in unsere jüngere Vergangenheit hinein nichts an Gültigkeit verloren haben, belegt Brockhaus[35] anhand literarischer Beispiele (z.B. *Trotzkopf*, ein bis weit in die Sechziger Jahre hinein gern gelesenes Mädchenbuch). Nach einer wohl-gelittenen rebellisch-trotzigen, androgynen Übergangsphase in der Jugend mündete die Erziehung während des sogenannten Dritten Reichs üblicherweise nach dem Muster "der Widerspenstigen Zähmung" ins damalige Ideal der sich aufopfernden deutschen Frau und Mutter. Das funktionierte vermutlich auch deswegen, weil die Frauen in der Metaphorik von *Mutter Natur* und *Mutter Erde* und im Kontext der damaligen *Blut-und-Boden-Ideologie* durchaus eine gewisse Macht und Ansehen genossen. Dass dies aber mit einer narzisstisch-kollusiven Verstrickung insbesondere mit ihren Söhnen erkauft wurde, blieb im Verborgenen. Der lange Schatten dieser Art des *Mutterns*[36] prägt uns bis heute. "Die eigentliche, die 'rechte' Mutter ist die, die alles für Deutschland gibt, auch ihr Liebstes, ihr Kind. Und das Kind wird dadurch zum Liebsten und Besten,

---

[31] Mitscherlich (1985), S. 182.
[32] Mitscherlich (1985), S. 183.
[33] ebd., S. 183.
[34] Sophokles beschreibt das klassische Tochter-Vater-Paar Antigone und Ödipus und zeigt, wie durch das Gebundensein der Tochter an das väterliche Elend verhindert wird, dass diese einen Ort für sich selbst erschaffen kann (vgl. hierzu: Uhlmann 2002).
[35] Brockhaus (1997).
[36] Vincken (2001).

indem es sich für Deutschland, somit für die Mutter selbst opfert".[37] Ich vermute bei vielen Selbstmordattentätern ein ähnlich fatales Beziehungsgeflecht.

Zusammenfassung und Schlussfolgerungen

Die konkrete Beteiligung von Frauen an kriegerischen Handlungen und offener physischer Gewalttätigkeit ist bis heute (Gott sei Dank!) eher selten. Aber es gibt eine breite Mitbeteiligung der Frauen am und im Krieg. Das lässt sich vor dem Hintergrund unbewusster psychischer Mechanismen wie Projektion und Delegation der Aggression, Spaltung und Idealisierung, vor allem aber mit der masochistischen Wendung der Aggression gegen sich selbst erklären. In den Arbeiten von M. Mitscherlich und Waldeck wurde auf die Wirksamkeit dieser (unbewussten) Abwehrmaßnahmen vor allem in Bezug zum anderen Geschlecht hingewiesen. Die unbewusste Delegation des aggressiven Potentials an Männer kommt im Kontext der gängigen Rollenklischees und der geschlechtsspezifischen Erziehung zum Tragen. Dabei ist es durchaus vorstellbar, dass das übliche *Geschlechterarrangement* – gemeint ist das Jahrtausende alte, sich wechselseitig beeinflussende Beziehungsgeflecht zwischen den Geschlechtern – zu einer Potenzierung der von Männern ausgelebten Destruktivität führt.[38]

Die psychoanalytische Forschung hat zwar inzwischen herausgearbeitet, dass in jedem einzelnen Menschen das sog. Weibliche (verbunden mit Vorstellungen von Natur, Körper, Passivität, Masochismus, Abhängigkeit, Kastration) nicht scharf vom sog. Männlichen (assoziiert mit Denken, Kultur, Aktivität/Aggressivität, Autonomie) getrennt vorkommt; dennoch scheint der/die Einzelne zu mehr oder weniger scharf von einander getrennten weiblichen und männlichen Phantasmen zu tendieren, in die er/sie bestimmte Sehnsüchte, Begierden, Ängste und Aggressivität – im Grunde das jeweils nicht Gelebte – hineinverlagert. Insofern ist die eingangs gestellte Frage nach den für Männer und Frauen gleichermaßen geltenden innerpsychischen Bedingungen[39], die die Entstehung von Krieg verstehbarer machen, nur mit Einschränkungen zu bejahen. Das hängt einerseits mit den geschlechtsspezifisch unterschiedlichen Loslösungsprozessen aus der primären Abhängigkeit und den für Jungen und Mädchen unterschiedlichen ödipalen Triangulierungen zusammen, die sowohl auf der unbewussten Phantasie- wie auf der Beziehungsebene für Jungen und Mädchen spezifisch verlaufen.[40] Hinzu kommen die für Jungen und Mädchen im Hinblick auf sexuelle und aggressive Entwicklung unterschiedlichen kulturellen Prägungen und geschlechtsspezifischen Sozialisationsverläufe. Dieses gesamte Faktorenbündel führt zu den verschiedenen Formen und Ausprägungsgraden manifester aggressiver Äußerungen im konkreten Alltag, wie es die bekannten Kriminalstatisti-

---

[37] Brockhaus (1997), S. 165.
[38] Jüngstes Beispiel: [der Mann] G.W. Busch wurde in seiner zweifelhaften kriegerischen "Mission" im Irak von vielen Frauen unterstützt und bestärkt, u.a. von seiner jetzigen Außenministerin Condoleezza Rice, aber auch von unserer jetzigen Bundeskanzlerin Angela Merkel.
[39] neben anderen Ursachen wie religiöser Fanatismus, Macht- und Verteilungskämpfe, bzw. die Wirksamkeit von Großgruppenidentitäten.
[40] s. Rohde-Dachser (1996).

ken aussagekräftig belegen.⁴¹ Wirtschaft und Politik haben inzwischen – nicht nur aus Gründen der Gleichberechtigung – begriffen, dass Frauen ebenso in die bisher weitgehend von Männern besetzten höheren Positionen gehören.⁴² Insofern ist eine zunehmende Offenheit gegenüber der geschlechtlich-sexuellen Differenz zu beobachten. Die traditionelle Geschlechterdichotomie mit ihrer globalen Vernetzung der Phantasieräume scheint sich neu zu ordnen.⁴³ Dabei wird auch der weibliche Körper zunehmend von seinen Symbolfunktionen entlastet. Frauen können sich heute anders als nur über ihren Körper definieren (z.B. über politische Programme, wenn sie in entsprechende Machtpositionen gelangt sind), müssen aber lernen, die Konflikte zu ertragen, die aus dem Antagonismus von Kultur/Beruf und Familie entstehen, und Lösungen dafür finden. Die kulturell und beruflich tätige Frau braucht neue Vorstellungen von Weiblichkeit. In dieser Hinsicht stimmen die heutigen *Girlies* hoffnungsvoll, die einerseits versuchen, mit ihrem attraktiven und weiblichen Aussehen die jungen Männer zu verwirren, aber superfrech sein können.⁴⁴

Die Frage, ob offene Gewalt und somit letztlich Krieg durch ein spezifisches biologisches Entgegenkommen klar an das männliche Geschlecht gekoppelt ist (wie es die Geschichte und auch die heutigen Kriminalitätsstatistiken suggerieren), mögen Genetiker und Neurowissenschaftler weiter untersuchen. Aus psychoanalytischer Perspektive interessiert mehr der gesamte Entwicklungsprozess, der sich auf der körperlich-biologischen Grundlage, aber eng verbunden mit der sozial und kulturell geprägten Geschlechterzuordnung, schließlich aufgrund der individuellen und interaktionell gesteuerten Identifikationsprozesse entfaltet. Wenn es also zutrifft, dass sich auf breiter Ebene Frauen aufgrund des genannten Faktorenbündels bis heute selten an offener Destruktivität, also auch nicht aktiv am Krieg beteiligen, so könnten sie diese internalisierten Erfahrungen vor allem für die Erziehung männlicher Nachkommen nutzen.⁴⁵ Sie könnten darüber hinaus einen nicht unwesentlichen Beitrag zur Verminderung angeblicher Kriegsnotwendigkeiten leisten, wenn sie sich ihrer unbewussten Unterstützung und Identifikation mit traditionellen männlichen Idealen und der seitens der Männer in sie hineinverlagerten Phantasmen bewusster würden.

---

⁴¹ Kriminalstatistiken verdeutlichen einen seit Mitte der Achtziger Jahre extremen Anstieg der Gewaltkriminalität unter Männern. Es gibt keinen einzigen Kriminalitätsbereich, in dem Frauen eine nennenswerte Rolle spielen; selbst die meisten Ordnungswidrigkeiten kennen nahezu keine weiblichen Beteiligungsquoten, so dass in sozialwissenschaftlichen Analysen dieser Daten vom Ausleben der traditionellen Männlichkeit gesprochen wird (Otten 2000).

⁴² So wurde beispielsweise in Norwegen – nachdem auf freiwilliger Basis nichts erreicht worden war – eine rechtliche Maßnahme eingeführt, die größere Firmen zwingt, im Bereich des oberen Managements eine Frauenquote von 40 % vorzusehen. Als Begründung wurde angeführt, dass Frauen im Schnitt die besseren College-Noten mitbrächten, kreativer und einsatzbereiter seien und sich durch Status- und Machtsymbole weniger beeinflussen ließen (Sprecher der *Tagesthemen* vom 3. Januar 2006). Auch die norwegische Ministerpräsidentin Gro Harlem Brundtland hat durch geeignete politische Maßnahmen für Frauen praktikable Lösungen geschaffen, die es ermöglichen, Aufgaben der Kindererziehung mit qualifizierten beruflichen und politischen Tätigkeiten in Einklang zu bringen.

⁴³ s. Deuber-Mankowsky (2001).

⁴⁴ s. Buchta (2004), S. 71.

⁴⁵ Ludwig Janus hat auf der Heidelberger Tagung *Warum Krieg?* (2005) die Arbeiten von deMause (2002a,b) referiert, für den die traumatischen Sozialisationsbedingungen zum Hintergrund für Kriegsinszenierungen gehören.

Vielleicht taucht die Frage nach der Mitbeteiligung von Frauen an den Hintergründen von Krieg, Terror und Gewalt im gegenwärtigen psychoanalytischen Diskurs auch deshalb nicht auf, weil entweder im Denken der einzelnen TheoretikerInnen die tiefe Verankerung herkömmlicher Rollenklischees wirksam ist, oder aber, weil in ihrer persönlichen Lebenserfahrung die hierarchische Geschlechterdichotomie keine bedeutsame Rolle mehr spielt. Allerdings tragen beide Momente der sozialen Realität nicht hinreichend Rechnung.

Auch wenn traditionelle Kriege in Zukunft nicht mehr in dem Maße stattfinden werden wie bisher, so müssen wir doch mit anderen Formen der Zerstörung und Gewalt rechnen. Zwischen 2005 und 2020 wird es schätzungsweise 700 Millionen junger Männer geben, die sich im traditionellen Kampfalter von 15 Jahren befinden.[46] Die Rede ist vom sog. *youth bulge*, einem riesigen Reservoir von beschäftigungslosen Männern zwischen 15 und 30 Jahren, die als "natürliche Quelle" von Gewalt, Terror und Eroberung gelten und verzweifelt um Positionen ringen werden.[47] Kriegsforscher haben seit längerem auf diesen demographischen Faktor hingewiesen, der neben Armut (Hunger und Mangel an Bildung) zu den wichtigsten zukünftigen Faktoren im Ursachenbündel für bewaffnete Konflikte zählt. Frauen sollten das unbedingt wissen.

Literaturangaben

Becker, Sophinette / Stillke, Cordelia (1987): Von der Bosheit der Frau. *In:* Brede, Karola (Hg.): Befreiung zum Widerstand. (Kore, Frankfurt 1987).

Bergeret, Jean (1995): Die Psychoanalyse 1995: "Der Psychoanalytiker – Die Seinen und die Anderen", *Tagungsband DPV* 1995, S. 39-54.

Brockhaus, Gudrun (1997): Schauder und Idylle. (Antje Kunstmann, München 1997).

Buchta, Anneliese (2004): Aggression von Frauen. Entwicklungspsychologie, Psychodynamik und Psychotherapie. (Kohlhammer, Stuttgart 2004).

Cournut Jean (1999): Arbeitsgruppe 2: Weiblichkeit und Männlichkeit: Aspekte von Liebe und Hass. *Psychoanalyse in Europa* 53 (1999), 18-19.

DeMause, Lloyd (2002a): The Childhood Origins of Terrorism. *The Journal of Psychohistory* 29 (2002), 340-348.

DeMause, Lloyd (2002b): The Emotional Life of Nations. (Karnac, London / New York 2002).

Deuber-Mankowsky, Astrid (2001): Lara Croft – Modell, Medium, Cyberheldin. (Suhrkamp, Frankfurt a.M. 2001).

Dinnerstein, Dorothy (1979): Das Arrangement der Geschlechter. (Deutsche Verlags-Anstalt, Stuttgart 1979).

Fornari, Franco (1970): Psicoanalisi della Guerra. (Feltrinelli, Mailand 1970).

Freud, Sigmund (1915): Zeitgemäßes über Krieg und Tod. *In:* Gesammelte Werke, Bd. X (S. Fischer, Frankfurt a.M., 8. Auflage 1991), S. 325-355.

Freud, Sigmund (1932): Warum Krieg. *In:* Gesammelte Werke, Bd. XVI (S. Fischer, Frankfurt a.M., 7. Auflage 1993), S. 13-27.

---

[46] vgl. Heinsohn (2005).
[47] ebd.

Gingelmaier, Michael (2006): Gewalt und Männlichkeit. *Psychoanalyse im Widerspruch*, Heft 35 (2006), 57-75.

Heinsohn, Gunnar (2004): Angry young men und die Kriege der Zukunft – Warum eine perspektivlose Jugend blutige Konflikte verursacht. (Manuskriptdienst des Südwestrundfunk, 2004).

Mentzos, Stavros (2002): Der Krieg und seine psychosozialen Funktionen. (Vandenhoeck & Ruprecht, Göttingen 2002).

Mitscherlich, Margarete (1983): Frauen und Aggression. *In:* Passett, Peter / Modena, Emilio (Hg.): Krieg und Frieden aus psychoanalytischer Sicht. (Stroemfeld - Roter Stern, Basel / Frankfurt a.M. 1983), S. 198-219.

Mitscherlich, Margarete (1985): Die friedfertige Frau. Eine psychoanalytische Untersuchung zur Aggression der Geschlechter (S. Fischer, Frankfurt a.m. 1985).

Otten, Dieter (2000): MännerVersagen. (Gustav Lübbe, Bergisch Gladbach 2000).

Owings, Alison (1999): Eine andere Erinnerung – Frauen erzählen von ihrem Leben im Dritten Reich. (Ullstein Buchverlage, Berlin 1999).

Preußer, Hans-Peter (1994): Troia als Emblem. *Text + Kritik*. Zeitschrift für Literatur, Heft 124 (1994), 61-73.

Radebold, Hartmut (2000): Abwesende Väter. Folgen der Kriegskindheit in Psychoanalysen. (Vandenhoeck & Ruprecht, Göttingen 2000).

Radebold, Hartmut (Hg., 2003): Kindheit im II. Weltkrieg und ihre Folgen. *Psychosozial* 92, 26. Jg., Heft II (2003).

Reiche, Raimund (1990): Geschlechterspannung. (Fischer, Frankfurt a.M. 1990).

Rohde-Dachser, Christa (1996): Aggression in weiblichen und männlichen Lebensentwürfen. *In:* Bell, Karin / Höhfeld, Kurt: Aggression und Seelische Krankheit. (Psychosozial, Gießen 1996), S. 75-90.

Schlesinger-Kipp, Gertraud (2003): Psychoanalytische Behandlungen von Kriegs-"kindern". *In:* Radebold (2003), S. 23-33.

Segal, Hanna (1986): Schweigen ist das eigentliche Verbrechen. *Jahrbuch der Psychoanalyse*. Beiträge zur Theorie und Praxis, Band 19 (1986), 194-210.

Segal, Hanna (1988): Notes on symbol formation. *In:* Bott Spillius, Elizabeth (Hg.): Melanie Klein Today, Vol. 1 (Routledge, London 1988), S. 160-177.

Segal, Hanna (2002): Durch Erfahrungen nicht lernen: Hiroschima, der Golfkrieg und der 11. September. *Psychoanalyse im Widerspruch*, Heft 28 (2002), 7-13.

Theweleit, Klaus (1977): Männerphantasien. Bd. 1. (Roter Stern, Frankfurt a.M. 1977).

Theweleit, Klaus (1978): Männerphantasien. Bd. 2. (Roter Stern, Frankfurt a.M. 1978).

Thomson-Salo, Frances (2000): Affects In Men And Woman: Gender Differences. *The International Journal of Psychoanalysis* 81 (5) (2000), 995-997.

Uhlmann, Edda (2002): Väterliche Phantasmen im weiblichen Selbst. *Zeitschrift für psychoanalytische Theorie und Praxis*, 17. Jg. (2002), Heft 1/2, 31-48.

van Crefeld, Martin (2001): Frauen und Krieg. (Gerling Akademie Verlag, München 2001).

Vincken, Barbara (2001): Die deutsche Mutter. Der lange Schatten eines Mythos. (Piper, München 2001).

Volkan, Vamık (1999): Das Versagen der Diplomatie. (Psychosozial, Gießen 1999).

Waldeck, Ruth (1991): "Kassandra" oder die heimliche Lust der Frauen am Krieg der Männer. *In:* Ethnopsychoanalyse. Bd. 2: Herrschaft, Anpassung, Widerstand (Brandes & Apsel, Frankfurt a.M. 1991), S. 16-35.

Wolf, Christa (1983): Kassandra. (Luchterhand, Darmstadt / Neuwied 1983).

Ludwig Janus

Warum Krieg? – Die Psychodynamik des Krieges aus psychohistorischer Sicht

Einleitung

Die Frage nach den Ursachen von Kriegen gehört in das kulturpsychologische Feld der Psychoanalyse. Darum hierzu einige Vorbemerkungen. Die Psychoanalyse hatte in ihren Anfängen groß angelegte kulturpsychologische Konzepte hervorgebracht. Ich nenne nur Freuds "Totem und Tabu", Jungs "Symbole der Wandlung", und auch Adlers Hervorhebung der sozialen Faktoren hatte eine kulturpsychologische Dimension. Warum konnte sich dieser kulturpsychologische Elan der frühen Psychoanalyse nicht weiter fortsetzen und fortentwickeln?

Ein wichtiger Grund war sicher die damals mangelnde Kenntnis der frühen Entwicklung und der Bedeutung von frühem traumatischem Stress. Freuds Annahmen zu einem genetisch bedingten Kastrationskomplex blieben Spekulation, und bei Jung blieben die frühkindlichen Vorbedingungen späterer Individuationskonflikte zu wenig erfasst. Bei Adler wiederum waren das narzisstische Trauma und die Gegenbewegung des männlichen Protestes und der narzisstischen Idealbildungen zwar beschrieben, aber doch sehr sektoriell. Dazu war Adler sehr praktisch ausgerichtet. Seine Stärke war das sozialtherapeutische Engagement, weniger die kulturpsychologische Reflexion. Der Beitrag Ranks mit der Erfassung der geburtlichen und vorgeburtlichen Erlebensdimension konnte wegen des zeitbedingten Tabus um Geburt und Schwangerschaft für die psychoanalytische Diskussion nicht wirksam werden. Erst in neuerer Zeit erscheinen seine Schriften wieder und finden unter den Bedingungen eines veränderten Zeitgeistes ein neues Interesse.

Zu diesen theorieimmanenten Gründen kamen die Probleme der Zeit und die Beschädigung der mitteleuropäischen Kultur im Zusammenhang mit dem Nationalsozialismus und dem Zweiten Weltkrieg. So ist es nur folgerichtig, dass die psychoanalytische Kulturpsychologie in Bezug auf den gesellschaftlich-historischen Prozess in den USA als Psychohistorie einen neuen Anfang nahm. Psychohistorie versteht sich dabei als der Versuch, die Dynamik des historischen Prozesses mit psychologischen und insbesondere psychoanalytischen Mitteln zu verstehen. Der pragmatischen Orientierung der amerikanischen Mentalität entsprechend rückten dabei die realen Bedingungen der Sozialisation, einschließlich der Geburt und der vorgeburtlichen Lebenszeit, in den Vordergrund. Diese amerikanische spezifische Form psychoanalytischer Kulturtheorie ist wesentlich bestimmt durch die Konzepte des Psychoanalytikers und Psychohistorikers Lloyd deMause[1], die in den Siebziger Jahren ein breiteres Interesse auch bei uns fanden, als die Bedeutung der Erziehung diskutiert wurde. DeMause hatte die Geschichte der Kindheit als einen Alptraum be-

---

[1] deMause (2000, 2005).

zeichnet, aus dem wir gerade erst erwachen. Die Kindheitsbedingungen in den historischen Gesellschaften waren viel traumatischer, als dies im idealisierenden Selbstverständnis der jeweiligen Gesellschaft wahrgenommen wurde. Diese traumatischen Sozialisationsbedingungen sind für deMause ein entscheidender Hintergrund der Kriegsinszenierungen, die der Formel folgen "füge den anderen das zu, was dir zugefügt worden ist". Der Krieg im Kinderzimmer wiederholt sich gewissermaßen in den Kriegen der Erwachsenen.

Ich will im Folgenden einen kurzen Abriss des Konzeptes von Lloyd deMause zur Entstehung von Kriegen geben, um dann zu eigenen weiterführenden Überlegungen zu kommen. Es geht dabei "nur" um eine psychologisch-psychotraumatische Dimension von Kriegen. Man könnte vielleicht differenzieren: es gibt eine biologisch-primatologisch vorgegebene Bereitschaft von Männern, die Gruppe nach außen zu verteidigen oder auch Interessen der Gruppe nach außen durchzusetzen; davon ist die psychologisch-psychotraumatische Dimension und Form von Kriegen zu unterscheiden, die sich erst mit den frühen Hochkulturen entwickelt.

Die psychologische Dynamik bei der Entstehung von Kriegen

Der Aufsatz "Der Golfkrieg als eine Wiedergeburtsneurose"[2] gibt eine gute Zusammenfassung der Grundannahmen von deMause. Für ihn sind Kriege periodische Ausnahmezustände von Nationen, in denen frühkindliche Traumatisierungen aktiviert sind und zunächst in Phantasien von destruktiven Mutterbildern, verletzten Kindern, und dann in Kriegshandlungen ausgelebt werden. Zu solchen Aktivierungen von frühen Traumen kommt es überraschender Weise in Zeiten von wirtschaftlichem Aufschwung, Prosperität und Innovation. Dies ist empirisch belegbar. Die psychologische Erklärung ist die, dass für traumatisch geschwächte Kinder Erfolg und neue Möglichkeiten verunsichernd wirken und traumatische Grunderfahrungen, insbesondere die der Geburt, wieder aktivieren.[3] DeMause bezieht sich dabei auf Ergebnisse der Perinatalforschung, die dafür sprechen, dass die Geburt ein viel traumatischeres und erschütterndes Ereignis ist, als man gemeinhin denkt. Diese traumatischen Aspekte der Geburt werden erlebnismäßig dadurch festgeschrieben, dass der Umgang mit dem Säugling und dem Kleinkind in den geschichtlichen Gesellschaften in der Regel deprivierend und traumatisierend war, was dann mit den gewalttätigen Erziehungspraktiken unserer Tradition korrespondiert. Die Gewalttätigkeit dieser Erziehungspraktiken ist wesentlich dadurch bedingt, dass die Hilflosigkeit der Kinder die eigene traumatische Hilflosigkeitserfahrung in den Eltern aktiviert, die dann in Straf- oder Erziehungsritualen projektiv ausagiert wird.

Dieser traumabelastete Entwicklungshintergrund wird, wie gesagt, in Zeiten wirtschaftlicher Prosperität und Innovation aktiviert. Dies zeigt sich daran, dass in diesen Zeiten die Medien von Bildern von verletzten Kindern und destruktiven Müttern beherrscht sind. Dies war ca. ein Jahr vor Beginn des ersten Golfkrieges in extenso der Fall, wie deMause belegen kann. Amerika fand sich 1990 trotz wirtschaftlicher Prosperität in einem Zustand von allgemeiner Depression und Verunsiche-

---

[2] deMause (1991).
[3] deMause (1996).

rung, wie sie nicht nur in den Cartoons, sondern auch in den Leitartikeln zum Ausdruck kam. DeMause spricht von Phantasien der "sündigen Nation", die bereit ist, ihre Schuldgefühle in kriegerischen Phantasien und Handlungen auszuagieren. Dabei folgt die kollektive Phantasie ganz uralten Mustern:

> "1. Eine sündigende, verunreinigte Welt mit einem Führer, der als mehr und mehr unfähig erscheint, die wachsenden Gefühle der Nation von emotionalem Chaos aufzunehmen und zusammenzuhalten.
> 2. Ärgerliche Götter und Göttinnen, die die Nation mit Verschlingen und Vernichten bedrohen, wenn nicht die rituelle Opferung eines Opfers vollzogen wird, wobei das Opfer letztlich das 'göttliche Kind' repräsentiert.
> 3. Die Opferung des göttlichen Kindes, des Sohnes oder des Liebhabers der großen Mutter, dessen Blut bei der Opferung das Lebensgefühl der Gruppe erneuert, und der letztlich das 'schuldige Kind' darstellt, das das Opfer des ursprünglichen Traumas war."[4]

DeMause sieht die kriegsgestimmte Gesellschaft im Zustand eines kollektiven posttraumatischen Belastungszustandes. Es kommt zu einem Zerfall der Ich-Kohärenz und zum Vorwiegen der Stabilisierung über projektive Identifikationen. Es wird ein Feind gesucht, der das "Böse" und speziell das "böse Kind" oder auch die "böse Mutter" repräsentiert. Dies lässt sich an den Geschehnissen des ersten Golfkrieges gut illustrieren. Saddam Hussein ist in den Cartoons sowohl die "böse Mutter" wie auch das "böse Kind", das man selber einmal war. Die eigentliche Kriegshandlung beginnt dann mit dem Kampf gegen das Böse, das in einer Art Trance ganz unmittelbar im "Feind" gesehen wird. Diese Trance ist im Nachhinein deutlich an den Äußerungen der führenden Politiker abzulesen.

Die merkwürdige und fremdartige Bedeutung des Krieges als Reinigung und Wiedergeburt wird darin deutlich, dass die Gesellschaften nach Beginn eines Krieges geradezu extrem erleichtert sind, wie auch die amerikanische Gesellschaft nach dem Beginn des ersten Golfkrieges. Es geschieht gewissermaßen Gerechtigkeit gegen das böse Kind, das seiner verdienten Strafe zugeführt wird. Die Modalitäten folgen dabei der eigenen Kindheitserfahrung. Der ältere Bush folgte mit der Phantasie, man müsse Hussein "in den Arsch treten", der Strafweise seines Vaters: "Er legte uns über das Knie und schlug uns mit dem Gürtel. Er hatte eine starke Hand und ließ sie uns spüren."[5] Die älteren Republikaner, die als Kinder körperliche Strafen erlebt hatten, waren für ein gewaltsames Eingreifen, während die jüngeren, mehr demokratisch orientierten Politiker mehr für Sanktionen waren, was ihrer eigenen Kindheitserfahrung, der Strafe durch Sanktionen, entsprach.

Die Stärke des Konzeptes von deMause sind empirische und empirisch überprüfbare Erklärungsansätze. Die Schwäche ist die Übernahme neurosenpsychologischer Diagnosen von der Individualebene auf die Kollektivebene und eine damit zusammenhängende gewisse moralische Diktion. Offene Fragen betreffen weiter die Geschichtlichkeit von Ich und Über-Ich. Hierzu einige ergänzende Überlegungen.

---

[4] deMause (1991), S. 209.
[5] ebd., S. 214.

Ergänzende Überlegungen

Bei deMause bleibt die Frage nach dem anthropologischen und biologischen Hintergrund der Traumadisposition bei Menschen in der Frühentwicklung offen. Hier kann das Konzept der "Frühgeburtlichkeit des Menschen" hilfreich und ergänzend sein. Unterhalb der anfangs genannten kulturpsychologisch-anthropologischen Spekulationen in der frühen Psychoanalyse gibt es einen m.E. schulenübergreifenden Konsens in Bezug auf die Bedeutung der extremen Hilflosigkeit des Menschen am Lebensanfang. Freud formuliert dies so: "Der biologische Faktor ist die lang hingezogene Hilflosigkeit und Abhängigkeit des kleinen Menschenkindes. Die Intrauterinexistenz des Menschen erscheint gegen die meisten Tiere relativ verkürzt; es wird unfertiger als diese in die Welt geschickt. Dadurch wird der Einfluss der realen Außenwelt verstärkt, die Differenzierung des Ich vom Es frühzeitig gefördert und die Gefahren der Außenwelt in ihrer Bedeutung erhöht und der Wert des Objektes, der allein gegen diese Gefahren schützen und das verlorene Intrauterinleben ersetzen kann, enorm gesteigert. Dieses biologische Moment stellt also die erste Gefahrensituation her und schafft das Bedürfnis, geliebt zu werden, das den Menschen nicht mehr verlassen wird."[6]

Diese Sicht wird späterhin durch die Befunde von Portmann zur biologischen Frühgeburtlichkeit bestätigt[7], wie ebenso die hierdurch bedingte Traumadisposition durch die Säuglingsforschung und die moderne Psychotraumatologie.[8] Es gibt diesen von Freud formulierten Konsens in der Psychoanalyse und Tiefenpsychologie, jedoch wird er merkwürdig unauffällig verhandelt. Ich möchte ihm hingegen eine zentrale Bedeutung für das Verständnis der menschliche Verletzlichkeit auf der individuellen und kollektiven Ebene geben. Ich sehe in der Frühgeburtlichkeit einen wesentlichen Hintergrund der menschlichen Besonderheit und der menschlichen Kulturbildung, insofern wegen der Frühgeburtlichkeit Babys auf einen Ersatzschutzraum der elterlichen Fürsorge angewiesen sind und Menschen insgesamt in ihrer Kultur sich einen solchen Ersatzschutzraum schaffen. Sloterdijk spricht in diesem Zusammenhang von der immunologischen Bedeutung der kulturellen Räume. Das bedeutet aber auch, dass diese kulturellen Räume wegen ihrer hintergründigen Mutterleibsbedeutung eine primäre Sicherungsfunktion haben. Umgekehrt kommt es bei Gefährdung der Integrität des kulturellen Schutzraumes zu elementaren geburtssymbolischen Inszenierungen in den Kriegen, die über eine Wiederholung der Geburt oder Wiedergeburt einen neuen gereinigten und erneuten Schutzraum herstellen sollen. Den empirischen Hintergrund für diese Annahmen stellt deMause in seinem Aufsatz "Restaging fetal traumas in wars and social violence"[9] dar, wie ebenso im 6. Kapitel seines Buches "Das emotionale Leben der Nationen".[10]

In dieser Sicht ist also die Kriegsdisposition von Menschen in der Frühgeburtlichkeit und der daraus folgenden Ich-Entwicklung begründet. Diese vorzeitige Ich-

---

[6] Freud (1926), S. 168 f.
[7] Portmann (1969).
[8] Hochauf (1999).
[9] deMause (1996).
[10] deMause (2005a).

Entwicklung, in der das Kind einen Ersatz für seine verlorene pränatale Sicherheit findet, ist zum einen eine Stärke des Menschen – er schafft neue Welten – , zum anderen eine Schwäche, weil der fragile Hintergrund dieses Ichs zu Dekompensationen und Spaltungen führen kann, wie sie typischerweise in den projektiven Identifikationen oder Sündenbockzuweisungen erfolgen. Das eigene Böse wird im anderen bekämpft. Man identifiziert sich mit dem guten Teil des eigenen Kinder-Ich mit den strafenden Eltern und vollzieht die Strafe mit der Tötung des Feindes, was den Zorn der Eltern befriedet. Diese Disposition zur Ich-Spaltung und des daraus folgenden Kampfes des Guten gegen das Böse ist ein zentrales menschliches Identitätsparadigma, das immer neue Gestaltungen auf den verschiedenen kulturellen Ebenen findet. Die Konsequenz aus der psychohistorischen Sicht ist die, dass durch eine Verbesserung der Frühsozialisation die Friedens- und Konfliktfähigkeit von Gesellschaften verbessert werden kann. Dieser Prozess hat sich in der jüngeren Vergangenheit spontan entwickelt. Die Verbesserung der Sozialisationsbedingungen in der frühen Neuzeit ermöglichte den gesellschaftlichen Umschwung der Aufklärung und die Entwicklung demokratischer Verfassungen. Hierdurch können Konflikte in ganz anderer Weise als früher innerhalb der Gesellschaft im Streit der Parteien ausgetragen und entwickelt werden. Dies entspricht einer Veränderung der Ich-Formation, die weniger projektiv ist, als dies in der Identifikation mit der christlichen Religion oder einer anderen Religion formatiert ist. Das moderne Individuum kann die inneren Widersprüche und Konflikte mehr in sich austragen und ist weniger auf projektive Inszenierungen angewiesen als religiös orientierte Menschen. Dementsprechend sind Demokratien weniger durch Kriegsstimmungen gefährdet als theokratisch oder diktatorisch verfasste Gesellschaften.

So krisenhaft und destruktiv Kriege auch immer waren und sind, so haben sie doch auch eine Individuationsbedeutung, indem sich Gesellschaften über Kriege und durch Kriege in ihren Identitäten fortentwickeln können. So vollzieht sich mit der Krise des Ersten und des Zweiten Weltkrieges in Europa eine Transformation von monarchisch-absolutistisch organisierten Gesellschaften hin zu den modernen pluralistischen demokratischen Gesellschaften. Diese transformatorische Bedeutung von Kriegen mag damit zusammenhängen, dass die gesellschaftliche Welt und deren Ideale, in deren Schutz ich lebe, gewissermaßen Ersatz für die verlorene uterine Urheimat sind, deren Gefährdung in elementarer Weise perinatale Muster aktiviert, u.a. die wahnhafte Idee, durch einen Krieg "wiedergeboren" zu werden. Dabei haben Geburtsmuster neben den traumatischen Aspekten auch elementar transformatorische Kräfte. Sie bieten die Möglichkeit, aus einer untergehenden Welt in eine "neue" Welt zu gelangen, oder eben auch sie kreativ zu schaffen, etwa durch eine neue gesellschaftliche Verfassung oder neue Ideale, die den gewandelten Bedingungen und Bedürfnissen besser entsprechen, wie dies etwa für die demokratischen Verfassungen und Ideale der modernen individualistischen und industrialisierten Gesellschaften gilt, die die feudal-agrarischen Monarchien ablösten. In den Kriegen kann man destrukiv-transformatorische Mittel sehen, durch Resinszenierungen perinataler Muster diesen elementaren Übergang psychologisch in einem grandiosen "Stirb und Werde" zu gestalten.

Ein tieferes Verständnis der psychodynamischen Kräfte, die in kriegerischen Konflikten wirksam sind, könnte ein Austragen der Konflikte auf einer Verhandlungsebene ermöglichen, wie dies in Demokratien schon weit entwickelt ist. In diesem Sinne könnten Psychoanalytiker und Tiefenpsychologen bei lebensgefährdenden Konflikten zwischen Gesellschaften und gesellschaftlichen Gruppen als Friedensberater tätig sein.[11] Dies wird aber nur möglich sein, wenn die Ausgangskonzepte psychoanalytischer Kulturpsychologie noch eindeutiger gefasst werden können, worum sich unsere Tagung ja bemüht. Dazu wird auch eine Auseinandersetzung mit den Spaltungen innerhalb der psychoanalytischen und tiefenpsychologischen Gruppen von Bedeutung sein, die die Reflexion und empirische Vertiefung bei psychoanalytischen Konzepten durch eine gewisse Ideologisierung eingeschränkt haben. Hierzu bietet die Vielfalt der Heidelberger psychoanalytischen Kultur gute Voraussetzungen.

Literaturangaben

DeMause, Lloyd (1979): Hört ihr die Kinder weinen? (Suhrkamp, Frankfurt a.M. 1979).

DeMause, Lloyd (1991): Der Golfkrieg als Wiedergeburtsneurose. *In:* Janus, Ludwig (Hg.): Die kulturelle Verarbeitung pränatalen und perinatalen Erlebens. (Textstudio Groß, Brahmsstr. 1, 69118 Heidelberg 1991).

DeMause, Lloyd (1996): Restaging Fetal Traumas in Wars and Social Violence. *Int. J. of Prenatal and Perinatal Psychology and Medicine* 8 (1996), 171-212.

DeMause, Lloyd (2000): Was ist Psychohistorie? (Psychosozial, Gießen 2000).

DeMause, Lloyd (2005a): Das emotionale Leben der Nationen. (Drava, Klagenfurt 2005).

DeMause, Lloyd (2005b): Peace Counseling: A New Profession. *The Journal of Psychohistory* 33 (2005), 2-16 (deutsche Übersetzung: siehe deMause 2006).

DeMause, Lloyd (2006): Friedensberatung: Ein neues Berufsfeld. *In:* Galler, Florian / Janus, Ludwig / Kurth, Winfried (Hg.): Fundamentalismus und gesellschaftliche Destruktivität. *Jahrbuch für Psychohistorische Forschung* 6 (2005) (Mattes Verlag, Heidelberg 2006), S. 269-284.

Freud, Sigmund (1926): Hemmung, Symptom und Angst. *In:* Gesammelte Werke IV (Fischer, Frankfurt a.M. 1969).

Hochauf, Renate (1999): Imaginative Psychotherapie bei frühtraumatisierten Patienten. *Int. J. of Prenatal and Perinatal Psychology and Medicine* 11 (1999), 503-517.

Janus, Ludwig / Kurth, Winfried (2004, Hg.): Psychohistorie und Politik. *Jahrbuch für Psychohistorische Forschung* 4 (2003) (Mattes Verlag, Heidelberg 2004).

Ottmüller, Uta / Kurth, Winfried (2003, Hg.): Trauma, gesellschaftliche Unbewusstheit und Friedenskompetenz. *Jahrbuch für Psychohistorische Forschung* 3 (2002) (Mattes Verlag, Heidelberg 2003).

Portmann, Adolf (1969): Fragmente zu einer Lehre vom Menschen. (Schwabe, Basel 1969).

Volkan, Vamik (1999): Das Versagen der Diplomatie. (Psychosozial, Gießen 1999).

---

[11] Volkan (1999), Ottmüller & Kurth (2003), deMause (2005b, 2006).

Michael Gingelmaier

Psychoanalytische Ansätze der Kriegsprävention: Über Vamık Volkans Buch "Das Versagen der Diplomatie"

> *"Wann Krieg beginnt, das kann man wissen, aber wann beginnt der Vorkrieg. Falls es da Regeln gäbe, müsste man sie weitersagen. In Ton, in Stein eingraben, überliefern. Was stünde da. Da stünde, unter andern Sätzen: Lasst euch nicht von den Eignen täuschen."*
> Christa Wolf, Kassandra

Ich gehe nicht, wie andere Beiträge in diesem Band, vorwiegend auf Ursachen und Funktionen des Krieges ein, sondern mehr auf seine Prävention, also über den Vorkrieg. Und ich behandle nur einen bestimmten Teil dieses Bereiches, nämlich irrationale Motive, die politisches Handeln, das zum Krieg führt, beeinflussen. Aber schon wenn ich das, so wie Hans-Jürgen Wirth im Vorwort zu Vamık Volkans Buch: "Das Versagen der Diplomatie", sage, scheint es mir wichtig, einzuschränken. Irrational sind diese Motive nur insoweit, als die politisch Handelnden einen Krieg nicht wollen. Davon kann man aber nicht grundsätzlich ausgehen, da es viele zweckrationale Motive, Macht, Einfluss und ökonomischen Nutzen für den Krieg gibt, auch wenn Politiker dies offiziell nicht zugeben können und Krieg eher als zwangsläufigen Eingriff zur Verhinderung noch größeren Schadens ausgeben. Aber da wären wir dann schon wieder beim Vorkrieg. Das Changieren zwischen bewusstem Wollen und eigenem Hineingezogenwerden in einen sich selbst erfüllenden Kriegs-Kreislauf hat Christa Wolf anhand des trojanischen Krieges mit den dort vorhandenen Politikern, voran Priamos, dem sagenhaften König Trojas, eindrucksvoll dargestellt.

Doch nun zu Vamık Volkans oben erwähntem Buch, über das dieser Beitrag informieren möchte. Er selbst sagt im Vorwort, dass er in diesem Buch seine Erkenntnisse über die Psychologie von Großgruppen, ihre Konflikte und Rituale systematisiert habe und die Komponenten darstelle, aus denen heraus Großgruppenidentität entsteht. Damit will er eine Verbindung zwischen Psychoanalyse, Politik, Diplomatie und Geschichte herstellen und steht damit auch in einer Linie mit Ansätzen von Historikern, unbewusste Motive und Konflikte in der Geschichtswissenschaft zu berücksichtigen.[1]

---

[1] vgl. Rüsen (1998).

Bevor ich Sie nun mit den Gedanken von Vamık Volkan näher bekannt mache, will ich zuerst etwas über den Autor sagen, scheint doch seine Biographie fast selbst wie ein Programm und darüber hinaus auch ein Beitrag zu den Möglichkeiten psychoanalytisch inspirierter Praxis heute zu sein.

Vamık Volkan wurde als Kind türkischer Eltern auf Zypern geboren. Er wanderte nach dem Medizinstudium in Ankara 1957 in die USA aus, machte dort eine psychoanalytische Ausbildung und ist als Lehranalytiker und Supervisor eines IPA-Instituts tätig. Er ist Professor für Psychiatrie an der University of Virginia und Gründer und Leiter des Center for the Study of Mind and Human Interaction an der Universität. Ende der Siebziger Jahre nahm er über 6 Jahre an einer Gesprächsreihe teil, die – unterstützt von den 3 Regierungen und der US-Administration unter Präsident Carter – einflussreiche Ägypter, Israelis und Palästinenser an einen Tisch brachte. Danach gründete er das oben erwähnte Center. Später hat er ähnliche Aktivitäten in Rumänien, der Slowakei, Ungarn, Zypern, Tunesien, Albanien, Georgien, der Türkei und Kuwait durchgeführt. Nach dem Zusammenbruch der UdSSR war er besonders in Estland tätig. Er hat über 30 Bücher herausgegeben, und einige von Ihnen werden ihn auch von Vorträgen, z.B. auf dem DPV-Kongress in Leipzig, kennen.

Volkan begrüßt zunächst den Beitrag der Psychoanalyse zum Verständnis von Aggression und Krieg, kritisiert aber, dass allzu oft Erfahrungen von Therapiegruppen oder Gruppen mit einigen hundert Mitgliedern auf Großgruppen mit Millionen von Menschen übertragen wurden. Außerdem müsste bei Großgruppen unterschieden werden, ob sie stabil sind oder regrediert, und ob sie intensiv mit einer benachbarten Gruppe beschäftigt sind oder nicht.

Demgegenüber würde in der Welt der Diplomatie seit langem und immer noch vorwiegend das Diktat der Realpolitik gelten, bei der die Effekte psychologischer und besonders unbewusster Kräfte ignoriert würden.

Realpolitik bestehe nach Ludwig von Rochau darin, abzuschätzen, was die gegnerische Partei wirklich vorhabe, sich nicht auf deren vordergründige Absichtserklärungen einzulassen und sich gegebenenfalls bereit und fähig zu sehen, Druck auszuüben. Ausgangspunkt ist, dass Entscheidungen der Kontrahenten rational getroffen werden entsprechend Kosten bzw. Nutzen. Dies war die Grundlage der Politik der USA im Kalten Krieg.

Während diese Logik im Weltganzen zu funktionieren schien, versagte sie in regionalen Konflikten wie z.B. im ägyptisch-israelischen Krieg 1973 oder im Falklandkonflikt 1982. Beide Male spielten psychologische Faktoren offenbar eine erhebliche Rolle. Daraufhin wurden Aspekte der kognitiven Psychologie vermehrt in der politischen Analyse von Diplomaten bzw. Regierungsstellen genutzt. Die persönlichen Überzeugungssysteme der jeweiligen Entscheidungsträger spielen eine wichtige Rolle und können zu einer verzerrten Logik und zu fehlerhaften kausalen Schlussfolgerungen führen. Zu berücksichtigen sind insbesondere die persönlichen Erfahrungen und historischen Ideen bzw. Erinnerungen der Handelnden und auch der betroffenen Großgruppe. Es wird eine Tendenz beschrieben, die zu grundlegenden *Attribuierungsfehlern* führe. Menschen gehen zwar davon aus, dass andere sie selbst nach ihren Absichten beurteilen, selbst aber neigen wir dazu, andere in einem worst-case-Szenario danach zu beurteilen, wozu sie faktisch oder theoretisch prinzi-

Psychoanalytische Ansätze der Kriegsprävention 257

piell fähig sind. Eine *egozentrische Neigung* führe dazu, sich selbst auch bei der Handlung einer gegnerischen Partei als zentralen Bezugspunkt zu sehen, und gleichzeitig bedeute die Neigung zu *übersteigertem Selbstvertrauen*, die Relativität eigener Kräfte und Möglichkeiten zu vernachlässigen (Beispiel: Milošević in Jugoslawien, Saddam Hussein im Irak etc.). Ein Hauptaugenmerk wurde dem linearen Einfluss historischer Analogien auf die Entscheidungsfindung geschenkt. So habe sich Eisenhower 1954 gegen eine Intervention zugunsten der Franzosen in Vietnam entschlossen auf dem Hintergrund der schwierigen Erfahrungen der USA im Koreakrieg zwei Jahre zuvor. Demgegenüber war die historische Analogie für Johnson, sich etwa 10 Jahre später in Vietnam zu engagieren, Hitler und der Zweite Weltkrieg bzw. die Appeasement-Politik zuvor, die ihm näher standen.

Volkan stellt nun fest, dass diese Konzepte bewusst hergestellte Analogien der Handelnden betreffen. Demgegenüber wurden psychoanalytische Konzepte über unbewusste Prozesse wie Wiederholungszwänge, Abwehrmechanismen, Verflechtungen innerer und äußerer Welt, Identitätsfragen und Übertragungsverzerrungen zwischen Führern und Anhängern nicht berücksichtigt, um die Handlungen von Politikern und Großgruppen zu erhellen.

Er geht auf Untersuchungen über Entscheidungskonflikte ein. Bezüglich dieser Konflikte kam es zu einer Brücke zwischen kognitiver Psychologie und Psychoanalyse. Bei schwierigen Entscheidungen kämen Politiker unter Stress. Dies werde mit Bewältigungsmustern beantwortet, von denen die *Vigilanz* positiv zu bewerten sei, *Hypervigilanz* aber führe zu einer ineffizienten Suche nach schnellen Auswegen, und die *defensive Vermeidung* flüchte sich in Wunschdenken und Rationalisierungen. Positiv hebt Volkan zwei Politiker hervor, die selbst die große Bedeutung unbewusster psychologischer Faktoren für die jeweiligen Konflikte im Land bzw. mit dem Gegner ansprachen: Ecevit als türkischer Ministerpräsident für den Konflikt mit den Griechen, Sadat über den Konflikt zwischen Arabern und Israelis.

Im zentralen Teil seines Buches stellt Volkan zunächst die große Häufigkeit von bewaffneten Konflikten in den letzten Jahren fest. 1996 waren 36 bewaffnete Konflikte weltweit zu verzeichnen, bei 17 lag die Zahl der Todesopfer zwischen 25 und 1000, bei 6 über 1000, beim Rest waren es zwar weniger als 1000 Todesopfer im Jahr, aber sie dauerten länger und hatten mehr als 1000 im Gesamtzeitraum. Viele dieser Konflikte sind innerhalb der Landesgrenzen von Staaten zwischen ethnischen Gruppen entbrannt. Das Konzept der Ethnizität ist durchaus umstritten und stellt wohl keine naturgegebene Kategorie dar, sondern eine bestimmte Denkweise. Man kann sagen, dass eine Ethnie sich dadurch auszeichnet, dass eine Reihe von Momenten von den Mitgliedern einer ethnischen Gruppe geteilt werden, wie religiöse Überzeugungen und Praktiken, Sprache, Gefühl der historischen Kontinuität, der Glaube an eine gemeinsame Abstammung sowie eine gemeinsame Geschichte. Diese Eigenschaften grenzen die Ethnie von anderen Gruppen ab, auch wenn es Übereinstimmungen in Teilbereichen gibt. Eng verwandt mit dem Konzept der Ethnizität ist das der Rasse, das, wenn mit rassischen Unterschieden Wertungen im Sinne von "weiter entwickelt" oder "primitiv" verbunden werden, zum Rassismus übergeht.

Eine weitere Verbindung von der Ethnie besteht zur Nation, wenn sich diese aus einer homogenen Menschengruppe (Ethnie) zusammensetzt, was aber nur ausnahmsweise und künstlich geschieht. Eine Nation unterscheidet sich von der Ethnie durch politische Autonomie, feststehende Grenzen oder zumindest feststehende organisatorische Strukturen.

Religion gab es schon vor der Nationenbildung, und in gewisser Weise scheint die nationale Bindung und ihre Gesetzgebung die frühere religiöse Bindung der Menschen im Rahmen des Erwachens des Nationalismus im 19. Jahrhundert auf profane Weise abgelöst zu haben.

Im weiteren geht Volkan auf den uns bekannten Aspekt der Entwicklung individueller Identität ein. Ihm ist dabei die persönliche Kernidentität von Bedeutung, die auf den frühen Objektbeziehungen, der Entwicklung einer integrierten Selbstvorstellung und der Erreichung einer Objektkonstanz basiert. Aber erst in der Adoleszenz kristallisiert sich die Kernidentität zu einem vorläufigen Abschluss. Zur Kernidentität gehören:

1) Ein andauerndes Gefühl eines inneren Sich-selbst-Gleichseins, während man bestimmte Charakterzüge mit anderen teilt.
2) Zeitliche Kontinuität im Selbsterleben.
3) Echtheit und Authentizität, also kein als-ob-Erleben.
4) Ein realistisches Körperbild.
5) Ein Gefühl der inneren Stabilität und die Fähigkeit, allein sein zu können.
6) Subjektive Klarheit über das eigene Geschlecht.
7) Eine internalisierte innere Moralität und eine innere Solidarität mit der eigenen Großgruppe.

Diese nur kurz skizzierte individuelle Identität tritt nun in Kontakt mit der Großgruppenidentität, die nun zu beschreiben ist.

Volkan betont, dass sich sein Konzept der Großgruppenidentität von dem anderer analytischer Autoren unterscheidet, da ihn wenig interessiere, was in Gruppensituationen aktiviert wird (vgl. Bion etc., Gruppendynamik) und an Beziehungen der Gruppenmitglieder untereinander und zum Leiter entsteht. Ihn beschäftige aus seinen Erfahrungen in Arbeitsgruppen zu ethnischen Konflikten vielmehr, dass die Sprecher der Ethnien ihm vorkommen, als ob sie neben ihrer individuellen Identität als einer eng ansitzenden Kleidung eine zweite Identitätsschicht mit der Großgruppe tragen wie eine zweite, weitere Schicht schützender und schützenswerter Kleidung.

Diese Großgruppenidentität sei von diesen Sprechern mit großem Aufwand dargestellt und verteidigt worden. Die Großgruppenidentität will Volkan beschreiben als die subjektive Erfahrung von Tausenden, ja Millionen von Menschen, die durch das andauernde Gefühl von Gleichsein in wesentlichen, identitätsstiftenden Bezügen miteinander verbunden sind. Er stellt eine Analogie her zu einer großen Zeltplane. Deren Stütze sei der Führer. Die Zeltplane aber, hergestellt aus 7 miteinander verwobenen Fäden, schütze die Gruppe als gemeinsames Dach.

Volkan stellt diese Fäden einzeln dar. Er geht zunächst nochmals von der engen Verbindung zwischen individueller und Gruppenidentität aus. Dabei spiele vor allem eine Rolle, dass bei der Entwicklung der Kernidentität des Menschen in den ersten 36 Lebensmonaten manche libidinöse (gute) bzw. aggressive besetzte (böse) Bilder unintegriert bleiben, die aber psychisch doch verortet werden müssen. Eine Möglichkeit dazu stellt die Externalisation dar.

Damit kommen wir zum ersten Faden: *Geteilte Reservoire für gute Externalisierungen*.

Das Beispiel ist die Bedeutung des Cowboyhutes für amerikanische Jungen. Der Hut ist ein gesellschaftlich angebotener und in der Großgruppe mit vielen geteilter Container für die individuellen, nicht integrierten "guten" Selbst- und Objektbilder. Wir können uns leicht weitere derartige Reservoire, die mehr oder weniger gestützt und verbreitet sind, vorstellen. Sie werden durch die jeweils individuellen nicht integrierten Teile aufgeladen. Natürlich ist für die Bildung der Großgruppenidentität wichtig, dass diese Reservoire von allen Kindern geteilt werden und dauerhaft sind. Dabei kommt das Kind dadurch aus der Situation eines generalistischen Lebewesens, das überall dazugehören könnte, heraus und wird Teil einer spezifischen Großgruppe. Die Zugehörigkeit ist dabei anfangs nicht voll bewusst, die meisten Mechanismen sind unbewusster Natur bei der Herstellung dieser Verbindung.

Dabei konzentriert sich das Kind auf das, was im Brennpunkt einer Gruppenidentität steht, wie etwa Ethnizität, Religion, Nationalität oder Kombinationen. Es ist naheliegend, dass besonders in der Adoleszenz diese Fragen eine Rolle spielen. Die jetzt eingenommene Großgruppenidentität kann im Allgemeinen kaum noch einmal grundlegend geändert werden.

Der zweite Faden besteht aus *Geteilten Identifikationen*.

Sie hängen eng mit den geteilten guten Reservoiren zusammen. Sind es zunächst die – abhängig von den Primärobjekten absorbierten – Einstellungen von Kulturwerten wie Sprache, Religionen, Essengewohnheiten, Lieder etc., werden es später die direkten Überich-Identifikationen und Identifikationen mit den Lehrern, religiösen Autoritäten, Peer-groups, Führern der Gemeinschaft und Großgruppe. Dabei kann ein Kind auf Grund seiner besonderen Situation auch durchaus mit mehreren Gruppen identifiziert sein, die untereinander auch konfliktös sind (z.B. ein in Deutschland aufgewachsener Türke). Damit sind also zwei Fäden benannt, die aus der unmittelbaren Verbindung zur eigenen jeweils spezifischen Großgruppe entstehen.

Der dritte Faden: *geteilte böse Reservoire* entsteht durch die Berührung der eigenen Großgruppe mit anderen Gruppen.
Hierbei beschäftigt sich Volkan mit der menschlichen Neigung zur Dichotomie, zur Unterscheidung zwischen "uns" und "denen da". Er vermutet, dass es neben psychischen auch physische Wurzeln dafür gibt (es geht dabei letztlich um die Frage der Wurzeln der Aggression). Volkan verweist auf sein Buch *The Need to Have Enemies and Allies*. Dabei würden neben der Externalisation der nicht integrierten guten Selbst- und Objektbilder auf die eigenen Großgruppe die nicht integrierten bösen Selbst- und Objektbilder auf die Feinde der eigenen Großgruppe, d.h. auf eine andere Großgruppe externalisiert. Auch hier lenken die Erwachsenen, d.h. die eigene Großgruppe selbst. Dieser dritte Faden der "Wir-heit" wird also quasi von einem

gegnerischen Nachbarn geliefert. Ich glaube, dass unsere Generation noch in Ansätzen nachvollziehen kann, dass früher der deutsche Erbfeind, die Franzosen, mit Stehklos und Pissoirs all die analen Tugenden der Deutschen gefährdete und somit leicht Reservoir "böser", nicht integrierter Selbstanteile werden konnte. Inwieweit deutsche imperialistische Größenphantasien in einer bestimmten Weise über antiamerikanische Abgrenzungen verarbeitet werden, scheint mir zumindest auf dem Hintergrund Mitscherlichscher Gedanken über die Ablösung des Führerglaubens durch die amerikanischen Befreier nachdenkenswert.

Dem vierten und fünften Faden, denen Volkan anhand ausführlich geschilderter Beispiele viel Platz einräumt, will ich nur kurz erwähnen: es geht um *Gewählte Ruhmesblätter und gewählte Traumata*. Während das erstere in Deutschland sicherlich eher schwierig ist, man könnte vielleicht die intensive Mitarbeit in internationalen Gremien, den Sozialstaat oder den Umweltschutz nennen, ist das letztere mit dem Holocaust und dem Nationalsozialismus offenkundig ein wesentlicher Ort nationalen Gedenkens und Abarbeitens. Interessanterweise kommen Pädagogen zur Ansicht, "dass die Verhinderung einer Wiederkehr von Auschwitz die *ultima ratio* politischer und pädagogischer Praxis sei, ist zu einem Bestandteil von konkurrierenden, hoch problematischen Versuchen der Neubestimmung nationaler Identität in der Bundesrepublik geworden".[2] Sie weisen dabei darauf hin, dass dies potenziell zum nationalistischen Ausschluss des nicht geringen Anteils von Kindern mit Migrationshintergrund führen kann!

Den 6. Faden stellen *die externalisierten Bilder der inneren Welten von (revolutionären) Führern und deren Ideologien* dar. Volkan schreibt: "Die Beziehung zwischen einem Führer und seinen Anhängern ist wie eine Straße, auf der sich der Verkehr in beide Richtungen bewegt. Die unter Anspannung und Belastung stehende Großgruppe sucht einen Retter, der die Identität der Gruppe stützt und die Gruppe vor angstauslösenden Bedrohungen schützt. Transformierende/charismatische Führer, die innerlich dazu getrieben werden, ihre Anhänger und sich selbst zu "reparieren", gehen dann auf die Bedürfnissen der Anhänger ein. Hier kommen zwei Dinge passgenau zusammen: was die Großgruppe sucht und die Persönlichkeitsorganisation des Führers. Und daraus entsteht der sechste Faden."[3] Diesen Faden exemplifiziert er ausführlich am Beispiel Atatürks. Ähnliche Ausführungen gibt es über Milosevic durch Hans-Jürgen Wirth[4] und zu Hitler.

Der 7. Faden schließlich wird durch *Symbole* gebildet, die die Großgruppenidentität repräsentieren. Dieser Faden wird benutzt, um einige oder sogar alle Fäden miteinander zu verbinden.

Mit dem Instrumentarium der sieben Fäden, die zur Großgruppenidentität führen, geht Volkan nun daran, einige wichtige Elemente des Vorkrieges zu untersuchen, wie Großgruppenideologien, Großgruppenrituale und das Verhalten traumatisierter Gesellschaften. In allen diesen Bereichen sieht er sich durch sein Instrumentarium in der Lage, mehr und tiefer zu verstehen und Ansätze für alternatives Eingreifen zu

---

[2] Hormel & Scherr (2005), vgl. a. Hormel & Scherr (2004).
[3] Volkan (1999), S. 99.
[4] Wirth (2002).

entwickeln. Es geht Volkan ganz direkt und konkret um die Möglichkeit der Zusammenarbeit von Diplomaten und Analytikern in bestimmten Krisensituation. Er schreibt: "Diplomaten, die zur Erleichterung der Verhandlungen zwischen verfeindeten Gruppen eingeschaltet werden, reagieren bisweilen frustriert, wenn kleine Unterschiede sich bei den Verhandlungen zu erheblichen Hindernissen entwickeln. Psychoanalytiker können hier hilfreich sein, um Strategien zu entwickeln, die es ermöglichen, sowohl die individuellen Identitäten als auch die Gruppenidentitäten zu wahren und jene Ängste zu vermeiden, die auftreten können, wenn von den gegnerischen Gruppen zuviel Gleichsein wahrgenommen wird... In Bereichen, in denen es chronische Konflikte zwischen zwei Großgruppen gibt, können die Vermittler oft frustriert reagieren, da die Führer oder Diplomaten der gegnerischen Gruppen ständig nur über vergangene Ereignisse reden, statt sich auf die aktuellen Fragen zu konzentrieren... Psychoanalytiker können argumentieren, dass der Eingangspunkt zu solchen chronischen Bereichen sich im Keller befindet, wo die Arbeit an gewählten Traumata geleistet wird, damit eine zeitliche Annäherung zwischen gewählten Traumata und den aktuellen Fragen erfolgen kann."[5]

Abschließend zeigt Volkan die Grenzen und Begrenztheit der offiziellen Diplomatie und propagiert die inoffizielle Diplomatie, die er mit seinem Institut zu betreiben und zu fördern bemüht ist, und er entwickelt ein Modell, über psychopolitische Dialoge gutnachbarliches Verhalten und gutnachbarliche Koexistenz zu ermöglichen.

Sicherlich kann man zu diesen Vorstellungen einiges Kritische sagen, vor allem Relativierendes. Was ich jedoch letztlich sehr überzeugend finde, ist die praktische Erfahrung, die Volkan mit seinem Ruf und seinem Institut in vielen Krisensituationen gewinnen und einbringen konnte. Dies beruht letztlich auch darin, so sagt er selbst, dass er verständlich und nachvollziehbar bleibt, die Menschen da abholt, wo sie denken.

Literaturangaben

Hormel, Ulrike / Scherr, Albert (2004): Bildung für die Einwanderungsgesellschaft. (Verlag für Sozialwissenschaften, Wiesbaden 2004).

Hormel, Ulrike / Scherr, Albert (2005): Keine Identifikation mit der Gemeinschaft. *Frankfurter Rundschau* Nr. 201, 30. 8. 2005, S. 26.

Volkan, Vamık (1999): Das Versagen der Diplomatie. (Psychosozial-Verlag, Gießen 1999).

Wirth, Hans-Jürgen (2002): Narzissmus und Macht. (Psychosozial-Verlag, Gießen 2002).

---

[5] Volkan (1999), S. 200.

Anstöße hin zur Psychohistorie

Riemann, Fritz: Grundformen der Angst. Eine tiefenpsychologische Studie (34. Auflage, 730. Tausend. Reinhardt, München 2002. Zuerst 1961).

Mitte der 1970er Jahre war nicht nur ich fasziniert von einem Buch, das wir verschlangen und selbsttherapeutisch deutend wie beziehungsdurchleuchtend nutzten wie die berüchtigten psychosomatischen Populärwälzer: Den Riemann. Die Grundformen der Angst. Vor einigen Jahren fiel es mir in der 34. Auflage in die Hand, und mit Erstaunen fand ich es wieder in einem Referat des Christian Lackner (Übersetzer des Buches von deMause: *Das emotionale Leben der Nationen*) bei der Hamburger Jahrestagung der Deutschen Gesellschaft für Psychohistorische Forschung im Frühjahr 2006 – und dann sogar als "Distinguished Academic Lecture" im "Allerheiligsten", in New York bei der 29. Annual Convention der IPA 2006, vorgetragen von Lackner, abgedruckt im *Journal of Psychohistory*, 34 (2), Herbst 2006, S. 129ff. So musste also doch mehr dran sein als spätadoleszenter Selbstanalysesehnsuchtserfüllungswunsch: Sehen Sie mal ins Internet!

Fritz Riemann (1902-1979), einer aus dem "Jahrgang 1902" (siehe mein Beitrag in diesem Jahrbuch), studierter Psychologe und ausgebildeter Psychoanalytiker, einer der "Enkel Freuds", gründete mit anderen das Münchener Institut für Psychologische Forschung und Psychotherapie. Er begründet sein Buch existentiell, geradezu kosmisch: Jedem begegneten die vier Grundformen der Angst – die Angst vor der existentiell abhängigmachenden Selbst-Hingabe, dem Ich-Verlust durch Nähe; die Angst vor der Selbst-Werdung/Individuation/Trennung (Einsamkeit) durch Sich-Herausheben; die Angst vor der Veränderung/Vergänglichkeit (Wandel); und die Angst vor dem Festgelegtwerden in der Notwendigkeit (Verantwortung). Polar kreuzförmig angeordnet spannt sich damit ein Netz aus von Persönlichkeitstypen mit schizoiden, depressiven, zwanghaften und hysterischen Extremwerten, in welches Netz man/frau sich selbstbildhaft wie fremddiagnostisch in unterschiedlichen Anteilen einschreiben kann. Jeden dieser Typen beschreibt Riemann nach dem gleichen Muster: Der x-Mensch und die Liebe, die Aggression, der lebensgeschichtliche Hintergrund, Beispiele. Natürlich können wir versuchen, vor den großen Ängsten auszuweichen, bezahlen das aber mit der Verschiebung auf die "vielen kleinen, banalen" Ängste mit lähmender und hemmender Wirkung (S. 200f.). Die Nähe zum Trauma-Begriff wird offensichtlich, wenn Riemann von altersunangemessenen, zu frühen Angst- und Schicksalsbelastungen spricht, die – wenn unaufgearbeitet – im späteren Leben "gefährdender und erdrückender" wiederkehren. Damit sind wir nahe am Wiederholungszwang-Topos, und am *restaging*-Konzept des Lloyd deMause.

Also komplexitätsvereinfachende, konsequente Systematik mit gelegentlich weitschweifenden Beispielen aus dem Alltag, vom Gesunden bis zum hochgradig Gestörten. Mit dem optimistischen Trost für die Lesenden, dass sie nicht einer dieser Eigenschaften allein verschrieben sind, sondern wandlungsfähige Individuen darstellen, denen potentiell immer vier Antworten zur Verfügung stehen.

Heinrich Reiß, 24. 9. 2006

Eduard Fuchs: Die Karikatur der europäischen Völker vom Jahre 1848 bis zur Gegenwart. (Berlin 1903).

Eduard Fuchs: Die Frau in der Karikatur. Sozialgeschichte der Frau. Mit 450 Textillustrationen und 71 Beilagen (zuerst 1906, hier 3. Auflage 1979 des Nachdrucks von 1973 der erw. Auflage von 1928. Frankfurt am Main).

Eduard Fuchs: Geschichte der erotischen Kunst. Erweiterung und Neubearbeitung des Werkes "Das erotische Element in der Karikatur" (von 1904, nur Subskription) mit Einschluss der ernsten Kunst von Eduard Fuchs. Mit 385 Textillustrationen und 36 Beilagen (Berlin 1908, hier die Ausgabe von 1912: Langen, München). "Dieses Werk darf nur an Wissenschaftler, Sammler und Bibliotheken abgegeben werden. Albert Langen, München"

Eduard Fuchs: Illustrierte Sittengeschichte vom Mittelalter bis zur Gegenwart. 6 Bände. Hier: Renaissance. Mit 430 Textillustrationen und 59 Beilagen (Albert Langen, München 1909).

Eduard Fuchs: Die Juden in der Karikatur. (Albert Langen, München 1921).

Es ist ein multisensorisches und Seelenvergnügen, drei dieser Bücher in antiquarischen Ausgaben vor mir zu haben. Eduard Fuchs, geboren 1870 in Göppingen, gestorben im Pariser Exil 1940, war wohl der erste publizistische Karikaturenforscher, marxistisch fundiert in seinen Texten, ohne "schellenverzierte Narrenkappe ... streng wissenschaftlich zergliedernd" (1906), auch beteiligt bei der Gründung des Frankfurter Instituts für Sozialforschung, Horkheimer-Freund, Redakteur, Stalin-Kritiker, Sozialdemokrat, KPD- und dann KPO-Mitglied.

Drei persönliche Anstöße für mich und über eintausend ergiebige Fundstellen von einem Autor, dessen Name mit der Geschichte der Karikatur verknüpft war und hoffentlich noch ist – erschienen Anfang des 20. Jahrhunderts. Sie geben eine Antwort auf die oft gestellte Frage, was die psychohistorische Fantasie-Analyse von Karikaturen über diffuse Spekulation hinaus denn an Erkenntniswert bieten könne. "Ich wollte mit meinen Studien in den historischen Entwicklungsgang der Gesellschaft eindringen. Auf diesem Weg ist mir die Karikatur begegnet. Als ich fand, dass ich durch sie Einblicke und Klarheit über Dinge und Personen erlangte, die mir nirgends sonst wo in derselben Prägnanz offenbar wurden, da erwachte in mir die Lust, die Karikaturen aus den verschwiegenen Mappen herauszuholen, in denen viele jahrhundertelang unerkannt in ihrem Werte und darum auch unbeachtet geschlummert hatten." (1909, Vorwort). Karikaturen sind ihm also nicht "wirkungslos aufsteigende und spurlos wieder untertauchende Seifenblasen geistreicher Laune", sondern echoweckende und einflussreiche Demonstrationen des öffentlichen Gewissens, gar Manifestationen des Weltgeistes, einzigartige Kommentare zur damals gerne dokumentierten "Sittengeschichte". (Ich meine die "Sittengeschichten" des Magnus Hirschfeld, die in einem sehr weiten Sinne zu einer Psychohistorie beitragen, ähnlich wie Egon Friedells "Kulturgeschichte der Neuzeit" oder E. R. Dodds antike Studie "Die Griechen und das Irrationale".)

Anstöße hin zur Psychohistorie 265

Karikaturen spiegeln für Fuchs alle Fragen und Streite der verschiedenen Länder und Zeiten, sind ein Ausdrucks- und Kommunikationsmittel, das als Integrations- wie Destruktionsmoment fungiert. Sie erhellen blitzartig eine Situation, und sie bedürfen der Öffentlichkeit, um wirksam zu werden. Fuchs unterscheidet pathetische Allegorie (mit der Gefahr der beliebigkeitsfördernden Wirklichkeits- und Verständnisferne besonders bei antiken Motiven) von scharfer Wirklichkeitssatire aus aktuellem Anlass: Denken wir an die "Bösen Gedanken" des Goya in Spanien, die "Megäre Volk" des Félicien Rops in Frankreich, John Tenniel's Karikaturen im *Punch* in England, die Flugschriften des Hans Sachs in Deutschland, die Mode-Karikaturen des Joseph Keppler in den USA, die zahlreichen Doppelmoral-Karikaturen, den "Unterrock in der Weltgeschichte", den "Kampf um die Hosen", die deformierenden Porträts, die Personen in Tiergestalt. Denken wir an das Vorherrschen des karikaturistischen Elementes in allen Darstellungen des Erotischen. Alles das gab es schon bei Fuchs gesammelt zu sehen. Auch die "Judensau", heute noch gelegentlich an einer christlichen Kirche als Plastik zu finden, und denken wir dann an den Höhepunkt ihrer mörderischen Karriere – während der Hitlerei – als satirisches Kampfmittel im "Stürmer" des Julius Streicher.

Heinrich Reiß, 2. 10. 2006

aus Fuchs (1906)

beide Grafiken aus Fuchs (1906) "Die Frau in der Karikatur".

Ludwig Janus

Filmbesprechung von "Der Himmel über Berlin" (Wim Wenders 1987)

Einleitung

Der Film wird psychohistorisch als Dokument der seelischen Verarbeitung der Katastrophe des Zweiten Weltkriegs verstanden, die Wim Wenders als ein Angehöriger der Kriegs- / Nachkriegsgeneration durch diesen Film für diese Generation leistet.

Inhalt: Der Film hat den Charakter eines "Filmgedichtes" und handelt von den beiden Engeln Damiel und Cassiel, die die Lebenswelt im Berlin der 80er Jahre einfühlend beobachten, wobei sich bei Damiel der Wunsch verstärkt, am Leben der Sterblichen teil zu haben. Er verliebt sich in die Trapezkünstlerin Marion und will mit ihr leben. Als Damiel diesen Wunsch realisiert, wechselt der Film von Schwarz-Weiß in Farbe.

Das *Drehbuch* sollte ursprünglich nach Ideen und einer Vorgabe von Wim Wenders Peter Handke schreiben. Doch der fühlte sich hiermit überfordert, war aber bereit, einige Monologe und Dialoge zu schreiben, die er Wenders lieferte. Auf dieser Basis entwarf der zusammen mit Richard Reitinger den Grundablauf der Geschichte, wobei jedoch viele Teile des Drehbuches erst unmittelbar vor dem jeweiligen Drehtag konkretisiert wurden, z.T. mit Hilfe der Schauspieler. Dieser improvisierte Herstellungsstil war möglich, da Wim Wenders sein eigener Produzent war.

Für die verschiedenen *Rollen* gewann Wenders begnadete Schauspieler wie Bruno Ganz und Otto Sander, die die beiden Engel spielen, Solveig Dommartin, die die Marion spielt, Curt Bois, der einen alten Erzähler spielt, und Peter Falk, der einen amerikanischen Filmstar spielt, der auch ein neugieriger Beobachter des Lebens in Berlin ist und ebenfalls, wie sich später herausstellt, früher ein Engel war, der sich entschlossen hatte, als Mensch zu leben.

Neben der Qualität der Schauspieler ist die ungewöhnliche Kameraführung von Henri Alekan bemerkenswert, der schon in den 30er und 40er Jahren Kameramann bei berühmten französischen Filmen wie "La Belle et la Bête" von Cocteau und "Anna Karenina" von Duvivier war. Er hatte ein Standardwerk über "Die Philosophie von Licht und Schatten" geschrieben und war im Alter von 80 Jahren mit seinem 83-jährigen Assistenten ein dynamisches Mitglied des Filmteams, von dem man den Eindruck gewinnt, dass es sich während der Drehzeit in einer Art Bezauberung und Rausch befunden hat; alle waren voneinander und von der gemeinsamen Arbeit wie verzaubert, wie man den verschiedenen Interviews entnehmen kann.

Resonanz: Mit dem Film gewann Wim Wenders unmittelbar nach seinem Erscheinen die "Goldene Palme" für die beste Regie auf dem Filmfestival in Cannes. 1988 erhielt er den Bundesfilmpreis in Gold, den Bayerischen Filmpreis und den Europäischen Filmpreis. Auf dem Filmfestival in São Paulo erhielt er den Publikumspreis, und auch in Japan wurde der Film geradezu enthusiastisch aufgenommen. Ein Kritiker schreibt, dass der Film "zwei der wundervollsten Stunden bereit hält, die das Kino je hervorgebracht hat".

Übersicht: Wie kann man diese besondere Resonanz verstehen und erklären? Hierzu soll diese Besprechung beitragen. Es ist ein Glaube an die Kraft der Liebe aus der Kraft des Kinderherzens, die stärker ist als die Verwirrungen und die Gewalt der Welt, und die eine Einfühlung und Tröstung ermöglicht, die Menschen zu einem Neubeginn ermutigt, und die sich schlussendlich in der Liebe zwischen Mann und Frau bestätigt. Diese Thematik verfolgt der Film auf verschiedenen Ebenen, die wegen des lyrischen Charakters des Films in einer wunderbaren und offenen Weise ineinander schwingen und sich verstärken können. Um die innere Struktur des Filmes zu erfassen, möchte ich diese Ebenen im Einzelnen getrennt schildern, so dass man den Zusammenklang im Film mit einem tieferen Verstehen mitvollziehen kann.

Vorgeschichte des Films

Wim Wenders hat beschrieben, dass der Film aus seinem Bemühen hervorging, nach einem mehrjährigen Aufenthalt in den USA wieder nach Deutschland zurück zu kehren und mit diesem Land seiner Kindheit wieder in einen inneren Kontakt zu kommen. Diese seelische Rückkehr und die Wiederverbindung mit Deutschland vollzog er in monatelangen Wanderungen durch Berlin, während derer sich der Plan entwickelte, diese Rückkehr und den Neubeginn der Beziehung zu Deutschland zum Thema eines Filmes zu machen. Mit Berlin hatte er sich hierfür die Stadt erwählt, die für ihn in der Kindheit wegen der Geschehnisse der Naziherrschaft und des Krieges das Bild der Hölle bedeutete.

1945 in einer katholischen Familie geboren, war für ihn Amerika das Land der Sehnsucht, wo alles besser war. Und diese Sehnsucht war ein Motiv für seinen langjährigen Aufenthalt in den USA, wo er jedoch auch seine deutschen und europäischen Wurzeln realisierte. Man kann den Film als Versuch verstehen, die tiefen Schatten der Geschichte, die das Verhältnis zu Deutschland verdüsterten, zu überwinden und zu einem Neubeginn zu kommen. Aus diesem elementaren Lebenskonflikt, der nicht nur ein persönlicher Konflikt von Wim Wenders war, sondern der Konflikt einer ganzen Generation von Kindern, die während oder kurz nach dem geplanten Weltkrieg geboren waren, bezieht der Film seine innere Dynamik. Gegen die Menschheitskatastrophe dieser Zeit steht die Reinheit des kindlichen Herzens, wie sie auch im "Kleinen Prinzen" die Menschen weltweit bewegt. Diese Reinheit des kindlichen Herzens ist im Film in den beiden Engeln wirksam. Man kann sie ein Stück weit verstehen als Symbolisierungen der kindlichen Liebe, aus der heraus Wim Wenders bei seinen Streifzügen durch Berlin sich den Menschen in dieser geschundenen Stadt und ihrer Geschichte zuwandte. In diesem Sinne erzählt der Film eine sehr persönliche Geschichte, aber er erzählt sie in einer Weise, dass sie eine Geschichte von uns allen wird, in der sich jeder in seiner Weise wieder erkennen kann.

Und er erzählt sie auf verschiedenen Ebenen, die ich nun im Einzelnen schildern will.

Die mythische Ebene

Das Geschehen des Filmes wird durch einen Mythos strukturiert. Gott hat sich nach der Katastrophe des Zweiten Weltkrieges, die in Deutschland in der Schlacht um Berlin kulminierte, von dieser Stadt abgewandt. Vier Jahrzehnte später schickt er seine Engel Damiel und Cassiel aus, um das Leben in dieser Stadt zu beobachten. Die beiden Engel tun dies in einer sehr einfühlenden Weise und sind gerührt und bewegt von den Menschen, deren Gedanken sie lesen können. Aus dem Mitgefühl heraus greifen sie an verschiedenen Stellen tröstend und ermutigend in das Geschehen ein. Dabei wird in Damiel die Sehnsucht immer stärker, wirklich zu leben, um die Sinnlichkeit des Lebens zu erfassen. Diese Sehnsucht verstärkt sich, als er sich in die Trapezkünstlerin Marion verliebt und damit seine himmlische Welt vergisst und ein liebender Mann wird.

Diese mythische Ebene ist für die Kinder im Film spürbar. Sie können die Engel unmittelbar sehen und treten mit ihnen in direkten Kontakt. Für die Erwachsenen sind die Engel unsichtbar. Sie sind in der Alltäglichkeit ihres Lebens gefangen, lassen sich aber von der liebenden Zuwendung der Engel anrühren, ohne zu wissen, was ihnen geschieht.

Die psychohistorische Ebene

Als Kind 1945 in Deutschland geboren zu sein, bedeutete, in ein katastrophisch zerstörtes Land geboren zu sein, das seine Identität, seine Werte, seine Orientierung verloren hatte und sich in einer Art Schockzustand befand, der das Leben grau und farblos machte. Dieser Eintritt in die Welt vollzieht sich nicht erst später in der Kindheit, sondern beginnt schon mit dem Verlassen des Mutterleibes und schon davor; unmittelbar eingehüllt ist das Kind in die Stimmungen seiner Eltern und die Atmosphäre von deren Lebenswelt, die durch die Not und Zerstörungen der Zeit gekennzeichnet ist. Aber die Kraft des kindlichen Herzens weiß um eine bessere Welt, die es auch schon vor der Geburt und auch in glücklichen Momenten nach der Geburt erlebt hatte, und sucht diese in den Widerspiegelungen des mythischen Landes Amerika, "dem Land, wo alles besser ist". Hier spiegelt sich in der persönlichen Biographie von Wim Wenders die Not einer Generation, die in einem Land aufwuchs, das seine Seele verloren und verraten hatte; die unter dem Diktum von Adorno stand, dass nach Auschwitz kein Gedicht möglich sei. Nur eine Wandlung und ein Neubeginn mit neuen Werten und Orientierungen konnte Glaubwürdigkeit und seelische Authentizität wieder herstellen. Dies vollzog Wim Wenders, indem er zunächst Anschluss an die französische Filmtradition suchte, die über die Schrecken der Mitte des letzten Jahrhunderts hin ihren Zauber und und ihre Integrität bewahrt hatte, wie sie in den Filmen Marcel Carnés und Jean Cocteaus Ausdruck fanden. Indem er Henri Alekan als Kameramann wählte, fand diese Kontinuität einen unmittelbaren und persönlichen Ausdruck und stand für die Kontinuität, das Überleben menschlicher und seelischer Kraft trotz aller Brüche und Katastrophen der Zeit. Das Gleiche gilt für die Besetzung der Rolle des Homers oder Erzählers mit Curt Bois, der als jüdischer Schauspieler Deutschland verlassen musste, in den USA seine Karriere fortsetzte, u.a. mit einer Rolle in "Casablanca", und nach dem Krieg nach Deutschland zurückkehrte. In seiner Suche nach der verlorenen Wirklichkeit des Potsdamer Platzes, die in ihm trotz seines Alters noch ganz lebendig ist, stellt er etwas von der Kontinuität der Zeit her, die für seelische Integrität so lebenswichtig ist. Im Erzählen versöhnt er die Brüche der Zeit.

Ein Stück weit wurde der Schock und die Seelenlosigkeit der Nachkriegszeit in der 68er-Bewegung überwunden. Eine neue Form von einfühlender Männlichkeit entwickelte sich. Wim Wenders realisierte dies in seiner eigenen Entwicklung über den Kontakt zu Frankreich und seinen Aufenthalt in Amerika, woraus er die Kraft für einen Neubeginn in Deutschland und für dessen Thematisierung in dem Film fand.

Diese neue einfühlungsfähige Männlichkeit findet in den beiden Engeln ihren Ausdruck. Auch erwachsene Männer können sich die Reinheit des kindlichen Herzens bewahren. Dies steht in schrillem Gegensatz zu dem in der Nazi-Zeit heroisierten Männlichkeitsideal der fühllosen und erbarmungslosen Härte als Ausdruck gequälter und geschlagener Kindlichkeit. Das Leid des gequälten Kindes wurde zum "inneren Schweinehund", den es zu überwinden gilt und dessen Hinrichtung im erbarmungslosen Mord am anderen exekutiert wurde. 80 % der Kinder wurden im alten Deutschland mehr oder weniger gnadenlos geschlagen, Säuglinge wurden isoliert, man ließ sie durchschreien und ging uneinfühlsam mechanisch mit ihnen um.

Die Geschichte des Films steht für die Selbstheilungskräfte der Seele, die aus den guten Traditionen Deutschlands unter gnädiger Mithilfe der ehemaligen Feinde einen Neuanfang möglich macht. Für diese Selbstheilungskräfte aus der Reinheit des kindlichen Herzens steht auch die Geschichte vom "Kleinen Prinzen", die sich mit der Darstellung der Engel wechselseitig erläutert.

Gesellschaftlicher Ausdruck der traumatisierten Grundverfassung der Nachkriegsgesellschaften und der deutschen Gesellschaft insbesondere ist die Berliner Mauer, die wechselseitig das Böse vom Guten trennt und sichtbarer Ausdruck einer inneren Spaltung ist, die in den psychoanalytischen Theorien von Spaltung als Kompensation psychotischer Zerfallsängste erläutert wird. Im Film wird dies auch an einer Stelle explizit formuliert, dass die deutsche Gesellschaft durch die Katastrophe des Zweiten Weltkrieges in lauter Einzelindividuen zersplittert ist, und diese Einzelindividuen sich wechselseitig kaum erreichen können. Die Mauer ist sichtbares Zeichen der Konfliktunfähigkeit und Individuationsunfähigkeit in einer Spaltungsverfassung.

Der persönlichen Linie des Filmes folgend ist aber im Himmel über Berlin, der beide Teile überwölbt, und auf den sich beide Teile beziehen können, das Wissen um mögliche Einheit und Wechselseitigkeit symbolisch oder metaphorisch ausgedrückt. Der "Himmel über Berlin" nimmt die mögliche Wiedervereinigung ahnend vorweg, für die der Film gewissermaßen eine seelische Vorbereitung war. Wenn die alten Identitätsmodelle einer kämpferischen Männlichkeit und abhängigen Weiblichkeit überwunden werden sollen, kann sich dies nur durch eine grundlegende Wandlung und Emanzipation vollziehen, wie sie die beiden Protagonisten, der Engel Damian und die Trapezkünstlerin Marion, in ihrer Liebesbeziehung realisieren. Damiel braucht dazu die Erlebnisse seiner Beobachtungsreise, die ihn ermutigen, ein menschliches, männliches Leben zu führen. Ermutigt wird er auch durch die Begegnung mit der Französin Marion, die sich aus ihrer Weiblichkeit heraus ein Gefühl der Liebe und für die Möglichkeiten der Liebe bewahrt hat. Das entscheidende Gespräch der beiden an der Bar wird nicht von dem Mann geführt, wie es nach der Tradition geboten war, sondern von der Frau, die aus ihrem Gefühl und ihrer Authentizität auf ihn zugeht, nachdem er ihr, in einer eigentlich weiblichen Rolle, ein Getränk gereicht hat, sie gewissermaßen genährt und gestärkt hat. Diese egalitäre Neudefinition der männlichen und weiblichen Rolle ist von vielen Kritikern angemerkt worden, z.T. einseitig als "feministisch" eingruppiert worden. Mit Recht wendet sich Solveig Dommartin gegen die Einseitigkeit dieser Zuordnung. Es ist in gleicher Weise die Individuation und Emanzipation des Mannes aus altdeutscher Männlichkeit, die eine wirklich neue Beziehung ermöglicht.

Die individualpsychologische Ebene

Auf der Ebene der individuellen Psychologie zeigt der Film die Schwierigkeiten eines scheuen und schizoiden Mannes auf der Suche nach einem Kontakt zur Welt und zum anderen Geschlecht. Solche Männer können die Geschichte haben, dass sie in der Welt, in die sie hineingeboren wurden, seelisch keine rechte Heimat fanden. Seelisch bleiben sie gewissermaßen ungeboren, scheinen nicht richtig auf der Welt zu sein, sind nicht in einem wirklichen, lebendigen Kontakt mit ihren Beziehungspersonen. Sie sind sensibel für das Falsche und Unechte in menschlichen Beziehungen und auf der Suche nach Möglichkeiten, wirklich zu leben. Günstige Bedingungen und positive Potenziale können hier hilfreich sein. Im Falle von Künstlern haben diese die Möglichkeit, über die Inszenierung ihrer inneren Widersprüche ihre Konflikte zu bearbeiten und Entwicklung zu ermöglichen. In diesem Verständnis sind die beiden Engel Widerspiegelungen einer entsprechenden Seite in Wim Wenders Selbst, die in den Engeln Ausdruck gewinnt und über ihre Doppeltheit ihnen die Möglichkeit zur Zwiesprache und darüber die Möglichkeit zu einer Entwicklung gibt, indem sie ihre Wünsche und Sehnsüchte reflektieren können. Vielleicht stärkt das auch ihre Möglichkeit, sich einzufühlen und sich wieder zurückzunehmen in ihre Zwiesprache. Die Zweiheit der Engel reflektiert in diesem Sinne die innere Dialogfähigkeit dieser Seite in Wim Wenders. Die Artikulierung dieser scheuen und vermeidenden, gleichzeitig sehnsüchtigen Seite in den Figuren der Engel ermöglicht auch die Realisierung des Lebenswunsches, wie er sich dann in der Geschichte realisiert. Es ist der Wunsch nach Sinnlichkeit, Zeitlichkeit und wirklichem Leben, die es dem Engel Damiel ermöglicht, die Angst-Furt, die die beiden Bereiche trennt, zu überwinden, wirklich zu leben und sich der Beziehung zu der geliebten Frau zu stellen. Diese Reifung und Individualisierung geschieht mit den Urkräften der Seele im Widerhall der Gebrochenheiten einer Zeit, die im Ausleben von Gefühllosigkeit, Grausamkeit und Vernichtung ihre Seele und ihre Liebesfähigkeit verloren hatte.

Die pränatalpsychologische Ebene

Der Film gewinnt seine strukturelle Klarheit dadurch, dass er die seelische Dimension der prä- und perinatalen Lebenszeit mit einbezieht und damit die seelische Grundwahrheit artikulieren kann, dass ein wirkliches Erwachsenwerden nur möglich ist, wenn man auch seelisch in der Welt angekommen ist. Viele Menschen werden zwar körperlich geboren, bleiben aber wegen ihrer Ambivalenz zur Welt in einer Art geheimen und fixierenden Bezug zur vorgeburtlichen Lebenswelt, weil sie in der realen Welt keine wirkliche Heimat finden können oder auch nicht willkommen sind. Solche Menschen zeichnen sich durch eine Art Ungleichgewicht zwischen realer Welt und fantasierter Innenwelt aus. Sie leben mit ihrer Seele eigentlich noch in der Zeitlosigkeit der vorgeburtlichen Welt und in einer Art Scheu, die schmerzliche Schwelle der Geburt zu überschreiten. Die Geburt ist nicht nur körperlich mit Schmerz verbunden und kann traumatisch sein, sondern auch seelisch ist die Geburt eine Art Abenteuer, ein Heldenkampf oder auch eine Kluft, vor der man zurückscheut. Spätere Lebensereignisse können immer wieder Anreiz sein oder die Möglichkeit ergeben, die seelische Geburt, den Wechsel von der Zeitlosigkeit des vorgeburtlichen Lebens in die Zeitlichkeit unserer Welt, zu tun. Die beiden Engel Damiel und Cassiel sind nun Vertreter dieser Eigenart. Sie leben noch in der Zeitlosigkeit des Ungeborenseins, was ihnen aber auch eine besondere Feinfühligkeit und Einfühlungsfähigkeit verleiht, die es ihnen ermöglicht, sich unmittelbar in das Denken und Erleben der Menschen einzufühlen. Kinder haben noch etwas von dieser Hellsichtigkeit aus dem Lebensanfang und können deshalb im Film auch die Engel sehen und mit ihnen in Kontakt treten. Durch ihren inneren Kontakt zu dem Vorgeburtlich-Seelischen haben sich die beiden Film-Engel etwas von einer kindlichen Unschuld und Reinheit bewahrt, was vielen Menschen auf dem Weg ihrer Entwicklung verloren geht. Dies ist ihr Potenzial, das ihr Charisma im Film ausmacht.

Die Lebenssehnsucht von Damiel erfordert den Durchgang durch die Abgründigkeit der Geburtserfahrung. Symbolträchtig inszeniert sich dies im Zwischenraum von zwei Mauerzügen der Berliner Mauer. Im Übergangsfeld der "Furt", wie er es nennt, gelangt er in die reale Welt. Die Geburts- und Individuationsmauer, die Jenseitiges und Diesseitiges trennt, kann durch den Lebenswillen, wie er in Damiel lebendig ist, überwunden werden. In der Tiefe und der Zeitlosigkeit der Liebe findet er etwas von der Ewigkeit und Geborgenheit der vorgeburtlichen Erfahrung in der Mann-Frau-Beziehung wieder, wie dies im Monolog der Marion ausgedrückt wird. Urliebe und erotische Liebe bestätigen einander.

Die Märchenebene

Die beiden Engel sind typische Märchenhelden, die den Übergang von der jenseitigen Welt in die diesseitige Welt bewerkstelligen müssen, um ihre Heldin zu finden. In der Variante dieses Filmes sind die Hexe und der Zauberer ersetzt durch die realen Grauens- und Entfremdungserfahrungen des Krieges, die die beiden Helden in das Zwischenreich einer Jenseitswelt abgedrängt haben. Der Kampf mit dem Drachen ist hier ersetzt durch das Überschreiten der "Furt" und die damit verbundene

Überwindung der Mauer. Damit erreicht Damiel die Qualität des Helden, der dadurch ausgezeichnet ist, dass er zwischen jenseitiger und diesseitiger Welt hin und her gehen kann. Dies gibt ihm die seelische Tiefe, die eine Liebesbeziehung ermöglicht. Eine weitere Abwandlung des Märchenschemas liegt darin, dass der Kontakt zur Welt durch Einfühlung vorbereitet wird und nicht durch einen Drachenkampf, durch den der Held sein Herrscherpotential erreicht. Hier geht es um die Überwindung der Entfremdung nicht durch Kampf, sondern durch Einfühlung, wodurch sich der Held Damiel in diesem Film das Potenzial beziehungsfähiger Männlichkeit erwirbt.

Abschließende Bemerkungen

Der Film gewinnt seine besondere Faszination aus einer stimmigen Zusammenführung verschiedener motivierender Ebenen, die sich gegenseitig ergänzen und verstärken. Für Deutsche sehe ich in ihm einen Schlüsselfilm zur Überwindung der seelischen Lähmung durch die Jahrhundertkatastrophe des Zweiten Weltkrieges, wie sie die Kriegs- und Nachkriegsgeneration gekennzeichnet hat.

Die Autorinnen und Autoren

Dr. Frank Bacher, Facharzt für Psychotherapeutische Medizin, Facharzt für Innere Medizin, Psychoanalytiker. Vieljährige Tätigkeit in der Klinik, zuletzt an der Universitätsklinik Heidelberg. Niedergelassen in eigener Praxis in Heidelberg.
Anschrift: Mönchhofstr. 3c, 69120 Heidelberg.

Doz. Dr. Josef Berghold, geb. 1953, Sozialpsychologe, Gastprofessor an der Universität Innsbruck. Vorstandsmitglied der DGPF. Lehraufträge u.a. an der New School for Social Research (New York) u. an den Universitäten Klagenfurt, Wien, Ferrara, Mailand, FU Berlin und Amiens. Forschungsschwerpunkte: globale Gesellschaft, Solidarität u. Sozialdarwinismus, Psychologie der Feindbilder, interkulturelle Beziehungen, ital.-österr. Beziehungen. Veröffentlichungen: u.a. "Italien-Austria" (1997), "Trennlinien. Imaginationen des Fremden und Konstruktionen des Eigenen" (2000), "Feindbilder und Verständigung" (2002), "Vicini lontani" (2003).
Anschrift: Brandjochstr. 3a, A-6020 Innsbruck, Österreich.
josef.berghold@uibk.ac.at

Dr. Dr. Peter Canzler, Facharzt für Psychotherapeutische Medizin und Psychoanalyse, Gruppenanalytiker (DAGG), Lehr- und Kontrollanalytiker (DPV, DGPT), Weiterbildung in Posturologie, Ganzheitliche Rückenschule, Tai Chi Chuan, Qi Gong, Entspannungsverfahren, Körperpsychotherapie, analytische Regressionstherapie; Nordic Walking Lehrer und Therapeut. (DWI). Mitglied der Gesellschaft für Psychosomatik in der Rheumatologie und des Wissenschaftlichen Beirats des Förderkreises Integrative Physiotherapie.
Anschrift: In der Aue 10c, 69118 Heidelberg.

Peter Gabriel, geb. 1952, Studium der Psychologie in Freiburg und den USA, Psychologischer Psychotherapeut und Lehranalytiker (DPG/DGPT/IPA), niedergelassen in Dossenheim bei Heidelberg. Klinischer Arbeitsschwerpunkt, dabei insbesondere Fragen der Behandlungstechnik. Supervisionstätigkeit in Kliniken und Beratungsstellen. Politisches und berufspolitisches Engagement.
Anschrift: Hasenhain 18, 69221 Dossenheim.
p.gabriel.hd@gmx.de

Dr. Michael Gingelmaier, geb. 1950, Arzt für Allgemeinmedizin, Psychiatrie und Psychotherapie, Psychotherapeutische Medizin, Analytiker in eigener Praxis (DPV, IPV), Veröffentlichungen zu transgenerationeller Tradierung und Fragen der Gewalt.
Anschrift: Neutorstr. 13, 76646 Bruchsal.
m.gingelmaier@t-online.de

Dr. Ludwig Janus, geb. 1939, Psychoanalytischer Psychotherapeut, ehem. Vorsitzender der DGPF, Mitherausgeber des *International Journal of Prenatal and Perinatal Psychology and Medicine*. Veröffentlichungen: Zahlr. Artikel zu Psychosomatik und psychoanalytischer Behandlungstechnik, Sammelbände zur Psychohistorie, "Wie die Seele entsteht" (1991), "Psychodynamik der Gefühls- und Beziehungsentwicklung beim ungewollten Kind" (1997); s. auch: www.isppm.de/ Janus_Ludwig.html.
Anschrift: Zähringerstr. 4, 69115 Heidelberg.
lujanus@aol.com; www.psychohistorie.de

Prof. Dr. Karam Khella, geb. 1934 in Asyut, Ägypten. Studierte in Kairo. In Deutschland lehrte Karam Khella in Marburg, Stuttgart, Bremen und Hamburg, darüberhinaus an zahlreichen europäischen und außereuropäischen Universitäten und vertrat dabei eine Vielzahl von Unterrichtsfächern, insbesondere Geschichte, Philosophie, Wissenschaftstheorie und -kritik. Khella ist Urheber u.a. der "Universalistischen Erkenntnis- und Wissenschaftstheorie". Seine Arbeiten wurden in verschiedene Sprachen übersetzt, womit der ägyptische Wissenschaftler internationale Anerkennung erfahren hat.
Anschrift: Poßmoorweg 42a, 22301 Hamburg.

Prof. Dr. Winfried Kurth, geb. 1961 in Bremen, Studium der Mathematik, 1990 Promotion über formale Grammatiken, dann an der Universität Göttingen in mehreren Forschungsprojekten zur Simulation und Modellbildung am Institut für Forstliche Biometrie und Informatik. Parallel dazu Zweitstudium in Pädagogik, Politikwissenschaft und Volkskunde; aktives Mitglied des "Arbeitskreises Gruppenfantasie-Analyse" der DGPF. Seit 2001 Professor für Praktische Informatik / Grafische Systeme an der Technischen Universität Cottbus. Publikationen u.a.: "Trans-national fantasies immediately after Princess Diana's death", in: *Mentalities / Mentalités*, 13 (1998), 36-49; "The psychological background of Germany's participation in the Kosovo war", in: *The Journal of Psychohistory*, 27 (2000), 100-123; "Measuring the dynamics of group-fantasy by image analysis", in: *The Journal of Psychohistory*, 30 (2002), 112-129; siehe auch: www.uni-forst.gwdg.de/~wkurth/psh.
Anschrift: Herzberger Landstr. 85, 37085 Göttingen.
wk@informatik.tu-cottbus.de

Dr. Christian Lackner, geb. 1959, Studium der Musik, Philosophie und Gruppendynamik in Wien und Klagenfurt; Ordentliches Mitglied der Österreichischen Gesellschaft für Gruppendynamik und Organisationsberatung; Lehrtätigkeit an den Universitäten Wien, Klagenfurt, Krems, Trier, Helsinki; Gründungsmitglied des Vereins zur Verzögerung der Zeit; Senior Consultant bei Organisation Development International; Übersetzer von "The Emotional Life of Nations" von Lloyd deMause; International Vice President of the International Psychohistorical Association.
christian.lackner@uni-klu.ac.at

Die Autorinnen und Autoren

Mirjam Liepmann, Dipl. Psych., Dr. phil., geb.1946, Psychologiestudium in Würzburg und Heidelberg. Von 1972-1980 wissenschaftliche Mitarbeiterin und Projektleiterin am Zentralinstitut für seelische Gesundheit, Mannheim. Seit 1984 Psychoanalytikerin der DPV und IPA, Lehranalytikerin am DPV-Institut Heidelberg-Karlsruhe. Seit 1999 psychologische Psychotherapeutin für Kinder und Jugendliche. Verschiedene Publikationen *Zur Epidemiologie geistig behinderter Kinder in Deutschland. Zur Bedeutung des Traums in der Kinderanalyse. Zum Ethikkodex in der DPV.*
Anschrift: Häusserstrasse 25, 69115 Heidelberg.
m.liepmann@t-online.de

Dr. Uta Ottmüller, geb. 1949, studierte Geschichte, Soziologie, Germanistik und Pädagogik. Stipendiatin am Max-Planck-Institut für Bildungsforschung Berlin. Lehraufträge in Soziologie, Politologie und Pädagogik an FU und ASFH Berlin u. in Innsbruck. Fortbildungen in Körperarbeit und verschiedenen therapeutischen Verfahren. Organisation der Tagungen "Körperarbeit und Lebensstil" Berlin 1995 und "Trauma, Angst und Feindbilder aus psychohistorischer Sicht" Berlin 2002. Mitglied der Deutschen Gesellschaft für Psychohistorische Forschung. Autorin u.a. von: "Speikinder – Gedeihkinder. Körpersprachliche Voraussetzungen der Moderne" (1991); siehe auch www.uta-ottmueller.de.
uta.ottmueller@web.de

Heinrich Reiß ist Lehrer an einer fränkischen Hauptschule; Forschungs- und Vortragstätigkeit im Rahmen der DGPF zu Hexenvorstellungen um 1960 und Arbeitergeschichte. Mitwirkung in bundesdeutschen Geschichtswerkstätten und am "Arbeitskreis Gruppenfantasie-Analyse".
Anschrift: Am Holzacker 178, 91126 Schwabach-Wolkersdorf.

Ivano Rigamonti, geb. 1948, Diplom-Psychologe, Psychoanalytiker (DGPT), ehem. Vorsitzender des Heidelberger Instituts für Tiefenpsychologie (HIT), Mitglied am Institut für Psychoanalyse und Psychotherapie Heidelberg (IPP). Mitglied in der Arbeitsgruppe "Warum Krieg" der drei Heidelberger analytischen / tiefenpsychologischen Institute.
Anschrift: Silgestr. 1, 67067 Ludwigshafen.
rigamonti@t-online.de

Prof. Dr. Juha Siltala, geb. 1957, studierte Geschichte u. Soziologie, 1985 Dissertation über die Lapua-Bewegung von 1930 und deren außerparlamentarischen Terror; Beschäftigung mit der Psychoanalyse (u.a. in Marburg 1987), 1985-1997 Wissenschaftler an der Akademie von Finnland, seit 1997 Professor für Finnische Geschichte an der Universität Helsinki. Veröffentlichungen u.a.: "The dimension of change in psychohistory" (1989 – eine methodologische u. philosophische Synthese über die Anwendung der Psychoanalyse in der Sozialforschung), "Suomalainen ah-

distus" (Die finnische Angst, 1992), "Miehen kunnia" (Die männliche Scham, 1994), "Valkoisen äidin pojat" (Söhne der Weißen Mutter, 1999 – über die Nation als Container der narzisstischen Spannungen u. Hoffnungen der nationalist. Intellektuellen im 19. Jh.); Studie über die Veränderung der Arbeitsmärkte 2004, in Arbeit die Psychohistorie des finnischen Bürgerkrieges.
Anschrift: University of Helsinki, Institute of History, P.O.Box 59, FIN-00014 Helsinki, Finnland.
juha.siltala@helsinki.fi

Dr. Dr. Dr. Bernhard Wegener, klinischer Psychologe an der Berliner Vivantes-Klinik Am Urban. Er ist Psychologe, Theologe und Historiker sowie Lehrtherapeut in Tiefenpsychologie und Verhaltenstherapie.
Anschrift: Zweibrücker Str. 92, 13583 Berlin.
bernhard.wegener.dr@t-online.de; bernhard.wegener@vivantes.de

Bisher erschienene Tagungsdokumentationen der Deutschen Gesellschaft für Psychohistorische Forschung

Ludwig Janus (Hrsg.): Die psychohistorische Dynamik von Gewalt in Vergangenheit und Gegenwart. Tagungsband 1993. Textstudio Groß, Postfach 251113, 69079 Heidelberg, 1993.

Ludwig Janus (Hrsg.): Psychohistorie — Ansätze und Perspektiven. Tagungsband 1994. Textstudio Groß, Heidelberg 1994.

Ludwig Janus (Hrsg.): Psychohistorie und Geschichte der Kindheit. Tagungsband 1995. Textstudio Groß, Heidelberg 1995.

Ludwig Janus (Hrsg.): Psychohistorie, Pubertät und Identität. Tagungsband 1996. Textstudio Groß, Heidelberg 1996.

Edmund Hermsen, Ludwig Janus (Hrsg.): Die psychohistorische Dynamik von subkulturellen Bewegungen am Ende des Jahrtausends. Tagungsband 1997. Textstudio Groß, Heidelberg 1997.

Ralph Frenken (Hrsg.): Psychohistorie und Biographik. Tagungsband 1998. Textstudio Groß, Heidelberg 1999.

Ralph Frenken, Martin Rheinheimer (Hrsg.): Die Psychohistorie des Erlebens. Enthält ausgewählte Beiträge der Tagungen 1998 und 1999. Reihe "Psychohistorische Forschungen", Oetker-Voges-Verlag, Kiel 2000.

Ludwig Janus, Winfried Kurth (Hrsg.): Psychohistorie, Gruppenphantasien und Krieg. Enthält u.a. ausgewählte Beiträge der Tagung 1999. Mattes Verlag, Heidelberg 2000.

Winfried Kurth, Martin Rheinheimer (Hrsg.): Gruppenfantasien und Gewalt. Jahrbuch für Psychohistorische Forschung, Bd. 1 (2000). Mattes Verlag, Heidelberg 2001.

Winfried Kurth, Ludwig Janus (Hrsg.): Psychohistorie und Persönlichkeitsstruktur. Jahrbuch für Psychohistorische Forschung, Bd. 2 (2001). Mattes Verlag, Heidelberg 2002.

Uta Ottmüller, Winfried Kurth (Hrsg.): Trauma, gesellschaftliche Unbewusstheit und Friedenskompetenz. Jahrbuch für Psychohistorische Forschung, Bd. 3 (2002). Mattes Verlag, Heidelberg 2003.

Ludwig Janus, Winfried Kurth (Hrsg.): Psychohistorie und Politik. Jahrbuch für Psychohistorische Forschung, Bd. 4 (2003). Mattes Verlag, Heidelberg 2004.

Ludwig Janus, Florian Galler, Winfried Kurth (Hrsg.): Symbolik, gesellschaftliche Irrationalität und Psychohistorie. Jahrbuch für Psychohistorische Forschung, Bd. 5 (2004). Mattes Verlag, Heidelberg 2005.

Florian Galler, Ludwig Janus, Winfried Kurth (Hrsg.): Fundamentalismus und gesellschaftliche Destruktivität. Jahrbuch für Psychohistorische Forschung, Bd. 6 (2005). Mattes Verlag, Heidelberg 2006.